GUIDE

Égypte
Vallée du Nil

W9-AGD-562

HACHETTE

Serge Bathendier vous emmène en Égypte.

Historien de formation, **Serge Bathendier** est diplômé des Langues orientales. Spécialiste de l'Orient, de la Méditerranée à l'Asie, il a rédigé pour les éditions Hachette des guides de voyage sur la Syrie, la Jordanie, la Grèce, Chypre, Israël, la Croatie, l'Inde du Nord et l'Espagne.

Quelle a été votre première impression de l'Égypte ?
Les quais d'Alexandrie où je débarquais à 20 ans.

Si l'Égypte était une couleur…
Celle de l'or. Or : l'or du soleil, l'or des masques que l'on plaçait sur les visages des pharaons momifiés, l'or qui ruisselle en pendentifs dans les vitrines des bijoutiers du Khan el Khalili.

Si l'Égypte était une image…
Une photo du démontage des temples d'Abou Simbel vue dans mon encyclopédie d'enfant.

Votre pire galère en Égypte ?
Heureusement, c'était une felouque.

Quelle est la première chose que vous faites en arrivant en Égypte ?
Appeler mes amis égyptiens.

Égypte
Vallée du Nil

GUIDE

HACHETTE

© Sylvain Grandadam

sommaire

cartes
et plans

◄ Le pronaos du temple
d'Edfou.

avant-goût

En bref

● **Capitale.** Le Caire, 16 millions d'hab. environ (pour l'agglomération).

● **Chef de l'État.** Hosni Moubarak, réélu en 2005 pour un 5ᵉ mandat.

● **Décalage horaire.** Il est une heure de plus en Égypte qu'en France.

● **Fleuve principal.** Le Nil, 1 205 km sur les 6 671 km de son cours.

● **Frontières.** Libye à l'ouest (1 080 km), Israël à l'est (240 km), Soudan au sud (1 150 km). Côtes. Méditerranée au nord (980 km), mer Rouge à l'est (1 940 km).

● **Langue officielle.** Arabe. Langues internationales utilisées : anglais et français.

● **Nature du régime.** Présidentiel. Le président est élu pour un mandat de 6 ans.

● **Population** (estimations 2007). 73 millions d'hab. dont 33,9 % ont moins de 15 ans et 40,8 % d'illettrés (31,7 % d'hommes et 53,1 % de femmes).

● **Religion.** Musulmans (90 %) essentiellement sunnites, chrétiens coptes (10 %).

● **Situation.** À l'extrémité nord-est du continent africain ; à 5 000 km de Paris.

● **Superficie.** Environ 1 million de km², dont seulement 38 700 km² (soit 4 % du territoire) sont habités et cultivés. Le reste est totalement désertique. ●

▶ Néfertari, l'épouse favorite de Ramsès II. Temple de Ramsès II, Abou Simbel.

Pages précédentes : les pyramides de Giza.

©Hervé Champollion/Top

Envie de partir ?

Partant pour l'Égypte, on sait que ce sera là le voyage d'une vie. Un voyage longtemps rêvé, souvent depuis les livres d'image d'enfants, à la découverte des splendeurs du passé pharaonique, de ses tombeaux aux couleurs intactes, de la grandeur de ses temples, de ses Pyramides qui depuis l'Antiquité enflamment les imaginations. Et puis, la merveilleuse rencontre avec l'Égypte d'aujourd'hui : un peuple débonnaire, joyeux et chaleureux, la voile blanche d'une felouque qui claque dans le ciel transparent d'Assouan, la fraîcheur matinale de l'air du désert qui pique les joues, la flamme d'une bougie qui depuis 2 000 ans vacille dans les encens d'une église copte. Le frottement des pieds nus sur les tapis d'une mosquée. Peuple religieux certes, on le sait depuis Hérodote, mais peuple amoureux de la clarté du jour, des fêtes des nuits de Ramadan, gourmand des plaisirs de la vie. Des joies simples que les Égyptiens ne demandent qu'à partager. Ainsi, cette première rencontre est souvent le début d'une longue histoire qui ramène année après année les amoureux de l'Égypte sur les rives du Nil.

Marhaba ! ●

Les essentiels

Le Caire★★★

Insupportable pour les uns, envoûtant pour les autres, Le Caire ne laisse jamais indifférent. C'est en tout cas une étape majeure lors d'un voyage en Égypte, que l'on soit passionné d'histoire ancienne ou amoureux des villes d'Orient. ♥ **Le Caire islamique**★★ offre une plongée dans la ville médiévale des Fatimides : ruelles animées et vieilles mosquées, dont les jardins sont des oasis de calme. Au centre du quartier, le **Khan el-Khalili** est un must pour les touristes du monde entier *(p. 50)*. Au sud de l'agglomération, à l'abri de hauts murs, un réseau de ruelles dessert les plus anciennes églises de la ville. C'est le **quartier copte**★★, en même temps que la première capitale de l'Égypte musulmane *(p. 61)*. Depuis les terrasses de la **citadelle**★, un magnifique panorama sur la ville s'offre aux yeux des visiteurs, avec, au fond, les Pyramides *(p. 60)*. La visite du **Musée archéologique**★★★ apporte un éclairage indispensable à une découverte de l'Égypte ancienne. Vous retrouverez là quelques-unes des plus belles réalisations de l'art égyptien *(p. 66)*.

···⟩ **Itinéraires 1 à 3** *p. 49-75.*

Giza et Saqqara★★★

Proches du Caire, deux sites inoubliables à visiter en une journée : les **pyramides de Giza**★★★ *(p. 88)* et ♥ **Saqqara**★★★ *(p 94)*, avec la célèbre pyramide à degrés de Djoser. Tout autour, les tombeaux des Nobles de l'Ancien Empire ressuscitent, dans la fraîcheur de leurs reliefs, une jeunesse vieille de 4 000 ans.

···⟩ **Itinéraires 4 à 6** *p. 88-104.*

Louxor★★★

Louxor offre des merveilles qu'une semaine suffit à peine à parcourir. **Le temple de Karnak**★★★,

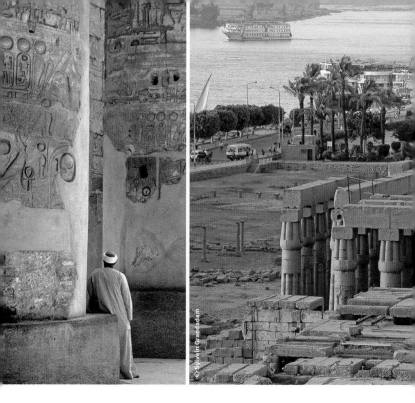

©Sylvain Grandadam

sanctuaire d'Amon, fut pendant quinze siècles le centre de la vie religieuse égyptienne. Chaque dynastie contribua à l'embellir *(p. 115)*. À un jet de pierre du Nil, voici ♥ **le temple de Louxor*****, la demeure de l'épouse d'Amon *(p. 111)*. Petit par la taille, mais riche de merveilles, **le Musée archéologique***** complète la visite de Louxor *(p. 122)*.

⋯⋗ **Itinéraires 7 à 9** *p. 111-126*.

La nécropole thébaine***

Les montagnes thébaines abritent, depuis le Nouvel Empire, les **sépultures des rois***** *(p. 138)*, **des reines**** *(p. 143)* et des dignitaires de la cour. À ne pas manquer, les ♥ **tombeaux des artistes***** *(p. 148)*, ceux-là mêmes qui ornèrent les parois des tombes royales, et qui utilisèrent leurs talents dans un mode plus personnel pour décorer leurs propres sépultures.

⋯⋗ **Itinéraire 10** *p. 133-161*.

La vallée du Nil***

Tout au long du Nil s'élèvent quelques-uns des temples les plus remarquables de l'ancienne Égypte. Un voyage qui permet aussi d'approcher la réalité des campagnes égyptiennes. Une salle hypostyle au milieu d'une petite ville de province : c'est tout ce qui reste du temple d'**Esna*** dédié à Khnoum, le dieu potier qui façonnait les âmes sur son tour *(p. 166)*. Le temple le mieux conservé d'Égypte est celui d'**Edfou***** où il ne manque que quelques pierres dans les parties les plus hautes. C'est bien le meilleur endroit pour faire revivre par l'imagination le rituel quotidien des prêtres *(p. 168)*. Perché sur une butte verdoyante au-dessus d'une boucle du fleuve, le temple ptolémaïque de

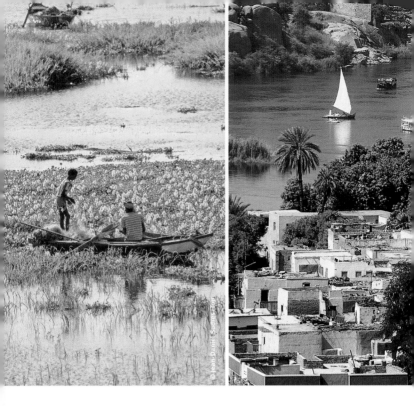

©Jean-Daniel Sudres-Top

Kom Ombo** était dédié à Sobek le dieu crocodile *(p. 171)*. Hathor, la déesse aux oreilles de vache, divinité de la danse et de l'amour, est omniprésente dans le temple de **Dendera*****. Le temple actuel, d'époque ptolémaïque, conserve le mystère de ses couloirs et salles secrètes *(p. 173)*. ♥ **Abydos***** est sans doute le plus ancien lieu de pèlerinage de l'Égypte ancienne. C'est là que se trouvait le tombeau d'Osiris, le dieu de l'immortalité, auprès duquel se firent inhumer les pharaons de l'Ancien Empire *(p. 176)*.

⇢ **Itinéraires 11 à 15** *p. 166-178*.

Assouan***

Au débouché de la Première Cataracte s'élève la ville blanche et bleue. Là où les dernières fureurs africaines du fleuve se brisaient sur les rochers en entrant en Égypte. Le ballet des felouques sur le Nil compose l'un des plus beaux paysages d'Égypte. **Le musée de la Nubie***** offre une large perspective sur l'histoire de la Nubie et des relations privilégiées qu'elle entretint avec l'Égypte, depuis l'époque préhistorique jusqu'au royaume de Méroé. Une section est consacrée à la vie quotidienne des Nubiens d'avant la mise en eau du Haut Barrage d'Assouan. Un monde aujourd'hui disparu *(p. 186)*. Non loin de la frontière soudanaise se dresse le temple ♥ **d'Abou Simbel***** qui semble émerger de la montagne. Le sauvetage du temple rupestre de Ramsès II reste encore dans toutes les mémoires *(p. 197)*. Dernière merveille arrachée aux eaux du Nil, ♥ **le temple de Philae***** fut la demeure d'Isis, la Grande Magicienne, et le dernier temple païen en Égypte, dont l'activité se poursuivit jusqu'au vie s., en pleine période byzantine *(p. 189)*.

⇢ **Itinéraires 16 à 20** *p. 182-201*. ●

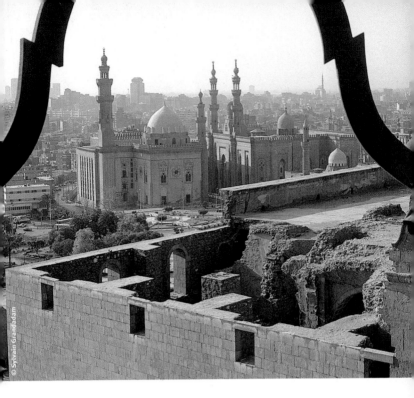

Si vous aimez...

Le chatoiement des peintures

Une des merveilles que nous ont léguées les anciens Égyptiens est leurs innombrables peintures aux coloris miraculeusement préservés : celles des tombes de leurs rois, dont les sujets sont uniquement religieux, comme il convient à ceux que la mort hissait au rang de dieux ; mais aussi celles des tombes des dignitaires ou des humbles artisans, dans leurs vallées respectives, non loin de celle de leur maître. Ne pas oublier les collections de papyrus du musée du Caire, minutieuses enluminures qui ornaient les textes patiemment recopiés par les scribes dans leurs Maisons de Vie.

La statuaire

Taillées dans la précieuse diorite, réservée à l'usage royal, dans le bois ou le simple calcaire, les statues étaient bien autre chose que de beaux objets à admirer : elles servaient de support à la vie même, de réceptacle de l'âme. Ce sont ainsi des milliers de statues que nous a léguées l'Égypte ancienne, du simple brasseur de bière au grand dieu Amon. À découvrir dans les **musées du Caire** et de **Louxor**.

Les collections archéologiques

Le **musée archéologique du Caire** est le plus important conservatoire des antiquités pharaoniques au monde : une présentation certes un peu rébarbative due à l'amoncellement des objets, mais une visite fascinante et indispensable à travers ces milliers de chefs-d'œuvre patiemment mis au jour par des générations d'archéologues.

Tout autre est le **musée de Louxor** : quelques pièces savamment choisies, merveilleusement mises en valeur par un savant éclairage.

© Sylvain Grandadam
© Sylvain Grandadam

L'architecture islamique

Pour l'amateur de monuments islamiques, Le Caire médiéval est un paradis : le long de ses ruelles tortueuses s'égrènent des dizaines de mausolées, mosquées ou madrassas, dont les plus belles furent laissées par les Mamelouks entre le XIIIe et le XVe s.

L'art en XXL

Les anciens Égyptiens ne se contentaient pas de faire beau, ils faisaient grand. Quelques millénaires plus tard, on reste encore étourdi devant les proportions de leurs édifices construits en l'honneur des dieux ou de leurs rois : pyramides du Caire, salle hypostyle de Karnak, colosses d'Abou Simbel peuvent prétendre au titre de plus spectaculaires réalisations de l'histoire de l'humanité.

Les ambiances orientales

À ne pas manquer : suçoter l'embout d'un narguilé dans un café du Khan el-Khalili ou flâner dans la rue Muizz li-din Allah, à la rencontre du quotidien des habitants du Caire ? Couleurs et senteurs sont au rendez-vous, tout comme dans le souk d'Assouan qui annonce déjà les vastes étendues d'Afrique.

Les transports insolites

Un voyage en Égypte est inconcevable sans une promenade à dos de chameau. Si la balade à Giza est assez décevante, celle d'Assouan pour rejoindre le monastère de Saint-Siméon à partir du mausolée de l'Aga Khan est fabuleuse. À Assouan, laissez-vous pousser par la brise en empruntant l'une des nombreuses felouques qui font claquer leur voile au-dessus du Nil. ●

▶ Horus, le dieu faucon d'Osiris. Musée archéologique du Caire.

Programme

La géographie et les capacités hôtelières limitent les itinéraires possibles dans la vallée du Nil. Le Caire, Louxor et Assouan en constituent les trois étapes majeures. Nous vous suggérons ici deux itinéraires :

En 9 jours

Jour 1. Arrivée au Caire (nuit dans un hôtel proche de l'aéroport).

Jour 2. Vol tôt le matin pour Louxor *(p. 107)*. Visite des temples de Louxor (le matin) puis de Karnak.

Jour 3. Visite de la nécropole thébaine : vallées des Rois et des Reines, Deir el-Médineh, Deir el-Bahari, temple de Médinet-Habou *(p. 133)*.

Jour 4. Route pour Assouan ; en chemin, visite des temples d'Esna, d'Edfou et de Kom Ombo *(p. 166)*. Arrivée à Assouan en fin de journée *(p. 179)*.

Jour 5. Le matin, visite de Philae *(p. 189)* ; l'après-midi, promenade en felouque, puis visite du musée de la Nubie *(p. 186)*.

Jour 6. Envol pour Abou Simbel *(p. 197)*, visite des temples, puis vol direct vers Le Caire.

Jour 7. Le Caire : matin, visite du Musée archéologique, après-midi, visite du Caire islamique *(p. 42)*.

Jour 8. Excursion à Giza et Saqqara *(p. 85)*.

Jour 9. Vol de retour.

En 12 jours

Jour 1. Arrivée au Caire.

Jour 2. Visite du Caire *(p. 42)* : le matin, le Musée archéologique, l'après-midi, Le Caire islamique, ses mosquées et ses souks.

Jour 3. Excursion à Giza et Saqqara *(p. 85)*.

Jour 4. Envol pour Louxor *(p. 107)*. Visite de Karnak, puis promenade dans les souks ou farniente à la piscine de l'hôtel.

Jour 5. Première partie de la visite de la nécropole thébaine *(p. 133)*, puis visite du temple de Louxor.

Jour 6. Seconde partie de la visite de la nécropole thébaine ; au retour, visite du Musée archéologique *(p. 122)*.

Jour 7. Excursion à Dendera et Abydos *(p. 173)*.

Jour 8. En chemin vers Assouan, visite des temples d'Esna, d'Edfou et de Kom Ombo *(p. 166)*. Arrivée à Assouan *(p. 179)* en début d'après-midi.

Jour 9. Visite de Philae *(p. 189)* et de l'obélisque inachevé puis promenade en felouque.

Jour 10. Excursion en avion à Abou Simbel *(p. 197)*. Retour à Assouan pour une balade dans les souks.

Jour 11. Vol matinal pour Le Caire : petit tour dans les souks, visite du quartier copte, ou découverte des monuments médiévaux du Caire *(p. 42)*.

Jour 12. Vol de retour. ●

© Sylvain Grandadam

magazine

© Jean-Claude Coutausse / RAPHO

Le peuple égyptien

▲ Le marché du Khan el-Khalili, quartier populaire cairote.

Pages précédentes : un derviche tourneur lors d'une cérémonie soufie.

Des quartiers qui connaissent des taux d'habitants au km² record, des citadins contraints de construire sur les toits des immeubles : l'Égypte connaît une inflation démographique record. Et une jeunesse omniprésente : 40 % des Égyptiens ont moins de 15 ans.

Une démographie galopante

Au rythme actuel de son accroissement – 1,5 million d'individus par an –, la population égyptienne devrait atteindre les 98 millions d'habitants en 2025, soit une augmentation de près de 65 % en trente ans. Déjà, avec ses quelque 16 millions d'habitants officiels, Le Caire est la ville la plus peuplée d'Afrique et l'une des plus importantes du tiers-monde, avec des densités atteignant dans certains quartiers plus de 150 000 habitants au km^2. Quant au reste de la population totale de l'Égypte, elle se concentre essentiellement sur 5 % de la superficie du pays : la vallée du Nil et le Delta.

▶ LE CAIRE :
UNE VILLE TENTACULAIRE

De 16 à 20 millions, les statistiques hésitent à préciser la population du Grand Caire : la grande métropole égyptienne reste insaisissable. Il est néanmoins une réalité qui s'impose comme une évidence à tout voyageur fraîchement débarqué de l'aéroport : la foule, piétons, automobilistes ou tireurs de carrioles, irrigue les grandes artères d'une ville au bord de l'asphyxie tout au long des heures de la journée. Et encore ne voit-il qu'une partie de cette mégapole, laquelle étend ses tentacules sur 65 km d'ouest en est et 35 km du nord au sud jusqu'aux villes nouvelles des périphéries qui tentent d'absorber le trop-plein d'une démographie galopante. Malgré ces nouvelles réalisations urbaines, le centre-ville déborde toujours sous le poids de ses habitants, ce qui se traduit par la construction d'un habitat précaire sur les terrasses des immeubles – de véritables villages avec maisons, jardins et poulaillers – ou encore par l'occupation des mausolées dans les cimetières. L'occupation des cimetières à l'est du centre-ville est un phénomène ancien au Caire, puisqu'on comptait déjà plus de 50 000 habitants dans la cité des Morts en 1937, et les fouilles archéologiques ont montré que les tombeaux étaient déjà occupés au VIIIe s., à une époque où Le Caire ne souffrait pas encore de surpopulation.

▶ L'ÉGYPTE SANS LE NIL

La pression démographique en Égypte a conduit à envisager le développement de nouvelles zones de peuplement : villes nouvelles dans la périphérie du Caire ou projet de la Nouvelle Vallée dans le désert libyque à l'ouest de la vallée du Nil. Ce dernier projet, initié en 1997, avait pour objectifs la mise en valeur de 300 000 ha de terres agricoles grâce au percement d'un canal acheminant l'eau depuis le barrage d'Assouan, et un peuplement de 3 millions d'habitants. Dix ans après son lancement, les résultats sont loin d'être atteints, et les rendements agricoles ne répondent pas aux espérances. Seuls les programmes de villes satellites aux environs du Caire connaissent un réel succès, avec notamment la ville du 6-Octobre, à une trentaine de kilomètres au nord-ouest du centre-ville, une cité-jardin prisée des classes moyennes qui y trouvent des lieux de loisirs et des commerces modernes. C'est ici d'ailleurs que la marque Carrefour a ouvert l'un de ses trois supermarchés égyptiens.

Le poids de l'islam

La Constitution égyptienne de 1971, modifiée par le président Anouar el-Sadate en 1980, fait du Coran la principale source d'inspiration des lois égyptiennes. Les oulémas d'El-Azhar *(p. 50)*, la plus haute autorité du monde sunnite, délivrent des avis suivis par les autorités politiques – mise à l'index d'un film, interdiction d'un texte jugé contraire à l'islam – pendant que sur les chaînes de la télévision nationale des prédicateurs cathodiques prônent inlassablement les vertus du Coran.

▶ VERS UNE PRATIQUE RELIGIEUSE PLUS TRADITIONNELLE

Si l'extrémisme fondamentaliste violent reste le fait d'une minorité, il n'en reste pas moins qu'on assiste à un regain spectaculaire de la pratique religieuse. En témoigne l'immense majorité des femmes qui portent aujourd'hui le voile, alors qu'elles n'étaient qu'une minorité il y a vingt ans du moins dans les grandes villes.

Ce retour aux valeurs jugées traditionnelles de l'islam touche les classes populaires, sensibles aux réseaux d'aide sociale mis en place par les fondamentalistes musulmans. Elles concernent également les couches moyennes et supérieures, les milieux étudiants, qui voient sans doute là un refuge identitaire face aux transformations rapides de la société, ainsi qu'une protestation contre l'absence de réelle alternative politique.

▶ LES CONFRÉRIES SOUFIES

On estime à environ 6 millions le nombre d'Égyptiens concernés par le soufisme et à 120 celui des confréries. Héritières de lignées de sages qui pour beaucoup remontent au Moyen Âge, les confréries soufies s'organisent autour d'un chef spirituel, le cheikh. Celui-ci, par sa connaissance des choses cachées, se tient dans la proximité de Dieu, bénéficie de sa grâce et, de ce fait, détient des pouvoirs

miraculeux. Son tombeau sera plus tard l'objet d'un pèlerinage, une vénération qui n'est pas toujours en odeur de sainteté parmi les oulémas d'El-Azhar, qui n'admettent pas d'intermédiaire entre Dieu et sa créature. Très présentes dans les campagnes, les confréries soufies y jouent un rôle de modérateur social, leurs cheikhs respectés faisant fonction d'arbitres lors des innombrables conflits, qui opposent entre eux familles ou clans villageois.

Les chrétiens d'Égypte

En l'absence de chiffres officiels, on estime la communauté chrétienne à environ 10 % de la population totale, soit environ 7 millions d'individus. Les chrétiens d'Égypte, ou coptes – ce terme désigne aujourd'hui l'ensemble des chrétiens sans distinction de chapelle –, se flattent d'être les véritables héritiers de la civilisation pharaonique. Leur nom même, « copte », ne dérive-t-il pas de l'ancien égyptien *Het ka-Ptah*, « la maison de Ptah », dont les Grecs firent leur *aiguptos*, devenu *aegiptus* en latin ? Ils représentent en tout cas l'une des premières communautés chrétiennes puis-

---

L'islam sunnite et chiite

Les Égyptiens sont musulmans de rite sunnite à près de 90 %. Les sunnites, partisans de la *sunna* – la tradition –, seraient les musulmans « orthodoxes », par opposition aux chiites, qu'ils considèrent comme schismatiques. Au plan historique, les sunnites sont les héritiers des musulmans qui se rangèrent aux côtés de Moawiya (661-680), le fondateur de la dynastie omeyyade de Damas – qui s'opposa victorieusement à Ali, neveu

et gendre du Prophète, pour le titre de calife. Les chiites se divisent en deux grandes tendances. Les uns reconnaissent, à la suite d'Ali, une succession de sept imams à la tête de la communauté des croyants : ce sont les ismaéliens. D'autres prolongent cette lignée jusqu'au douzième imam. Chaque branche considère que son imam a « simplement » disparu et qu'il reviendra à la fin des temps. Cette dimension messianique a suscité chez les chiites une dimension ésotérique qui leur est pro-

pre. Les musulmans égyptiens sont sunnites dans leur quasi-totalité.

Les cinq piliers de l'islam

Religion monothéiste, l'islam repose sur cinq règles fondamentales édictées par Mahomet. La profession de foi, par laquelle le croyant affirme sa foi dans Allah et son prophète Mahomet ; la prière, qui se fait cinq fois par jour, pieds nus, le regard tourné vers La Mecque ; l'aumône légale ; le jeûne, qui impose trente jours sans manger, boire, que la tradition fait de l'évangéliste saint Marc le propagateur de la Nouvelle Alliance sur les rives du Nil *(p. 250)*.

▶ LES COPTES, UNE ÉGLISE À PART ENTIÈRE

Dans leur immense majorité, les coptes sont fidèles à l'Église copte d'Égypte, conduite aujourd'hui par Sa Sainteté Chénouda III. Restée formellement monophysite *(p. 251)*, celle-ci n'est donc pas en communion avec les Églises orthodoxes gréco-slaves, fidèles au concile de Chalcédoine *(p. 251)*. Et si l'on qualifie parfois l'Église égyptienne d'« ortho-doxe », c'est pour signifier sa séparation d'avec Rome lors du grand schisme de 1054 qui sépara les Églises d'Orient et d'Occident.

▶ LES AUTRES COMMUNAUTÉS CHRÉTIENNES

Aux côtés des coptes orthodoxes, on compte une petite minorité de **coptes catholiques** – acceptant l'autorité de Rome, ainsi qu'une communauté de coptes réformés ; ces deux Églises comptent chacune une centaine de milliers de fidèles. Mentionnons aussi l'existence d'un **patriarcat grec orthodoxe** à Alexandrie, survivance, sans guère d'audience, du passé byzantin.

---

fumer ou avoir de relations sexuelles entre le lever et le coucher du soleil ; le pèlerinage à La Mecque.

Le « zikr »

Sous la grande tente dressée à l'occasion de l'anniversaire (le *mouled*) d'un saint musulman, les hommes disposés en cercle psalmodient des versets coraniques. Lent tout d'abord, le rythme s'accélère ; progressivement, les chants se font cris de plus en plus rauques, jusqu'à ce que les participants, jetant leur tête de droite et de gauche, comme désarticulée, atteignent l'extase. Ils participent au *zikr*, la cérémonie qui réunit les fidèles d'une confrérie soufie dans une même communion avec la divinité.

Le Khan pendant le ramadan

Ne manquez pas de vous rendre au Khan el-Khalili *(p. 50)* si vous visitez Le Caire durant la période du ramadan. Peu avant le coup de canon tiré de la citadelle qui annonce la rupture du jeûne *(iftar)*, dans les petits restaurants du quartier, tout un peuple est déjà attablé, la fourchette à la main et l'autre près du verre d'eau. Puis, la première collation prise, la fête commence : sous les tentes dressées pour l'occasion rivalisent musiciens et bateleurs, tandis que les boutiques restent ouvertes jusque tard dans la soirée. ●

▲ Grande prière du vendredi au Caire.

population

▶ UNE COMMUNAUTÉ VIVANTE

Les chrétiens d'Égypte vivent partout dans le pays, avec des « fiefs » où leur présence est plus marquée (de 20 à 30 % de la population) comme en Moyenne-Égypte et dans certains quartiers du Caire. Leurs prénoms sont d'origine chrétienne, quand ils ne sont pas pharaoniques – Ramsès est un prénom fréquent chez les coptes –, et ils portent une petite croix souvent tatouée à l'intérieur de leur poignet pour se distinguer des musulmans.

Dans les villages, mixtes le plus souvent, chrétiens et musulmans cultivent côte à côte les mêmes champs ; dans les villes, les coptes sont représentés dans toutes les catégories sociales, des riches entrepreneurs aux couches les plus modestes de la société. À peine peut-on dire que les chrétiens sont plus nombreux dans les professions libérales.

▶ LE MALAISE D'UNE MINORITÉ

Aujourd'hui, les coptes ont de plus en plus de difficultés à intégrer la haute hiérarchie administrative et politique. Traditionnellement, les cabinets ministériels comptent deux coptes. Boutros Boutros Ghali, ancien secrétaire général de l'ONU fut ainsi longtemps ministre des Affaires étrangères (1977-1991). Au Parlement, les chrétiens sont également sous-représentés : ils ne comptent que 6 députés à la chambre issue des élections de 2005, un élu et cinq désignés par le président de la République. Enfin, certains postes leur sont pratiquement interdits, c'est le cas, à l'université, des chaires d'arabe, la langue du Coran choisie par Dieu pour exprimer son ultime message. Parallèlement, les islamistes s'attaquent violemment aux chrétiens, à leurs églises, à leurs commerces et à leurs villages, avec pour conséquence des dizaines de victimes parmi cette communauté et les forces de police. Les violences anti-chrétiennes ont gagné le nord du pays et notamment Alexandrie. Face à ces difficultés, de plus en plus de chrétiens, ceux du moins les plus fortunés, envisagent l'hypothèse de l'émigration.

La communauté juive

Les juifs sont présents en Égypte depuis l'Antiquité. Au VIIe s. avant notre ère, à l'époque saïte, une communauté était établie sur l'île Éléphantine à Assouan où elle possédait semble-t-il son propre temple. Sous les Ptolémées, la capitale d'Égypte, Alexandrie, comptait environ un tiers de juifs. C'est dans ce milieu lettré et acquis à la civilisation grecque que furent traduits en grec les livres de la Torah, donnant naissance à la Septante. Après de longs siècles d'une présence, renforcée par l'arrivée de juifs levantins à partir du XIXe s., la venue au pouvoir des nationalistes égyptiens et la guerre contre Israël de 1967, ont contraint l'immense majorité des juifs à l'exil. La communauté juive égyptienne se réduit aujourd'hui à quelques dizaines de familles. Elle possède encore ses synagogues, au Caire et à Alexandrie, où l'on peine aujourd'hui à atteindre le *miniane*, le nombre rituel de dix fidèles masculins pour lire la Torah et pratiquer valablement les rites importants. ●

Le choix du libéralisme

Depuis son accession au pouvoir en 1981, le président Moubarak poursuit sans faillir l'*infitah*, la politique d'ouverture économique inaugurée par Sadate et préconisée par le FMI en échange de son aide : privatisation du secteur public, modernisation du secteur financier et suppression des subventions étatiques attribuées aux produits de première nécessité pour les laisser rejoindre les prix du marché. Cette politique a certes profité à une classe moyenne émergente – avec pour partie visible l'augmentation du parc automobile et la multiplication des magasins de luxe –, mais a laissé sur le bord de la route une grande partie des classes populaires. Par ailleurs,

▲ Située sur le golfe de Suez, la ville de Suez est l'un des plus importants ports du pays.

économie

l'économie égyptienne reste vulnérable en raison des fortes variations politiques — guerres et terrorisme — que peuvent connaître ses secteurs clés comme le tourisme, le pétrole, le trafic du canal de Suez et les envois de devises des expatriés. Remise en selle grâce aux **subventions** internationales, elle doit absolument entrer dans une nouvelle phase de modernisation pour faire face au défi de la **mondialisation**.

Les piliers de l'économie égyptienne

L'Égypte possède des atouts économiques indéniables. Hormis les considérables rentrées de devises que constituent les envois des travailleurs égyptiens immigrés et l'exploitation du pétrole, le secteur du tourisme et le canal de Suez forment les principaux piliers de l'économie nationale.

▶ LE CANAL DE SUEZ

Le canal de Suez relie la Méditerranée à la mer Rouge : il permet aux navires de passer d'Europe en Asie sans contourner l'Afrique. Emprunté par plus de 10 000 navires chaque année, le canal est l'un des hauts lieux du transit international et représente une **source de devises** essentielle pour l'économie égyptienne. Or l'augmentation des besoins et de la taille des bateaux nécessite d'entreprendre des travaux de **modernisation** coûteux mais indispensables : il s'agit en effet de creuser plus profondément certaines sections du canal et de modifier le rayon de certaines courbes pour faciliter les manœuvres de navires aux dimensions de plus en plus grandes.

▶ LA MANNE DU TOURISME

Le tourisme constitue la principale ressource en devises de l'Égypte. Selon l'Organisation mondiale du tourisme, le secteur représentait en 2005 près de 8 % du PIB et générait 7 % des emplois. Consciente de son importance, l'Égypte développe ses atouts : le parc hôtelier est ainsi en constant accroissement. Quant à l'aéroport du Caire, de récents travaux devraient lui permettre de doubler sa surface et d'accueillir près de 18 millions de voyageurs par an. Seule ombre au tableau : la fréquentation touristique et les revenus qui en sont issus varient fortement en fonction de l'actualité politique, et notamment des attentats terroristes.

- - - - - - - - - - - - - - - - - - - -

La Compagnie du canal

En 1856, le vice-roi Saïd concédait l'exploitation du canal de Suez à une compagnie internationale pour une durée de 99 ans à compter de l'ouverture de l'ouvrage, l'État égyptien percevant pour sa part 15 % des bénéfices. Le 5 novembre 1858, la **souscription internationale** est lancée : 400 000 actions sont mises en vente. En France, c'est un immense succès ; partout ailleurs, un fiasco, particulièrement en Angleterre, où le gouvernement manifeste son hostilité au projet. Pour complaire à son ami diplomate Ferdinand de Lesseps, le vice-roi Saïd accepte de souscrire 176 000 actions, grevant un peu plus les caisses de l'État égyptien. Dans les premières années, le « Suez » est une mauvaise affaire : le trafic prévu n'est pas au rendez-vous, et l'action chute vers 1874 à moins de la moitié de sa valeur initiale. En 1876, le khédive Ismaïl, à la recherche d'argent frais, vend à l'issue de négociations secrètes ses actions à l'Angleterre pour 100 millions de francs. Quatre ans plus tard, l'Égypte cède au Crédit foncier de France les 15 % de bénéfices qui lui étaient alloués. Le canal échappe donc totalement au pays, alors même que la compagnie commence à engranger des bénéfices considérables. Le « Suez » restera jusqu'à la nationalisation de 1956 un placement de père de famille. ●

▶ Chameaux conduits au marché d'Imbaba du Caire.

© Sylvain Grandadam

Une économie sous perfusion

Les suites de la première guerre du Golfe apparurent comme un véritable miracle pour l'économie égyptienne, au bord de la banqueroute au début des années 1990. En récompense de son soutien durant l'épreuve, les États-Unis soulagèrent l'Égypte d'une grande partie de sa dette, tandis que les capitaux arabes irriguaient à nouveau les rives du Nil. Au total, entre 1975 et 2001, le montant de l'aide américaine s'est élevé à 24,7 milliards de dollars. Elle se répartit à parts sensiblement égales entre un volet militaire et un volet civil. En dépit de ses atouts économiques, l'économie égyptienne doit faire face à un volume d'importations important, produits alimentaires de première nécessité pour une population à la démographie galopante, mais aussi produits plus sophistiqués pour satisfaire le goût des classes moyennes émergentes.

Depuis l'intervention américaine en Irak en 2003, l'Égypte est saisie d'une vague d'antiaméricanisme virulent, alimentée également par la dégradation de la situation en Palestine, où Washington est accusé d'être le soutien indéfectible d'Israël. Ce ressentiment populaire place le pouvoir égyptien dans une situation difficile : malgré son hostilité à la politique de l'administration Bush, l'Égypte continue d'être le second destinataire, après Israël, de l'aide américaine au Proche-Orient : près de 2,5 milliards de dollars par an d'aide civile et militaire.

L'entrée en vigueur le 1er janvier 2004 de l'accord d'association entre l'Union européenne et l'Égypte a permis de rééquilibrer ses relations économiques internationales. L'Union européenne est désormais le premier partenaire commercial de l'Égypte : l'Allemagne, l'Italie, la France et le Royaume-Uni fournissent 36 % des importations et sont destinataires de 43 % des exportations égyptiennes (pétrole brut et produits dérivés, produits métallurgiques, textile et coton brut). ●

© Jean-Claude Aunos/Gamma

L'Égypte de Moubarak

▲ Hosni Moubarak et Geor-
ge W. Bush au sommet de
Charm el-Cheikh en 2003.

Propulsé sur le devant de la scène
après l'assassinat d'Anouar el-Sadate, Hosni
Moubarak préside depuis 1981 aux destinées de l'Égypte. Durant plus d'un quart de
siècle, l'ancien commandant de l'armée de
l'air à qui on ne promettait pas une longue carrière politique, a réussi à se maintenir fermement au pouvoir, surmontant
les crises internationales – les deux guerres du Golfe –, et les tensions intérieures – montée d'une opposition islamiste,
terrorisme. Alors qu'il fêtera ses 80 ans en
2008, la question encore taboue de sa succession se pose avec angoisse pour nombre
d'Égyptiens.

politique

La démocratie : une ouverture timide

En 2005, l'Égypte a connu un souffle timide de liberté. La révision de la Constitution en mai permettait pour la première fois depuis 1971 le pluralisme des candidatures à l'élection présidentielle. Hosni Moubarak, le successeur de Sadate, ne l'emportait « que » de 88,6 % contre 93,97 % six ans plus tôt. Ce cinquième mandat successif témoigne du rôle central de Hosni Moubarak et de son parti, le Parti national démocratique (PND), dans la vie politique égyptienne.

En décembre de la même année, les élections législatives donnèrent, comme on s'y attendait, une large majorité au parti présidentiel. Elles furent cependant marquées, en dépit d'irrégularités dénoncées par certaines organisations internationales, par une forte poussée des Frères musulmans, qui se sont regroupés, après une longue période d'interdiction en partis légaux : en enlevant 88 sièges sur les 444 que compte le Parlement, ils forment désormais la principale force d'opposition en Égypte.

Après cette timide tentative d'ouverture politique, les élections municipales prévues en 2006 ont été reportées en 2008 par crainte d'une victoire des islamistes. Partis et forces d'opposition restent étroitement contrôlés par la police et le principal rival de Hosni Moubarak à l'élection présidentielle, Ayman Nour, a été condamné à cinq ans de prison pour falsification de documents électoraux.

En l'absence de réelle offre politique – la question de la succession de Hosni Moubarak, né en 1928, n'étant pas résolue –, le mouvement des Frères musulmans semble une alternative possible pour un nombre toujours plus grand d'Égyptiens.

La société égyptienne en proie au fondamentalisme

Avant leur percée aux élections législatives de 2006, les Frères musulmans avaient obtenu leurs premiers succès dès les années 1980 dans les secteurs associatifs et syndicaux où les élections se déroulent dans une plus grande transparence que pour les élections nationales. Ils contrôlent ainsi bon nombre de syndicats de professions libérales, avocats, médecins, dentistes, ingénieurs… Dans les quartiers défavorisés, ils sont très actifs dans le domaine de l'aide sociale, grâce notamment aux capitaux qu'ils drainent par l'intermédiaire de fondations charitables et de banques islamiques. Cet embourgeoisement des Frères, en même temps que le vieillissement de leurs dirigeants historiques, a conduit les jeunes les plus extrémistes à se tourner vers l'action violente.

La violence politique : une vieille histoire

En politique, la violence ne date pas d'aujourd'hui : en 1945, le Premier ministre en exercice fut assassiné en plein Parlement, et un de ses successeurs connut le même sort en 1949. L'attentat contre le président Sadate en 1981 marqua de manière spectaculaire l'entrée en scène d'une nouvelle génération d'extrémistes musulmans.

Dans les années 1990, la violence des activistes fondamentalistes s'est aussi tournée contre les touristes. Le 17 novembre 1997, sur les terrasses du temple de Hatchepsout *(p. 153)*, un des hauts lieux de l'Égypte pharaonique, 58 étrangers furent tués par un groupe d'islamistes. Après sept années de silence, les groupes islamistes ont fait un sanglant retour dans l'actualité avec une série d'attentats au Caire (2004), à Charm el-Cheikh (2005) et à Dahab (2006).

Parallèlement, depuis leur fief de Moyenne-Égypte, où vit une importante minorité copte, les islamistes entretiennent au quotidien un climat de violence fait d'attaques contre des cinémas, des bars, où l'on sert de l'alcool, et des vidéo-clubs.

L'Égypte
sur la scène internationale

L'Égypte a toujours joué un rôle central dans la politique du Proche-Orient : pas de paix sans la Syrie, pas de guerre sans l'Égypte, se plaisait à dire l'Américain Henry Kissinger lorsqu'il était aux affaires sous l'administration Nixon (1969-1974). Considérée comme traître à la cause commune, elle fut mise au ban des nations arabomusulmanes après la signature du traité de paix avec Israël signé par le président Sadate en 1979.

Seul l'indéfectible soutien américain permit au pays de rompre son isolement. C'est avec l'accession au pouvoir de Hosni Moubarak que l'Égypte allait de nouveau faire son apparition sur la scène internationale : envoi de conseillers militaires en Irak pendant la guerre avec l'Iran (1980-1988), et expatriation massive d'une main-d'œuvre égyptienne dans les États pétroliers. L'Égypte, pendant la guerre du Golfe de 1991, envoya le plus important contingent militaire arabe combattre aux côtés des alliés occidentaux. En 1993 furent signés à Washington les accords entre Palestiniens et Israéliens, conclusion d'un processus engagé à Oslo en marge de la conférence de paix de Madrid (1991), convoquée après la guerre du Golfe et où Le Caire entendait jouer un rôle capital de médiateur. Tour à tour, les pays arabes, à l'exception de la Syrie, du Liban et de l'Irak, signèrent un accord de paix avec Israël : l'Égypte perdit sa place d'allié arabe privilégié des Américains au Proche-Orient. Pour faire pièce à cette dévalorisation du rôle stratégique de son pays, le président Moubarak multiplia les initiatives, comme la convocation d'une conférence régionale à Charm el-Cheikh (1996), pour poser l'Égypte en champion de la lutte antiterroriste au Proche-Orient. Un chantage au chaos qui allait lui permettre de renégocier chaque année avec succès l'aide occidentale. ●

- - - - - - - - - - - - - - - - - - - -

Les Frères musulmans

Un instituteur du Delta, Hassan el-Banna, fonda en 1928 une confrérie musulmane, prônant une réislamisation de la société égyptienne, selon lui corrompue par les mœurs étrangères. Les Frères musulmans étaient nés. Ils furent d'abord considérés comme des alliés objectifs par les nationalistes dans leur combat contre la présence coloniale britannique. Après la révolution de 1952, au succès de laquelle ils contribuèrent de façon décisive en tenant la rue, ils furent pourchassés par Nasser à partir de 1954. Cet ostracisme dura jusqu'à la libéralisation entreprise à partir de 1973 par Sadate, qui fut proche des Frères dans sa jeunesse.

Une place de choix

Importance démographique d'abord : l'Égypte a toujours été le pays arabe le plus peuplé. Importance stratégique ensuite : par le canal de Suez transitent les pétroliers qui exportent le brut des pays producteurs de la péninsule arabe. Cette centralité joua à plein durant la période nassérienne, lorsque les théories panarabes du raïs enthousiasmaient les foules des pays voisins. L'Égypte intervint ainsi plusieurs fois dans la vie politique de ses voisins : proclamation de l'union entre l'Égypte et la Syrie (1958), préfiguration d'une future nation arabe), puis intervention militaire au Yémen (1962) pour y soutenir les républicains contre les forces royalistes. Deux échecs qui ne parvinrent pas à entamer la popularité de Nasser, pas plus que l'humiliante défaite de 1967 contre Israël *(p. 263)*. ●

artisanat
« Made in Egypt »

Devant le nombre impressionnant de boutiques de souvenirs et de vendeurs à la sauvette, on ne peut que constater à quel point l'industrie des souvenirs touristiques est florissante – même si la qualité est rarement au rendez-vous. Toutes et tous proposent les mêmes objets de pacotille, imitations grossières de statuettes pharaoniques, cuivres à la décoration bâclée, articles en cuir, papyrus de qualité douteuse, sans oublier les inévitables tee-shirts arborant les plus célèbres sites touristiques. Pourtant, si l'on se tient à l'écart de ces « cavernes d'Ali Baba » sans grand intérêt, on peut encore faire de jolies trouvailles en Égypte.

● **Bijoux**. Au Khan el-Khalili *(p. 50)* du Caire, ainsi qu'à Louxor *(p. 107)*, on trouve de jolis objets en or 18 carats et en argent. Deux incontournables : le scarabée en or *(p. 235)* et turquoise, ainsi que le cartouche gravé à son nom en hiéroglyphes.

● **Épices**. C'est dans le Sud, à Assouan *(p. 179)*, que vous trouverez le plus grand choix. En vedette, le *carcadeh*, une infusion à base de fleurs d'hibiscus séchées, que l'on boit chaude ou froide.

● **Papyrus**. La vraie plante est souvent remplacée par du maïs ou de la peau de banane, et les prétendus « instituts » pullulent dans les environs de Giza *(p. 88)*. Un papyrus qui manque de souplesse, dont les couleurs dépassent les contours du dessin et que l'on vous propose pour quelques livres a peu de chances d'être authentique. Et ce n'est pas le « certificat » l'accompagnant qui garantira le contraire. Les exemplaires authentiques se trouvent chez les fabricants reconnus, tels que l'institut du Dr Ragab au Caire I-B3, qui possède une succursale à Assouan *(p. 179)* B2.

● **Parfums**. Jasmin, rose ou violette : si vous voulez retrouver les senteurs de l'Orient une fois rentré chez vous, vous ne manquerez pas de rendre visite aux parfumeurs qui tiennent boutique dans les souks des grandes villes. Souvent, d'ailleurs, les petites fioles en verre soufflé sont tout aussi intéressantes que les fragrances qu'elles contiennent.

● **Tapis**. À l'exception des articles en laine décorés de motifs naïfs et qui sont une spécialité égyptienne produite du côté de Saqqara, les tapis que l'on trouve dans les souks proviennent de tout l'Orient. On peut parfois y faire de belles découvertes en matière de tapis anciens.

● **Textiles**. Le coton égyptien est le meilleur du monde. Vous trouverez notamment des nappes à des prix particulièrement intéressants. Pour vos soirées costumées, vous pourrez vous faire confectionner sur mesure des vêtements traditionnels à Louxor : *galabiyas* (djellabas) ou robes orientales.

●●● *L'auteur vous conseille ses adresses shopping dans les carnets d'adresses de chaque région.* ●

◀ Délice de la vue dans une boutique du Khan el-Khalili, quartier populaire, en plein cœur de la vieille ville du Caire.

© Sylvain Grandadam

Égypte gourmande

▲ Livraison express du pain à bicyclette.

« Que ne sommes-nous morts au pays d'Égypte, quand nous étions assis devant des marmites de viande et mangions du pain tout notre soûl », se lamentaient les Hébreux sur le dur chemin de l'exode. Car si les Arabes, nomades du désert, sont friands de grillades, les Égyptiens, peuple de paysans, n'apprécient rien tant que leurs **ragoûts** *(tagine)*, mijotés des heures au coin du feu et généreux en sauce où l'on trempe son pain avec gourmandise. Ces ragoûts d'Égypte, vous n'avez cependant que peu de chances de les déguster, à moins d'être invité dans une famille d'agriculteurs de la vallée. Les restaurants égyptiens, même les plus simples, préfèrent servir une cuisine plus « prestigieuse », largement inspirée de la tradition libanaise.

Mezzés & co

Au restaurant, petit ou grand, un repas égyptien commence le plus souvent avec un assortiment de **mezzés**, que vous attraperez directement dans le plat à l'aide de pain *(eich)*. La composition est généralement faite de *babaghanoug*, purée d'aubergines fumées, de *zeitoun*, olives, de *tahina*, crème de sésame, de *hoummos*, purée de pois chiches, de *wara'a einab*, feuilles de vigne farcies, de *gebna beyda*, sorte de feta, de *taameya*, boulettes frites de fèves pilées et d'herbes aromatiques, et de *tabouleh*, salade de persil, de coriandre, de menthe et de blé concassé. Le tout est habituellement servi avec une salade *(salata)* composée, dont la plus fréquente est la *salata baladi*, littéralement la « salade du pays », faite de tomates, d'oignons, de concombres et de salade verte. À manger au déjeuner ou au dîner, la *chorba*, soupe, et notamment celle aux lentilles vertes, *chorba el 'adas*, est toujours délicieuse et roborative.

Ensuite viennent les **grillades**, dont il existe un grand choix : les *kebab*, brochettes de viande hachée ou non, les *keftah*, boulettes de viande hachée, le poulet grillé *(ferakh)*. Parmi les plats plus élaborés, on vous proposera du pigeon rôti, *hamam*, ou farci, *hamam mahchi*, et de la **meloukhia**, une bouillie d'herbes vertes qui ressemble à l'épinard et dont les Égyptiens sont friands. Les restaurants d'un certain standing proposent également du poisson *(samak)* et des fruits de mer en provenance de la mer Rouge ou de la Méditerranée.

Les douceurs orientales

En matière de desserts, vous trouverez les **pâtisseries** généralement très sucrées que l'on propose au Proche-Orient, comme les *baklawa*. Plus typiques, la **basboussa** est un gâteau de semoule nappé de miel et la **konafa**, semblable aux « cheveux d'ange », est un gâteau de vermicelles fourré de pâte de pistaches et de noisettes. Il y a aussi le **Om Ali** (« la mère d'Alix »), spécialité égyptienne par excellence composée de pâte fine mélangée à du lait *(laban)* avec des pistaches et servie chaude. Les

Attention !

Deux types de désagréments guettent le visiteur en Égypte : les **problèmes intestinaux** et la **déshydratation**. Pour éviter les premiers, mieux vaut respecter les règles élémentaires d'hygiène et de bon sens : ne mangez que des aliments bien cuits, ne consommez pas de crudités, ne buvez que de l'eau minérale ou des sodas décapsulés devant vous ; ne mangez pas plus que d'habitude, même si les buffets des hôtels ou des bateaux de croisière sont

bien appétissants, et ne buvez pas glacé en rentrant d'excursion. Lavez-vous soigneusement les mains aussi souvent que possible. Un dernier conseil : on trouve partout, jusqu'à l'entrée des sites, de l'**eau minérale** en bouteilles plastique, mais assurez-vous lors de l'achat que la capsule est bien en place.

Petit lexique

Assiette	*Taba'*
Beurre	*Zebda*
Bouteille d'eau	*Ezaza maya*
Couteau	*Sekkina*
Déjeuner	*Ghada*
Dîner	*Acha*
Fourchette	*Choka*
Légumes	*Khodar*
Menu	*Menou*
Petit déjeuner	*Fitar*
Poivre	*Felfel*
Restaurant	*Mataam*
Sel	*Malah*
Sucre	*Sokkar*
Table	*Tarabeza*
Verre	*Koubayya*
Viande	*Lahma*

gastronomie

amateurs de sucreries apprécieront la **mahallabiya**, une crème à base de farine de riz *(roz)* parfumée à la fleur d'oranger et saupoudrée de pistache, et le **roz-bil-laban**, un riz au lait, dont certaines échoppes se font la spécialité.

Nebit, bira, etc.

Une bonne nouvelle, les **vins** *(nebit)* égyptiens sont désormais tout à fait acceptables : Omar Khayyam (rouge), Rubis d'Égypte (rosé) et Cru des Ptolémées (blanc) sont élaborés depuis 1999 avec l'assistance d'une grande maison bordelaise. Les **bières** *(bira)* locales présentent elles aussi une large palette de qualité satisfaisante. Thé *(chay)*, café turc *(ahwa arabi)* et infusion d'hibiscus *(carcadeh)* sont les boissons les plus consommées dans les cafés populaires.

Le café, un lieu de vie

Plus qu'un lieu où l'on vient boire, du thé, ou du café, introduit au XVIe s., le café est un lieu de sociabilité indispensable pour les Égyptiens. On s'y retrouve pour d'interminables palabres entre voisins, entre artisans partageant la même activité, boulangers ou écrivains. Au Caire, les amoureux d'Oum Kalsoum ont le leur, sur la place Tawfiqiya où ils se retrouvent pour communier dans la même ferveur. Compagnon indispensable de la conversation, le narguilé apaise par son glouglou les conversations qui prendraient un tour trop passionné. Cette manière de fumer

traditionnelle – les mesures anti-tabac n'ont pas encore touché ici les lieux publics – a été reprise à son compte par la jeunesse dorée égyptienne. Et dans les endroits branchés du Caire, les golden boys, à l'image de leurs aînés, suçotent gravement l'embout de leur pipe à eau.

Un petit creux ?

Au cours de vos promenades, si la faim vous vient, n'hésitez pas à vous arrêter dans l'une des nombreuses petites gargotes que vous croiserez sur votre chemin. À goûter absolument dans les échoppes spécialisées, le *foul*, qui fait office de plat national égyptien. C'est une préparation à base de fèves bouillies avec de l'huile et des épices et arrosées d'un jus de citron. Mangé de préférence au petit déjeuner, il est servi dans une assiette ou en sandwich. Le *kochari*, à déguster dans les gargotes des souks présentant en vitrine d'énormes faitouts remplis de riz et de nouilles, est un mélange de macaronis, de riz, de lentilles et de pois chiches. Les *fatir*, sorte de pizzas à la pâte feuilletée, sucrée ou salée, constituent aussi un excellent en-cas. Côté boisson, vous trouverez un peu partout des magasins de jus de fruits, où l'on vous servira des jus *('asir)* de fruits exotiques (goyave, mangue, etc.) ou classiques (pamplemousse, banane, orange, etc.).

●●● *L'auteur vous conseille : ses adresses de restaurants dans les carnets d'adresses de chaque région.* ●

شريف خيرالله   حجاج عبدالعظيم
انعام سالوسه   ماجد الكدوائى
عبد الله فرغلى
يوسف داود

محمد صفاء عامر

اخراج
محمد النجار

Le monde des arts

Depuis les fondateurs jusqu'aux nouveaux auteurs contemporains, la littérature égyptienne occupe une place de premier plan sur la scène culturelle arabe. Tout comme la chanson moderne arabe qui est née sur les rives du Nil. Quant au cinéma, il s'exporte dans le monde entier, relayé aujourd'hui par l'abondante production de feuilletons télévisés. Dans les riches familles du Golfe, c'est en regardant la télévision que les employées de maison asiatiques apprennent l'arabe. Et c'est en dialecte égyptien qu'elles s'adressent à leurs patrons.

▲ Le cinéma *Rivoli* du Caire.

cultures

Les lettres égyptiennes

Depuis ses origines, la littérature égyptienne contemporaine s'est ancrée dans les réalités de son pays. L'exemple le plus achevé est l'œuvre abondante du prix Nobel Naguib Mahfouz *(voir ci-dessous)*.

Après quelques expérimentations avant-gardistes plus au moins fructueuses dans les années 1970-1980, la littérature égyptienne semble renouer avec la veine romanesque depuis la publication de *L'Immeuble Yacoubian* d'Alaa el-Sawany en 2006 *(voir ci-contre)*.

▶ LES FONDATEURS DE LA LITTÉRATURE CONTEMPORAINE

L'essayiste **Taha Hussein** (1889-1973) peut être considéré comme le père de la littérature égyptienne contemporaine. Après avoir effectué des études à l'université d'El-Azhar, il entre à l'université laïque. Ce francophile passionné est nommé ministre en 1950 : il est l'organisateur de l'enseignement moderne en Égypte, un parcours remarquable lorsque l'on sait que l'écrivain est aveugle depuis l'âge de 3 ans. *Le Livre des jours* (1926), un récit autobiographique racontant ses premières années d'étudiant à El-Azhar, demeure son œuvre la plus traduite : l'édition française publiée en 1947 fut préfacée par André Gide.

Dramaturge et romancier, **Tewfik el-Hakim** (1902-1987) s'est rendu célèbre avec la parution en 1942 de son *Journal d'un substitut de campagne*, recueil de ses premières observations de jeune magistrat. Le livre dénonçait la misère des fellahs et la corruption des fonctionnaires ; il eut un écho considérable au Caire.

Naguib Mahfouz (1911-2006) est considéré comme le plus grand écrivain contemporain d'Égypte. Il est aussi le premier auteur arabe à avoir vu son œuvre couronnée par le prix Nobel (1988). Après avoir

▶ Les longs développements des chansons arabes conduisent l'auditoire à l'extase, tout comme les cérémonies soufies dont les manifestations les plus connues sont les danses des derviches.

pris ses distances avec le régime nassérien, Mahfouz est critiqué par les oulémas d'El-Azhar, qui mettent certains de ses ouvrages à l'index ; il fait même l'objet, en 1995, d'une tentative d'assassinat de la part d'un extrémiste musulman.

L'œuvre maîtresse de Naguib Mahfouz est une trilogie parue en français sous le titre *Passage des miracles* qui regroupe *Impasse des deux palais*, *Le Palais du désir* et *Le Jardin du passé* ; elle reçoit en 1957 le Prix national de littérature. L'essentiel de celle-ci a pour cadre le quartier populaire du Caire, où l'auteur est né, proche de la mosquée El-Azhar. Cette saga monumentale retrace la vie et les mœurs d'une famille de petits commerçants cairotes sur trois générations.

▶ LA NOUVELLE GÉNÉRATION

Le romancier **Gamal el-Ghitani**, né en 1945, prolonge aujourd'hui la veine populaire engagée par Naguib Mahfouz dans un style plus picaresque (*La Mystérieuse Affaire de l'impasse Zaafarani*, 1977).

Citons encore **Sonallah Ibrahim**, né en 1937, dont plusieurs romans ont été traduits en France : *Les Années de Zeth*, 1993 ; *Charaf ou l'honneur*, 1999. *Amrikanli : un automne à San Francisco*, son dernier roman, paru en 2005, décrit de manière douce-amère la rencontre entre Orient et Occident au travers du séjour d'un intellectuel égyptien dans une université américaine. Figure atypique, **Albert Cossery**, Égyptien installé à Paris depuis 1945, écrit son œuvre en français. Il y dépeint avec tendresse le petit peuple du Caire ou des campagnes en puisant

© Sylvain Grandadam

dans ses souvenirs d'enfance. Son ouvrage le plus célèbre, *Mendiants et Orgueilleux* (1955), a fait l'objet d'une adaptation cinématographique par la réalisatrice **Asma el-Bakri** en 1991.

En 2006, la traduction de *L'Immeuble Yacoubian* a permis aux lecteurs français de découvrir un nouvel auteur égyptien, **Alaa el-Aswany** (né en 1957), devenu une vedette dans son pays : sur un ton libre, qui s'affranchit des tabous politiques ou sexuels, le roman évoque l'histoire contemporaine de l'Égypte à travers la vie d'un immeuble cairote et de ses habitants.

Le monde est chanson

Tout au long du jour, Le Caire vibre au rythme des lancinantes mélopées arabes. De la banquette fatiguée du taxi noir et blanc à la rue du bazar, de l'échoppe à l'atelier, pas un endroit de la ville qui ne soit à la portée d'une armée de haut-parleurs hurlant à plein volume les grands airs de la chanson égyptienne.

▶ LES GRANDS ANCÊTRES

Le premier voyage en taxi vous l'enseignera : les grands ancêtres sont toujours vivants. Sitôt la première vitesse enclenchée, s'élève la voix chaude et rauque d'**Oum Kalsoum**, l'inoubliable « Astre de l'Orient ». Voici ensuite **Farid el-Attrache**, le séduisant *sportsman* d'origine syrienne, dont la mort tragique à la suite d'une chute de cheval a rendu inconsolables des générations d'Égyptiennes. Il y a encore **Abd el-Wahab**, le père cultures

de la chanson arabe moderne, et **Layla Mourad**, qui monta pour la première fois sur les planches en 1930, à l'âge de 12 ans, et qui continue de toucher un immense public, même après sa mort en 1995. Tous débutèrent leur carrière dans les années 1930, avec la naissance de la radio et du cinéma parlant, qui leur assurèrent une immense audience. De nos jours, la télévision entretient leur culte, et il ne se passe pas de soirée sans que le petit écran ne diffuse un de leurs films ou de leurs tours de chant.

▶ PAROLES ET MUSIQUE

Malgré l'influence de la musique occidentale sur la musique égyptienne, l'inspiration est toujours restée orientale. Par ses interprètes d'abord : Oum Kalsoum ou Abd el-Wahab, tous deux issus de milieux religieux, avaient commencé à chanter lors des célébrations des fêtes musulmanes. Par ses thèmes ensuite : l'amour d'abord, mais des amours contrariées où l'on pleure la séparation et l'absence. On ne sourit guère dans la chanson égyptienne. « Nous avons été créés malheureux », conclut Oum Kalsoum au terme de l'une de ses plus belles chansons. « L'amour sans espoir, tel est le sort de l'amoureux », renchérit Farid el-Attrache. Autre thème : la complainte sociale, chanson du pauvre ou de l'émigré dans une société hostile. « Tout le monde m'a pris, mais je suis revenu. Ô maman, je reviens comme avant. La vie est ici, ô Maman, en Égypte, tel un oiseau qui chante dans notre sang. » (chanson de Mohammed Mounir, vedette de la chanson égyptienne contemporaine qui intègre à la tradition des influences occidentales). Le thème de la mère est récurrent, ce qui ne laisse pas de surprendre les Occidentaux assistant au spectacle de foules d'hommes en larmes à l'écoute de ces complaintes. La chanson patriotique est enfin un genre où s'illustrent les plus grands : « Ô Nil, source d'amour et de sérénité, abreuve-moi, fais-moi divaguer comme l'oiseau de la nuit. » (chanson d'Abd el-Wahab).

Sur les écrans

C'est à Alexandrie, en 1912, que commence l'aventure cinématographique égyptienne. Pour la première fois, des scènes de la vie locale sont saisies sur la pellicule :

Le Congrès du Caire en 1932

La grande chanson égyptienne, et arabe à sa suite, naquit dans les années 1930, à la conjonction des moyens de diffusion modernes et des influences occidentales. Les bases en furent jetées lors du Congrès de musique arabe qui se tint au Caire en 1932. Ses conclusions préconisèrent l'introduction d'une vingtaine de violons, de cinq violoncelles, de deux contrebasses, de clarinettes, de trompettes et de hautbois, ainsi que d'un accordéon, à côté des instruments traditionnels : oudh (le luth arabe), flûte, qanoun (cithare horizontale), tambourin à cymbales et tambour d'argile. Le grand orchestre arabe était né, avec une formation qu'il connaît encore de nos jours. Décision fut également prise d'adopter la notation musicale occidentale, ce qui favorisa l'introduction de thèmes importés.

La Diva du monde arabe

Née en Égypte en 1898, Oum Kalsoum montre très tôt des dispositions étonnantes pour le chant : petite fille, elle participe déguisée en garçon à la troupe de cheikhs dirigée par son père. Elle gagne Le Caire à 16 ans et entame une carrière à la longévité exceptionnelle, marquée par une relation hors du commun entre l'artiste et son public. Sa voix puissante s'adapte aux mots du poète Ahmed Rami, qui lui a écrit près de 140

© Sylvain Grandadam

chansons, et devient progressivement une véritable institution égyptienne. La chanteuse multiplie les tournées orientales et charme l'ensemble du monde arabe. Admirée par Nasser, elle se fait le symbole du patriotisme et de l'unité nationale, mais aussi le porte-parole du petit peuple. Sa mort, le 3 février 1975, provoque des scènes d'hystérie collective : son village natal psalmodie le Coran toute la journée, et plus de 5 millions de personnes assistent à ses funérailles.

L'extase

Les Beatles n'ont rien inventé : lors des récitals des grands noms de la chanson arabe, on s'évanouit, on hurle, on lacère ses vêtements, on s'arrache les cheveux... Dans un pays où la spontanéité est souvent bridée par les conventions morales et sociales, par les difficultés économiques aussi, les chansons représentent un formidable exutoire. Les plus belles d'entre elles conduisent leur auditoire à l'extase, tout comme le rituel du *zikr*

(p. 21), les cérémonies soufies au terme desquelles les participants entrent en transe. ●

▲ Oum Kalsoum reste l'idole du peuple égyptien.

cultures

Entrée du khédive à Alexandrie, Les Passagers de la gare de Sidi Gaber… Les spectateurs égyptiens, dans les quelque 80 salles qui sont déjà à leur disposition, peuvent enfin reconnaître sur l'écran des images qui leur sont familières. Quelques fictions sont ensuite tournées dans les premiers studios aménagés à Alexandrie : elles ne remportent qu'un succès d'estime parmi la communauté cosmopolite de la ville plus encline à apprécier le cinéma occidental. Le cinéma égyptien rencontre son public à l'introduction du parlant – ou plutôt du « chantant », puisque c'est la comédie musicale qui constitue le plus gros de la production égyptienne. Le premier film parlant, en 1932, *La Rose blanche*, met ainsi en scène Abd el-Wahab *(p. 35)*.

▶ **LE CINÉMA À L'EXPORT**

La création, en 1934, sur l'avenue des Pyramides à Giza, des studios Misr, fondés à l'initiative de Talaat Harb, le directeur de la banque du même nom, donne l'impulsion décisive au cinéma égyptien. D'autres entreprises et des financiers suivent cet exemple : à la veille de la guerre, l'Égypte compte déjà quatre studios de cinéma. Quant à la production, elle connaît un « boom » prodigieux : de 13 films en 1935, elle passe à 105 entre 1939 et 1945, puis à 364 de 1945 à 1952.

Oum Kalsoum *(p. 36)*, Abd el-Wahab et Farid el-Attrache *(p. 35)* tiennent l'affiche dans des comédies ou des mélodrames stéréotypés qui rencontrent un immense succès dans tout le monde arabe.

En 1950, **Youssef Chahine**, le cinéaste égyptien à la renommée internationale, réalise son premier film. Suivra une longue liste de succès tant en Égypte que dans les pays occidentaux.

Citons *Ciel d'enfer* (1954), un drame social dénonçant les pesanteurs féodales en Haute-Égypte, où apparaît pour la première fois à l'écran Michel Chalhoub, un jeune Syro-Libanais qui prendra le nom d'Omar Sharif.

▶ **UN INSTRUMENT D'ÉDUCATION POPULAIRE**

Avec l'arrivée au pouvoir des Officiers libres et de Gamal Abdel Nasser en 1952, le cinéma égyptien doit être mis au service d'une réalité sociale et servir d'instru-

● ●

Youssef Chahine

Youssef Chahine naît en 1926 à Alexandrie d'un père syro-libanais et d'une mère d'origine grecque. Comme ses compatriotes de la moyenne bourgeoisie, il est polyglotte, suivant en français les cours du collège Saint-Marc – une des écoles huppées de la ville – puis en anglais ceux du Victoria College. Bien sûr, il parle aussi l'arabe de son pays, le grec maternel et maîtrise l'italien, très répandu dans la grande cité portuaire. Très tôt, il trouve sa vocation : le cinéma. Il tourne, alors qu'il fréquente encore le Victoria College, un petit film en 8 mm. Passionné de cinéma américain – dont il ne rate aucune des comédies qui sont projetées à Alexandrie durant la guerre –, il part en 1946 pour Hollywood où il restera deux ans. Dès son retour, il commence à tourner et son œuvre compte aujourd'hui une quarantaine de longs métrages qui oscillent entre la critique sociale, la fresque historique ou la comédie égyptienne plus traditionnelle, et portent l'empreinte d'un style personnel et attachant. ●

▶ Youssef Chahine, le célèbre cinéaste égyptien.

© Figaro-Magazine-Ribeiro/Gamma

ment à l'éducation des masses.
De même, il est hissé au niveau
d'un art : un « organisme pour le
cinéma » est créé en 1957, destiné
à en élever le niveau artistique,
tandis que l'année précédente se
sont ouverts les premiers ciné-
clubs d'Égypte. Celui du Caire,
fondé en 1968, fournira à l'Égypte
ses plus brillants critiques.

C'est à cette époque qu'éclôt un
nouveau genre, le réalisme social,
qui donnera ses lettres de noblesse
au cinéma égyptien. **Salah abou
Seif** en est l'un des plus fameux
représentants : l'un de ses plus
grands films, *Mort parmi les vivants*
(1960), est une adaptation d'un
roman de Naguib Mahfouz ; inter-
prété par Omar Sharif et Samia
Gamal – la plus célèbre danseuse
de l'époque –, il raconte la chute
d'une famille de la petite bourgeoisie du Caire.

▶ ## UN CINÉMA EN DÉCLIN ?

Depuis le début des années 1980,
la concurrence d'autres studios
arabes, ceux d'Abu Dhabi notamment, ainsi que la montée de la
censure, politique puis religieuse
à travers les prises de position des
docteurs d'El-Azhar, a entraîné
un déclin certain de la qualité et
de l'importance de la production
cinématographique égyptienne.

Malgré ce déclin, certains films
de cinéastes égyptiens réussissent
à obtenir quelques retentissants
succès internationaux. Avec *L'Émigré* (1995), qui raconte l'histoire
de Joseph, et *Le Destin* (1997),
Chahine est revenu en force dans
les salles obscures occidentales.
Plus récemment, le roman de Alaa
el-Sawany, *L'Immeuble Yacoubian*
(p. 35), a été adapté au cinéma en
2006 par Marwan Hamed et pro-
jeté à l'étranger. ●

itinéraires

Sylvain Grandadam

Le Caire★★★

Monstre urbain, mégalopole, « monstruopole », on se dispute les superlatifs pour cerner la réalité d'une ville, promise, c'est selon, à l'explosion ou à l'implosion. C'est vrai qu'elle est bruyante, étourdissante, suffocante, notre chère capitale d'Égypte, et que les chevilles se tordent dans les rues du centre-ville où l'asphalte n'est plus qu'un souvenir lointain. Mais puisque, à tout prendre, Le Caire est l'étape obligée de tout voyage en Égypte, ses pyramides et son Musée archéologique étant deux hauts lieux de l'égyptologie, mieux vaut tenter d'apprivoiser le monstre. Certes, Le Caire a ses problèmes et ils sont souvent dramatiques. Mais il n'est peut-être aucune ville au monde de cette taille qui puisse se flatter de ne connaître pratiquement pas de délinquance et d'offrir à ses visiteurs la possibilité de s'y promener en toute tranquillité à n'importe quelle heure du jour ou de la nuit.

▲ Le Caire et ses mille minarets : une métropole qui compte plus de vingt millions d'habitants.

Pages précédentes : pronaos du temple d'Edfou.

La colombe et la tente

Depuis la conquête romaine, une puissante forteresse gardait la pointe méridionale du Delta : **Babylone d'Égypte**, une garnison plutôt qu'une véritable ville. Pourtant, derrière ses murs hauts de 12 m vivait une population de chrétiens, qui priaient déjà dans l'église de la Moallaqa, et de juifs.

En avril 641, les 15 000 hommes du général musulman **Amr ibn al-As** s'en emparent avant de poursuivre leur chemin vers Alexandrie, la grande métropole des Grecs. Mais au moment de plier sa tente, Amr voit une colombe s'y poser et pondre. La première capitale d'Égypte, qui allait être fondée l'année suivante, avait trouvé son nom : **Fostat**, « la Tente ». Moins poètes, les historiens pensent qu'il faut plutôt en voir l'origine dans le grec *fossaton*, désignant les fossés qui entouraient la citadelle.

Malgré plusieurs campagnes de fouilles, rien n'a été retrouvé de cette première ville. Seule la mosquée Amr, remaniée dans les siècles suivants, demeure pour témoigner de la première grandeur de l'islam.

Les migrations d'une capitale

Avec l'avènement du pouvoir abbasside en 750, le gouverneur d'Égypte se dote d'une nouvelle capitale : un ensemble de palais officiels est construit au nord de Fostat, autour duquel apparaissent des quartiers d'habitation. De cette ville d'**El-Aksam**, rien n'est parvenu jusqu'à nous. Lorsque, en 868, Ibn Touloun s'émancipe de la tutelle des califes de Bagdad, il décide à son tour l'érection d'une ville nouvelle, **El-Qata'i**, au nord-est d'El-Aksam. Après la chute de l'éphémère dynastie touloulide, palais et belles demeures sont démolis, à l'exception de la mosquée. Aujourd'hui encore, la **mosquée Ibn Touloun** est l'un des plus beaux édifices du Caire islamique.

Le Caire fatimide

C'est aux Fatimides (969-1171), conquérants chiites venus d'Afrique du Nord, que l'on doit la fondation du véritable noyau de ce que l'on nomme aujourd'hui Le Caire islamique.

Les nouveaux maîtres de l'Égypte fondent une nouvelle capitale, **El-Qahira**, « la Victorieuse », au nord-ouest de l'actuelle citadelle. Du nord au sud court une large avenue, la **Qasaba**, qui ouvre à mi-parcours sur une esplanade de 2,5 ha bordée à l'est et à l'ouest par les deux palais califaux. Si ces derniers ont disparu, la rue, certes plus étroite qu'à l'origine, constitue toujours l'épine dorsale du quartier ; c'est la *sharia* (rue) Muizz li-din Allah, chère à Naguib Mahfouz, qui, de Bab el-Futuh à Bab Zuwayla, porte les plus belles constructions fatimides et mameloukes. La fondation de l'**université El-Azhar**, conçue comme un centre de propagation du chiisme, date aussi de cette période.

Deux cités distinctes coexistent, séparées par des jardins et des terrains vagues jonchés des ruines des capitales abandonnées : El-Qahira d'une part, la ville des palais, des mosquées et des madrassas, un vaste quadrilatère protégé de hauts murs et bordé à l'ouest par le Khalig, un canal percé par les pharaons et recouvert par l'actuelle avenue Port-Saïd, et Fostat d'autre part, où réside le petit peuple et où se concentre l'essentiel de l'activité économique et artisanale, autour de son port ouvert aux navires de haute mer.

Durant les deux siècles du règne des Fatimides, Le Caire devient en effet le **carrefour commercial majeur de l'Orient**. Dès le Xe s., des négociants amalfitains y sont présents, suivis bientôt par d'autres commerçants européens. La puissante communauté juive est le centre d'un vaste réseau d'échanges qui s'étend de l'Inde à l'Occident.

introduction

LA CAPITALE DE SALADIN

En 1171, Saladin renverse le dernier Fatimide. Pour l'Égypte, c'est le retour au sunnisme : au Caire, El-Azhar est rendue à l'orthodoxie. Devenu maître de l'Orient à la mort de Nour ed-Din (1174), Saladin fait du Caire la capitale de son puissant royaume.

Sur une colline du Moqattam, il bâtit la **citadelle**, qui restera le centre du pouvoir jusqu'au XIXe s. Il multiplie la fondation de madrassas, autant de centres de rayonnement du sunnisme. Ses successeurs, les **Ayyoubides** (1193-1250) suivront cette politique.

C'est pendant cette période qu'El-Qahira prend le pas sur Fostat. La ville fatimide, qui servait jusque-là de résidence aux dignitaires, se peuple de la foule des soldats de Saladin. Sur leurs pas se pressent les marchands et les artisans qui délaissent l'ancien centre économique de l'agglomération. Peu à peu, les majestueuses avenues où paradaient les émirs fatimides sont envahies d'échoppes et d'ateliers : la ville califale à la stricte ordonnance se mue en une **médina grouillante de vie et d'activités**. Une transformation qui n'est pas toujours du goût des voyageurs du temps qui y dénoncent pêle-mêle l'ivrognerie, la débauche et… les concerts d'instruments à cordes.

L'EMPRISE DES MAMELOUKS

La « dynastie des Esclaves » (1250-1517) imprima une forte marque sur l'urbanisme du Caire. Constituant une classe essentiellement urbaine, les Mamelouks s'attachèrent à embellir leur ville de monuments, mosquées, madrassas, mausolées, qui portent généralement leur nom.

C'est aussi sous les Mamelouks que s'opère une ségrégation géographique de l'activité économique, comme c'est l'habitude dans les villes musulmanes. Pas moins de 48 souks spécialisés occupent un vaste espace de part et d'autre de l'ancienne Qasaba : parmi eux, le **Khan el-Khalili**, bien connu des touristes. Presque autant de caravansérails, appelés en Égypte *wakala*, accueillent les marchands et leurs chameaux, chargés de produits venus du monde entier.

Plus grande métropole d'Orient, Le Caire compte vers 1400 environ 200 000 habitants (80 000 à Paris à la même époque), dont 40 000 seulement résident à Fostat dont le déclin se poursuit : elle en comptait trois fois plus au XIe s. Au début du XVIe s., El-Qahira déborde de ses murs au-delà desquels s'étendent désormais des faubourgs.

La nécropole orientale, la cité des Morts, commence d'être habitée, et les émirs fuient la ville intra-muros, presque entièrement dévolue au commerce, pour construire leurs palais dans le **quartier de l'Ezbékiya**, autour d'une immense place qui se remplit d'eau au moment de la crue et sert de cadre à de délicieuses parties de canotage.

LES OTTOMANS

Pendant la période ottomane (1517-1798), la ville continue son développement : désormais, un tissu continu de quartiers réunit El-Qahira et Fostat.

À l'intérieur des murs, en revanche, la ville conserve la physionomie héritée des Mamelouks : un **réseau dense de ruelles étroites** et malcommodes dont l'entretien reste à la charge des riverains, le gouverneur se contentant d'en rappeler l'obligation, tout comme celle d'assurer l'éclairage des rues, en vigueur depuis les Mamelouks. De même, les nombreuses fontaines publiques sont des fondations privées, pieuses le plus souvent.

Une population de **marchands** et d'**artisans** vit dans de belles mais discrètes demeures pour les plus riches, ou dans les *rab*, ces curieux

introduction

▲ La mosquée El-Azhar.

© Sylvain Grandadam

édifices à étages, qui regroupent plusieurs familles de copropriétaires.

La ville se divise en quartiers, *hara*, bien distincts, 63 selon les savants de la *Description de l'Égypte*. Chacun compte environ 200 familles, regroupées selon leur activité ou leur origine géographique ou religieuse. Ces villages à l'intérieur de la ville, où tous se connaissent, ouvrent vers l'extérieur par une unique rue principale, le *darb*, doté d'une porte que l'on ferme la nuit et sur lequel ouvrent des allées secondaires terminées en cul-de-sac. Chaque *haret* possède ses propres commerces, son hammam, parfois son four à pain.

Cette économie particulière de la ville explique en partie l'absence de grandes artères : la circulation entre quartiers est quasi inexistante, les habitants se contentant de se rendre

····⟩ *Suite p. 48.*

© Sylvain Grandadam

▲ Chaque quartier de la ville possède son propre souk où l'on trouve l'approvisionnement quotidien, sa mosquée et ses bains.

La ville musulmane

Au cœur de la ville, le Khan el-Khalili forme le centre névralgique du Caire médiéval. Foule, parfums, couleurs y composent une atmosphère pittoresque. Mais dès que l'on s'éloigne des allées principales du souk pour s'engager dans les ruelles de traverse, on se heurte vite à des impasses, bordées de façades aveugles et de portes closes. C'est que la ville musulmane répond à d'autres exigences que les cités d'Occident. Mode d'emploi.

Héritière des nomades

La cité musulmane du Moyen Âge est l'héritière des villages de tentes dressés par les tribus nomades en marche. Ses habitants s'y regroupent selon leurs origines claniques ou géographiques dans des quartiers à peu près homogènes. On accède à chacun d'entre eux par une porte (fermée la nuit) donnant sur une des artères principales de la ville. Au-delà de cette entrée, le réseau de ruelles se divise en allées de plus en plus étroites, qui se terminent en cul-de-sac. Chacun de ces quartiers constitue une entité particulière, qui peut être défendue contre d'éventuels agresseurs et à l'intérieur de laquelle tous les habitants se connaissent ; on peut ainsi y laisser les enfants jouer dans la rue sous la surveillance collective du voisinage.

D'un quartier à l'autre

Le souk concentre l'essentiel de l'activité commerciale et artisanale. C'est là que les habitants viennent effectuer leurs achats de prix : épices, tissus, ustensiles divers, bijoux. Les échoppes y sont regroupées par spécialité, ce qui offre au chaland les meilleures possibilités de comparaison et de choix. Les voies de communication à travers la ville privilégient les liaisons entre les quartiers et le centre, plutôt que d'autres qui relieraient les différents quartiers entre

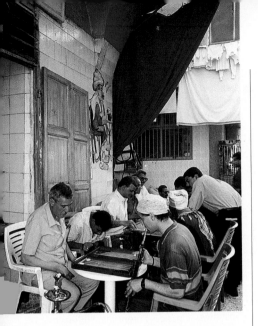

◄ La ville musulmane apparaît comme une juxtaposition de villages au centre desquels le souk principal occupe une place privilégiée.

eux, d'autant qu'au centre-ville, tout près du souk, s'élève la Grande Mosquée (ici El-Azhar) où tous les membres de la communauté musulmane sont conviés à se rendre pour la prière du vendredi, les oratoires de quartier étant réservés aux prières qui rythment les jours de la semaine.

Les monuments de la ville

Si, dans la ville médiévale, il n'existe pas de projet édilitaire d'ensemble, les élites urbaines ne se désintéressent pas pour autant de leur cité. On cite à ce propos de nombreux maîtres de l'Égypte, fatimides ou mamelouks, qui imposèrent aux habitants de repeindre les façades de leurs maisons ou d'éclairer leur rue, ou ordonnèrent le dégagement des artères principales de la ville, progressivement envahies par les extensions plus ou moins provisoires des échoppes riveraines. Les riches notables ne sont pas en reste : pour conserver leur mémoire, ils font construire à leurs frais des monuments destinés au bien-être des habitants : fontaine, école coranique (madrassa) où ils se font le plus souvent inhumer, mosquée ou hammam. Pour assurer leur entretien, ils y attachent des biens de mainmorte (terres agricoles, immeubles de rapport), les *wakf,* propriétés inaliénables de ces fondations pieuses. L'intense activité commerciale nécessite aussi la construction d'édifices destinés à recevoir les commerçants de passage. Ce sont les caravansérails, appelés *wakala* en Égypte. De tailles très diverses (le plus grand d'entre eux, la wakala El-Ghouri III-B1, ne comprend pas moins de 360 pièces), ils présentent tous une disposition similaire : ils s'organisent autour d'une cour centrale, où l'on trouve souvent un petit oratoire, et comprennent à l'étage une série de chambres destinées au logement des voyageurs, le rez-de-chaussée servant d'entrepôt et d'écuries. ●

de leur *haret* à leur boutique dans le souk central. Parmi ces quartiers, on compte ceux des chrétiens, dont le haret El-Rum, au centre-ville *(p. 56)*, siège du patriarcat copte, et le haret El-Yahud, où vivent les 3 000 membres de la communauté juive.

LES BEAUX ATOURS D'UNE CAPITALE

Mohammed Ali gouverne l'Égypte depuis le départ des Français (1801). Au Caire, il poursuit la **politique de modernisation** qu'il a déjà appliquée à l'État. Il impose aux riverains de repeindre leurs façades ; pour faciliter le trafic, il oblige les commerçants à démolir les *mastaba*, ces bancs installés parfois au beau milieu des rues, ainsi qu'à remplacer par des toitures de bois les nattes de paille qui offraient leur ombre aux passants. La majestueuse allée de sycomores de son nouveau palais de Choubra est éclairée au gaz dès 1829. Depuis son séjour à Paris pour l'Exposition universelle de 1867 – il y a rencontré le baron Haussmann –, le pacha Ismaïl (1863-1879 ; *p. 266*) s'est entiché d'architecture moderne.

Pour accueillir les fastes de l'inauguration du **canal de Suez** en 1869, il lui faut présenter une capitale digne de l'événement. Adieu *moucharabiehs* de bois façonné et façades aveugles, place aux balcons et au fer forgé. À l'ouest de l'Ezbékiya, remblayé et où s'élève désormais l'Opéra, les rues d'une **ville nouvelle** sont tracées, larges artères qui ouvrent de profondes perspectives sur le Nil ; le terrain est cédé à des promoteurs, pour peu que leurs projets répondent aux critères de l'architecture européenne. De profondes trouées traversent de même la vieille ville, l'avenue Clot-Bey, le boulevard Mohammed-Ali, le long desquels s'alignent des rangées d'**immeubles à l'européenne** : une simple façade, car derrière eux subsiste le lacis des ruelles médiévales, de plus en plus surpeuplées.

UN PARIS D'ORIENT

La nouvelle physionomie du Caire connaîtra son aboutissement durant la période britannique (1882-1936) : une ville double, « indigène » à l'est, coloniale à l'ouest, majoritairement occupée par des Européens : 70 000 en 1878, 150 000 en 1907.

À la ville d'Ismaïl, dont le centre est occupé par l'actuelle place Talaat Harb, s'ajoutent d'autres quartiers européens : **Zamalek**, au nord de l'île de Gézira, à l'ombre du Sporting Club, le rendez-vous des élites européennes ; **Garden City**, construit par les Britanniques à leur manière, avec des rues courbes bordées de jardins ; et plus tard, à l'est de l'agglomération, **Héliopolis**, conçue par le baron Empain. Dans les quartiers « coloniaux », boutiques à la dernière mode, théâtres puis cinémas, restaurants et salons de thé – le **café Groppi** sur la **place Talaat Harb I-C2** est l'un des derniers survivants de cette époque –, s'offrent à satisfaire les goûts d'une clientèle européenne.

●●● *Pour en savoir plus sur l'histoire de l'Égypte et du Caire :* voir notre Chronologie p. 212 et p. 257. ●

1 | ♥ Le Caire islamique★★

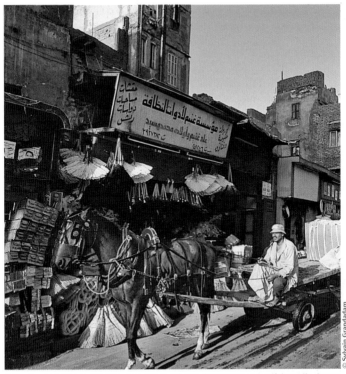

© Sylvain Grandadam

▲ En circulant à travers la ville, on passe peu à peu d'un espace privatif, la ruelle de son quartier, à l'espace public ouvert à tous.

3 balades depuis le Khan I-D2 : la mosquée El-Azhar et ses environs *(p. 50)* ; vers Bab el-Futuh au N *(p. 52)* ; et vers Bab Zuwayla au S *(p. 54)*.

À pied uniquement.

Marchés populaires : *t.l.j. sf dim. (les boutiques touristiques du Khan restent ouvertes)* ; moins animées mais plus tranquilles, les rues sont vidées de la circulation automobile.

Durée : 1 journée.

Carnet d'adresses p. 76.

Plan d'ensemble I : en rabat arrière de couverture ; **plan II** : **le Khan el-Khalili** p. 51 ; **plan III** : **la Ghouria** p. 55.

Le Caire ne se résume pas au Nil, à sa corniche et à ses grands hôtels. C'est aussi – surtout – le foisonnement des ruelles de la ville médié-vale, entre Bab el-Futuh et Bab Zuwayla. C'est la ville des petites gens, des boutiquiers et des colporteurs dont les cris résonnent de maison en maison, façades aveugles derrière lesquelles ouvrent des cours fleuries et parfumées, domaine privilégié des femmes. C'est Le Caire de Naguib Mahfouz : le Prix Nobel y naquit en 1912 et y composa une grande partie de son œuvre, assis au fond du café Fichaoui.

Ces quartiers sont en outre un conservatoire d'une richesse exceptionnelle de l'**architecture islamique**, du Xe au XVIIIe s. : mausolées, mosquées, caravansérails, palais civils, fontaines publiques s'y comptent par centaines, certains de ces édifices pouvant légitimement

1

itinéraire

figurer parmi les chef-d'œuvres de l'architecture universelle. Mangés par les siècles, laissés à l'abandon, phagocytés par des constructions ultérieures, ces monuments furent longtemps dissimulés au regard.

Aujourd'hui un ambitieux **programme de réhabilitation** est en passe de transformer le secteur compris entre le Khan el Khalili et Bab el-Futuh. Dégagée, débarrassée de sa circulation automobile intempestive, repavée, la rue Muizz li Din Allah a retrouvé un peu de la splendeur de l'ancienne Qasaba de la ville fatimide. Une très agréable promenade à ne pas manquer.

●●● *Bon à savoir : les marchés populaires sont fermés le dimanche (les boutiques touristiques du Khan el-Khalili restent en revanche ouvertes) : ce que l'on perd alors en animation, on le gagne en tranquillité en flânant dans les rues vides de circulation automobile.*

|| Le Khan el-Khalili★★★

II-AB3 Le « Khan », le marché par excellence, planté en plein cœur de la vieille ville, est devenu une étape obligée de toute visite touristique. C'est dire qu'aux terrasses des cafés, les khawagas (« étrangers ») disputent les tables aux autochtones qui leur cèdent bien volontiers la place. Et, dans les boutiques, la mauvaise monnaie chassant la bonne, les articles touristiques plus ou moins standardisés prennent le pas sur les merveilles artisanales de l'Orient.

Il n'empêche, pour un Occidental tout frais débarqué dans le tourbillon cairote, le Khan reste une excellente entrée en matière : bain de foule, délices de la vue et de l'odorat garantis. Et pour peu qu'on lève quelques instants les yeux, on découvrira de nombreux vestiges de ce remarquable ensemble architectural du XVIe s.

|| La mosquée El-Azhar★

⸱⸱⸱⸱ III-B1 Ouv. t.l.j. Entrée libre. Visite suspendue au moment des prières.

On les voit chaque matin, la calotte blanche vissée sur le crâne, se hâter vers les salles où les attendent leurs professeurs. Ce sont les étudiants d'El-Azhar, venus des quatre coins du monde arabe, ou d'un Orient plus lointain, Indonésie, Malaisie, pour étudier la théologie musulmane.

Sans avoir de relation hiérarchique avec les imams du monde musulman, celui d'El-Azhar exerce un magistère moral sur l'ensemble du monde sunnite. Ironie de l'histoire, c'est pour servir de centre de diffusion du chiisme que la mosquée fut fondée au Xe s. par les Fatimides. C'est Saladin, conquérant sunnite de l'Égypte, qui la remit aux docteurs orthodoxes.

Gravement endommagée par le séisme de 1992, la mosquée a fait l'objet de vastes travaux de restauration, visibles surtout dans la cour.

L'**entrée** est particulièrement séduisante, encadrée de deux madrassas offertes au XIVe s. par deux émirs mamelouks. En face, la **porte des Barbiers**, où les étudiants se faisaient jadis raser, est splendidement ornée d'une véritable dentelle de sculptures.

Avancez ensuite dans la cour et retournez-vous pour découvrir l'élégante silhouette des **trois minarets** de la façade. La **salle de prière** est divisée en deux parties, la seconde étant légèrement surélevée : elle fut ajoutée au XVIIIe s. par les Ottomans. C'est la première partie de la salle – dont le mur de *qibla* fut détruit lors de l'agrandissement –, qui appartient à la construction du Xe s. : une véritable forêt de colonnes, provenant pour la plupart de monuments antiques.

1

itinéraire

vers Bab el-Futuh, p. 52

◆ Restaurant
31 Khan el-Khalili

Bab el-Futuh

El-Galal

N

Mosquée El-Hakim

Bab el-Nasr

El-Siyarig

Amir el-Guyus el-Gawani

100 m

Allah li-din

El-Muizz li-din

Bab el-Nasr

Zawiya

Wakala de Qusun

Mur fatimide

Wakala Oda Bashi

Beit Suhaymi

Darb el-Asfar

Mosquée El-Aqmar

Khanqa de Baïbars

El-Harnafis

Wakala el-Bazaraa

Sébil-kuttab

Sébil-kuttab d'Abd el-Rahman

Madrassa de Barquq

Mosquée de Gamal ed-Din

El-Gamaliya

Monuments de Qalaoun

Beit el-Cadi

Beit el-Cadi

Mausolée de Salah Nigm ed-Din Ayyub

Mosquée Taghri Bardi

Sébil-kuttab

Wakala

Wakala

Mosquée du Cheikh Mutahhar

Orfèvrerie, bijoux

Tissus, galabiyas

Antiquités

El-Musky

Allah li-din

Orfèvrerie, bijoux

Cuivre

KHAN EL-KHALILI

Cuivre

31 Orfèvrerie, bijoux

Mosquée Sayyidna el-Hussein

Mosquée El-Ashraf Barsbay

Bab el-Badistan (XVIᵉ s.)

Cuirs, sacs

Tissus, galabiyas

Café Fichaoui

Mosquée du Cheikh Ismaïl

El-Mashhad el-Hussein

Tissus, galabiyas

Parfums, épices

li-din

Banque

El-Musky

Départ

Madrassa El-Ghouri

El-Azhar

Khan

MIDAN HUSSEIN

Gohar el-Qaid

El-Muizz

Mausolée El-Ghouri

Wakala El-Ghouri

Mosquée El-Azhar

Université El-Azhar

Wakala de Qaitbey

↙ Bab Zuwayla   A

voir plan p. 55

↙ Beit Harawi   B

▲ Plan II : du Khan el-Khalili à Bab el-Futuh

|| Vers Bab el-Futuh

⋯⟶ **Plan II** De la mosquée El-Azhar, traversez le Khan d'E en O pour rejoindre la rue Muizz li-din Allah, connue sous son ancien nom de Qasaba, qui mène vers le N à Bab el-Futuh, à 800 m env. de la sortie du Khan.

Tout au long de la rue Muizz li-din Allah s'alignent mosquées et madrassas ayyoubides et mameloukes qu'il est impossible de décrire en détail ici. C'est Le Caire des **petits métiers** : ferblantiers, ébénistes, mais aussi tailleurs, réparateurs d'électroménager, marchands de quatre saisons – « urnes de miel, mes carottes » – ou vendeurs de graines de pastèque, les « distractions du pauvre » que les plus démunis mâchonnent pour tromper leur faim. Voici quelques-uns des principaux monuments que vous rencontrerez en chemin.

| Les monuments de Qalaoun★★★

⋯⟶ **II-A3** F. pour restauration.

Cet ensemble, qui regroupe une mosquée-madrassa et un tombeau, fut construit à la fin du XIIIe s. par le **sultan mamelouk Qalaoun**. Derrière une belle **façade★** s'ouvre, à g. la **mosquée-madrassa**, précédée d'une cour, oasis de calme et de verdure au milieu du tumulte citadin, à dr. le **mausolée** du souverain, surmonté d'une haute coupole. Immédiatement au nord de cet ensemble, le **mausolée de Mohammed an-Nasser**, fils de Qalaoun, conserve en façade un **portail gothique★** provenant d'une église de Saint-Jean-d'Acre (la dernière place forte des croisés en Terre sainte, enlevée par les Mamelouks en 1291). L'intérieur est de moindre intérêt.

| Le mausolée du sultan Salah Nigm ed-Din Ayyub

⋯⟶ **II-A3** Face aux monuments de Qalaoun. F. à la visite.

Ce mausolée fut construit au XIIIe s. à l'emplacement des palais des Fati-

mides, rasés après le renversement de la dynastie. Des vestiges en ont été mis au jour lors de travaux de restauration. Sous la haute coupole repose le sultan ayyoubide tué à la bataille de Mansoura lors de la campagne de Saint Louis en Égypte. Son épouse, une ancienne esclave arménienne, tint sa mort secrète jusqu'au retour de son fils, l'héritier du trône. Elle régna même pendant quatre-vingts jours à la mort de celui-ci. Au sud se dresse le splendide **minaret** qui surmontait l'entrée de la madrassa accolée au mausolée. De celle-ci, ne reste que la longue façade en partie dissimulée derrière une rangée de boutiques.

Immédiatement au nord du mausolée, un petit édifice qui s'avance vers la rue est le seul vestige de la **madrassa de Baïbars**, le sultan mamelouk qui mit un terme définitif à la menace mongole en 1260. Sur le mur, on reconnaît plusieurs représentations de panthères, l'emblème du souverain.

| La madrassa de Barquq

⋯⟶ **II-A2** F. pour restauration.

Cette école, construite au XIVe s. par le sultan mamelouk du même nom, conserve une **belle façade** et, au-delà d'un long couloir, les logements des étudiants disposés autour d'une cour, ainsi qu'une salle de prière.

Au-delà, vers le nord, se dresse une monumentale **fontaine ottomane** (sébil-kuttab Abd el-Rahman, 1744), surmontée d'une loggia qui abritait une école coranique.

| La mosquée El-Aqmar

II-A2 L'édifice conserve de ses origines fatimides (1125) une **belle façade ouvragée** qui a été reproduite à l'identique pour orner l'entrée du Musée copte du Vieux Caire (p. 62). Sa restauration fut financée par une société ismaélienne indienne (Bohari Mission).

1

itinéraire

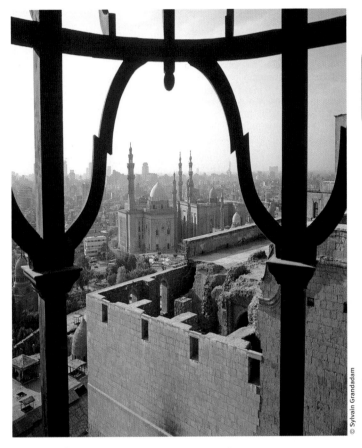

© Sylvain Grandadam

shopping
Le Khan, mode d'emploi

Rançon du succès touristique, les boutiques proposent à profusion tous les articles susceptibles de susciter la convoitise des visiteurs étrangers : objets en albâtre, cartouches en or où l'on fera graver son nom en hiéroglyphes, *galabiyas* et tarbouches, petits flacons en verre, papyrus peints ou simplement imprimés, sans oublier les omniprésents tee-shirts. Rien d'affolant, en somme, et que l'on ne puisse trouver à chaque étape de son voyage.

En fouinant un peu, vous pourrez tomber dans quelque arrière-boutique sur une belle collection de **tapis** orientaux, turcs ou persans, ou, chez un brocanteur, sur des babioles du passé, souvenirs kitsch du temps des khédives.

Rappelons que les **antiquités**, pharaoniques, gréco-romaines ou coptes, ne peuvent être exportées que si elles ont été achetées chez un antiquaire habilité. Dans tous les cas, le **marchandage** est de règle, après avoir siroté le verre de thé que le marchand se fera un devoir de vous offrir.

●●● *Pour en savoir plus : voir également notre rubrique Shopping p. 84.*

À noter également : boutiques ouv. t.l.j. sf dim. et j.f. 10 h-19 h (20 h en été). ●

▲ Vue sur la vieille ville et la madrassa du Sultan Hassan depuis la citadelle.

1

itinéraire

| Beit Suhaymi★★

⸴⸴⸴ II-B2 Ouv. t.l.j. de 9h à 17h. Entrée payante.

Il faut tout d'abord s'engager dans le Darb el-Asfar, une ruelle du Caire médiéval radicalement restaurée par le Service des Antiquités. L'entrée se trouve du côté g., à 200 m environ. Beit Suhaymi est un des plus vastes palais de la vieille ville, somptueux exemple d'une demeure de la bourgeoisie cairote du XVIIᵉ s.

Tout s'organise sur deux étages autour d'une vaste cour : sur chaque côté ouvrent des salons ornés de boiseries, le plus vaste donnant sur le jardin au-delà de la cour. La plus belle pièce se trouve cependant à l'étage, du côté dr. : un immense **salon de réception** sous une haute coupole avec sa fontaine de marbres colorés. Au nord de celle-ci, on peut également découvrir la **chambre à coucher** du maître des lieux, dotée de toilettes et d'une salle de bains. Dans chacune des pièces, on a eu la judicieuse idée de disposer tapis et coussins qui donnent de la vie à cette splendide demeure.

La visite se poursuit par la découverte de deux maisons accolées du côté nord ; on y accède par les salles du rez-de-chaussée. C'est tout d'abord **Beit Kharazati**, construite à la fin du XIXᵉ s. et dont on ne verra que la cour. **Beit Gaafar**, qui lui fait suite, conserve un beau salon du début du XVIIIᵉ s. On pourra le découvrir d'en haut en grimpant sur la galerie jadis réservée aux femmes.

| La mosquée El-Hakim

II-B1 Ce monument aux allures de forteresse a, lui aussi, fait l'objet de restaurations menées par la Bohari Mission. Une **restauration controversée** : le monument millénaire semble tout neuf. Son plan d'ensemble a néanmoins été respecté et rappelle celui de la mosquée Ibn Touloun. Elle fut construite autour de l'an 1000 par Hakim, le calife inspiré *(p. 254)*.

| Bab el-Futuh★

II-B1 La « porte des Conquêtes » date du XIᵉ s., comme sa voisine Bab el-Nasr et la porte sud, Bab Zuwayla. Le passage est gardé par deux tours rondes que prolonge de part et d'autre la ligne bien conservée des remparts.

Ouvrant vers le nord d'où surgirent toujours les conquérants, l'ouvrage assista aux grandes heures militaires de l'Égypte médiévale. C'est par là que Saint Louis entra captif au Caire. En 1516 défila sous son arche l'armée des Mamelouks, somptueuse parade ruisselant d'or, de soieries et de pierres précieuses *(p. 255)*. Elle s'en allait affronter les Ottomans qui marchaient contre l'Égypte. Un an plus tard, les Turcs y passaient en vainqueurs, après avoir écrasé le dernier Mamelouk.

> *Pour revenir à votre point de départ, franchissez, à 200 m env. à l'E, Bab el-Nasr, la « porte de la Victoire », et suivez tout droit la rue qui la prolonge.*

●●● **À voir sur le chemin du retour :** *la rue* **Bab el-Nasr** *est bordée d'édifices anciens dont le remarquable* **Khanqa de Baïbars,** *du début du XIVᵉ s. (f. pour restauration), et, dans la rue suivante à droite, la* **wakala el-Bazaraa** *(entrée payante 9h-17h), vaste caravansérail ottoman magnifiquement restauré.*

|| **Vers Bab Zuwayla : la Ghouriya**

⸴⸴⸴ Plan III Promenade d'env. 1h entre la mosquée El-Azhar et la place Hussein, à l'entrée du Khan el-Khalili, jusqu'à la porte S de la ville fatimide, Bab Zuwayla.

| La maison Zeinab Khatun★

⸴⸴⸴ III-B1 Ouv. t.l.j. de 9h à 18h. Entrée payante. En sortant d'El-Azhar, tourner deux fois à g. ; continuer tout droit pendant 150 m env. en longeant, à dr., la wakala de Qaitbey, caravansérail du XVᵉ s.

Cette **demeure du** XVᵉ **s.,** réaménagée et agrandie au XVIIIᵉ s., mérite un coup d'œil : son *haramlik* (partie de

1

itinéraire

la maison réservée à la vie domesti-que) notamment, très haut de pla-fond, conserve de **superbes boise-ries**. Des terrasses, belle vue sur les minarets de la mosquée El-Azhar.

| La maison Harawi★

···⟩ **III-B1-2** Mêmes conditions de visite que pour la maison Zeinab Khatun. Au S de cette dernière, au fond de la ruelle.

Cette **belle demeure privée** construite en 1731 a été restaurée de 1986 à 1993 par une mission française travaillant en collabora-tion avec le Service égyptien des Antiquités. Le résultat : trois belles salles d'apparat ornées de splendi-des **boiseries**. À g. de la cour, c'est le **salon des hommes**, là où le maî-tre de maison recevait ses invités : une salle de grandes dimensions qui appartenait à une demeure plus ancienne, sans doute du XVIᵉ s. À l'étage *(escalier à dr. de la cour)* se trouvait le *qaa*, le salon qui abri-tait la vie familiale : là encore les boiseries sont une splendeur, tout comme les moucharabiehs don-nant sur la cour. Même si elle sem-ble sortie d'un magazine de déco-

ration contemporaine, la couleur des murs est conforme à l'original, selon les spécialistes.

> *Revenez sur vos pas jusqu'à la mosquée El-Azhar et rejoignez la place Hussein.*

| La rue Muizz li-din Allah ★

L'entrée de la rue Muizz li-din Allah – celle qui traverse la ville fatimide du nord au sud et que vous avez pu suivre vers Bab el-Futuh – est marquée par deux constructions monumentales situées en vis-à-vis : il s'agit de l'ensemble construit par le sultan El-Ghouri *(p. 256)*, la **Ghouriya**, avec une madrassa, à dr. *(f. pour restauration)*, et un mauso-lée-couvent *(khanqa)*, à gauche, qui sert parfois de salle de spectacles.

En suivant la rue, on entre dans une des parties les plus animées de la ville, un **souk** dédié aux tissus et aux vêtements. C'est là que l'on trouve les derniers **fabricants de tarbouches** affairés autour de leur presse qui sert à modeler le feutre. Une survivance appelée à disparaî-tre et que toisent, goguenards, les gamins qui préfèrent la casquette.

▲ Plan III : la Ghouriya

| Le monastère Saint-Théodose

···⊱ III-B2 Ruelle à g., juste avant la fontaine *(sébil)* de Tusun Pasha. À 150 m env. de la rue principale, derrière de hauts murs, au n° 10 de la rue Haret el-Rum (rue du Quartier-Chrétien), du côté g. ; sonner à la porte d'entrée.

C'est une **survivance du quartier chrétien** au cœur de la ville médiévale (il y avait de même un quartier juif, au nord-ouest du Khan el-Khalili). Si ses bâtiments sont modernes pour l'essentiel, le monastère semble avoir été fondé au XIIIe s. Il connut une grande activité au XVIIe s. lorsque le quartier abritait la résidence du pape de l'Église copte et à sa suite celles des notables de la communauté. Le monastère abrite une dizaine de sœurs. On pourra visiter l'église où, dit-on, le Christ apparut à la mère supérieure du couvent au début du XXe s.

| La mosquée El-Muayyed

···⊱ III-A2 Rue Muizz li-din Allah.

Elle date du XVe s. La salle de prière, constituée de trois nefs, possède un magnifique **plafond en bois ouvragé**.

| Bab Zuwayla

···⊱ III-A2 Ouv. t.l.j. de 9 h à 17 h. Entrée payante.

La porte sud du Caire fatimide – elle porte le nom d'une tribu berbère qui accompagna les conquérants – est ouverte à la visite. On peut ainsi grimper jusqu'à la terrasse qui offre une **vue** somptueuse sur les coupoles et les minarets de la ville. Elle fut construite au XIe s. et coiffée par les Mamelouks de deux hauts minarets au XVe s.

Lors des travaux de restauration, le démontage du vantail droit de la porte, qui n'était plus ouvert depuis la fin du Moyen Âge, réserva une surprise. On y trouva une grande quantité de dents, de clous, des vœux divers écrits sur des feuilles de papier, et même un billet de loterie. C'est que derrière la porte réside un **djinn**, souverain contre les maux de dents et les maux de tête, pour peu qu'on lui fasse l'obole d'un clou, et toujours prompt à réaliser les vœux de ses fidèles. Un bateau suspendu au-dessus de la porte symbolise le flot de sa *baraka*.

| La mosquée El-Salih el-Talaï

···⊱ III-A2 À l'extérieur des murs, en face de Bab Zuwayla.

Cet édifice construit par les Fatimides au XIIe s. (et restauré en 1930) est précédé d'une **loggia à colonnes**, un dispositif unique au Caire. Cette loggia surmontait une rangée de boutiques qui se trouvent aujourd'hui au-dessous du niveau de la rue.

●●● *À voir plus loin* : les plus courageux pourront poursuivre à pied jusqu'à la **madrassa du Sultan Hassan**★★★ *(45 min env.)* en suivant, à g. en sortant de Bab Zuwayla, la rue Darb el-Ahmar, autre artère animée. En chemin, vous remarquerez, de biais par rapport à la rue, la **mosquée El-Maridani** *(XIVe s.)* et, plus loin, la **mosquée Bleue** *(XIVe s. ; entrée libre)*, qui doit son nom à sa décoration intérieure de céramique, de l'époque ottomane *(XVIIe s.)*.

|| **La madrassa du Sultan Hassan**★★★

···⊱ I-CD3 Le monument ainsi que la mosquée Rifaï sont enfermés dans un périmètre sécurisé par la police dont l'accès n'est possible qu'à l'E, du côté de la citadelle. Ouv. t.l.j. de 8 h à 16 h 30. Entrée payante.

● **Attention, chef-d'œuvre** : il s'agit de l'un des monuments les plus remarquables du monde musulman. À en croire l'historien arabe El-Maqrizi (XVe s.), sa construction coûta 20 000 dirhams par jour pendant trois ans : le monument le plus cher jamais élevé au Caire. Pourtant l'époque ne semblait pas se prêter à de telles munificences. Lorsque débuta la construction, en 1356, Le

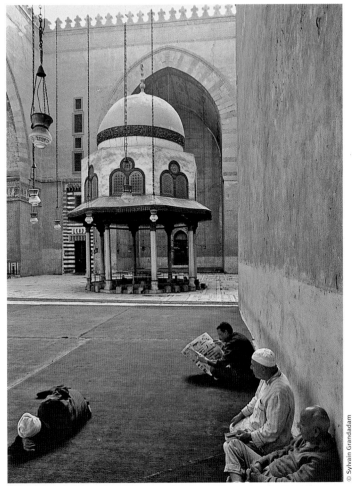

© Sylvain Grandadam

▲ Mosquées et madrassas sont des havres de paix au milieu du tumulte des souks.

Caire se relevait à peine de l'épidémie de peste noire qui faucha plus du tiers de la population de la ville. Son promoteur lui-même, le **sultan Hassan**, fut un obscur souverain, qui ne devait son trône qu'au bon vouloir des émirs mamelouks. Il mena à bien cette réalisation, qui pourrait tout aussi bien passer, sans son **minaret haut de 86 m** qui domine le paysage du Caire, pour une forteresse tant la hauteur des façades est vertigineuse : impression renforcée par les rainurages qui soulignent leur verticalité.

● **Un centre d'enseignement du sunnisme.** L'édifice fut construit pour servir de madrassa ; de fait, sitôt passé la haute porte d'entrée, un couloir mène à une vaste cour centrale sur laquelle ouvrent quatre *liwan* : un pour chacune des écoles juridiques sunnites. Celui de l'est – du côté opposé à l'entrée – servait également de salle de prière. Sur le mur du fond, le mur de *qibla*, une somptueuse **marqueterie de marbres** encadre un *mihrab* richement décoré. Sur les trois côtés de la salle court une inscription en caractè-

▶ Le minaret de la mosquée Rifaï.

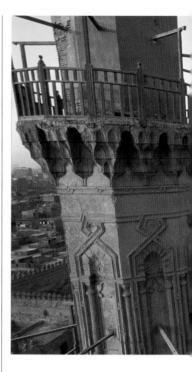

res coufiques qui se détachent sur un fond d'entrelacs fleuris. À g. du *mihrab* ouvre un passage qui donne accès à la **chambre funéraire** : là encore on reste frappé par l'ampleur des volumes. Sous l'immense coupole retombant sur des trompes d'angles ornées de *muqarnas*, le cénotaphe du sultan est resté vide : le maître du Caire trouva la mort dans d'obscurs combats en Syrie et son corps ne fut jamais retrouvé.

La mosquée Rifaï

···▷ I-D3 **Mêmes conditions d'accès que la madrassa du Sultan Hassan.**

Située en face de la madrassa du Sultan Hassan, la mosquée Rifaï fut construite en 1912 dans un style imitant celui de l'époque mamelouke. Elle abrite les tombes du roi Fouad (mort en 1936), du roi Farouk (mort en exil en 1965 et dont le corps fut autorisé à reposer en Égypte) et du dernier shah d'Iran (mort lui aussi en exil en 1980).

Le Musée mevlevi★

···▷ I-C3 **31, rue Suyufiya. Ouv. de 9 h à 17 h. Entrée libre.**

Derrière le tombeau d'un émir mamelouk du XIVe s. dont la coupole, restaurée, est ornée d'un joli travail de stuc – ensemble connu des habitants du quartier sous le nom de Sheikh Hassan Sadaqa –, fut fondé, sans doute vers le XVIe s., un couvent de derviches mevlevi, c'est-à-dire de derviches tourneurs.

Une équipe de spécialistes italiens a conduit la restauration du théâtre, construit en 1810, qui servait de cadre à leurs danses mystiques. La piste circulaire où évoluaient les derviches jusqu'en 1942 est surmontée de **galeries**, où prenaient place le maître de cérémonie, les musiciens et le public. La **coupole de bois** fut peinte au milieu du

XIXe s. À la base de celle-ci des panneaux de bois ventilent les lieux ; ils s'ouvrent grâce à un système mécanique que le gardien se fera un plaisir d'actionner.

Sous la piste, les archéologues ont découvert des vestiges plus anciens du **couvent** : une cour dotée d'un puits sur laquelle ouvraient des cellules. Les pièces adjacentes abritent un **musée** consacré au couvent et aux derviches mevlevi dont on verra un costume de cérémonie.

> *Du musée, 10 min de marche pour se rendre à la mosquée Ibn Touloun.*

♥ La mosquée Ibn Touloun★★★

···▷ I-C3 **Ouv. du lever au coucher du soleil. Entrée libre.**

S'il ne fallait retenir qu'une mosquée au Caire, nul doute que celle d'Ibn Touloun rallierait la majorité des suffrages. Il s'agit d'un véritable

© Sampers E./Explorer/Hoa-Qui

chef-d'œuvre de l'art musulman, un **sommet de rigueur et d'austérité**, élevé, selon les mots de l'orientaliste Jean Sauvaget, « sous l'inspiration d'un idéal quelque peu ascétique » qui trahit « un souci d'harmonie et de sobriété, une recherche de la ligne plutôt que de la couleur, de la logique plutôt que du pittoresque ».

La mosquée fut édifiée entre 876 et 879, ce qui en fait le plus ancien édifice musulman d'Égypte conservé dans son **intégrité originelle**. De l'extérieur, ce sont de hauts murs couronnés de merlons, et desquels émerge un minaret à escalier en spirale, une figure inspirée du style pratiqué en Mésopotamie, que l'on rencontre aussi à la grande mosquée de Samarra, en Irak.

À l'intérieur ouvre une immense cour, dotée d'un bassin d'ablution au centre et bordée d'un portique. Le côté gauche abrite la salle de prière, à quatre nefs, soutenue par de puissants piliers à colonnes d'angle. Dans les parties hautes court un bandeau de bois où, selon la tradition, serait gravé l'ensemble du texte coranique. Remarquez le *mihrab*, plaqué de marbre et orné de mosaïques, ainsi que la **chaire★** *(minbar)*, magnifique travail d'ébénisterie du XIIIᵉ s., avant de déambuler longuement entre les piliers de la salle de prière pour en apprécier les impeccables perspectives.

|| Le musée Gayer Anderson★

⋯⟐ I-C3 À dr. en sortant de la mosquée Ibn Touloun. Ouv. t.l.j. de 9 h à 16 h. Entrée payante.

Il s'agit de deux **demeures bourgeoises**, l'une du XVIIᵉ s., celle où se trouve l'entrée du musée, l'autre du XVIᵉ s. Elles furent par la suite reliées par une passerelle, et restaurées dans les années 1930 par le gouvernement égyptien. Un major

1

itinéraire

britannique fut autorisé à y résider contre la promesse de léguer ses collections à l'Égypte après sa mort.

C'est son intérieur que l'on est aujourd'hui convié à visiter. On y découvrira des salons, chinois, persan, damascène, européen, ainsi que des objets d'art et des peintures. À signaler sur la terrasse, une **collection de moucharabiehs** que le major avait sauvés de maisons ruinées de la vieille ville, et, dans la maison la plus ancienne, le **salon d'apparat** typique des demeures bourgeoises cairotes du XVIe s.

‖ La citadelle★

···⟩ **I-D3** Accès unique par la tour du Moqattam, sur le flanc E. Ouv. t.l.j. de 8h à 17h (18h en été), la mosquée est f. le ven. à l'heure de la prière de la mi-journée. Entrée payante. Visite : comptez 1 h minimum.

On pourra se contenter de visiter la mosquée Mohammed Ali, à la physionomie typiquement turque avec ses minarets effilés, et d'admirer depuis les terrasses de larges vues sur la ville avec, au loin, la masse trapue des Pyramides.

C'est à **Saladin**, maître de l'Égypte après en avoir chassé les Fatimides et conquérant de Jérusalem qu'il reprit aux Francs, que l'on doit l'érection de la première citadelle (p. 255). L'emplacement s'imposait : une croupe rocheuse en avant des collines du Moqattam, qui domine en contrebas les villes d'El-Qahira et de Fostat, les deux noyaux urbains qui allaient constituer Le Caire mais qui, au XIIe s., étaient encore distincts. Après lui, des Mamelouks aux khédives, les différents maîtres du pays installeront leurs **palais** sur ces hauteurs stratégiques, à l'écart d'une ville turbulente que l'on tient de là-haut sous la menace de l'artillerie.

Aujourd'hui, si l'on y tire encore le **canon**, c'est pour la plus grande joie des habitants, puisqu'il annonce chaque soir du mois de Ramadan le moment de la rupture du jeûne.

‖ La mosquée Mohammed Ali

···⟩ Babouches à l'entrée.

La « mosquée d'albâtre », ainsi nommée en raison de sa décoration en pierre de Béni-Souef, fut édifiée entre 1824 et 1857 dans le plus beau style ottoman. À l'intérieur, lustres et tapis multicolores composent un décor chatoyant à défaut d'être recueilli comme ceux d'Ibn Touloun ou de Sultan Hassan. À dr. de l'entrée se dresse le **cénotaphe de Mohammed Ali**, le fondateur de l'Égypte moderne (p. 258). Dans la cour, une tour à l'opposé de la salle de prière renferme une **horloge monumentale**, offerte à l'Égypte par Louis-Philippe en remerciement pour l'obélisque de Louxor qui orne la place de la Concorde à Paris. Les guides locaux ne se font pas faute d'ajouter qu'elle tomba en panne sitôt installée.

‖ Les autres édifices de la citadelle

Sur le plateau qu'occupe la citadelle, différents bâtiments de toutes les époques abritent plusieurs musées dont l'intérêt est plutôt limité à la population locale :

● **Le musée des Armées**. Aménagé dans l'ancien harem, et ancien palais privé de Mohammed Ali (1827) où sont rappelés les hauts faits des armées d'Égypte, de la bataille de Qadesh à la guerre d'octobre 1973.

● **Le musée de la Police**. Installé dans les soubassements d'un palais du XIIIe s., il présente une évocation de la vie policière qui commence avec l'époque pharaonique.

● **Le musée des Attelages royaux**. Occupe une ancienne salle de réception des officiers britanniques.

● **Le Qasr el-Ghawara**. On peut enfin voir cette ancienne salle d'audience de Mohammed Ali (1814) où sont exposés souvenirs et portraits du temps des khédives. ●

2 | Le quartier copte★★

▲ Une messe dans l'église copte Sainte-Barbara.

© Torrione Stefano/hemis.fr

En taxi : à 20 min. du centre.

M° Mar Girgis.

Durée de visite : comptez 2 h.

Carnet d'adresses *p. 76.*

Plan d'ensemble I-B4 en rabat arrière de couverture. **Plan IV** *p. 63.*

Le quartier copte (Qasr esh-Sham) est également appelé le « **Vieux Caire** » : c'est là en effet que s'élevait Babylone d'Égypte, la citadelle romaine puis byzantine qui servit de noyau à la première capitale musulmane, Fostat. Vestiges de ces temps reculés, les restes des fortifications romano-byzantines sous l'église de la Moallaqa, et la mosquée Amir, à la lisière nord du quartier, le premier oratoire construit par les musulmans sur la terre d'Égypte. Malgré les fondations de nouvelles capitales plus au nord, Fostat ne fut pas abandonnée. Derrière ses murs prospéra encore longtemps une communauté de commerçants chrétiens et juifs.

De nos jours, les ruelles du quartier ont été rendues au calme et aux chats : un havre de paix bien loin de la foule et du bruit du centre-ville. Et, pour les Égyptiens chrétiens, un **lieu de pèlerinage** : la Sainte Famille y aurait fait halte lors de la fuite en Égypte.

‖ La forteresse de Babylone

En partie démantelée au début du XXᵉ s., la citadelle conserve des vestiges significatifs. Côté ouest, elle était baignée jadis par le Nil, qui coule de nos jours 400 m plus à l'ouest des hauts murs de briques et pierres alternées.

> *Par les deux tours, qui encadraient un pont-levis, on accède au Musée copte.*

2

itinéraire

|| Le Musée copte*

···⁖ Ouv. t.l.j de 9 h à 16 h. Entrée payante.

Le premier noyau du Musée copte fut fondé en 1908 sous les auspices de l'Église d'Égypte. À cette partie ancienne, qui conserve notamment de splendides plafonds de bois ouvragé fut ajoutée une seconde aile en 1947.

| Le rez-de-chaussée

···⁖ La salle 1 est le hall d'entrée.

● **Salle 2**. Un choix de **pièces majeures** des collections parmi lesquelles un tissu de lin et de laine du IVᵉ s orné d'un joueur de flûte à la peau noire.

● **Salles 3 et 4**. L'héritage païen: fragments décoratifs provenant d'**Héracléopolis magna** *(salle 4)*, cette ancienne capitale de nome de l'Égypte pharaonique adopta les mœurs romaines comme en témoignent ces reliefs de divinités réalisés de façon assez maladroite. Ainsi, dans le fond de la salle à droite, deux représentations d'**Orphée** charmant les animaux sauvages de son chant. Les premiers chrétiens assimilèrent Orphée au Christ. Ils se réapproprièrent de la même façon les symboles religieux de l'ancienne Égypte. Ainsi de nombreuses **stèles et reliefs** *(salle 5)* montrent la **croix de vie** *(ankh)* devenue l'emblème de la nouvelle religion. Sur un relief *(à g. de l'entrée)* on voit même cette croix désormais chrétienne hissée sur une embarcation, héritière des barques solaires des anciens temps.

● **Salles 5, 6 et atrium central: le monastère Saint-Jérémie à Saqqara**. Cet ermitage actif aux VI et VIIᵉ s. se trouvait non loin de la pyramide à degrés, immédiatement au Sud de la chaussée d'Ounas *(p 98)*. Ses fouilles ont révélé de très nombreux vestiges, parmi lesquels une série de peintures murales qui ornaient l'oratoire des cellules des moines. Parmi elles, deux images de la Vierge allaitant, un thème ico-nographique courant dans l'Égypte ancienne (la déesse allaitant le roi comme on peut le voir par exemple dans le temple de Séthi Iᵉʳ à Thèbes Ouest, *p. 161*). Dans l'atrium central est exposée une **chaire à six marches** dont le dossier est surmonté d'une coquille entourée d'une inscription en copte: « Au nom du Père, du Fils et du Saint Esprit. Amen ». Les premiers *minbars* des mosquées égyptiennes dérivent directement de ce modèle.

● **Salles 7, 8 et 9: monastère Saint Apollon à Baouit**. Ce monastère situé à 300 km du Caire fut actif du VIᵉ au IXᵉ s. Des vestiges exposés, on retiendra *(salle 8)* une superbe composition peinte représentant une *Vierge à l'Enfant* trônant sur un siège d'apparat incrusté de pierre d'inspiration byzantine; elle est encadrée d'apôtres et de saints sous un *Christ en majesté* à la barbe courte et soignée et entouré des symboles des quatre évangélistes.

> *La salle 9 donne accès à l'étage.*

| L'étage

● **Salle 10**. À gauche en entrant, une **aigle romaine** provenant de la forteresse de Babylone (IIIᵉ-IVᵉ s). Observez également *(au fond de la salle à g.)* une **frise de vendangeurs** parmi des rinceaux de vigne (IVᵉ-Vᵉ s.): les représentations de la vie quotidienne sont fréquentes dans l'art paléochrétien copte, surtout lorsqu'elles se doublent d'un symbolisme traditionnel, comme ici la vigne. Au centre, un Évangile en copte du XIᵉ s.

● **Salle 11**. Sur le mur de gauche sont exposées deux **fresques**, l'une, provenant de Nubie, représentant la Nativité (fin du Xᵉ s.), l'autre (Fayoum, XIᵉ s.) montrant d'une manière assez naïve Adam et Eve avant et après le péché originel.

● **Salles 12 à 14: tissus et vêtements**. Voir notamment *(salle 13)* des fragments de vêtements datant du VIᵉ au VIIIᵉ s.

2
itinéraire

▲ Plan IV : le quartier copte

● **Salle 15, salle de Nag Hammadi**. Aux alentours de cette ville de Moyenne Égypte fut découverte en 1945 une **bibliothèque d'écrits gnostiques**, 1 200 pages conservées au musée copte du Caire. Ces écrits furent dissimulés à la fin du IVe s. après le concile de Nicée (325) qui définit l'orthodoxie chrétienne et rejeta les autres courants du christianisme comme hérétiques. Parmi eux, la voie gnostique, très vivace en Égypte, qui proposait au fidèle un chemin initiatique vers la connaissance et le salut. Parmi les textes de Nag Hammadi, quelques-uns semblent se réapproprier les mystères de la religion pharaonique. Certains y voient un témoignage exceptionnel sur une tradition ésotérique trans-mise entre initiés de génération en génération jusqu'à nos jours. Une manne pour les romanciers comme l'a démontré le succès du roman *Da Vinci Code* dont la thèse s'appuie notamment sur la bibliothèque de Nag Hammadi. Un texte fait toujours l'objet de débats passionnés : l'**Évangile de saint Thomas**, recueil de 114 paroles du Christ. Des spécialistes y voient la source commune qui inspira les rédacteurs des quatre Évangiles. Deux pages de cet ouvrage sont exposées ici ; ainsi que les reliures de cuir qui protégeaient les codices.

● **Salles 16 et 17 : manuscrits anciens**. Voir notamment *(salle 17)* un précieux **psautier** sur parchemin (IVe-Ve s.), un des trésors du musée.

> *Le couloir conduisant au reste des expositions présente au travers de documents, le* **site des kellia***, une véritable cité monastique active du IVe au VIIIe s. à l'ouest du Delta. Le passage conduit au bâtiment ancien du musée, dont on admirera les* **plafonds de bois** *magnifiquement ouvragés.*

● **Salle 18 : les scènes nilotiques**. Un thème iconographique qui connut un immense succès, notamment parmi les mosaïstes, dans tout l'Empire romain, en raison de ses infinies possibilités narratives. On voit ici un chapiteau provenant d'Héracléopolis (IIIe-IVe s.) d'où surgit le buste d'un homme barbu figurant le Nil.

● **Salle 19**. Objets quotidiens parmi lesquels de petits jouets en bois d'époque byzantine. Le plafond couvrant cette pièce est particulièrement remarquable.

● **Salles 20 à 22**. Comme tous les chrétiens d'Orient, les coptes ont développé une vénération particulière pour les **icônes**. Les plus anciennes, deux œuvres du XIIIe s. sont présentées dans la salle 20. Le reste de la collection est constitué essentiellement d'icônes des XVIIIe et XIXe s.

● **Salles 23 à 24 : métaux, céramiques et verres**. Voir dans la salle 23 une **croix byzantine** (VIIe s) ornée d'un Christ portant les stigmates.

> *Après la cour intérieure, une salle est consacrée aux* **églises** *du quartier copte : on peut y voir de splendides* **vantaux de portes** *provenant de l'église Sainte-Barbara. De la cour on peut jeter un coup d'œil (accès interdit) sur un réseau de salles souterraines appartenant à la forteresse romano-byzantine de Babylone.*

| L'église El-Moallaqa

⋯⋗ Messes en copte les ven. et dim. matin. Visite impossible pendant la messe.

L'église El-Moallaqa, « la Suspendue », est la plus ancienne église du Caire. Construite, sans doute à partir du Ve s., au-dessus du bastion sud de la citadelle byzantine, elle fut l'objet d'agrandissements et de restaurations successives jusqu'au XIXe s.

| Le monastère Saint-Georges

⋯⋗ Ouv. t.l.j. de 9 h à 16 h 30.

Bien que d'origine très ancienne, le monastère Saint-Georges fut probablement fondé au IXe s. Les bâtiments du monastère, occupés par des sœurs, sont, pour l'essentiel, modernes. En revanche, le sanctuaire où sont déposées les reliques du saint – on y voit aussi, accrochée au mur, la chaîne dont il fut chargé – de même que la haute salle qui le

religion
La geniza du Caire

Parmi les communautés juives orientales, il était de tradition de ne jeter aucun document mention de la divinité afin d'éviter qu'il soit profané. On déposait l'ensemble de ces écrits dans une remise, la *geniza* (en Europe orientale, on pratiquait l'inhumation solennelle des Torah usagées).

Celle de la synagogue de Fostat fut mise au jour à la fin du XIXe s. On y a dé-couvert, empilées sur plusieurs mètres, des archives inestimables. Les plus anciennes remontent au XIe s. : textes rabbiniques et religieux, mais aussi documents commerciaux ou contrats de mariage.

Cette documentation exceptionnelle a permis de restituer le quotidien de la communauté juive du Caire au Moyen Âge, à une époque de prospérité pendant laquelle elle a entretenu des relations avec les communautés juives du monde entier. Certains de ces manuscrits furent utilisés par Maïmonide, qui fut le rabbin de la synagogue jusqu'à sa mort en 1204, du temps où, médecin du sultan, il résidait au Caire.

●●● *Pour en savoir plus : voir p. 22.* ●

précède semblent avoir appartenu à un palais fatimide du XIe s. De ce palais provient l'immense **porte de bois** (7,60 m) dont les battants sont ornés de panneaux délicatement sculptés de motifs végétaux, géométriques, et de scènes de cour, ces dernières étant difficilement lisibles.

L'église Saints-Serge-et-Bacchus★★

⋯⋗ Ouv. toute la journée ; 11 h le ven. et le dim. Photos interdites.

Cette église passe pour la plus ancienne du Caire : au VIIe s., on y élisait déjà le patriarche copte d'Égypte. Pour les chrétiens, c'est un **but de pèlerinage** : selon la tradition, c'est ici que se reposa la Sainte Famille lors de sa fuite en Égypte. La crypte marquerait l'emplacement exact de cette sainte halte : chaque 1er juin, une messe y est célébrée.

L'église conserve son **plan basilical** des premiers siècles chrétiens : une nef centrale flanquée de deux nefs latérales, délimitées par deux rangées de colonnes monolithes, dont une en marbre rose, où l'on distingue encore des traces de décoration peinte (des images de saints). L'**iconostase en bois ouvragé** date des XIIe et XIIIe s.

L'église Sainte-Barbara

⋯⋗ Ouv. t.l.j. de 7 h à 16 h.

Construite à la fin du VIIe s., l'église fut restaurée à plusieurs reprises, notamment à la suite des incendies qui ravagèrent Fostat aux VIIIe et XIIe s. Par son plan basilical à deux nefs latérales, elle se rapproche de l'église Saints-Serge-et-Bacchus.

La synagogue Ben Ezra★★

⋯⋗ Ouv. t.l.j. de 9 h à 16 h. Photos interdites.

En 1980, à la suite des accords israélo-égyptiens de Camp David, la décision fut prise de restaurer l'antique synagogue de Fostat, la réalisation étant assurée par des fondations nord-américaines. Les travaux durèrent près de quinze ans : depuis 1994, la synagogue Ben Ezra brille comme un sou neuf.

La synagogue Ben Ezra est construite sur un plan basilical dérivé des églises coptes médiévales, mais la *bêma* centrale évoque les synagogues européennes, tandis que la riche décoration d'arabesques l'inscrit plutôt dans son milieu oriental.

Si elle n'est plus dorénavant utilisée comme lieu de culte par la minuscule communauté juive qui subsiste au Caire (la grande synagogue se trouve dans la partie moderne de la ville, rue El-Adly), elle reste néanmoins un **témoin privilégié** de la présence millénaire d'une communauté juive en terre d'Égypte, probablement depuis la destruction du Temple de Salomon au VIe s. avant notre ère.

●●● *Pour en savoir plus sur :* la communauté juive, voir p. 22.

●●● *À voir tout près : sur le côté de la synagogue, un petit édifice conserve une des trois* **bibliothèques juives** *du Caire ; son fonds est constitué des ouvrages que les juifs égyptiens laissèrent derrière eux lorsqu'ils furent contraints de quitter le pays en 1956. L'ouvrage le plus ancien est un* **traité scientifique et mystique** *imprimé à Venise en 1707 (on peut demander à visiter).* ●

3 | Le Musée archéologique★★★

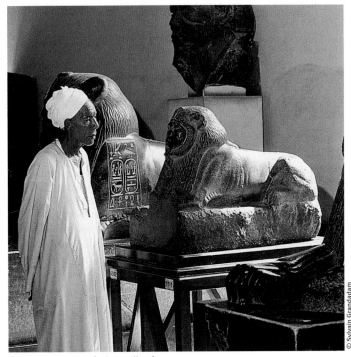

© Sylvain Grandadam

▲ Les sphinx de Tanis (r.-d.-c., *salle 16*).

Accès : **I-B2** Musée égyptien, place El-Tahrir.

M° Sadat.

Horaires d'ouverture : t.l.j. de 9 h à 16 h 45 ; entrée payante. Deux boutiques à l'entrée proposent un **guide** du musée richement illustré.

Durée de la visite : minimum 3 h. Pour une visite rapide en 1 h, ne manquez pas les 20 œuvres majeures *p. 67*.

Plan d'ensemble I en rabat arrière de couverture. **Plan du rez-de-chaussée** *p. 68*. **Plan de l'étage** *p. 73*.

En attendant l'ouverture du nouveau musée archéologique de Guiza, prévue en 2011, le vieux temple de l'archéologie est toujours là, planté au milieu du Caire depuis sa création en 1902. Sur deux niveaux et **plus de 80 salles**, vingt siècles de civilisation s'exposent, dans un désordre et une surabondance propres à décourager l'amateur le plus passionné. Si l'on ajoute une fréquentation qui dès l'heure d'ouverture ne le cède en rien au métro à l'heure de pointe, on comprendra que la visite du Musée archéologique n'est pas une sinécure. Pour profiter au mieux de sa visite, il est impératif de **préparer à l'avance son itinéraire**, de sélectionner les œuvres que l'on ne veut pas manquer et d'être au fait des grands moments de la civilisation égyptienne pour pallier le laconisme des cartels. Ainsi armé, et après avoir eu une pensée reconnaissante pour Auguste Mariette, qui repose à gauche du jardin qui précède l'entrée, on se lancera à la découverte de cette collection fabuleuse.

Le rez-de-chaussée

● **Salle 43 et atrium central**. Au centre de la salle trône le véritable acte fondateur de l'Égypte pharaonique, la **palette de Narmer***** (vers 3150). Sur une face, on voit le souverain Ménès, le premier pharaon *(p. 213)*, coiffé de la couronne de Haute Égypte et frappant de sa masse un ennemi au sol, un thème qui sera repris dans l'iconographie royale jusqu'à l'époque ptolémaïque ; en arrière-plan, Horus, le dieu protecteur de la dynastie, tient en longe un prisonnier émergeant des roseaux du Delta. Sur l'autre côté, le roi, coiffé de la couronne de Basse Égypte, conduit une procession. Le sommet des deux faces est occupé par deux représentations de la déesse Hathor. Cette palette porte la première mention écrite d'un roi : avec elle, l'Égypte entre dans l'Histoire. Dans cette salle, voir également, à gauche, des **pièces de jeu*** en ivoire en forme de félins ; à droite, une tête en terre cuite (un dieu), **la plus ancienne ronde-bosse** découverte en Égypte (Ve millénaire).

La salle ouvre sur le **vaste atrium central** où sont conservées les pièces monumentales des collections : sarcophages royaux (Mérenptah, Thoutmosis Ier, Hatchepsout…), stèles inscrites, comme celle dite d'Israël *(au fond à dr.)* qui mentionne pour la première fois l'existence des Hébreux en pays de Canaan (sous le règne de Mérenptah), et le **groupe colossal**** représentant Aménophis III et la reine Tiyi.

● **Salles 48, 47 et 46 : les chefs-d'œuvre de l'Ancien Empire**. À l'entrée de la **salle 47**, assis dans une position hiératique, une moue dédaigneuse aux lèvres, trône **Djoser*****, le constructeur du complexe de Saqqara. Dans les quatre vitrines au centre de la **salle 47**, une **collection de statuettes***** en calcaire peint, débordantes d'une vie vieille de près de quarante-cinq siècles : artisans dans l'exercice de leur activité quotidienne, femme brassant la bière, potiers façonnant une jarre… Ne pas manquer dans la quatrième vitrine le **porteur***** découvert à Meir dans la tombe de Niankh-Pépi (entre 2235 et 2141) ; sous cette statuette voir également la réunion

---

visite
Mode d'emploi

Le **meilleur moment** pour la visite est celui du déjeuner, lorsque les groupes de touristes s'égaillent vers les restaurants des alentours. La pire est celle de l'ouverture lorsque les groupes prennent d'assaut les salles. La statue de Chéphren ou le masque de Toutankhamon sont alors aussi difficiles à approcher qu'une vedette de la chanson en séance d'autographes. ●

itinéraire 3

Buste de Néfertiti

| 1 | 2 | 3 | 4 | 5 |

Salle d'Akhénaton
6 | 7 | 8 | 9 | 10

Chapelle d'Hathor
11 | 12 | 13 | 14 | 15

Naos de Auib rê-Hor

Portique du Nord

16 | 17 | 18 | 19 | 20

21 | 22 | 23 | 24 Statue de Taoueret | 25

ATRIUM CENTRAL

26 | 27 | 28 | 29 | 30

32 Seneb
31 Statues de Rahotep et Nofret | 33 | 34 | 35

Statuette de Chéops
36 | 37 | 38 | 39 | 40

Cheikh el-Beled
41 | 42 Statue de Chéphren | 43 Palette de Narmer | 44 | 45

Portique des quatre piliers

46 Galerie principale Ouest | 48 | Galerie principale Est | 50
51 | 47 | 49 | 50

Bibliothèque

Conservation

Porteur de Niankh-Pépi | Triades de Mykérinos | Entrée

▲ Le Musée archéologique : rez-de-chaussée

de trois personnages difformes : un nain, un bossu se tenant l'épaule et un personnage doté d'une tête démesurée. Sur les côtés, trois admirables **triades de Mykérinos***** (sur les quatre découvertes en 1908 dans le temple de la vallée de la pyramide du roi à Giza) ; le roi est encadré de deux personnages féminins : Hathor et la personnification du nome de Cynopolis (l'emblème du chacal figure au-dessus de la tête du personnage). Voir ensuite, **salle 46**, la **double statue de Sed-n-maat** (le défunt et son *ka*), prêtre d'Hathor et de Rê à la lèvre ombrée d'une fine moustache (entre 2428 et 2325).

● **Salle 41**. À gauche, sur quatre registres d'un **relief provenant du mastaba de Kaemrehou** (Saqqara, vers 2325), sont consignés les gestes quotidiens des ouvriers et des artisans *(de haut en bas)* : scènes des champs où un groupe d'ânes tenus

en longe par deux hommes foulent les épis sur l'aire de battage (l'un d'eux, cédant à la tentation, tend son mufle vers le sol) ; comptage du grain (deux resquilleurs sont conduits de force devant l'intendant accompagné de ses scribes) ; brassage de la bière ; artistes et artisans (charpentiers, orfèvres, sculpteurs à l'ouvrage autour d'une statue).

● **Salle 42**. Elle est dominée, au centre, par la monumentale **statue de Chéphren***** (entre 2540 et 2505), chef-d'œuvre de la statuaire archaïque, provenant du temple de la vallée du roi à Giza. Le matériau, la diorite, issu d'une car-

▶ De gauche à droite et de haut en bas : statuette d'*oushebti*, chargée d'accomplir les tâches quotidiennes du défunt dans l'autre monde ; Horus, le dieu faucon d'Osiris, symbole de la royauté terrestre ; Sekhmet, la terrible déesse lionne qui, apaisée, prendra la forme de la pacifique Hathor.

© Sylvain Grandadam

© Sylvain Grandadam

© Sylvain Grandadam

© Sylvain Grandadam

rière à 300 km au sud d'Assouan, témoigne de l'étendue du pouvoir du souverain et le distingue du commun des mortels dont les effigies sont en plâtre. En signe de protection, Horus le dieu dynastique étend ses ailes sur la tête du roi, portant *némès* et barbe postiche. À gauche, le célèbre « **Cheikh el-Beled** »***, le maire du village, fut ainsi nommé par les ouvriers qui le dégagèrent en 1860 en raison de sa ressemblance avec le cheikh de leur propre village (bois de sycomore, Saqqara, entre 2475 et 2467).

● **Salle 31**. Deux **statues du grand prêtre Rênéfer** provenant de son mastaba de Saqqara (vers 2475) : malgré la différence de parures – perruque et pagne court et plissé d'un côté, cheveux ras et pagne long et lisse de l'autre –, la similitude des traits témoigne de l'émergence d'un véritable art du portrait.

● **Salle 32**. À gauche de l'entrée, relief en calcaire peint (Saqqara, vers 2400) décrivant une **joute navale*** où les équipes concurrentes s'efforcent de pousser leurs adversaires à l'eau ; l'un d'entre eux est déjà tombé, ses coéquipiers viennent à sa rescousse. Le **nain Seneb et sa famille***, en avant du mur de gauche (Giza, 2475) : remarquez le parti pris de l'artiste qui a fait figurer les deux enfants du couple au-devant de leur père, pour masquer le vide laissé par l'absence de jambes pendantes. En avant du mur du fond : **statues de Rahotep et de son épouse Nofret***, au réalisme si saisissant que lorsqu'ils les découvrirent, les ouvriers de Mariette s'enfuirent. Rahotep était le fils du roi Snéfrou. Autre œuvre célèbre : le panneau des **oies de Meïdoum*** (*mur de g.*), à la composition rigoureuse et au naturalisme délicat (Meïdoum, vers 2820). **Statue de Ti** provenant du *serdab* de son mastaba à Saqqara.

● **Salle 37** (*accès à partir de la salle 32*). Objets funéraires provenant de la tombe de la reine Hetep-Heres,

épouse de Snéfrou (IVᵉ dynastie) : lors de sa découverte en 1925, la tombe recelait un riche mobilier : un lit, un baldaquin, une chaise à porteur (dont les parties en bois ont été reconstituées). Contre le mur, une petite vitrine renferme une minuscule **statuette*** : c'est la seule effigie connue du constructeur de la Grande Pyramide, Chéops (découverte à Abydos en 1903).

● **Salle 26**. Statue de Montouhotep II (XIᵉ dynastie, 2059-2009) qui mit fin à la première période intermédiaire en réunissant le Double Pays : désormais, Thèbes en était la capitale et Amon, le dieu national. Cette statue monumentale fut découverte par Howard Carter en 1900 dans le complexe funéraire du roi à Deir el-Bahari.

● **Salle 21**. Stèle funéraire d'Aménemhat** (*vitrine de dr.*), à la fraîcheur de tons remarquable : le défunt représenté avec son épouse enlace son fils, tandis que sa belle-fille se tient à l'écart (Thèbes, nécropole de l'Assassif, vers 2000).

● **Salle 22**. Les **dix statues inachevées de Sésostris Iᵉʳ*** (Licht, entre 1971 et 1929), toutes semblables à quelques détails près, étaient destinées à orner la cour de son temple funéraire. Pour une raison inconnue, elles furent abandonnées dans une cachette. Notez les reliefs qui ornent le trône : lotus et papyrus liés, représentant l'union du Double Pays, ainsi que sur certaines d'entre elles, les neuf arcs, symboles des ennemis du royaume, que le souverain foule aux pieds.

● **Salle 16**. Statue d'Antef (*vitrine à dr.*), bel exemple de la statuaire privée du Moyen Empire (Thèbes, nécropole de l'Assassif, vers 2050). Voir aussi plusieurs **statues d'Aménemhat III** (1843-1798), dont on peut, d'une œuvre à l'autre, reconnaître les traits : buste (Fayoum) du souverain en grand prêtre (ses épaules sont couvertes d'une peau de panthère dont la tête pend sur

itinéraire

3

© Sylvain Grandadam

▲ Les statues de Rahotep et de Nofret, un chef-d'œuvre de réalisme *(salle 32)*.

l'épaule); statue en granit découverte en 1904 dans la cour de la cachette de Karnak; en face, quatre sphinx monumentaux en granit gris provenant de Tanis; usurpés à plusieurs reprises au cours des siècles, ils portent les cartouches de Ramsès II, Mérenptah et Psousennès Ier.

● **Salle 11**. Naos en bois★★★ *(à dr.)* abritant le *ka* de Auib rê-Hor (un des 60 rois de la XIIIe dynastie). Surmonté du signe hiéroglyphique représentant le *ka* (les deux bras tendus), le visage de cette « âme » est remarquable d'expressivité, que renforce l'incrustation des yeux en quartz et cristal de roche (Dahchour, vers 1700). **Buste monumental de la reine Hatchepsout★★** *(au centre)*: bien que parée des attributs royaux, la reine conserve sa féminité, remarquable notamment dans le dessin de ses yeux (Deir el-Bahari).

● **Salle 12**. Chapelle d'Hathor★★★ provenant du temple funéraire de Thoutmosis II à Deir el-Bahari. Hathor protège le souverain placé devant elle, tandis que le même, représenté du côté gauche, s'abreuve au pis de la vache céleste.

Sur les parois de la chapelle, scènes d'offrande où figure le roi, sous une voûte céleste étoilée.

● **Salles 6 et 7**. Grande statuaire du Nouvel Empire.

● **Salles 3 et 8**. Salle d'Akhénaton★★★: tous les objets exposés ici méritent un examen attentif. Réalistes jusqu'à la caricature, mais d'une extrême sensibilité, ils sont caractéristiques de l'art officiel en vigueur à cette période. Qu'il appartienne au domaine officiel comme les **quatre statues monumentales du roi** représenté sous les traits d'Osiris, ou à une sphère plus intimiste, comme cette **stèle** *(salle 8)* où figure le couple royal en famille, leurs enfants sur les genoux, l'art amarnien se distingue par une extrême finesse des traits. Plus délicieux encore, dans la même vitrine, ce fragment inachevé d'une jeune princesse croquant un caneton.

À l'entrée de la salle 3, le **buste inachevé de Néfertiti★★★** (provenant de l'atelier d'un sculpteur d'Amarna), un des plus beaux portraits de la reine: un véritable chef-d'œuvre. Deux autres statues à ne pas manquer, emblématiques du style délicat de cette époque: une **princesse debout★★★** *(vitrine de g.)* et au fond le **buste d'une princesse★★★**, provenant de l'atelier d'un sculpteur nommé Thoutmès. C'est de cet atelier que provient également le célèbre buste de Néfertiti exposé au Musée égyptien de Berlin. Parmi les nombreuses œuvres découvertes, beaucoup sont inachevées. Certaines portent encore des marques de peinture noire de la main même du maître qui indiquait ainsi à ses élèves les corrections à apporter à l'œuvre en cours de réalisation. La salle présente aussi les éléments d'un coffre en or, récemment restaurés et placés sur une forme de plexiglas.

● **Salle 10**. **Groupe monumental provenant de Tanis★**: Ramsès II y est représenté enfant, de la manière traditionnelle, c'est-à-dire le doigt dans la bouche, nu, et la tête surmontée du disque solaire; il est protégé par les ailes du dieu Houroun, une divinité d'origine cananéenne: l'ensemble reconstitue le groupe hiéroglyphique du nom du roi: *Ra* (le Soleil), *Mes* (l'enfant), *Sou* (la plante qu'il tient à la main): *Ramessou*, c'est-à-dire Ramsès.

● **Salle 15**. Buste de la reine **Mérit Amon★★** (Ramesseum), fille de Ramsès II. Coiffée d'une riche perruque, elle porte un collier à plusieurs rangs et tient à la main un collier décoré d'une tête d'Hathor.

● **Salle 14**. Statue représentant le triomphe de Ramsès IV (Karnak, cour de la cachette, vers 1142): dans cette scène traditionnelle, le roi est représenté en habit de cérémonie (tel qu'on peut le voir sur les murs des temples dans des scènes d'offrande), tenant d'une main une hache, et de l'autre un prisonnier libyen saisi par les cheveux.

● **Salle 24**. Encadrant l'entrée, **deux reliefs funéraires** de la Basse Époque (IVᵉ s. avant notre ère) montrent, comme déjà vingt-cinq siècles auparavant, les scènes d'offrande

traditionnelles: à dr., trois groupes de deux personnages portent des sacs d'or au défunt qui, assis à g., préside la scène; un scribe accroupi comptabilise les dons; à g., même scène, où cette fois ce sont fleurs et aliments qui sont apportés en procession (notez que pour éviter toute monotonie à la scène, des enfants aux postures pleines de vie ont été intercalés entre les porteurs). Voyez trois statues en schiste, chefs-d'œuvre de la période saïte (XXVIᵉ dynastie, tombe de Psammétique, haut dignitaire, à Saqqara, vers 530): **Isis★★**, la Grande Magicienne, assise sur son trône et coiffée des cornes hathoriques; Hathor sous sa forme de vache protégeant le défunt; Osiris, le seigneur de l'au-delà. Autre chef-d'œuvre: la **statue de Taoueret★★★**, la déesse hippopotame de la fertilité qui préside aux accouchements (XXVIᵉ dynastie, règne de Psammétique Iᵉʳ [664-610], découverte à Karnak). À droite de la salle, **un buste et une statue★★** représentent le célèbre Montouemhat (ou Mentemhet, *p. 221*), grand prêtre d'Amon et maire de Thèbes, qui réussit à préserver les traditions millénaires et survécut aux troubles de son temps: fin de la dynastie éthiopienne, invasion assyrienne, avènement de la XXVIᵉ dynastie.

> *Le reste des salles concerne la période gréco-romaine et est de moindre intérêt.*

‖ L'étage

⸽⸽⸽⸽ Accès par l'escalier de la salle 46.

‖ La galerie de gauche

● **Salle 46**. En haut des marches, sarcophages provenant de la cachette de Deir el-Bahari où les avaient dissimulés les prêtres pour les soustraire aux pillards *(p. 153)*. On y a découvert des sarcophages royaux (voir le double sarcophage de la reine Merit-Amon), certains, comme celui de Séthi Iᵉʳ, portant une inscription laissée par les prêtres en commémoration de la trans-

Masque de Toutankhamon — Diadème de Sat Hathor Younet

2

3

Bijoux 4

Statue d'Anubis

6 — 7 Toutankhamon — 8 — 9 Toutankhamon — 10

Salon septentrional — 13 Portraits du Fayoum

11 — 12 — 14 — 15

16 — 17 — 19 — 20

21 — 22 — 24 Livre des morts — 25

Toutankhamon

26 — 27 — Corridors — Corridors — 30

Comptage des troupeaux

31 — 32 — 34 — 35 — Trône de Toutankhamon

36 — 37 — 39 — 40

Soldats du Moyen Empire

41 — 42 — Salon méridional — 44 — 45

Mur de faïence de Saqqara — 43

Toutankhamon

46 — Galerie 47 — 48 — d'honneur 49 — 50

Salle des momies 52 — 53 — 54 — Salle des momies 55

▲ Le Musée archéologique : étage

lation de la dépouille ainsi que les sarcophages des grands prêtres d'Amon et ceux de leur famille

● **Salle 37**. Deux **groupes de soldats***** du Moyen Empire (XIᵉ dynastie, vers 2000) : 40 archers nubiens et 40 lanciers égyptiens.

● **Salle 27**. À droite en entrant, une extraordinaire scène de la vie campagnarde : le riche propriétaire, assisté de ses scribes, préside au **comptage de ses troupeaux***, que des bouviers font défiler devant lui. Voyez aussi une **scène de pêche**** au filet, et deux **maquettes d'ateliers****, l'un de tisserand, l'autre de charpentier. Ces objets proviennent de la tombe de **Mékétrê** à Thèbes (XIᵉ dynastie, vers 2000).

> *Les autres salles présentent des collections d'***objets funéraires*** classés par catégorie : scarabées, amulettes, papyrus, statuettes, etc. Ce sont surtout ces dernières qui retiendront toute votre attention.*

| Le trésor de Toutankhamon

Le trésor de Toutankhamon, dont la tombe a été découverte en 1922 par Howard Carter, occupe l'autre moitié de l'étage. 1 h est nécessaire pour un survol des pièces majeures. Sur cette partie ouvrent des salles où sont exposés le **trésor de Tanis** *(salle 2)*, les collections de **bijoux** *(salle 4)*, et divers objets ne provenant pas de la tombe de Toutankhamon *(salles 14, 19, 24, 29, 34, 39 et 44)*.

● **Salles 6, 7 et 8**. Elles exposent quatre **chapelles de bois doré** qui, emboîtées les unes dans les autres, renfermaient le sarcophage royal.

● **Salle 2**. On peut voir quelques-unes des plus belles pièces du trésor de Tanis : elles proviennent des tombes inviolées de souverains des XXᵉ et XXIᵉ dynasties (XIᵉ-Xᵉ s.). Bijoux et sarcophage de Chéchonq II, masque funéraire de Psousennès Iᵉʳ.

itinéraire 3

▲ Le masque princier de Toutankhamon (étage, *salle 3*).

● **Salle 3**. C'est ici que sont présentées les pièces les plus précieuses du trésor de Toutankhamon : le célèbre **masque★★★** déposé sur le visage du roi, coiffé du *némès* et orné du pectoral, l'ensemble en or incrusté de turquoise, lapis-lazuli, cornaline, obsidienne. On verra aussi les deux **sarcophages** – le troisième est conservé dans la tombe du roi – qui enfermaient la momie ; le plus précieux est constitué de 110 kg d'or pur. Les vitrines présentent les **143 bijoux d'or** qui accompagnaient le défunt.

● **Salle 13**. Elle présente les **chars du roi★★** qui avaient été placés, démontés, dans le tombeau.

● **Salle 9**. Vases canopes en albâtre★★ dont les couvercles sont à l'effigie du roi défunt. Ils étaient conservés dans le coffre en bois doré voisin, dont les angles sont gardés par les gracieuses figures des divinités protectrices des défunts. Magnifique statue d'**Anubis★★★** (le chacal noir était déposé dans la salle dite du trésor de manière à faire face à la chambre funéraire).

3

● **Salle 4**. Collection d'orfèvrerie qui couvre toute la période antique ; la pièce maîtresse en est une **tête de faucon***** découverte dans le temple d'Hiérakonpolis en Moyenne Égypte ; ce chef-d'œuvre remonte à l'Ancien Empire, vers 2350, et coiffait probablement l'idole vénérée dans le sanctuaire. Voir aussi le **diadème de Sat Hathor Younet**, fille de Sésostris II, décoré de rosettes, qui porte l'*uræus* et s'orne à l'arrière d'une paire de plumes stylisées. À gauche de l'entrée est exposé le trésor de Douch, découvert par l'Ifao dans l'oasis de Kharga. Ces joyaux d'époque romaine avaient été dissimulés dans une jarre de terre cuite *(exposée dans la vitrine)* ; on y verra notamment un diadème en or portant l'effigie du dieu Sérapis, ainsi qu'un collier fait d'amulettes en or.

● **Salle 15**. Le **lit de campagne*** du roi était déposé replié dans la tombe.

● **Salle 20**. Somptueuses séries de **vases d'albâtre**.

● **Salle 25**. **Siège de cérémonie**** en ébène, incrusté d'or et d'ivoire.

● **Salle 30**. Cannes d'apparat.

● **Salle 35**. Elle présente un chef-d'œuvre, le **trône du roi*****, dont la forme de bois est revêtue d'or et décorée de pierres semi-précieuses. Sur le dossier : scène où le jeune souverain, siégeant en majesté, fait face à son épouse qui tend vers lui un bras affectueux ; au-dessus du couple royal, le disque solaire tend ses rayons comme aux plus beaux jours de l'hérésie amarnienne. Derrière le trône est présenté un **jeu de senet** magnifiquement conservé ; ce jeu est fréquemment représenté dans les chambres funéraires (tombe de Néfertari dans la vallée des Reines, *p. 143*) ; le défunt y dispute une partie contre un adversaire invisible dont l'enjeu est son accès à l'autre monde.

● **Salle 45**. Paire de statues en bois du **ka du roi** qui gardaient la porte murée de la chambre funéraire.

| Les salles à droite

···❖ Tout au long de la galerie de dr. ouvrent des pièces qui méritent l'attention.

● **Salle 14**. Portraits funéraires** gréco-romains dits **du Fayoum**.

● **Salle 19**. Statuettes en bois de divinités.

● **Salle 24**. Collection de papyrus, parmi lesquels un magnifique exemplaire d'un *Livre des morts**** datant du **pontificat** de Pinedjem Ier (roi-prêtre de la XXIe dynastie, 1070-1032) et déposé dans la cache royale de Deir el-Bahari.

● **Salle 29**. Collection de manuscrits.

● **Salle 34**. Objets divers : **cuillère à cosmétique**** (XVIIIe dynastie, vers 1350) en forme de canard tenue par une jeune fille nue ; au fond de la salle, à dr., **récipient à onguent en bois** porté par un esclave (XVIIIe dynastie, vers 1360, fin du règne d'Aménophis IV) ; enfin, parmi les instruments de musique, **sistre** (période gréco-romaine), si souvent associé aux représentations de la déesse Hathor.

● **Salles 39 et 44**. Divers objets d'époque gréco-romaine.

● **Salles des momies** (*salles 55 et 52 ; billet supplémentaire en vente à l'entrée de la salle 55*). Dépouilles des grands souverains de l'Égypte ancienne : dans la **salle 55** les rois de la XVIIIe et XIXe dynastie : c'est là que l'on verra la momie de Ramsès II. La **salle 52** présente les Ramsès qui succédèrent à Ramsès II, et les momies des grands prêtres d'Amon qui assurèrent la continuité du pouvoir à Thèbes après l'affaiblissement du pouvoir royal.

● **Salles 48 et 43**. Trésor funéraire découvert dans les **tombes de Youya et Thouyou**** (vers 1400) où se distinguent un char d'enfant et un beau coffre à bijoux en ébène et faïence. Dans le coin g. de la salle 43, on peut voir le panneau de tuiles de faïence bleue découvert en 1928 par Jean-Philippe Lauer dans la chambre funéraire du complexe de Saqqara. ●

Carnet d'adresses

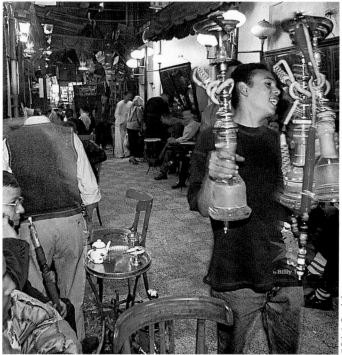

▲ Dans l'Égypte du XXIᵉ s., narguilé et téléphone portable font bon ménage.

|| Le Caire

Plan I en rabat arrière de couverture.
Plan II p 51. **Plan III** p 55. **Plan IV** p 63.

Visite p. 49.

Indicatif téléphonique ☎ 02.

Sauf mention contraire, les hôtels et les restaurants sélectionnés acceptent **les cartes bancaires**.

ⓘ Office du tourisme, 5, rue El-Adly I-C2 ☎ 391.34.54. *Ouv. t.l.j. de 9 h à 19 h.*

Accès

▶ EN AVION

L'aéroport du Caire se trouve à 20 km à l'est du centre-ville. Il comprend deux terminaux (1 et 2) :

● **Le terminal 1** comprend 3 halls : le **hall 1** pour les départs des vols internationaux (**Egypt Air** et certaines compagnies comme **Air France**) ; le **hall 2** pour les vols intérieurs ; le **hall 3** pour l'arrivée des vols internationaux. Ces trois halls sont situés dans un même périmètre : on passe ainsi en 5 min à pied du hall 3 au hall 2.

● **Le terminal 2** est réservé aux vols internationaux des **compagnies étrangères** (sf Air France) : navettes gratuites entre le terminal 2 et le hall des vols intérieurs.

La zone aéroportuaire étant (en 2007) en cours de réaménagement, il est conseillé de se faire préciser le terminal de départ par sa compagnie aérienne. À l'arrivée de votre vol international, vous trouverez avant les contrôles de police des **bureaux de change** (vente des timbres nécessaires à l'obtention de votre visa si vous ne l'avez pas fait établir en France) ; c'est là également que vous attendra le représentant de votre agence de voyages si vous avez souscrit un forfait. Distributeurs automatiques de billets.

● **Pour gagner le centre-ville**. Le plus simple et le plus rapide est d'emprunter un **taxi** : comptez env. 50 £EG (le marchandage s'impose) pour une course vers le centre-ville que l'on atteint en 30 min (le double pendant les heures d'affluence, en fin d'après-midi). Vous trouverez également des **bus** de ville qui vous conduiront jusqu'à la place El-Tahrir **I-BC2**. Rens. ☎ 0900.777.77.

▶ En train

Une seule gare de chemin de fer au Caire : la **gare Ramsès I-C1**. Bureaux de réservation à l'intérieur de la gare : un pour le Delta, un pour la Haute Égypte. Rens. ☎ 575.35.55.

▶ En bus

Gare de Turgoman I-C2 pour Alexandrie, le Delta et la mer Rouge, **gare de Aboud**, avenue Ahmed Hilmi à Choubra **hors plan I par C1**. Pas de réservation centralisée : il est recommandé de se renseigner sur les horaires et les disponibilités la veille du départ.

Circuler

Sitôt arrivé au Caire, on voit sans peine que la circulation est bien un des problèmes majeurs de cette agglomération tentaculaire. Aux heures de pointe, le centre-ville n'est plus qu'un immense embouteillage, noyé dans le halo noir et bleu des gaz d'échappement. Une seule solution s'impose alors, la marche à pied.

▶ À pied

Curieusement pour une ville d'une telle dimension, le centre-ville **I-BC2** – en gros le périmètre situé entre la Corniche et les jardins de l'Ezbékiya – n'est guère étendu et on peut le traverser à pied en

30 min environ. C'est là que se trouvent le Musée archéologique, les banques et les agences de voyages ainsi que de nombreux hôtels. En dehors de ce périmètre, les distances imposent d'être motorisé.

▶ En taxi

C'est le moyen de transport le plus commode. Les petits taxis noir et blanc ne manquent pas au Caire, d'antiques véhicules parfois tellement rafistolés que l'on peine à en deviner la marque d'origine. Il suffit d'en héler un du bord du trottoir : une course à l'intérieur du centre-ville (le quartier de **Zamalek I-B1-2** y compris) ne devrait pas vous coûter plus de 10 £EG. L'usage local est de partager les services d'un même véhicule. Ainsi, si vous êtes seul et que vous vous installez sur la banquette arrière, vous risquez rapidement de vous retrouver coincé entre deux autres passagers. Mieux vaut faire comme les Cairotes avisés : prendre place à côté du chauffeur (ceinture de sécurité obligatoire). Le grand nombre de taxis dispense absolument de faire attendre votre véhicule le temps d'une visite, quel que soit le quartier dans lequel vous vous trouvez et malgré les sollicitations pressantes du chauffeur. On trouve également aux abords des grands hôtels des services de limousines, voitures plus confortables et le plus souvent climatisées, plus chères bien sûr (le double environ), mais commodes et confortables pour une journée d'excursion, celle de Giza-Saqqara par exemple.

▶ En métro

Le miracle du Caire : un moyen de transport rapide, propre et peu cher (1 £EG). C'est la meilleure solution pour gagner le **Vieux Caire I-B4** (le **quartier copte**, station **Mar Girgis**) depuis le centre-ville. Pour le reste, le réseau, relie les quartiers périphériques au centre et intéresse principalement les Cairotes.

▶ En bus

Surchargés, lents et peu confortables, les bus urbains sont vivement déconseillés aux touristes de passage.

Adresses utiles

● **Ambassades**. **Belgique**, 20, rue Kamel el-Shinnawi, Garden City **I-B2** ☎ 794.74.94. **Canada**, 5, place El-Sarai el-Kobra, Garden City **I-B3** ☎ 794.31.10. **France**, 29, rue Giza, Giza **I-B3** ☎ 570.39.20. **Suisse**, 10, rue Abd el-Khaliq Sarwat **I-C2** ☎ 575.82.84.

● **Change**. Nombreux distributeurs automatiques et bureaux de change à travers la ville.

● **Compagnies aériennes**. **Air France**, 2, place Talaat Harb **I-C2** ☎ 394.39.38, et à l'aéroport ☎ 417.53.06. **Egyptair**, 6, rue El-Adly **I-C2** ☎ 390.24.44. **Swiss**, 22, rue Qasr el-Nil **I-C2** ☎ 396.17.33.

● **Cultes**. **Catholique**, Saint-Joseph, rue Muhammad Farid **II-C2** ; messe en français t.l.j. à 7 h 30 et à 18 h 30, le dim. à 7 h 30 et à 12 h. **Synagogue**, rue El-Adly **II-C2**, ouv. t.l.j. de 10 h à 14 h.

● **Hôpitaux**. **El-Salam**, corniche de Maadi **hors pl. par I-B4** ☎ 524.02.50.

● **Location de voitures**. La conduite automobile étant en Égypte un sport à haut risque (*a fortiori* pour un étranger fraîchement débarqué), il est absolument déconseillé de louer une voiture sans chauffeur.

Vous trouverez en revanche dans tous les grands hôtels des services de « limousines », c'est-à-dire voitures avec chauffeur, à la journée ou pour quelques heures.

● **Poste centrale**. Place El-Ataba **I-C2**, ouv. 24 h/24 ; également place Bab El-Luk **I-C2**.

● **Urgences**. Ambulances ☎ 123. Police ☎ 122. Police touristique ☎ 126.

Hôtels

Les possibilités de logement ne manquent pas dans la capitale égyptienne. Des grands hôtels aux petits établissements destinés aux voyageurs locaux, le choix est vaste. Pas illimité néanmoins si l'on précise que la plupart des établissements de catégorie modeste ne conviennent guère à des visiteurs étrangers qui souhaitent un minimum de confort pour se remettre d'une longue journée de visite.

C'est au centre-ville que se concentrent la plupart des grands hôtels internationaux ; on y trouve également un certain nombre d'établissements datant de l'époque britannique : beaucoup sont aujourd'hui en piteux état, mais il peut y avoir de bonnes surprises.

Dans les environs de l'aéroport, quelques hôtels – de luxe uniquement – offrent une solution commode en cas de transit de courte durée (arrivée tardive au Caire et départ matinal vers la Haute Égypte).

On peut enfin choisir de s'exiler du centre et de son animation pour loger à Giza, au pied des Pyramides : hôtels de luxe uniquement, dont le fleuron est le célèbre Mena House *(p. 105)*.

Pendant l'été (de mai à sept.), il est vivement conseillé de disposer d'une chambre pourvue d'air conditionné (disponible, sauf mention contraire, dans tous les hôtels qui sont sélectionnés ici).

●●● *Pour vous repérer : les numéros en* bleu *permettent de localiser les hôtels sur les plans du Caire, plans I (rabat arrière de couverture), II (p. 51), III (p. 55).*

▶ Au centre-ville

Tout au long de la Corniche, dominant le ruban bleu du Nil, s'élèvent les grands hôtels internationaux de la capitale. Ils offrent tous les services et le confort propres à ce genre d'établissements. Et bien souvent de superbes vues sur la ville. Hormis les hommes d'affaires, ils sont essentiellement fréquentés en hiver par les groupes de touristes et, l'été, par les Arabes du Golfe en vacances au Caire.

Si les prix sont élevés pour les voyageurs individuels, sachez que vous pouvez y réserver votre séjour depuis votre pays d'origine par l'intermédiaire d'un agent de voyages, qui pourra généralement vous faire bénéficier de conditions beaucoup plus avantageuses que celles que vous trouveriez sur place.

Au centre de la ville européenne, le quartier de Qasr el-Nil, vous trouverez également des établissements de catégorie plus modeste, parfois d'anciens hôtels coloniaux qui conservent un charme désuet.

▲▲▲▲▲ **Four Seasons** 1, 35, Giza St. **I-B3** ☎ 573.12.12, fax 568.16.16, www.fourseasons.com/cairofr. *269 ch.* Vastes chambres de tout confort, une partie avec vue sur le Nil, service impeccable. À signaler, l'agréable **restaurant-grill** au bord de la piscine.

▲▲▲▲▲ **Nile Hilton** 2, corniche El-Nil **I-B2** ☎ 578.04.44, fax 578.04.75, nhilton@interne tegypt.com. *431 ch.* À deux pas du musée du Caire, voici l'ancêtre des grands hôtels modernes du centre-ville. Vue magnifique sur le Nil, pour les chambres du moins qui donnent de ce côté-ci. À noter: le **pub** *Le Champ de Mars*, un havre de fraîcheur au cours d'une journée de visite, où l'on peut boire un verre ou se restaurer de plats légers dans un cadre évoquant une brasserie parisienne. Un agréable **restaurant** italien en terrasse permet de grignoter une pizza ou de se caler avec un plat de pâtes au calme après la visite du musée.

▲▲▲▲▲ **Sémiramis Intercontinental** 3, corniche El-Nil **I-B2** ☎ 795.71.71, fax 796.30.20, cairo@interconti. com. *730 ch.* Grand luxe au bord du Nil, un repaire de diplomates et d'hommes d'affaires. Vaste et agréable réception, et belle galerie marchande très prisée des Cairotes.

▲▲▲ **Cosmopolitan** 4, 1, rue Ibn Tahlab **I-C2** ☎ 392.38.45, fax 393.35.31. *84 ch.* Bel établissement du début du XXᵉ s. qui conserve une grande partie de sa décoration originale. Un hôtel de charme donc, si l'on oublie les quelques désagréments dus à la vétusté des installations (eau, électricité). En plein centre-ville, mais dans un périmètre piétonnier qui assure une relative tranquillité.

▲▲▲ **Odeon Palace** 5, 6, rue Abd el-Hamid Said **I-C2** ☎ 577.66.37, fax 576.79.71, odeon@hodeon.com.

30 ch. Un hôtel moderne dans le centre, où un soin particulier a été apporté à la décoration des parties communes qui se veulent d'un style orientalisant. À vous de décider si ces efforts ont été couronnés de succès. Tout le confort dans les chambres que l'on choisira de préférence sur l'arrière du bâtiment afin d'éviter le bruit de la rue. Le **restaurant-terrasse** ouvert tard le soir est un rendez-vous des noctambules cairotes. Des gastronomes également, puisque la cuisine, orientale, y est réputée.

▲▲▲ **Pharaohs** 6, 12, rue Loufti Hassouna **I-B2** ☎ 761.08.71, fax 761. 08.74, pharaohshotel2003@yahoo. com. *102 ch.* Dans une rue calme à 15 min à pied de la place El-Tahrir, un hôtel récent de bon confort; certaines chambres ont un petit balcon; choisir de préférence les chambres à l'arrière qui donnent sur un petit jardin calme.

▲▲▲ **Talisman** ♥ 7, 39 rue Talaat Harb plan **I-C2** ☎ 393.94.31, talis man_hoteldecharme@yahoo.fr. *24 ch.* On est là en plein cœur de l'animation du centre-ville, et pourtant, les ch. du haut de leur 5ᵉ étage offrent un calme surprenant (quelques-unes donnent sur la rue et sont pourvues de double vitrage). Mais ce n'est pas là l'intérêt principal de l'établissement. C'est le premier qui en Égypte revendique le label « charme ». À juste titre: les ch. sont très joliment décorées chacune dans des couleurs différentes. Toutes sont équipées d'un branchement Internet. Les clients disposent de deux agréables salons-bibliothèque. Accueil charmant de la patronne francophone. Pas de carte de paiement.

▲▲▲ **Victoria** **8**, 66, rue El-Gumhuriya **I-C2** ☎ 589.22.90, fax 591.30.08. *100 ch.* Une autre survivance de la période coloniale : belles parties communes avec mobilier des années 1940 et tapis d'Orient. Chambres très convenables pour un prix avantageux. Assez loin (à pied) du centre-ville, mais dans un quartier néanmoins très animé.

▲▲▲ **Windsor** **9**, 19, rue Alfi Bey **I-C2** ☎ 591.52.77, fax 592.16.21, windsorcairo.com. *51 ch.* Ancien mess des officiers de l'armée britannique, le vénérable bâtiment abrite depuis les années 1950 un hôtel de style colonial dont les jeunes globe-trotters du monde entier s'échangent l'adresse. Sympathique et confortable, bien situé à deux pas de la partie piétonne de la rue Alfi Bey, avec ses petits restaurants bon marché et ses commerces populaires. À l'étage, grand bar avec tapis et meubles fatigués, que l'on trouvera, au choix, tout plein d'un charme désuet ou sinistre et déprimant.

▲▲ **Santana** **10**, 7, rue Ahmed el-Melhy **I-B2** ☎ 337.64.24, fax 335.12.01. *48 ch.* Un bon choix dans le tranquille quartier de Dokki. Un hôtel récent offrant tout le confort moderne avec climatisation et télévision par satellite. Préférer impérativement les chambres qui donnent sur la rue peu passante ; elles ouvrent sur des jardins et le large, tandis que celles de l'arrière du bâtiment sont nez à nez avec l'immeuble voisin. Pour un petit supplément on peut s'offrir une des suites, celles du 1er étage disposant d'une immense terrasse. Plus cher que sa catégorie le laisserait penser (comptez l'équivalent de 50 € pour une ch. double).

▶ **À ZAMALEK**

Choisir Zamalek pour lieu de résidence temporaire, c'est choisir aussi un mode de vie. Celui des élites cairotes qui depuis le début du siècle ont jeté leur dévolu sur cette pointe nord de l'île de Gézira.

Au sud s'étendent les greens du Sporting, golf et terrain d'équitation, le club le plus sélect de la société cosmopolite du Caire dans la première moitié du xxe s. Zamalek, ce sont des rues calmes et ombragées, de belles villas qui abritent aujourd'hui pour l'essentiel des représentations diplomatiques et des immeubles cossus devant lesquels veillent les *bawab*, les indispensables concierges, hommes à tout faire, d'origine nubienne pour la plupart. Commerces de luxe également, des épiciers aux antiquaires, dont la qualité se traduit par leurs charmantes enseignes en français : Épicerie économique moderne, Teinturerie parisienne ou encore Le Petit Coin.

▲▲▲▲▲ **Marriott** **11**, rue Saraya el-Gezira **I-B2** ☎ 728.30.00, fax 728.30.01, www.mariott.com. *1118 ch.* Au départ, un palais fut construit par le khédive Ismaïl pour les festivités de l'inauguration du canal de Suez. Le bâtiment centenaire est toujours là, avec sa décoration mauresque au goût de l'époque : il abrite la réception et les parties communes. Mais il est coincé désormais entre les hautes tours modernes de cette véritable cité hôtelière qui se prolonge par d'autres bâtiments dans les jardins. Grand luxe évidemment, même si l'on peut regretter l'exiguïté des chambres de catégorie standard. Superbe **piscine** dans les jardins. À signaler, au rez-de-chaussée du bâtiment principal, le **Harry's Bar**, une agréable et relaxante étape anglaise.

▲▲▲▲ **Flamenco** **12**, 2, rue El-Gezira el-Wosta **I-B1** ☎ 735.08.15, fax 735.08.19, www.flamenco.com. eg. *157 ch.* Bien situé en bordure du Nil sur lequel donne une partie des chambres, c'est un établissement agréable et de très bon confort : les chambres sur le Nil offrent une belle vue mais sont assez bruyantes du fait de la circulation intense en contrebas ; les chambres sur la rue proposent des vues banales, mais sont plus calmes. Le soir, vous pourrez partir à pied à travers les rues de Zamalek à la recherche de l'un des bons restaurants du quartier que l'on préférera à ceux de l'hôtel. À signaler: à la réception, le panneau indiquant le prix d'une course en taxi vers différents points de la ville. Une heureuse initiative qui permet de couper court aux discussions avec les chauffeurs de taxi qui patientent à l'extérieur.

▲▲▲▲ **Om Kolthoom** 13, 5, rue Abu el-Feda **I-B1** ☎ 735.53.29, fax 735.53.04. *107 ch.* Une curiosité: cet immeuble s'élève en effet à l'emplacement de la villa d'Oum Kalsoum et l'hôtel, ouvert en 2000, est entièrement dédié à la mémoire de la célèbre diva. Ses chansons constituent le programme unique de la musique diffusée 24 h/24 dans les parties communes. Pour le reste, décoration orientale assez discrète et bon confort. Pas d'alcool.

▲▲▲ **Horus** 14, 21, rue Ismaïl Muhammad **I-B1** ☎ 735.39.77, fax 735.31.82, www.horushouse hotel.4t.com. *35 ch.* Au 4ᵉ étage d'un immeuble cossu de Zamalek, voici un charmant hôtel façon pension de famille; sitôt installé, on se sent comme chez soi, passant du salon à la terrasse, devisant avec les propriétaires francophones. ch. de tout confort récemment rénovées, accès Internet.

▲▲▲ **Longchamps** ♥ 14, 21, rue Ismaïl Muhammad **I-B1** ☎ 735. 23.11, fax 735.96.44, www.long champshotel.com. *30 ch.* Depuis que la fille de l'ancienne propriétaire a repris l'affaire familiale, l'établissement s'est métamorphosé: les chambres ont été refaites avec un goût très sûr, peintures claires et plancher, pimpantes salles de bains baignant dans une jolie lumière bleue. Bouquets de fleurs, bibelots discrets au coin des couloirs, revues d'art jetées négligemment sur les tables basses donnent à l'ensemble un charme très féminin. Deux belles terrasses noyées sous les plantes

budget
Hébergement

Ces tarifs sont sur la base d'une chambre double, en haute saison. Sauf mention contraire, les hôtels incluent le petit déjeuner dans leurs tarifs.

▲▲▲▲▲ de 110 à 200 €

▲▲▲▲ de 60 à 110 €

▲▲▲ de 25 à 40 €

▲▲ de 15 à 40 € ●

sont à la disposition des pensionnaires. L'omniprésent propriétaire, francophone, a ouvert il y a peu un **restaurant** de quelques tables: on y organise de temps à autre des soirées musicales et poétiques. L'adresse de charme par excellence. La réservation s'impose.

▲▲▲ **New Star Hotel** 15, 34, rue Yehia Ibrahim **I-B1** ☎ 735.18.65, fax 736.13.21. *28 ch.* Moderne et bien situé, l'hôtel mérite un bon point pour la taille de ses chambres qui ressemblent plutôt à des mini-suites.

▲▲▲ **President** 16, 22, rue Taha Hussein **I-B1** ☎ 735.06.52, fax 736. 17.52, newstarhotel@hotmail.com. *117 ch.* Excellent confort moderne au cœur de Zamalek: tous les services d'un grand hôtel (bureau de change et de tourisme, service de limousines, blanchisserie) dans un établissement dont les prix restent abordables. À signaler: son **restaurant-bar**, le Cellar *(ouv. en soirée seulement)*, où l'on peut déguster des assortiments de mezzés, parmi les meilleurs de la ville.

▶ Aᴜᴛᴏᴜʀ ᴅᴇ ʟ'ᴀᴇ́ʀᴏᴘᴏʀᴛ

▲▲▲▲▲ **Jolie Ville** 17, route de l'aéroport **hors pl. par I-D1** ☎ 291.94.00, fax 418.07.61. *415 ch.* Excellent confort avec une mention toute particulière pour la restauration. À la sortie de la bretelle d'accès aux terminaux de l'aéroport.

budget
Restaurants
Pour un repas complet, boisson non comprise.

♦♦♦ de 20 à 40 €

♦♦ de 10 à 15 €

♦ moins de 10 € ●

▲▲▲▲▲ **Sheraton** 18, rue El-Orouba **hors pl. par I-D1** ☎ 267.77.30, fax 267.76.00. *588 ch.* À 3 km env. de l'aéroport, le grand luxe pour une nuit de transit confortable. Plusieurs **restaurants**, piscine et animation musicale en soirée. L'endroit est très fréquenté par la bourgeoisie d'Héliopolis qui s'y rend en voisine.

▲▲▲▲ **Novotel** 19, route de l'aéroport, **hors pl. par I-D1** ☎ 291.85.20, fax 291.47.94. *207 ch.* Voisin du Jolie Ville *(p. 81)*. Bon confort moderne ; un petit coup de rénovation serait néanmoins bienvenu dans les couloirs des étages et les parties communes. Aussi cher que les deux précédents.

Restaurants

●●● *Pour vous repérer : les numéros en* **rouge** *permettent de localiser les restaurants sur les plans Caire, plans I (rabat arrière de couverture), II (p. 51), III (p. 55).*

♦♦♦ **Justine** 20, Four Corners, 4, rue Hasan Sabri **I-B2** ☎ 736.29.61. C'est le fleuron de cet établissement, le *Four Corners*, qui regroupe 3 restaurants et un bar. Dans un cadre élégant, rendez-vous des élites cairotes, il vous sera proposé une carte de bonne gastronomie française : viandes et poissons sont également présents, avec une prédilection pour ces derniers que le chef, un Breton, cuisine à merveille. Sans doute la meilleure table du Caire, toutes catégories confondues. Certes c'est un peu cher. Une folie abordable donc. Carte de vins égyptiens et

français. Le restaurant se trouve à l'étage de l'immeuble *(ascenseur particulier)*. L'endroit possède également une brasserie, la Piazza, où l'on pourra se régaler à un prix très abordable d'une salade (à ne pas manquer, la salade avocat crevettes) en compagnie de la bonne société cairote.

♦♦♦ **Revolving Restaurant** 21, Grand Hyatt Cairo **I-B3** ☎ 365.12. 34. Au 41e et dernier étage de ce luxueux hôtel, c'est le seul restaurant tournant du Caire : les tables sont installées sur l'anneau extérieur, autour de la cuisine où l'on peut voir la brigade s'affairer si l'on arrive à détourner le regard de la vue splendide qui porte jusqu'aux Pyramides. Cuisine internationale recherchée. Réservation indispensable et tenue correcte exigée. Les enfants de moins de 12 ans ne sont pas admis (se faire confirmer lors de la réservation).

♦♦ **Abou el-Sid** 22, 157, rue du 26-Juillet **I-B1** ☎ 735.96.40. L'entrée du restaurant ne donne pas directement sur la rue, mais dans la ruelle dont la librairie Le Diwan fait le coin. Ce restaurant est le *nec plus ultra* de la branchitude cairote : le soir on s'y presse dans une ambiance très animée, au milieu d'une décoration kitsch inspirée de l'époque des khédives. On y dîne d'excellents mezzés sur des tables basses, tandis qu'au bar, les jeunes gens redécouvrent les plaisirs du narguilé.

♦♦ **Arabesque** 23, 6, rue Qasr el-Nil **I-B2** ☎ 574.78.98. Situé à deux pas du Musée archéologique, un bon restaurant de spécialités orientales. L'endroit est calme et reposant, idéal donc après une matinée de visite à travers les collections archéologiques. Et si votre œil n'est pas trop épuisé pour la visite du musée, vous pourrez admirer les œuvres d'artistes égyptiens contemporains exposées dans cet établissement, dont la galerie d'art est également réputée.

♦♦ **La Bodega 24**, 157, rue du 26-Juillet **I-B2** ☎735.05.43. Situé au premier étage d'un immeuble, l'établissement offre d'un côté un bar plutôt branché et ouvert tard le soir, de l'autre, un restaurant cosy, à l'atmosphère raffinée et dont la carte propose des créations originales inspirées de la cuisine asiatique.

♦♦ **The Cellar 16**, hôtel President, 22, rue Taha Hussein **I-B1** ☎735.06.52. C'est le rendez-vous de la jeunesse dorée de Zamalek : dans une ambiance gaie et animée vous pourrez déguster, au bar ou attablé, de succulents mezzés d'inspiration libanaise. *Fermeture tardive.*

♦♦ **Chin-Chin 20**, Four Corners, 4, rue Hasan Sabri **I-B2** ☎736.29.61. Le « chinois » du Four Corners : excellentes spécialités mises au point par des cuisiniers asiatiques. Cadre raffiné et extrême-oriental comme il se doit. *Le soir seulement.*

♦♦ **Taboula 25**, 1, rue Amrika el-Latiniya **I-B3** *(au niveau de l'ambassade de Grande-Bretagne)* ☎792.52.61. Un restaurant chic à Garden City où, comme au Abou el-Sid (les deux établissements appartiennent à la même société), la décoration fait une large place à l'orientalisme. Cadre intime et reposant ; succulentes spécialités libanaises.

♦ **Abou Shakra 26**, 69, rue Qasr el-Ainy **I-B3** ☎531.51.11. Pas d'alcool. À la lisière des anciens quartiers des abattoirs, Abou Shakra est, depuis plus de vingt ans, une institution : c'est là, affirme-t-on, que l'on mange la meilleure viande du Caire. Végétariens s'abstenir.

♦ **Le Café Riche 27**, 17, rue Talaat Harb **II-C2** ☎392.97.93. Sur la façade, l'établissement annonce fièrement son âge : centenaire. À l'intérieur, attablés depuis le matin, une collection de journalistes et d'hommes de lettres blanchis sous le harnais pourraient semble-t-il vous en raconter l'inauguration. Un haut lieu de la vie littéraire cairote

donc, où l'on mange honnêtement les traditionnelles salades et grillades. Service courtois et efficace.

♦ **Estoril 28**, 12, rue Talaat Harb **I-C2** ☎574.31.02. Le restaurant se trouve en fait dans une petite ruelle derrière le bureau d'Air France. Belle salle sympathique tout en longueur pour une carte franco-orientale. C'est un des rendez-vous des francophones du Caire, Français expatriés ou Égyptiens cultivés qui souvent conversent entre eux dans un français châtié. Excellente et sympathique adresse.

♦ **Felfela 29**, 15, rue Hoda Shaarawi **I-C2** ☎392.27.51. Une institution en matière de spécialités orientales ; le pigeon grillé y est un must. On pourra également y goûter des plats de *foul* et de *taameya*.

♦ **Five Bells 30**, 13, rue Ismaïl Muhammad **I-B1** ☎735.89.80. Sympathique établissement situé au cœur de Zamalek : l'hiver, on y mange dans une petite salle, l'été, dans d'agréables jardins. Spécialités : fondue bourguignonne (excellentes viandes et sauces) et mezzés libanais.

♦ **Khan el-Khalili 31**, 5, allée el-Badistan **I-D2/II-A3** ☎590.37.88. Excellent établissement au cœur du bazar du Caire ; climatisation, service attentionné, cuisine savoureuse en font une halte appréciable et reposante au beau milieu de l'animation du Khan. Pas d'alcool.

♦ **Pub 28 32**, 28, rue Shagarat el-Durr **I-B1** ☎735.92.00. Poussez la porte et vous vous retrouvez en plein cœur de Londres : même cadre intime et feutré, même bar au fond de la salle où l'on sert des bières bien fraîches (pas à la pression malheureusement). On peut y manger à partir de 12 h : petite carte orientale et européenne avec un plat du jour à petit prix.

♦ **El Rifai 33**, place Sayyida Zeinab **I-C3** juste en arrière de la fontaine publique ottomane située à l'extrémité Ouest de la place, côté N. Un restaurant populaire – le soir on tire quelques tables dans l'allée – où les gastronomes cairotes viennent de toute la ville pour déguster ce qui passe pour les meilleurs kebabs de la ville. La réputation n'est pas usurpée. Pas d'alcool.

♦ **La Chesa 34**, 21 rue el Adly **I-C2** ☎ 393.93.60. Tout propre et très bien tenu, comme il se doit pour un restaurant de spécialités suisses; une halte reposante pour le déjeuner.

♦ **Le Bistro 35**, 8 rue Hoda Shaarawi **I-C2** ☎ 392.76.94. Une carte française pour les nostalgiques de l'Hexagone. Calme et sympathique.

Shopping

En dehors des galeries marchandes des grands hôtels (prix souvent élevés), c'est au Khan el-Khalili que vous trouverez proposés tous les articles d'Égypte et d'Orient: cotonnades, bijoux en or (les cartouches que vous pourrez faire graver à votre nom), verrerie, cuivre, articles souvenirs (statuettes en pierre, papyrus, etc.).

À vous de flâner dans les allées de ce véritable antre d'Ali Baba... et de marchander pied à pied l'article qui vous intéresse.

▌ Antiquités

La **rue Hoda Shaarawi I-C2** regroupe plusieurs boutiques d'antiquaires où vous trouverez principalement des objets décoratifs du siècle dernier. Le **quartier de Zamalek** possède aussi ses boutiques d'antiquités que vous trouverez sur la rue du 26-Juillet (Yulyu) **I-B1-2** et dans les alentours.

▌ Librairies

Librairie de l'Université américaine du Caire (AUC), place El-Tahrir **I-C2** ☎ 797.53.70. Grand choix d'ouvrages pratiques, culturels, albums illustrés sur l'Égypte de toutes les époques. En anglais uniquement.

Livres de France, 36, rue Qasr el-Nil **I-C2** ☎ 393.55.12. Les dernières parutions de l'édition française. ●

De Giza à Saqqara★★★

Greniers à blé élevés par Joseph en prévision des sept années de famine ou symboles ésotériques à la construction desquels des extraterrestres auraient prêté la main : depuis Hérodote, les pyramides d'Égypte n'ont cessé d'enflammer les imaginations. On en dénombre une trentaine abritant des sépultures royales, toutes situées sur la rive occidentale du fleuve, dans une zone s'étirant sur une centaine de kilomètres entre Abou Roach au nord et Ilahoun au sud. Plus d'une soixantaine si l'on compte les pyramides secondaires, celles des épouses et des princes. Deux siècles d'exploration scientifique ont permis de lever quelques voiles sur les plus fabuleuses constructions de l'Antiquité. Pourtant, notre connaissance reste encore lacunaire, et les pyramides conservent toujours leur part de mystère.

▲ La disparition du nez du Sphinx est souvent attribuée aux Mamelouks ou aux canons des soldats de Bonaparte. Pourtant, des textes arabes du xe s. signalent déjà cette dégradation.

LA PREMIÈRE PYRAMIDE

L'idée de marquer la sépulture d'un roi d'une construction monumentale n'est pas née avec les pyramides : les tombes royales prédynastiques à **Abydos** étaient ainsi recouvertes d'une masse parallélépipédique de briques, appelée par les archéologues *mastaba*, du fait de sa ressemblance avec les bancs de pierre *(mastaba)* utilisés dans l'Égypte contemporaine.

C'est à **Imhotep**, architecte et grand vizir du roi Djoser (IIIe dynastie, 2617-2591), que l'on doit la première pyramide, celle de **Saqqara**. Au départ, il ne s'agit que d'un mastaba monumental qu'Imhotep commença par agrandir. Il le suréleva ensuite de cinq mastabas superposés et de taille décroissante. Dans le même temps, il inventait l'**architecture de pierre**, en imitant toujours les formes des édifices de bois et de roseau.

LES EXPÉRIMENTATIONS DE SNÉFROU

L'exemple de la **pyramide à degrés**, monumentale échelle de Jacob permettant au souverain de se hisser vers le ciel, n'allait pourtant pas être suivi. Le règne de **Snéfrou**, premier souverain de la IVe dynastie (2561-2538), fut celui de l'expérimentation. Le Pharaon se décida tout d'abord pour une pyramide à degrés ; il y ajouta deux étages, avant de la recouvrir d'un parement pour en rendre les parois lisses.

C'est la **pyramide de Meïdoum**, dont la forme étrange a frappé les visiteurs depuis l'Antiquité. Second essai, à **Dahchour**, une quarantaine de kilomètres plus au nord. Cette fois, le roi opta pour une pyramide à flancs lisses, mais l'angle d'attaque, trop grand, dut être modifié en cours de construction : c'est la **pyramide rhomboïdale**.

La troisième tentative, encore à Dahchour, fut la bonne : c'est la pyramide parfaite, ouverte à la visite (6 km S de Saqqara).

CHÉOPS ET LES AUTRES

C'est à **Chéops**, fils de Snéfrou, que l'on doit l'érection de la **plus grande pyramide** jamais réalisée. Son fils (ou frère) Chéphren suivit les voies cyclopéennes ouvertes par son prédécesseur. Mais dès le règne de **Mykérinos**, on en revint à de plus modestes dimensions. Jusqu'à la XIIIe dynastie, et à l'exception des rois de la XIe dynastie qui préférèrent être inhumés à Thèbes, leur ville d'origine, on verra ainsi les souverains dresser une pyramide au-dessus de leur tombeau. Les pharaons du Nouvel Empire choisirent des tombeaux secrets, dissimulés aux convoitises des pillards au fond d'une vallée à l'ouest de Thèbes, la vallée des Rois. Mais la forme pyramidale ne disparut pas pour autant : elle signalait désormais les **sépultures des civils**. Et les derniers souverains indépendants se réclamant de la tradition pharaonique, les **rois de Méroé**, dans leur lointaine Nubie et jusqu'à l'époque romaine, choisirent des pyramides de pierre pour demeure d'éternité.

LE PLAN TYPE DE L'ENSEMBLE

La pyramide n'est pas une simple sépulture : elle occupe le centre d'un **vaste complexe**, un simulacre de ville où le souverain et ses proches poursuivent leur vie d'outre-tombe. Les sépultures royales de l'Ancien Empire suivent toutes plus ou moins le même modèle. Elles s'inscrivent dans une enceinte d'où les profanes sont exclus.

Contre la face nord de la pyramide royale ouvre la **descenderie** : elle donne accès à la **chambre mortuaire** où repose la dépouille momifiée du pharaon dans son sarcophage de granit. À partir d'**Ounas** (Ve dynastie, 2350-2321), la chambre funéraire se développe en de véritables appartements, garnis de meubles et de vaisselle, qui abritent la vie *post mortem* du roi. Au mur figurent, en longues séries de hiéroglyphes, les *Textes des pyrami-*

introduction

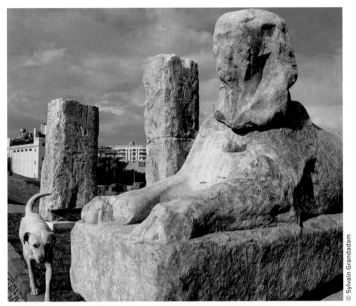
© Sylvain Grandadam

▲ L'allée des sphinx de Giza tient en respect les immeubles d'habitation du Grand Caire.

des, qui fournissaient au défunt les formules magiques lui permettant de franchir les obstacles le séparant de la vie éternelle. Contre la face orientale de la pyramide, le **temple haut** abritait le culte rendu au roi défunt. Plus loin à l'est s'élevait le temple bas, ou temple de la vallée. C'est là, pense-t-on, que se déroulait l'embaumement du corps du roi. La momie était ensuite acheminée vers sa dernière demeure par une chaussée couverte qui reliait les temples bas et hauts. Le mieux conservé de ces dispositifs est celui du complexe de Chéphren (*p. 91*, et aussi la chaussée de la pyramide d'Ounas à Saqqara, *p. 98*). Autour de la pyramide royale, des **pyramides secondaires** étaient érigées au-dessus des sépultures des membres de la maison royale. Enfin, contre les flancs de la pyramide royale, des **fosses** dissimulaient d'immenses embarcations de bois, les **bateaux solaires** utilisés par le défunt pour son voyage outre-tombe. Une de ces barques est exposée contre la face sud de la pyramide de Chéops.

LE CULTE DU ROI DÉFUNT

La pyramide était le lieu d'un culte rendu au roi. Assurant une médiation entre les hommes et les dieux, la fonction royale octroyait la divinité à qui l'exerçait. Ainsi, dans l'Ancien Empire, seul le **pharaon, assimilé à Osiris ressuscité** (*p. 248*), était promis à l'immortalité. Ses successeurs sur le trône jouaient pour lui le rôle d'Horus, entretenant par les rites et sacrifices le culte funéraire rendu au roi, et ainsi l'immortalité de leur père. La pyramide à degrés symbolise à l'évidence l'ascension du roi Osiris vers le monde divin. L'apparition de la pyramide à flancs lisses semble témoigner d'une évolution des théories religieuses. À partir de la IVᵉ dynastie (celle de Snéfrou, Chéops et leurs successeurs) s'élabore à Héliopolis une théologie « nationale » centrée autour de **Rê**, le dieu solaire. Il faudrait alors voir dans la pyramide parfaite le symbole de la descente sur terre des rayons du soleil, la pointe de l'édifice devenant le « perchoir » de Rê. ●

4 | Giza★★★

▲ Vue du désert, les trois pyramides de Giza.

Situation: à 12 km à l'O du Caire.

En taxi: en temps normal, env. 30 min, le double aux heures de pointe. Inutile de conserver votre taxi pour le retour, vous en trouverez près du Sphinx ou devant l'hôtel *Mena House*.

Horaires d'ouverture: t.l.j. de 8h à 16h (17h en été).

Conditions de visite: 4 billets nécessaires pour l'ensemble du site: un pour le plateau lui-même et le temple de la Vallée (le Sphinx); un pour l'intérieur de la pyramide de Chéops; un pour l'intérieur de la pyramide de Chéphren; et un pour la barque solaire *(en vente à l' entrée de ce dernier site)*. **Accès limité** à l'intérieur de la pyramide de Chéops (150 pers. le matin, 150 autres pers. à partir de 13h). **Guichet** du côté N de la Grande Pyramide, abordé en venant de l'avenue et de l'hôtel *Mena House*.

Durée de la visite: prévoir un minimum de 3h de visite.

Carte en rabat avant de couverture.

Carnet d'adresses *p. 105.*

Plusieurs kilomètres avant d'atteindre le plateau de Giza, on commence à distinguer, par-dessus les immeubles modernes, le triangle doré du sommet de la Grande Pyramide. L'approche des plus célèbres monuments de l'Égypte a curieusement déçu plus d'un visiteur. Et parmi eux, Champollion lui-même qui, à dix pas de distance, ne voyait plus dans la Grande Pyramide qu'un « bâtiment vulgaire dont on regrette de s'être approché ». C'est que, de loin, aucune échelle ne permet d'appréhender les dimensions réelles des pyramides, tandis que de près, on n'en peut voir qu'une petite partie et, comme le souligna le déchiffreur des hiéroglyphes, le « calcul seul peut alors en faire apprécier l'immensité ».

UNE GÉOMÉTRIE DE GÉANT

Stupéfaits par les dimensions colossales de la Grande Pyramide, les anciens Égyptiens firent de **Chéops** un tyran sanguinaire, réduisant son peuple en esclavage afin de mener à bien son entreprise colossale. Et les guides locaux qui servirent de cicérones à Hérodote, au Ve s. avant notre ère, renchérissaient sur l'ignominie du souverain : ils ajoutaient qu'à court d'argent, Chéops avait réuni la somme nécessaire à l'achèvement des travaux en contraignant sa propre fille à se prostituer. Outre ses proportions, ce sont les **qualités architecturales** de l'édifice qui étonnent : le strict alignement des faces par rapport aux points cardinaux ; la parfaite assise de l'ensemble obtenue grâce à une simple rigole remplie d'eau qui sert de niveau ; la perfection des joints entre les blocs, qui ne permettent pas d'y glisser une lame ; le système de répartition des masses, dans les parois de la rampe d'accès, en léger décrochement, de même que les pièces de dégagement qui surmontent la chambre funéraire. Pour mener à bien une telle tâche, les maîtres d'œuvre disposaient de modèles : Saqqara tout d'abord, mais surtout les expérimentations de Snéfrou, sur les chantiers desquelles il n'est pas interdit de penser que travaillèrent quelques-uns des bâtisseurs de la pyramide de Chéops.

DES MILLIERS D'HOMMES AU TRAVAIL

Si l'on écarte définitivement l'hypothèse avancée par quelques-uns de l'intervention d'extraterrestres, il faut se résoudre à ne chercher que dans l'**ingéniosité humaine** l'origine de ces œuvres dignes des Titans. L'idée de la réduction en esclavage de la population égyptienne est aujourd'hui abandonnée. Tout comme celle qui voulait que les travaux ne soient conduits que durant les trois mois de la crue, même s'il ne fait guère de doute que cette période marquait une recrudescence de l'activité : l'inondation permettait d'acheminer les blocs par barges jusqu'au pied du plateau, et les paysans alentour, réduits à l'inactivité, étaient sans doute conviés (sous forme de corvées) à se joindre au chantier où quelque 30 000 hommes pouvaient être employés simultanément.

LES MYSTÈRES DE LA CONSTRUCTION

L'utilisation de tout engin de levage étant exclue pour hisser de tels blocs, l'hypothèse communément admise est celle de l'utilisation d'une **rampe**. Faite de terre et de brique et étayée de poutres, elle offrait une chaussée enduite de limon sur laquelle on halait les blocs disposés sur des rondins. Cette technique de halage est attestée dans plusieurs peintures funéraires. Une expérience conduite dans les années 1930 a montré qu'un seul homme pouvait tirer un bloc d'une tonne sur une piste recouverte de limon et en terrain plat. Cette rampe s'élevait au rythme de la pyramide, en même temps qu'elle s'allongeait pour maintenir une pente d'environ 10°, permettant le halage. Reste que si l'on prend pour base les vingt années qu'Hérodote attribue à la construction (Chéops a régné vingt-deux ans), c'est un bloc toutes les 4 minutes qui aurait été mis en place, cela de nuit comme de jour, et sans interruption durant toutes ces longues années. Quant à la rampe, elle aurait dû mesurer près de 1 500 m de long pour atteindre le sommet en maintenant sa pente à 10°. Sa construction aurait nécessité le maniement de près de 8 millions de mètres cubes de matériaux (2,6 pour la seule pyramide).

4 itinéraire

La pyramide de Chéops

⋯✧ Voir conditions de visite p. 88. Claustrophobes s'abstenir. Il faut parcourir un long couloir d'à peine plus d'1 m de haut, avant d'atteindre la rampe qui conduit à la chambre funéraire, au beau milieu de cette phénoménale masse de pierre. Et tout ça pour ne voir qu'une chambre vide…

● **L'extérieur**. Au sommet manquent aujourd'hui le **pyramidion doré** et surtout le revêtement de calcaire blanc (extrait des carrières de Tounah, à une dizaine de kilomètres au sud du Caire) qui rendait les côtés lisses et brillants au soleil. Des siècles de pillage ont laissé les blocs à nu, dessinant une suite de gradins que des générations de touristes se sont fait un devoir d'escalader. L'ascension est aujourd'hui strictement interdite.

> *L'accès à l'intérieur, sur le flanc nord comme pour toutes les pyramides, se fait par une petite brèche ouverte par les pillards dès l'Antiquité, au-dessous de l'entrée monumentale d'origine.*

● **L'intérieur**. Comporte **trois chambres funéraires** qui correspondent peut-être à trois projets successifs. La **première** se trouve à 30 m au-dessous du niveau du sol ; la **seconde**, à 21 m au-dessus du sol, exactement dans l'axe de la pyramide. La **dernière** enfin, qui renferme le sarcophage de granit, à 42 m de hauteur. On y accède par un étroit couloir descendant, puis par une galerie ascendante longue de 47 m et dont la construction soignée mérite une attention particulière. Des banquettes aménagées à la base de chacune des parois réduisent à 1 m le passage pour les visiteurs. Le plafond s'élève à 8,50 m, donnant pour la première fois depuis l'entrée l'impression d'espace. Un système d'encorbellement réduit l'écartement des parois à mesure qu'elles s'élèvent. Puis, après deux chambres basses, ouvre la chambre funéraire où se trouve le **sarcophage de granit**, toujours en place. Ici, ni peinture, ni relief, mais des blocs cyclopéens soigneusement appareillés ; voyez ainsi les neuf dalles qui composent le plafond et qui totalisent un poids de près de 400 tonnes. Au-dessus, neuf chambres de décharge permettaient de soulager la poussée de l'énorme masse de pierre.

architecture
Quelques chiffres

La pyramide de Chéops repose sur un quadrilatère de 230 m de côté. **Quatre faces triangulaires** d'une pente de 54°30 jusqu'au sommet, à 146,59 m du sol. **Volume de pierre** : 2,6 millions de m³. **Masse** : 6 millions de tonnes. **Répartition** : 2,5 millions de blocs, d'env. 2 à 6 t. Les savants de Bonaparte calculèrent que les blocs de la Grande Pyramide pourraient servir à édifier un mur de 2 m de haut et 30 cm de large tout autour de la France.

Quant aux deux autres pyramides : celle de **Chéphren**, 215,25 m de côté sur 143,50 m de hauteur ; celle de **Mykérinos**, 108,40 m sur 62, avec des blocs atteignant 60 et même 200 t.

urbanisme
L'avenue de tous les dangers

L'**avenue des Pyramides** reliant Le Caire au plateau de Giza fut percée à l'occasion de l'inauguration du canal de Suez en 1869. Les frais ombrages qui la bordaient ont disparu, tout comme le brusque coude qu'elle marquait à un certain endroit : prétendument une volonté du khédive Ismaïl qui, cheminant dans la même calèche que l'impératrice Eugénie, espérait voir sa tendre tomber dans ses bras à la faveur du virage. L'avenue est aujourd'hui connue pour ses cabarets de danse du ventre, fréquentés essentiellement par des Arabes du Golfe.

visite
De l'air

Longtemps, la progression vers la chambre funéraire de la Grande Pyramide fut une expérience éprouvante due à la raréfaction de l'air. Désormais, un système de ventilation, dont les bouches ouvrent au sommet de l'édifice, permet le renouvellement de l'air. Réalisation d'une société française. ●

▲ Vue en coupe de la pyramide de Chéops

La barque solaire

···❯ Voir conditions de visite *p. 88*. Contourner la pyramide par la face E, où s'élèvent trois pyramides secondaires des épouses royales. On peut aussi y voir plusieurs fosses destinées aux barques solaires.

Lors de travaux d'aménagement en 1959, deux fosses furent mises au jour au pied du flanc méridional de la Grande Pyramide. Elles contenaient chacune une embarcation en bois de cèdre, déposée en pièces détachées. L'une d'entre elles est toujours en place; l'autre a été reconstituée: elle ne compte pas moins de **1244 pièces** dont l'assemblage a pris une dizaine d'années.

Le résultat est exposé aujourd'hui dans un édifice spécialement construit à cet effet. Par un promenoir, on peut faire le tour de cette splendide embarcation et la découvrir ainsi sous toutes ses faces. Avec un peu d'attention, vous noterez que les éléments du bateau ne sont pas fixés par des clous mais reliés par des cordages. On pense communément qu'il s'agit d'une **embarcation rituelle**, la barque solaire qu'utilisait le pharaon ressuscité au cours de son long voyage dans l'au-delà.

La pyramide de Chéphren

···❯ Voir conditions de visite *p. 88*.

À peu de distance de la précédente, elle lui cède en hauteur de quelques mètres. Elle conserve en revanche au sommet une partie de son revêtement de calcaire qui donne une bonne idée de l'aspect originel des trois édifices. La **chambre funéraire** se trouve sous la pyramide, creusée dans le roc. Elle contient le sarcophage vide du pharaon, à l'exclusion de toute décoration.

La pyramide de Mykérinos

···❯ À 300 m au N-O de la précédente. F. à la visite.

Elle est la plus petite des trois. Elle était également revêtue d'un parement de calcaire, mais sur les trois quarts supérieurs seulement, le dernier quart à la base étant décoré de granit rose d'Assouan. Une partie de cette décoration subsiste près de la porte d'entrée. La chambre funéraire est creusée dans la roche sous la pyramide. Ici, pas de sarcophage: il fut enlevé au XIXe s. pour être transporté en Espagne mais sombra avec le navire avant d'arriver à bon port.

4
itinéraire

© Sylvain Grandadam

patrimoine
Un monument en danger

En 1987, une équipe de scientifiques convoqués au chevet du Sphinx mettait en évidence la présence de **nappes d'eau souterraines** sous les pattes de l'animal. Les remontées par infiltration étaient susceptibles de causer de grands dommages à la célèbre statue. De fait, quelques mois plus tard, le 7 février 1988, un bloc de 200 kg se détachait de l'épaule droite. Depuis, des missions égyptienne, américaine et française veillent sur le Sphinx. Leurs études ont montré que la statue avait été taillée dans des **couches hétérogènes**. Tête et cou sont en pierre dure, tandis que le reste du corps est taillé dans une roche poreuse et friable. Des capteurs installés sur plusieurs points de la statue permettent d'analyser quotidiennement différents paramètres : vents, hygrométrie, rayonnements solaires, vibrations ou secousses telluriques. Grâce à des prélèvements réguliers, on peut enfin évaluer l'état de dégradation du monument, dont tous les spécialistes s'accordent sur les origines : l'infiltration des eaux provenant de la nappe phréatique, alimentée depuis les dernières décennies par les drains sanitaires des quartiers environnants, et la pollution atmosphérique. ●

▲ Face à l'Orient, « le père la Terreur » veille sur les pyramides des premiers pharaons.

| Le Sphinx

⋯⋗ Voir conditions de visite *p. 88*.

Abou'l Hol, « le père la Terreur », c'est ainsi que les Arabes du Moyen Âge appelèrent le Sphinx, stupéfaits de voir, tel un *djinn*, cette tête colossale émerger des sables. C'est toujours sous ce nom-là que le connaît le petit peuple du Caire.

Le visage, coiffé du *némès* royal, c'est celui de Chéphren ; le corps, celui d'un lion, le tout entièrement taillé dans la masse rocheuse au pied du plateau. Érigé sans doute pour servir de **gardien** à la nécropole de Giza, le Sphinx – le nom est d'origine grecque – fut également au **centre d'un culte**, comme en témoignent les vestiges d'un temple en avant des pattes de l'animal datant du règne de Chéphren. Mais ici, l'image cultuelle, loin d'être confinée au plus profond du saint des saints, s'élevait à une vingtaine de mètres au-dessus de la tête des fidèles.

C'est à la suite d'un **songe** que **Thoutmosis IV** (1401-1391) entreprit de restaurer le Sphinx, construit un millénaire auparavant : alors qu'il n'était qu'un jeune prince, il s'endormit à l'issue d'une partie de chasse à l'ombre de l'animal qui lui apparut en rêve et lui promit le trône. Une **stèle de 3,60 m de haut**, toujours visible entre les pattes, rappelle pour l'éternité les travaux entrepris par le roi : le Sphinx fut dégagé de sa gangue de sable et entièrement recouvert d'un placage de calcaire dont subsistent encore quelques traces.

À nouveau, le Sphinx fut l'objet d'un culte qui prospéra jusqu'à la présence romaine. C'est de cette époque que datent les derniers aménagements situés autour du Sphinx.

| Le temple de la vallée

⋯⋗ Voir conditions de visite *p. 88*.

Les murs du temple de la vallée, ou temple bas, du complexe funéraire de Chéphren s'élèvent à gauche du Sphinx.

Aux temps anciens, il était bordé vers l'est par un quai que baignaient les eaux du Nil lors de la crue annuelle du fleuve. Une rampe maçonnée le reliait au complexe de la pyramide. Lors de son dégagement par Auguste Mariette, au milieu du XIXe s., il a révélé plusieurs statues du roi, dont celle de diorite qui orne aujourd'hui la salle 42 du musée du Caire *(p. 66)*. ●

4

itinéraire

5 | ♥ Saqqara★★★

▲ Nécropole de Saqqara.

Situation : à 30 km au S du Caire.

En bus : depuis le centre du Caire, place El-Tahrir I-BC2 ; arrivée dans le village, puis 2 km env. jusqu'au gui-chet. **Attention !** Les différents sites sont assez distants les uns des autres et la visite à pied se révèle éprouvante, entièrement dépourvue d'ombre.

En taxi : meilleure façon de visiter Saqqara. Location au Caire (env. 150 £E pour la journée quel que soit le nombre de passagers).

En voiture : autorisée sur le plateau, déplacements de site en site à moin-dre fatigue.

Horaires d'ouverture : t.l.j. de 8 h à 16 h (17 h en été). Entrée payante.

Conditions de visite : *voir ci-contre.*

Durée de la visite : minimum 3 h, afin de découvrir le complexe de Djoser, sa pyramide à degrés et le mastaba de Ti, le plus richement orné du site.

Carte en rabat avant de couverture.

Carnet d'adresses *p. 105.*

La nécropole de Saqqara occupe une bande de terre de 7 km de long du nord au sud sur le rebord oriental du plateau désertique qui domine l'ancienne capitale Memphis. Elle fut utilisée dès le début de l'Ancien Empire, les tombes les plus anciennes appartenant à des fonctionnaires de la Ire dynastie. On y inhumait encore des animaux sacrés à la Basse Époque, au IVe s. avant notre ère, et le Sérapeum, regroupant les tombeaux souter-rains des taureaux sacrés Apis, constituait encore un but de pèlerinage à l'époque ptolémaïque. Seule une partie de la nécropole, Saqqara Nord, est accessible aux touristes. C'est là que s'élève la pyramide de Djoser, le clou de la visite. Il ne faut pas manquer pourtant de visiter quelques-uns des mastabas aux environs, ces tombeaux de hauts dignitaires dont les murs sont couverts de délicates décorations qui raniment sous nos yeux la vie quotidienne des Égyptiens des premières dynasties. Ceux de Ti et de Mérérouka sont à ne pas manquer.

Musée d'Imhotep

Présentée depuis 2006, cette petite collection est une bonne introduction à la visite du plateau de Saqqara. On peut y voir une jolie sélection d'objets découverts sur le site, depuis 1850 lorsqu'Auguste Mariette en débuta l'exploration jusqu'à nos jours, chaque saison apportant une nouvelle moisson de découvertes. Une salle est également consacrée à la mémoire de Jean-Philippe Lauer qui consacra sa vie au site. Dans le pavillon précédant le musée, maquette de la pyramide à degrés construite d'après les directives de Lauer.

Le complexe funéraire de Djoser★★★

···➔ Au moins 1 h de visite, 2 h si vous y ajoutez la découverte des tombeaux au S de l'enceinte. Si vous prévoyez d'effectuer l'ensemble de la visite (le complexe de la pyramide et les tombes de la chaussée d'Ounas), n'oubliez pas de prendre vos billets pour ces dernières au guichet à l'entrée du complexe de la pyramide.

C'est ici, voici quarante-cinq siècles, pour la première fois en Égypte et sans doute dans l'histoire de l'humanité, que la pierre de taille fut utilisée pour la construction d'un édifice monumental. Cette innovation décisive est attribuée à Imhotep, chancelier du roi, grand prêtre d'Héliopolis, mais aussi constructeur et sculpteur, comme le précise une inscription découverte sur le site et qui « signe » véritablement cette première manifestation architecturale du génie humain.

L'entrée

L'ensemble a été remonté avec des matériaux d'origine. Un unique accès permettait jadis de franchir l'enceinte. Alors que les 13 autres bastions étaient gardés par un

Conditions de visite

Un seul billet donne accès à l'ensemble du site à l'exception des tombes des Nobles (Irou ka-Ptah, Néfer-Ptah et Niankh-Khnoum) qui nécessitent l'obtention d'un second billet en vente à l'entrée de la pyramide à degrés.

Les **photos** sont interdites à l'intérieur des mastabas.

Il est impératif d'observer la plus **grande vigilance** lors de la visite des mastabas : ces chefs-d'œuvre de plus de 40 siècles sont extrêmement fragiles : il ne faut évidemment pas les toucher, mais on doit également prendre garde aux sacs que l'on porte en bandoulière et qui, dans les passages étroits, viennent frotter contre les parois, causant des dommages irréparables.

Des **toilettes** sont aménagées près de l'entrée de la pyramide à degrés. Ce sont les seules du site.

civilisation
La fête du heb-sed

Cette cérémonie, appelée aussi fête du jubilé, était accomplie par le roi au bout de sa trentième année de règne.

L'ensemble des rites, qui ne nous sont pas connus dans le détail, était destiné à prouver au peuple que le roi possédait encore toute la force physique nécessaire à l'exercice du pouvoir.

Le pharaon accomplissait alors des courses rituelles et revivifiait son énergie vitale en se présentant revêtu des parures appropriées devant diverses divinités en leur chapelle respective. ●

▲ Le complexe funéraire de Djoser

simulacre de porte fermée, se trouve ici un **simulacre de porte ouverte**. Au-delà d'un passage couvert de blocs imitant les rondins de bois ouvre un **long couloir** bordé de 40 colonnes fasciculées disposées en deux rangées. Elles s'appuient chacune sur un muret perpendiculaire au couloir qui rejoint le mur et soutenait jadis un plafond de calcaire imitant la couverture de branchages des maisons du monde des vivants. Au bout d'un couloir ouvre une **salle hypostyle à huit colonnes**.

> *De là, par un second simulacre de porte ouverte, on accède à la cour du complexe dominé par la masse de la pyramide à degrés.*

La cour

Elle était bordée d'un ensemble d'édifices nécessaires à l'accomplissement de la fête du jubilé (*heb-sed*). Au centre de l'esplanade,

deux paires de constructions en fer à cheval servaient ainsi de bornes à la course rituelle de la fête du jubilé. En face du couloir d'accès (*côté O du complexe*), un mur a été restitué sur toute sa hauteur, avec, notamment, son **ornementation de cobras**.

> *Du côté droit de la cour en regardant la pyramide gisent les vestiges d'un ensemble de constructions vers lesquelles vous vous dirigerez.*

La cour du heb-sed

À droite de l'immense esplanade, trois colonnes remontées appartiennent à un édifice que l'on a nommé **pavillon du Roi**; il évoque le type de construction où se tenait le souverain lors de sa fête du jubilé. On peut penser qu'une statue de Djoser y était déposée. En arrière de cet édifice (*du côté E*) ouvrait une longue cour, la cour du *heb-sed*, bordée de constructions qui figurent les **chapelles de la fête jubilaire**. Durant cette cérémonie, le roi devait s'arrêter devant chacune d'entre elles pour honorer la divinité dont elle abritait l'image. Elles suivent deux types architecturaux différents, comme on peut en juger grâce à l'anastylose effectuée par les archéologues. Le premier présente un toit plat et une moulure aux angles évoquant les renforts végétaux des édifices en terre que l'on trouvait alors dans le monde des vivants. Le second type présente trois colonnettes en façade (figurant des troncs d'arbre) qui soutiennent une corniche arrondie, comme l'étaient les toitures de branches de roseau, courbées pour offrir plus de résistance.

Autour de la pyramide

Fermant au nord la cour du *heb-sed* s'élevait la **maison du Sud**, à laquelle faisait écho la **maison du Nord**. Dans ces deux sanctuaires, le roi recevait successivement les hommages des peuples de Haute

© Sylvain Grandadam

▲ Le complexe de Djoser était accessible par une seule porte, perpétuellement ouverte.

et de Basse Égypte. Contre le flanc nord de la pyramide gisent les restes informes (quelques pans de murs s'élèvent encore à près de 2 m de hauteur) du **temple funéraire** du complexe. C'est dans le temple que prenait la descenderie conduisant aux **appartements** *(f. à la visite)*. Il est précédé vers l'est d'un petit édifice presque aveugle, percé seulement de deux orifices. C'est le *serdab*, où fut retrouvée la statue du roi Djoser qui accueille désormais le visiteur à l'entrée des salles de l'Ancien Empire du Musée archéologique du Caire. Elle a été remplacée *in situ* par un moulage.

●●● *À voir en sortant du complexe : vous quitterez le complexe funéraire en retraversant la cour en direction du* **mur aux cobras** *; un escalier permet de franchir vers l'extérieur le mur S du complexe. On découvre en contrebas à g. une* **fosse** *profonde de 28 m où fut découvert un sarcophage identique à celui qui fut*

déposé sous la pyramide. Jean-Philippe Lauer, qui œuvra sur le site de 1926 (il avait alors 24 ans) à 2001 et à qui l'on doit l'anastylose du complexe de Djoser, a émis l'hypothèse qu'y furent déposés les vases canopes (contenant les viscères) du défunt.

> En franchissant l'enceinte, on découvre un vaste **panorama** sur la nécropole de Saqqara Sud tandis que se détachent à l'horizon les silhouettes des pyramides de Dahchour, parmi lesquelles la plus reconnaissable, celle de la pyramide rhomboïdale.

‖ Au sud du complexe

⋯❖ Vous pourrez compléter votre visite en partant à la découverte des tombes – hypogées, mastabas et pyramides – de cette partie de la nécropole de Saqqara Nord. Au moins 1 h. Si vous êtes pressé par le temps, visitez tout de même la tombe d'Iynéfert et allez jeter un coup d'œil sur la chaussée d'Ounas dégagée par les archéologues.

5
itinéraire

▶ Les murs des mastabas évoquent la vie quotidienne des Égyptiens d'il y a quarante siècles. Ici, représentation du gavage des hyènes dans la tombe de Mérérouka (*p 101*).

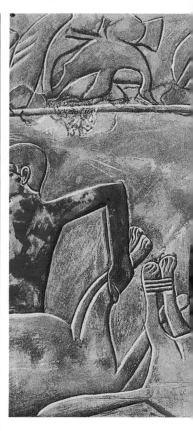

La pyramide d'Ounas

La pyramide du dernier souverain de la Ve dynastie n'est certes pas la plus impressionnante, ni par ses dimensions, ni par son état de conservation. On peut toutefois encore voir une partie du parement de la face sud. La pyramide présente en revanche un **intérêt historique** de tout premier plan : les parois des chambres funéraires, auxquelles on accède par un long couloir haut de 1,40 m (*f. à la visite*), sont ornées de textes rituels et de formules magiques, les ***Textes des pyramides***, qui apparaissent ici pour la première fois. Lors de leur découverte par Maspero en 1881, les hiéroglyphes profondément creusés portaient encore leur peinture bleue originelle.

● **La chaussée d'Ounas**. La chaussée, comme il est de tradition, reliait la pyramide au temple de la vallée, un kilomètre plus loin (*ses vestiges se trouvent non loin du guichet d'entrée*), a été en grande partie dégagée et restaurée. Sur les parois on peut découvrir des **séries de reliefs** : procession de courtisans, de porteurs d'offrandes, animaux. À 150 m environ de la pyramide, du côté droit, **deux barques solaires** en pierre furent déposées dans des cavités.

Les mastabas d'Iynéfert et d'Ounas-Ankh

···▷ Immédiatement à l'E de la pyramide d'Ounas se trouvent sept mastabas, disposés de part et d'autre d'une sorte de ruelle. Les deux décrits ci-dessous sont les seuls ouverts à la visite.

● **Le mastaba d'Iynéfert** (VIe dynastie). Il est orné d'un **remarquable cycle de décorations** où se remarquent des scènes de chasse et de pêche ainsi que des scènes de la vie domestique. Notez aussi, à l'entrée, un relief montrant Iynéfert âgé sortant du tombeau. Les images de vieillards sont très rares dans l'art funéraire égyptien.

● **Le mastaba d'Ounas-Ankh**. Présente un joli cycle de représentations parmi lesquelles un cortège de bouviers rendu avec beaucoup de naturel.

Les tombes de la chaussée d'Ounas

···▷ Situées au long de la chaussée d'Ounas.

● **La tombe d'Irou ka-Ptah**. Cet hypogée abrite la tombe du chef des abattoirs royaux (V^e dynastie). De part et d'autre du couloir qui fait suite à l'entrée sont creusés en haut-

© Sylvain Grandadam

relief dix effigies du défunt *(côté g.)* et quatre personnages *(côté dr.)*, sans doute des membres de la famille (dont une femme) inhumés avec lui. De fait, le tombeau comporte cinq fosses, qui sont aujourd'hui obstruées. Au-dessus des reliefs, des scènes évoquent la fonction du défunt. La salle au bout du couloir porte des scènes de chasse qui ne sont qu'ébauchées au trait.

● **Le mastaba de Néfer-Ptah**. Voisin de la tombe précédente, il présente de jolies scènes très finement dessinées : chasse au filet et, au fond de la salle, cueillette des figues de sycomores par des hommes portant des paniers au cou pour y déposer les fruits. À voir également, une scène pittoresque représentant le foulage du raisin au pied.

● **Le mastaba de Niankh-Khnoum et de Khnoumhotep**. Ce tombeau (Vᵉ dynastie), détruit et recouvert lors de la construction de la chaussée d'Ounas, fut remonté par le Service des Antiquités. Il appartenait à deux frères, représentés, à l'intérieur, face à face. Les parois du tombeau sont décorées de **scènes en relief** qui conservent une bonne partie de leurs couleurs originelles : on peut ainsi voir une belle chasse aux oiseaux, une scène de pêche, un repas accompagné de musique et de danse, des artisans (sculpteurs, ébénistes, orfèvres) occupés à leur tâche. Ce mastaba clôt la série des sites ouverts à la visite autour de la pyramide à degrés.

> *De là, on peut regagner le parking sans repasser par le complexe de Djoser.*

© Sylvain Grandadam

▲ À l'entrée de sa tombe, le défunt regarde le monde des vivants.

|| Autour de la pyramide de Téti

···⫶ Cette partie de la nécropole de Saqqara Nord est dominée par la masse écroulée de la pyramide de Téti. La salle funéraire est ouverte à la visite. Dans ce secteur, deux mastabas méritent la visite.

| La pyramide de Téti

La pyramide du fondateur de la VIᵉ dynastie ne se présente plus que comme un amas informe de pierres écroulées. La descenderie, du côté nord comme il est d'usage, conduit aux salles souterraines où reposait le souverain. Comme pour la pyramide d'Ounas, les parois étaient entièrement recouvertes par les hiéroglyphes des *Textes des pyramides* (p. 245), sous une voûte figurant un ciel étoilé.

Dès l'Antiquité, la pyramide fut la **proie des pillards**, à la recherche de matériaux de construction : après en avoir terminé avec le parement extérieur ils s'attaquèrent aux salles souterraines, qu'ils dépouillèrent des dalles de calcaire ornées de hiéroglyphes, au risque de compromettre l'équilibre de la construction.

| Le mastaba de Mérérouka***

C'est le plus vaste des mastabas de la nécropole de Saqqara : pas moins de 31 pièces et couloirs qui abritent les appartements funéraires de Mérérouka, inhumé près de son souverain, Téti, dont il fut le vizir. Le mastaba est en fait divisé en trois parties : l'une, la plus vaste, réservée au chef de famille ; une seconde, comprenant cinq pièces *(on y accède par un passage à g. sitôt après avoir passé l'entrée)* ; une dernière, enfin, la plus petite, qui est celle du fils.

Plus de la moitié des salles sont ornées de reliefs dont la profusion, impossible à détailler ici, restitue la **vie quotidienne** des Égyptiens d'il y a plus de quarante siècles. De part et d'autre de l'entrée figure une représentation du défunt et de son épouse ; dans les appartements de Mérérouka se succèdent scènes de chasse et de pêche qui conduisent à la salle abritant une fausse porte et par où l'on accédait à la fosse funéraire. Au-delà ouvre une salle dotée de six piliers : c'est la plus vaste du complexe. On peut y voir une statue du défunt qui conserve une bonne partie de sa polychromie. De là, on accède aux quatre pièces des appartements du fils ; dans la première, curieuse scène de gavage des oies sur le mur de dr.

| Le mastaba de Kagemni

De dimensions plus modestes que son voisin, le mastaba de Kagemni, autre vizir de Téti, le surpasse en revanche par la finesse et la qualité de ses **reliefs**. Voyez notamment, dans la salle aux trois piliers, de curieuses scènes de sport ainsi qu'une remarquable scène de chasse à l'hippopotame. La dernière salle du complexe conserve une grande partie de sa polychromie.

> Après la visite de la pyramide de Téti, reprenez votre voiture pour vous diriger vers le Sérapeum.

|| Le Sérapeum et ses environs

···❖ Le Sérapeum étant f. à la visite, c'est le mastaba de Ti qui est la véritable vedette de ce secteur du plateau. Votre voiture vous déposera près de la petite cafétéria qui occupe l'emplacement de la maison d'Auguste Mariette rasée en 1958. De là vous partirez à pied vers le mastaba de Ti, à 300 m env., à moins que vous ne cédiez aux invitations pressantes des propriétaires de chevaux et de chameaux à vous hisser sur le dos de leurs montures.

Au début du chemin vous laisserez un auvent moderne qui protège l'« **hémicycle des philosophes** », un groupe de 11 statues de facture grecque, présidé par Homère, où figurent Platon et Pindare. Cet ensemble fut érigé en bordure de l'allée processionnelle qui conduisait au Sérapeum par Ptolémée Ier, premier souverain macédonien sur le trône d'Égypte.

| Le mastaba de Ti***

C'est à l'intérieur de cette tombe que l'on verra les plus séduisants **bas-reliefs** de l'ensemble de la nécropole. On découvre là un des sommets de l'art de l'Ancien Empire, avec ses dizaines de scènes qui se succèdent sur les murs et qui composent un fascinant tableau de la vie égyptienne à l'époque de la Ve dynastie, dont Ti fut l'un des hauts dignitaires.

On pénètre tout d'abord dans une **cour** entourée de 12 piliers déterminant un portique ; ses murs portent une série de reliefs malheureusement très endommagés.

Au fond de la cour, à l'opposé de l'entrée, un couloir conduit vers la **chambre funéraire** ; sur la paroi de gauche, foisonnant cortège de serviteurs chargés d'offrandes. Après un étranglement, on parvient à la seconde partie du couloir. À droite ouvre la **chambre des offrandes** aux murs chargés de victuailles. Autour du passage qui y donne accès, jolies scènes de navigation.

C'est dans la chapelle funéraire que l'on verra les plus beaux reliefs : représentations du défunt en majesté, mais aussi scènes de la vie quotidienne fourmillant de détails savoureux et pittoresques, comme croqués sur le vif. Sur le mur de g. se déploient des **scènes agricoles** auxquelles assiste Ti, depuis son trône. À droite de l'entrée, somptueuse **chasse à l'hippopotame** dans les marais, dont les eaux regorgent d'espèces de poissons variées.

Dans les arbres, les oiseaux ont fait leur nid ; deux renards et une belette, alléchés par les oisillons, s'approchent dangereusement.

| Le Sérapeum★★★

Le **taureau Apis** était l'**animal sacré de Ptah**, le dieu tutélaire de Memphis. Un véritable taureau était choisi par les prêtres, en fonction d'un certain nombre de marques distinctives qu'il portait sur son corps. Sa vie durant, le taureau trônait au milieu de son harem de génisses d'où les prêtres l'extirpaient pour participer aux processions solennelles. À sa mort, son corps était momifié puis déposé dans d'**immenses catacombes** que découvrit Auguste Mariette en 1851.

Au long de ces immenses galeries creusées de main d'homme, dont la plus vaste, avec ses 200 m de long, fut utilisée du VIIe s. à l'époque ptolémaïque, 24 monumentaux sarcophages de pierre sont disposés dans des niches de manière à ne pas se faire face. Ces dernières étaient par la suite fermées par un mur constitué de centaines de stèles d'ex-voto.

Une galerie latérale qui, au contraire de la galerie principale, ne fut jamais pillée, a livré un sarcophage isolé, une grande quantité de stèles ainsi qu'une **splendide collection de bijoux** au nom d'un des fils de Ramsès II. De la grande galerie partent les petites catacombes, utilisées depuis la XIXe dynastie.

| Le mastaba de Ptahhotep et d'Akhouthotep

···✈ Le dernier site ouvert à la visite se trouve à 300 m env. au S du secteur de Sérapeum. Accès en voiture.

Il s'agit d'une double sépulture (pour un père et son fils aîné) dont la **décoration** est restée **en partie inachevée**. On peut voir ainsi, dans le premier couloir au-delà de l'entrée, les **procédés des artistes** qui dessinaient les motifs au trait avant de commencer à tailler la roche. Ce couloir aboutit *(à dr.)* à une salle à quatre piliers prolongée par la chambre abritant la stèle d'Akhouthotep. Dans la salle aux piliers ouvre un passage qui conduit aux deux pièces réservées à Ptahhotep : une chapelle et la chambre de la stèle. Cette partie, la mieux décorée de l'ensemble, mérite une attention particulière : scènes de lutte, exercices sportifs accomplis par des enfants, scènes de chasse inspirent la décoration des parois aux couleurs exceptionnelles. ●

6 | Memphis★★

© Sylvain Grandadam

▲ L'Égypte éternelle, à deux pas de l'agglomération cairote.

Situation : à 1 km à l'E de Saqqara.

Horaires d'ouverture : ouv t.l.j. de 8 h à 16 h (17 h en été). Entrée payante.

Durée de la visite : env. 30 min.

Carte en rabat avant de couverture.

Carnet d'adresses *p. 105.*

Quelques blocs de pierre dans le sable, disséminés sous les palmiers : voilà les seuls vestiges que la plus grande ville de l'Égypte pharaonique nous ait légués. C'est que, depuis les derniers Ptolémées, le site a servi de carrière aux riverains du Nil.

HET KA-PTAH

C'est **Ménès**, le premier pharaon des légendes antiques *(p. 213)*, qui aurait choisi le site, à la pointe du delta du Nil, entre Haute et Basse Égypte. Les rois thinites l'appelèrent « le Mur blanc » ; sous Pépi Ier, la ville prit le qualificatif accordé à la pyramide du souverain, « Stable est la beauté », *Men-néfer*, dont les Grecs firent Memphis. Comme elle abritait le **sanctuaire principal de Ptah**, la ville fut également connue comme le « Château du *ka* de Ptah », *Het ka-Ptah*, qui a donné le mot grec *aiguptos*. On y vénérait également Sokkaris, divinité prédynastique assimilée plus tard à Osiris, dont le nom est conservé dans celui de la bourgade moderne de Saqqara.

LA PREMIÈRE VILLE D'ÉGYPTE

Lieu de résidence des pharaons à partir de la IIIe dynastie, Memphis perdit son statut de capitale au XXe s. avant notre ère, lorsque les souverains de la XIIe dynastie lui préférèrent **Licht**, à une trentaine de kilomètres plus au sud. Si les rois du Nouvel Empire règnent ensuite à partir de **Thèbes**, Memphis ne disparaît pas pour autant. Au contraire, à partir de la XVIIIe dynastie, la ville connaît un regain d'activité : restée un centre religieux de première importance avec ses vénérables sanctuaires de Ptah, Hathor et Apis, elle accueille les grandes cérémonies monarchiques au cours desquelles les souverains, des Hyksos à Alexandre, fondent ou renouvellent leur légitimité. Elle

devient, à partir de la XVIIIe dynastie, le grand centre d'échange de l'Égypte grâce à son port international où, remontant les bras du Nil, accostent des bateaux venus de toute la Méditerranée.

Dans leurs quartiers respectifs prospèrent des colonies de commerçants étrangers. C'est là enfin que réside le prince héritier sous les Ramessides. Même sous les Lagides qui règnent depuis Alexandrie, Memphis conserve son importance religieuse autour de la nécropole des Apis, devenue le Sérapeum (*p. 101*), avec l'apparition du culte de Sérapis, divinité syncrétique gréco-égyptienne.

La statue de Ramsès

Dans le petit périmètre archéologique, on verra principalement une **statue** colossale mais couchée de Ramsès : son pendant orne aujourd'hui la place de la gare du Caire. Au centre du jardin se dresse un beau **sphinx en albâtre**, qui daterait d'environ 1200 avant notre ère. ●

Carnet d'adresses

▲ Silhouette des trois pyramides de Giza, avec en toile de fond Le Caire tentaculaire.

© Sylvain Grandadam

Giza

Carte en rabat avant de couverture.

Visite *p. 88*.

Indicatif téléphonique ☎ 02.

Sauf mention contraire, les hôtels et les restaurants sélectionnés acceptent **les cartes bancaires**.

❶ **Office du tourisme**, plateau des Pyramides ☎ 383.88.23.

Hôtels

Lors de son séjour au Caire, on peut choisir de résider à Giza, à l'écart du bruit et de la pollution du centre-ville, que l'on atteint néanmoins assez rapidement grâce à de nouvelles voies express. Les hôtels s'y multiplient, de grand luxe pour la plupart d'entre eux, mais sans charme particulier ni originalité. Une exception cependant, le célèbre et prestigieux hôtel Mena House, une véritable institution.

▲▲▲▲ **Le Meridien**, route d'Alexandrie ☎ 377.33.88, fax 377.17.30, www.lemeridien.com. *546 ch*. De l'extérieur, une jolie architecture en gradins, grand luxe à l'intérieur. Chambres de tout confort (vues sur les pyramides pour la plupart d'entre elles), plusieurs **restaurants** et tous les services attachés habituellement à ce type d'établissement.

▲▲▲▲▲ **Mena House**, route des Pyramides ☎ 377.32.22, fax 376.77.77, www.oberoimenahouse.com. *486 ch*. Un établissement mythique au Proche-Orient, rendez-vous des célébrités et des têtes couronnées depuis plus d'un siècle. Les parties communes sont somptueuses, dans un style qui mêle architectures orientale et indienne: il fut construit pour l'inauguration du canal de Suez, et c'est aujourd'hui la célèbre chaîne indienne Oberoi qui en assure la gestion. Si vous n'y résidez pas, la visite vaut la peine: allez prendre un verre au **bar** de la réception d'où l'on a une vue magnifique sur la pyramide de Chéops. Autour de l'ancien édifice, des extensions modernes ont été construites pour augmenter le nombre de chambres. Sur le plan architectural, ce n'est pas une réussite. Excellent **restaurant** indien.

▲▲▲▲▲ **Mövenpick Resort**, route d'Alexandrie ☎ 385.25.55, fax 383.50.06, www.moevenpickho tels.com. *240 ch.* Très bon confort dans une atmosphère moins anonyme que dans les grands palaces voisins. De nombreux Égyptiens aisés viennent y profiter de la tonalité germanique. À noter, le **restaurant** de spécialités européennes : escalopes à la crème, escargots de Bourgogne… C'est le plus cher des hôtels de sa catégorie.

▲▲▲▲▲ **Sofitel le Sphinx**, route d'Alexandrie ☎ 383.74.44, fax 383.49.30, www.accorhotels. com. *274 ch.* Grand luxe et tout confort. À signaler, une réception accueillante et agréable avec sa galerie marchande, ses **restaurants**, dont un excellent italien ouvrant sur l'espace central, et son **bar** au bord d'un bassin, en vue des pyramides. Très belle piscine extérieure (petit bassin pour les enfants).

▲▲▲▲ **Oasis**, route d'Alexandrie, ☎ 838.73.33, fax 838.79.16, www. oasis.com.eg. *292 ch.* Plus éloigné que les précédents du plateau de Giza. Chambres correctes avec une mention spéciale pour le grand jardin où il fait bon se détendre après une journée de visite. Navettes gratuites vers le centre-ville.

▲▲▲▲ **Siag**, route de Saqqara ☎ 386. 01.12, fax 771.73.24. *320 ch.* Plus éloigné du plateau sur lequel les chambres offrent de larges vues d'ensemble, un hôtel d'excellente catégorie. Bon **restaurant** libanais.

Restaurants

En matière de restaurants, Giza n'est pas à la fête. Les Égyptiens, qui en fin de semaine viennent se promener en famille à Giza, ne s'y trompent pas : ils préfèrent pique-niquer en lisière du désert. Si vous ne voulez pas faire comme eux et que l'heure du déjeuner approche, le mieux est d'aller prendre un sandwich ou une salade au coffee-shop de l'hôtel Mena House, au pied de la Grande Pyramide.

♦♦♦ **Mughol Room**, hôtel Mena House ☎ 377.32.22. Excellentes spécialités d'Inde du Nord dans un cadre raffiné ; discrète ambiance musicale avec musiciens et chanteurs indiens. Il est conseillé de réserver. Tenue correcte exigée (une cravate n'est toutefois pas nécessaire). *Ouv. le soir seulement et le ven. au déjeuner.*

♦♦ **Andrea**, route du canal Maryoutiya ☎ 383.11.33. À 4 km env. du plateau de Giza, se faire conduire en taxi. Bien sûr, l'endroit est envahi de cars de touristes à l'heure du déjeuner et l'accueil s'en ressent. Mais le jardin est tout de même agréable, pour peu que l'on déniche une table à l'écart, et les poulets embrochés qui rôtissent à l'entrée sont bien appétissants.

♦♦ **Saqqara Palm Club**, route de Saqqara ☎ 819.15.55. À 2 km env. du site de Saqqara. Déj. dans de rafraîchissants jardins : assortiments d'entrées et grillades. Une halte agréable et reposante.

♦ **Felfela**, Alexandria Desert Road ☎ 383.02.34. Un peu moins envahi que les autres ; jolie vue sur les pyramides depuis la terrasse. À ne pas manquer : les savoureux *taameya*, spécialités de l'établissement (vente à emporter à l'extérieur).

Spectacle son et lumière

Pour les horaires exacts, rens. auprès de l'❶ office du tourisme ou de votre hôtel.

Plusieurs représentations chaque soir, dont une en français. Texte français d'après André Malraux et effets visuels récemment renouvelés avec les techniques modernes (laser notamment).

On prend place sur les sièges installés au pied du plateau. L'hiver, il est impératif d'être habillé chaudement ; possibilité de louer des couvertures sur place. ●

Louxor et Karnak★★★

Dans sa demeure de Thèbes, Amon se réjouit. Jadis c'était une fois l'an que le peuple en liesse l'accompagnait dans sa croisière fluviale de Karnak à Louxor. Aujourd'hui, c'est par dizaines que les bateaux sont amarrés, déversant chaque jour leur cortège de pèlerins à la peau blanche, qui viennent lui rendre hommage dans leurs tenues estivales et bariolées. On a même construit des pontons pour les felouques, qui tendent vers le disque solaire leurs hauts mâts colorés des fanions de tous les pays du lointain Occident. Sur la corniche, on a enguirlandé les arbres de serpents lumineux, verts, orange, comme pour un Noël perpétuel. Certes, les étals où l'on débitait les quartiers de viande pour le peuple ont disparu, mais du bœuf, on en trouve toujours, haché et serré entre deux tranches de pain, à l'enseigne rouge et or, frappée d'un grand M, que l'on voit briller entre deux colonnes du temple de Louxor.

▲ L'allée bordée de sphinx reliait le temple de Louxor à celui de Karnak.

introduction

▲ Louxor

Oui, la capitale de la Haute Égypte est toujours à la fête. C'est même devenu une des destinations vedettes du pays grâce à son aéroport international qui permet de l'atteindre directement depuis l'Europe. La destination rêvée pour une semaine de détente et de dépaysement, entre découverte d'un patrimoine exceptionnel et rencontre avec un peuple qui malgré l'affluence a su conserver gentillesse et honnêteté.

Thèbes aux cent portes

« Thèbes aux cent portes, par chacune desquelles sortent deux cents guerriers avec leurs chevaux et leurs chars ». Pour **Homère** (*Iliade*, IX, 382), la grande ville de Haute Égypte, dont la gloire est pourtant éteinte au siècle où vit le poète, reste le symbole de la puissance et de la richesse égyptiennes, une cité « dont chaque maison renferme des trésors sans nombre ». On ignore en revanche pourquoi les anciens Grecs donnèrent le nom de la cité béotienne à celle que les Égyptiens nommaient **Ouaset**, « la ville du Sceptre ». Pour les Romains, ce fut **Diospolis**, « la ville de Zeus », assimilé à Amon. Mais la fière cité impériale n'était plus alors qu'un modeste village, dont la splendeur passée demeurait un vague souvenir : les Romains construisirent un camp militaire dans l'enceinte même du temple de Louxor. Cet ultime toponyme qui, de nos jours, désigne la ville, est une appellation arabe signifiant « **les châteaux** ».

À l'origine, un modeste village

Rien ne prédisposait ce petit village du quatrième nome d'Égypte à devenir la grande cité dynastique du Nouvel Empire, ni sa situation géographique, ni la renommée de sa divinité locale, Amon. Le grand dieu de la région, c'était **Montou**, célèbre pour ses vertus guerrières. Du reste, c'est de son nom que se parèrent les Montouhotep, pharaons de la XIe dynastie issus d'une lignée de potentats locaux et restaurateurs de la grandeur égyptienne après les affres de la première période intermédiaire (2140-2022). Ils choisirent de se faire inhumer sur la rive gauche de Ouaset, dans les secteurs de l'Assassif et de Dra abou'l Nagha (*p. 148*). Ils hissèrent surtout **Amon** au rang de dieu national, et lui construisirent son premier temple, embryon du complexe de **Karnak**. À l'abri de son ombre tutélaire, Thèbes devint capitale royale.

L'apogée du Nouvel Empire

Après les troubles qui marquèrent la fin du Moyen Empire, c'est encore à des princes de Haute Égypte qu'il revint de restaurer la puissance de Pharaon. Après avoir chassé les Hyksos de la vallée du Nil, **Ahmosis** se pare du titre royal et fonde

---

pillages
Les cachettes du grand prêtre

Depuis la fin de la XIXe dynastie (XIe s. avant notre ère), les momies des plus grands pharaons reposaient à 11 m sous terre, à proximité du temple d'Hatchepsout, au fond d'un puits où les avait dissimulées le grand prêtre d'Amon afin de les soustraire à la convoitise des pillards. Dans les années 1870, les antiquaires de Louxor proposaient aux riches touristes étrangers de superbes pièces qui attirèrent bientôt l'attention de Gaston Maspero, directeur des Antiquités

égyptiennes. Celui-ci lança une enquête qui aboutit à une famille de pilleurs de tombes de Gourna, les Abd el-Rassoul. Arrêtés, emprisonnés et interrogés énergiquement par le gouverneur de la province, ils ne firent aucun aveu et on dut les relâcher.

Quelque temps plus tard, coup de théâtre : une violente dispute familiale décida l'un des frères Rassoul à révéler toute l'affaire. Il conduisit les enquêteurs près du temple d'Hatchepsout : là, dans une anfractuosité, on découvrit les momies des plus célèbres pharaons des XVIIIe et XIXe dynasties (les

trois premiers Thoutmosis, Ramsès Ier, Séthi Ier, et Ramsès II ; ainsi que celles des prêtres d'Amon et de leur famille à l'origine de ce transfert). Le puits fut vidé en 1881 sous la direction de Maspero, et les momies embarquées sur un bateau à destination du Caire.

Tout au long du parcours, « les femmes fellahs échevelées suivirent le bateau en poussant des hurlements et les hommes tirèrent des coups de fusil comme ils le font aux funérailles », rapporte Gaston Maspero. Ainsi le peuple égyptien rendait-il un dernier hommage à ses lointains souverains. ●

introduction

la XVIIIe dynastie. Pendant près de trois siècles, sous les règnes des Thoutmosis et des Aménophis, la gloire de Thèbes illumine l'Orient. La ville se couvre de **sanctuaires** et, sur la rive occidentale, de **majestueux temples funéraires** assurent l'immortalité aux pharaons défunts. Dans les replis de la montagne thébaine, artistes et ouvriers s'activent pour creuser et décorer les hypogées où reposeront rois, reines, princes et nobles de l'empire. Des édifices civils, palais ou modestes demeures de cette glorieuse époque, construits en matériaux précaires, rien n'a subsisté, à l'exception, notable, du village de Deir el-Médineh où résidèrent, tout au long du Nouvel Empire, les artistes à qui l'on doit les somptueuses décorations des tombes de la rive ouest *(p. 148)*. Les Ramessides de la XIXe dynastie abandonneront pourtant Thèbes pour leurs capitales du Delta, plus proches du théâtre d'opérations du Proche-Orient, frontière des ambitions impériales. La ville ne perd pourtant rien de son prestige grâce au **puissant clergé d'Amon**, gardien jaloux de la demeure du dieu dynastique. Un clergé si puissant que le pharaon doit s'en concilier les grâces en déléguant auprès de lui une princesse de sang royal parée du titre de « **Divine Adoratrice d'Amon** » *(p. 234)*. Au milieu des troubles qui marquent la disparition de la XIXe dynastie, c'est le clergé d'Amon qui réussit à préserver l'essentiel des traditions pharaoniques. Sous la conduite du grand prêtre qui revendique le titre royal, il dérobe aux pillards les dépouilles des grands monarques défunts en les dissimulant dans des caches de la montagne thébaine.

Le sac de Thèbes

Pourtant, c'en est fini de la puissance de Thèbes, même si la ville conserve tout son prestige religieux et ses fabuleuses richesses. Désormais, l'histoire se déroule ailleurs : en Basse Égypte, où des roitelets se partagent les dépouilles de la puissance égyptienne. Ou encore en Nubie, pays dont les princes parviennent un temps à réunir l'Égypte sous leur sceptre. C'est parmi ces Africains à la peau sombre que fut recruté le dernier des grands hommes d'État à régner sur Thèbes : **Montouemhat**, qui tenta, au milieu de troubles incessants, de préserver encore ce qui pouvait l'être *(p. 221)* ; mais il devait assister, impuissant, à l'humiliation suprême : le sac de la ville par des troupes étrangères, celles des Assyriens, qui ravagèrent Thèbes à deux reprises au cours du VIIe s. avant notre ère. Dès lors, la ville déclina irrémédiablement, même si les derniers souverains indigènes, les Ptolémées, ainsi que quelques empereurs romains, tentèrent de revivifier le souvenir de sa grandeur passée en restaurant les antiques lieux de culte. Bientôt les grands sanctuaires étaient livrés au sable. Ce n'est que vers le XVIIIe s. de notre ère qu'ils furent tirés de l'oubli par les premiers explorateurs européens. ●

7 | ♥ Le temple de Louxor★★★

0 20 40 m

N

Saint des saints

Reposoir
des barques

Reliefs de la filiation
divine d'Aménophis III

Chambre
des offrandes

Restes de peintures
d'époque romaine

Vestibule

Salle hypostyle

Cour
d'Aménophis III

Reliefs de
la fête d'Opet

Grande
colonnade

Relief de l'inauguration
des constructions
de Ramsès

Pylône
d'Aménophis III

Cour
de Ramsès II

Pylône
de Ramsès II

Triple chapelle de
Thoutmosis III

Entrée

Allée
des
sphinx

(d'après J. Leclant)

▲ Le temple de Louxor

Situation : en centre-ville, sur le plan
A3.
Horaires d'ouverture : t.l.j. de 6 h à
21 h (22 h en été). Entrée payante.
Durée de la visite : 2 h minimum.
Conseil de l'auteur : site à visiter de
préférence à l'heure du déjeuner.
Carnet d'adresses p. 127.

Voici l'un des plus majestueux
temples pharaoniques, et l'un des
plus pittoresques avec sa mosquée
suspendue au-dessus de la cour de
Ramsès II. C'était le harem méridional d'Amon, où le dieu de Karnak se rendait chaque année au
cours de la belle fête d'Opet *(voir*

▶ Le temple de Louxor : colonnes, obélisque et minarets lancent un même appel millénaire vers le ciel.

ci-dessous et p. 241). Les travaux de dégagement de l'ensemble, enlisé jusqu'au milieu des pylônes, furent entrepris par Gaston Maspero à partir de 1883. Pourtant, le temple est loin d'avoir livré tous ses secrets. Le 22 janvier 1989, alors qu'ils s'employaient à dégager la cour d'Aménophis III, des ouvriers heurtèrent de leurs pioches une énorme dalle de pierre polie. Une fois soulevée, elle dévoila une cachette où avaient été entassées 24 statues monumentales de rois et de divinités. La plupart d'entre elles sont exposées dans le Musée archéologique de la ville.

LA DEMEURE DE MOUT

Tel qu'il apparaît dans ses grandes lignes, le temple de Louxor est l'œuvre de deux grands rois bâtisseurs. Du plan d'ensemble conçu sous **Aménophis III** subsistent la salle hypostyle et la cour à portique qui la précède. **Ramsès II** y ajouta, curieusement selon un axe différent, une cour et un pylône monumental qui sert depuis ce moment-là d'entrée au sanctuaire. D'autres souverains y imprimèrent leur marque, jusqu'à Alexandre le Grand qui restaura la chapelle des barques et

---

civilisation
La fête d'Opet

La grande solennité de Karnak était la fête d'Opet, présidée par le roi : Amon quittait son temple pour s'en aller durant dix jours séjourner dans son temple de Louxor. Après les offrandes rituelles, l'effigie d'Amon était extraite de son naos et hissée sur une barque rituelle qu'accompagnaient celles des divinités qui lui étaient associées. Portée par 30 prêtres, l'embarcation sacrée était conduite jusqu'au Nil, où elle prenait place à bord d'un bateau de cérémonie ; de même pour les barques des autres divinités accompagnant Amon dans son voyage. Tiré par des remorqueurs, le roi ayant pris place dans le premier d'entre eux, halé depuis la berge afin de seconder les rameurs à la peine pour remonter le courant, le convoi parvenait devant le temple de Louxor, où les idoles étaient conduites dans le même appareil de brancards et de porteurs. Sur le chemin, une foule immense, contenue à grand-peine par un cordon de policiers armés de bâtons, tout à la joie d'apercevoir le dieu suprême de l'Égypte, et salivant à la perspective de déguster les pièces des bœufs de sacrifice que des bouchers découpaient habilement sur le passage du cortège. Puis la procession entrait dans le silence et les ténèbres du temple de Louxor. Longtemps après, lorsque Thèbes sera devenue chrétienne, c'est saint Georges que l'on promènera en barque sur les eaux du fleuve au jour de sa fête. Quant aux musulmans, ils feront de même avec les reliques d'Abou el-Haggag, le saint patron de la ville qui a donné son nom à la mosquée surplombant le temple de Louxor. ●

© Sylvain Grandadam

s'y fit représenter devant Amon, son père. Dans le vestibule précédant le sanctuaire, les Romains aménagèrent une chapelle dédiée au culte impérial et, au XIe s., les musulmans construisirent une mosquée qui domine la cour de Ramsès II et sert toujours de lieu de prière.

Le temple connaissait sa plus grande activité lors de la fête d'Opet *(voir ci-contre)*, lorsqu'il recevait la visite d'Amon qui, après avoir quitté son sanctuaire à bord de sa barque d'apparat, venait revivifier son énergie créatrice.

| Le pylône de Ramsès II★

Un obélisque manque à l'appel. Offert à la France par Mohammed Ali en 1830, il orne désormais la **place de la Concorde** à Paris *(p. 258)*. Le second flanque toujours l'entrée monumentale voulue par Ramsès, véritable hymne à sa gloire. Six statues monumentales se dressaient en avant des môles :

deux qui le représentent assis et quatre, debout – dont une seule s'élève encore, très mutilée – nous sont parvenues.

Sur les môles, des reliefs retracent la **bataille de Qadesh** *(p. 218)*. En avant de l'esplanade précédant le pylône et filant vers le nord, une allée processionnelle bordée de sphinx reliait le temple de Louxor et celui de Karnak, à 3 km de là.

| La cour de Ramsès II

En entrant, à droite, une **triple chapelle** porte les cartouches de Thoutmosis III et fut plus tard intégrée à l'œuvre de Ramsès : elle servait de reposoir aux barques de la triade thébaine.

Cette cour était bordée à l'origine d'un double portique ; dans l'entrecolonnement se dressent encore des statues monumentales du roi. Le mur intérieur présente une série de reliefs, assez endommagés, figurant des scènes religieuses. Au

7

itinéraire

fond de la cour, à dr. du passage qui conduit vers la salle suivante, une scène retiendra l'attention : elle montre l'inauguration des **constructions de Ramsès***, où l'on voit, de manière tout à fait inhabituelle, une représentation réaliste du pylône de Louxor décoré de ses étendards.

De part et d'autre du passage conduisant plus avant dans le temple se dressent deux statues en granit de Ramsès II, accompagné de son épouse Néfertari.

La grande colonnade

La partie la plus ancienne du temple, qui appartient au projet initial d'Aménophis III, s'ouvre par un pylône et se prolonge par une allée étroite bordée de colonnes à chapiteaux ouverts.

Contre les murs, tout autour de la salle, court une longue série de **reliefs**** réalisés sous Toutankhamon et Horemheb et décrivant la **fête d'Opet**. On peut voir, partant du coin dr. en entrant, la sortie des barques sacrées portées par les prêtres au crâne rasé. Les fidèles se pressent pour tirer l'embarcation divine. Notez les mouvements de la foule : quelques hommes se retournent pour encourager leurs compagnons de la voix. Pour l'artiste, une manière élégante de rompre la monotonie qu'aurait pu engendrer pour l'œil cette longue procession.

Dans la dernière partie de ce mur, on peut enfin voir les groupes de danseuses sacrées, le corps rejeté en arrière, ainsi que des bouchers occupés à dépecer les bœufs promis au sacrifice, puis à la gourmandise des spectateurs.

Vers le sanctuaire

Au-delà ouvre une **seconde cour**, presque carrée et bordée d'un portique, puis une **salle hypostyle**, deux réalisations qui datent du règne d'Aménophis III.

Le **vestibule** qui leur fait suite fut transformé à l'époque romaine en chapelle vouée au culte impérial. Sur le mur du fond, on peut encore voir des vestiges significatifs de la décoration peinte de cette dernière époque : nettoyée en 2007 par une équipe italienne, elle montre une série de visages d'officiers romains.

> De là, on pénètre dans un ensemble de pièces qui conservent leur toiture et au centre desquelles se trouve le sanctuaire.

Le sanctuaire

On pénètre tout d'abord dans une première salle à quatre colonnes, la **chambre des offrandes**, dont les murs portent des représentations d'Aménophis devant Amon et Min.

Au-delà, le **reposoir des barques** fut entièrement remanié par Alexandre le Grand pour en faire une chapelle à sa gloire où on le voit figurer en compagnie des grands dieux du panthéon égyptien.

Dans une pièce à gauche de la chambre des offrandes (*accès par la g. du reposoir*), d'intéressants reliefs montrent sur trois registres la **filiation divine d'Aménophis** : en haut, Khnoum, le potier divin, façonne sur son tour l'enfant et son double ; au centre, Isis et Khnoum présentent le signe de vie à la reine enceinte ; en bas, on voit le nouveau-né allaité par Hathor.

À l'extrémité sud de l'ensemble se trouve le **saint des saints** dont la toiture a disparu en grande partie. ●

8 | Le temple de Karnak★★★

Temple d'Aton
Domaine d'Amon
Domaine de Montou
Trésor de Thoutmosis Ier
Chapelles osiriennes
Colonnade de l'Est
Temple de Ramsès II
Maisons des prêtres
Jardin botanique
Temple oriental de Thoutmosis III
Trésor de Chabaka
Akh Menou
Lac sacré
Magasin des offrandes
Reposoir des barques sacrées
Temple de Ptah
6e pyl.
Temple de Montou
Lac sacré
5e pyl.
Édifice de Taharqa du Lac
Édifice d'Aménophis II
Domaine de Mout
4e pyl.
COUR DE LA CACHETTE
7e pyl.
8e pyl.
9e pyl.
10e pyl.
Enceinte de brique crue
3e pyl.
Salle hypostyle
2e pylône
«Propylées du Sud»
Chapelles osiriennes
Temple de Khonsou
Kiosque de Taharqa
Temple de Séthi II
Temple de Ramsès III
Temple d'Opet
Musée en plein air
1er pylône
100 m
Bassin des barques
(d'après le plan du Centre franco-égyptien)

▲ Le temple de Karnak

Situation : à 3 km au N du centre-ville en longeant la corniche.

En calèche : transport le plus agréable. Inutile de demander au conducteur de vous attendre après la visite, vous en trouverez un autre sans problème pour rentrer.

Horaires d'ouverture : 6 h-16 h 30 (17 h 30 en été). Entrée payante ; second ticket nécessaire pour la visite du musée en plein air.

Conseil de l'auteur : très grande affluence le matin et l'après-midi. Personne entre 12 h et 14 h, même au plus fort de la saison touristique.

Durée de la visite : 2 h minimum.

Carnet d'adresses p. 127.

Pauvre Montou. Dieu tutélaire du quatrième nome d'Égypte, redoutable guerrier brandissant l'arc et la hache, célébré par les puissants souverains de la XIe dynastie, les Montouhotep, qui s'honorèrent en portant son nom, le voilà désormais relégué à l'extérieur du sanctuaire d'Amon. Amon, cet usurpateur, ce parvenu, tout juste mentionné dans les textes anciens au détour d'une formule, et hissé au rang de dieu national par la seule volonté d'Aménemhat Ier. Divinité suprême, il le restera pendant deux mille ans : assimilé à Zeus par les Grecs, il recevra même en son temple de Siwa le grand Alexandre venu lui demander la confirmation de son ascendance divine *(p. 238)*. Pauvre Montou, oublié dans son temple au sud de Karnak qui, ultime défi, tourne le dos à la ville sacrée d'Amon.

Un chantier de deux mille ans

Le **temple égyptien** n'a pas l'accomplissement d'un temple grec, dont chaque partie se rapporte harmonieusement au tout. C'est un organisme vivant en mutation perpétuelle auquel chaque souverain se doit d'apporter son hommage de

8
itinéraire

pierre, n'hésitant pas au passage à mettre à bas les constructions de ses prédécesseurs pour en remployer les matériaux. Nul autre temple que celui de Karnak n'en offre une illustration plus parfaite. Jusqu'aux rois macédoniens d'Alexandrie, les Ptolémées, le temple d'Amon fut pendant près de deux mille ans un chantier permanent, un gigantesque entassement de constructions où l'on serait bien en peine de relever un projet d'ensemble.

LES ARCHÉOLOGUES AU TRAVAIL

Identifié au XVIIIe s., le temple d'Amon fit l'objet d'une première étude scientifique au moment de l'expédition d'Égypte *(p. 257)*. Pourtant, il faudra attendre la création du **Service des Antiquités** par Auguste Mariette pour que commence le dégagement systématique du temple. Il était temps : dans les décennies précédentes, et malgré le décret royal de 1835 protégeant les monuments antiques, Karnak avait déjà beaucoup donné à la construction des sucreries de la région.

Plus de cent cinquante ans plus tard, les travaux d'exploration et de restauration se poursuivent. Un long chantier qu'il serait fastidieux de relater en détail mais dont on se contentera de signaler qu'il doit beaucoup à l'archéologie française : restauration de la salle hypostyle par G. Legrain entre 1895 et 1917 ; vidage par M. Pillet du 3e pylône (1921-1926) construit par Aménophis III avec, comme matériaux de blocage, des pierres provenant de 13 monuments antérieurs ; reconstitution de ces monuments (exposés dans le musée en plein air) par son successeur, H. Chevrier, à l'œuvre entre 1926 et 1954.

Enfin, depuis 1967, le **Centre franco-égyptien de Karnak** poursuit l'exploitation scientifique du site.

| L'entrée et le 1er pylône

Pénétrant dans l'enceinte du temple par le 1er pylône, puis poursuivant vers le sanctuaire des barques sacrées, au cœur de l'ensemble, vous remonterez le temps : chaque époque ayant rajouté sa pierre à l'édifice en partant du sanctuaire central, les constructions les plus périphériques sont les plus récentes.

On aborde l'ensemble de Karnak par une sorte d'estrade qui conserve à droite un des deux obélisques

---

**document
Chéchonq en Judée**

« La cinquième année du règne de Roboam, le roi d'Égypte, Chéchonq, marcha contre Jérusalem. Avec 1 200 chars, 60 000 chevaux et une innombrable armée de Libyens, de Sukkiens et d'Éthiopiens qui vint avec lui d'Égypte, il prit les villes fortifiées de Juda et atteignit Jérusalem [...]. Il se fit livrer les trésors du Temple de Yahvé, ceux du palais royal, absolument tout, jusqu'aux boucliers d'or qu'avait faits Salomon. »

II Chroniques, 12, 2-9.

**civilisation
Une vraie ville**

Le temple d'Amon bruissait jadis d'une activité fébrile. Tout un peuple habitait son enceinte : son collège de prêtres bien sûr, avec à sa tête le Premier Serviteur d'Amon : derrière ce titre modeste se cachait en réalité l'un des plus importants personnages de l'État. Mais aussi ses artisans, ses fonctionnaires et sa police qui disposait d'une prison à l'intérieur de l'enceinte. On sait ainsi que l'on y jeta les pilleurs de tombes qui dévastaient la nécropole royale sous Ramsès III et qu'ils y furent soumis à la question. Ajoutons-y le harem d'Amon, danseuses et chanteuses vouées au dieu, dirigées par la Divine Adoratrice, une princesse de sang royal, ambassadrice du pharaon auprès du clergé thébain *(p. 234)*.

Il faut imaginer le prodigieux entassement de richesses, offrandes accumulées pendant deux millénaires, des pyramidions des obélisques revêtus de plaques d'or aux meubles en bois rares venus des confins de la terre et incrustés de pierres prédont l'avait ornée Séthi II. C'est de là que les prêtres assistaient au **spectacle de la fête d'Amon** lorsque la statue du dieu, hissée sur sa barque sacrée, rejoignait par un canal un vaste bassin *(sous le parking actuel)* lui-même relié au Nil par un second canal.

On suit ensuite une **allée bordée de sphinx** à tête de bélier (l'animal sacré d'Amon) portant le cartouche de Ramsès II. Ils flanquaient auparavant la voie axiale conduisant au sanctuaire et furent replacés à cet endroit lors de l'érection du 1ᵉʳ pylône.

● **Le 1ᵉʳ pylône.** Large de 113 m pour une hauteur maximale de 30 m, le plus grand pylône de Karnak fut le dernier construit par les souverains de la XXXᵉ dynastie et, pense-t-on, par les premiers Ptolémées qui en poursuivirent les travaux. Il resta pourtant inachevé : manquent les décorations des massifs en façade (ils ne portent que les rainurages destinés à recevoir les mâts de cérémonie). Du côté intérieur, sur la face du massif sud *(à dr. en entrant)*, subsiste un échafaudage de briques crues, qui fournit une illustration saisissante des **procédés de construction**.

| La première cour

Bordée à droite et à gauche par un portique, elle renferme des édifices de diverses époques englobés dans l'enceinte du temple lors des aménagements consécutifs à la construction du 1ᵉʳ pylône.

● **Le temple de Séthi II** (1204-1198, *dans le coin g. en entrant)*. Le temple de Séthi II est constitué de trois petites chapelles accolées, celle du centre consacrée à Amon, les deux autres à son épouse Mout *(à g.)* et à son fils Khonsou *(à dr.)*.

● **Le temple de Ramsès III** *(du côté dr. de la cour)*. S'élève un temple construit par Ramsès III. Il suit le plan caractéristique des temples ramessides, avec son pylône orné des scènes traditionnelles du massacre des prisonniers, suivi d'une cour à portique ornée de piliers osiriaques, d'une double salle hypostyle puis d'une chapelle destinée à recevoir la barque d'Amon. Les murs de celle-ci sont ornés de **magnifiques hauts-reliefs★** : on y voit le roi à bord de la barque d'Amon, ornée à la poupe et à la proue de têtes de béliers. Remarquez également les hiéroglyphes profondément creusés, qui prennent ici toute leur valeur plastique.

8
itinéraire

cieuses ou aux statues, si nombreuses qu'elles en gênaient la circulation : sous les Ptolémées, il fallut enfouir dans une fosse devant le 7ᵉ pylône ce trop-plein. Mise au jour en 1901, cette cachette a révélé 17 000 objets de bronze et quelque 800 statues ; bon nombre d'entre elles ornent aujourd'hui les salles des grandes collections égyptologiques. ●

▶ La statue d'Amon reçoit les hommages d'un prêtre ; en arrière, sa barque sacrée sur un reposoir.

© Sylvain Grandadam

▲ Dans la salle hypostyle du temple de Karnak, les colonnes papyriformes offrent

● **Le kiosque de Taharqua** *(dans l'axe de la cour)*. Des restes de colonnes (l'une a été remontée dans toute sa hauteur) marquent l'emplacement d'un kiosque édifié par Taharqa, roi d'origine éthiopienne (690-664) dont le musée de la Nubie à Assouan conserve un beau portrait.

Le 2ᵉ pylône

Il était encadré d'une paire de **statues colossales de Ramsès II** (seule celle de droite subsiste) en avant desquelles, du côté gauche, une **haute statue** représente également Ramsès II en compagnie de sa fille se tenant devant lui. La statue fut usurpée par la suite par Pinedjem, le grand prêtre d'Amon qui recueillit le pouvoir à Thèbes après la disparition du dernier Ramesside (1070-1032) et dissimula les momies royales du Nouvel Empire dans la célèbre cache de Deir el-Bahari. Précédé d'un **vestibule** dont les murs portent des restes de décoration aux noms de Horemheb, Séthi Iᵉʳ et Ramsès II, le pylône date dans son état actuel de l'époque ptolémaïque ; il fut pourtant élevé sous le règne d'Horemheb, qui ordonna également le début des travaux de la salle hypostyle qui lui fait suite. Les sondages effectués par une ombre salvatrice aux visiteurs.

la construction : 12 hautes colonnes réparties sur deux rangées, qui constituèrent l'épine dorsale de la salle hypostyle achevée par ses successeurs, Ramsès Ier et surtout Séthi Ier et Ramsès II, initiateurs de la XIXe dynastie.

Au total, une forêt serrée de **134 colonnes**, papyriformes, dont seules les 12 de l'axe central s'ouvrent à la lumière. Car c'est de là que, par les claustras ménagées dans le dénivelé de 6 m entre la colonnade centrale et les ailes, tombait jadis une lumière oblique sur la pénombre où glissaient en silence les pas des prêtres et de leurs serviteurs. Au-dessus d'eux, le lourd plafond de pierre, soutenu par des dés cubiques invisibles au-dessus des chapiteaux, semblait flotter dans les airs.

Les **fûts des colonnes** sont décorés de scènes d'hommage des rois aux dieux de Thèbes : la partie gauche fut décorée en haut-relief sous le règne de Séthi Ier ; du côté droit, les scènes furent au contraire creusées dans la pierre, un procédé plus rapide. Les parties hautes (chapiteaux, architraves) conservent des restes significatifs de leur polychromie originelle.

● **Les murs extérieurs de la salle hypostyle.** L'extérieur de la salle hypostyle est décoré de **scènes guerrières** : à gauche *(mur N)*, Séthi Ier combattant les Asiatiques en Palestine et les Libyens ; à droite *(mur S)*, représentation de la bataille de Qadesh ; à gauche de cette scène, en direction du 2e pylône, relief plus tardif montrant la victoire de Chéchonq Ier (945-924) sur Roboam, fils aîné de Salomon et roi de Juda.

> *Revenez à l'intérieur de la salle hypostyle pour continuer la visite du temple principal en laissant pour plus tard les édifices au S, au-delà de la cour de la cachette, et au N, le temple de Ptah. Une succession de quatre pylônes, assez confuse en raison du mauvais état de conservation, conduit au reposoir des barques.*

H. Chevrier ont permis de dégager des matériaux appartenant à des édifices précédents, parmi lesquels de petits blocs de grès au nom d'Akhénaton, le pharaon hérétique dont les constructions furent systématiquement détruites après sa disparition.

La salle hypostyle

Tout commença à la fin du règne d'Horemheb : le général qui restaura l'ordre séculaire fit élever une **allée triomphale** dans l'axe du sanctuaire d'Amon, entre le 3e pylône, celui d'Aménophis III, et le 2e, dont il ordonna lui-même

8 itinéraire

Le 3ᵉ pylône

Clôturant la salle hypostyle, il servait d'entrée au temple avant la construction de celle-ci, et fut édifié sous le règne d'Aménophis III. On utilisa alors les matériaux provenant de 13 constructions antérieures, comme ont pu le constater les archéologues lors de son vidage au début du xxᵉ s.

La cour d'Aménophis III

Au-delà, la cour d'Aménophis III conserve un des six obélisques qui la décoraient primitivement.

La cour de Thoutmosis Iᵉʳ

Dans cette cour, qui fait suite au 4ᵉ pylône, la reine Hatchepsout réussit à faire élever deux obélisques de granit dont un, haut de près de 30 m, est encore debout. C'est dans cette salle, dit-on, qu'Amon désigna lui-même Thoutmosis III comme roi en s'inclinant vers le jeune homme lors d'une procession.

> *Suit le 5ᵉ* **pylône**, *très ruiné, élevé sous le règne de Thoutmosis Iᵉʳ. Le 6ᵉ* **pylône** *(Thoutmosis III) donne accès au reposoir des barques.*

Le reposoir des barques sacrées

La chapelle des barques des divinités fut reconstruite au tout début de l'ère macédonienne par **Philippe Arrhidée**, le demi-frère et successeur d'Alexandre le Grand. Elle est composée de deux salles dont les murs intérieurs et extérieurs sont décorés de reliefs portant des traces de polychromie et illustrant le thème du transport des barques, ainsi que diverses scènes de purification. La chapelle des barques était entourée d'un étroit couloir, œuvre de la reine Hatchepsout, tout comme les deux annexes de part et d'autre du reposoir; l'annexe de g. conserve, à l'intérieur, un **beau cycle de reliefs** représentant Amon tendant la croix de vie au couple royal (la figure de la reine fut martelée par ses successeurs) encadré par le faucon et l'ibis.

> *Au-delà du reposoir ouvre un vaste espace vide : c'est là que s'élevait la partie la plus sacrée du temple, le sanctuaire du dieu. Le* **saint des saints** *abritait la statue de la divinité à laquelle le grand prêtre, par son rituel, rendait vie chaque jour. Cet ensemble monumental qui datait du Moyen Empire a entièrement disparu : construit en calcaire, il a fini dans les fours à chaux du* xixᵉ *s.*

L'Akh Menou

L'ensemble de bâtiments qui clôt à l'est le périmètre du sanctuaire d'Amon est l'**Akh Menou**, la « salle des fêtes » érigée par Thoutmosis III pour servir de cadre à la **célébration de la fête du** *heb-sed* (p. 95). Dans la longue salle hypostyle, les colonnes imitent les piliers de bois qui supportaient les tentures et sont flanquées de piliers d'une hauteur moindre, le dénivelé permettant de ménager des ouvertures pour diffuser la lumière. Le plafond est demeuré intact. Dans les annexes du nord, une petite salle mérite l'attention *(accès par un escalier de bois)* : construite également par Thoutmosis III, elle est désignée par les archéologues sous le nom de « **jardin botanique** », ses murs portant en relief des représentations de plantes exotiques, souvenir des campagnes lointaines de ce grand homme de guerre que fut le pharaon.

Le lac sacré

⋯⋗ De l'Akh Menou, revenir vers l'O en longeant la rive du lac sacré, à l'E duquel sont aménagées les tribunes servant pour le spectacle son et lumière.

Restaurée dans sa disposition originelle, cette vaste étendue d'eau, reliée au Nil par un canal souterrain, évoquait l'**océan primordial** duquel émergea la première butte de terre. Elle servait à la représentation de **drames liturgiques**, au cours desquels évoluaient des barques. Les prêtres y entretenaient un **troupeau d'oies sacrées**.

Au bord du lac, une petite **cafétéria** a été aménagée pour le plus grand bonheur des touristes et des guides assoiffés. À côté, statue monumentale d'un scarabée, symbole de l'aube, et restes d'un obélisque élevé par la reine Hatchepsout. Au sud du lac, une petite éminence à l'écart de la foule permet d'avoir une **vue générale**** du site.

> *Poursuivant votre chemin vers l'O, vous atteindrez la **cour de la cachette** d'où furent extraits entre 1903 et 1909 des milliers d'objets ensevelis à l'époque des Ptolémées.*

Les « Propylées du Sud »
⋯⋗ Au sud du temple d'Amon.

Du côté sud *(vers la g.)* s'élèvent les « **Propylées du Sud** », une série de quatre pylônes *(du 7e au 10e)* qui ponctuent avec grandeur le chemin reliant le temple d'Amon à celui de Mout, son épouse. Le **7e pylône** est une réalisation du règne de Thoutmosis III. Accès interdit au-delà du **8e pylône** (Thoutmosis II et Hatchepsout).

Le temple de Ptah
⋯⋗ Au N du sanctuaire d'Amon s'élève le petit temple dédié au dieu créateur du monde. On y accède par un chemin qui part de la salle hypostyle.

L'origine de ce sanctuaire remonte au Moyen Empire; il fut restauré à plusieurs reprises, notamment par Thoutmosis III et à l'époque ptolémaïque. Dans le saint des saints se dresse encore la **statue du dieu**

et, dans la chapelle de droite, on voit une représentation de la déesse **Sekhmet**.

Le musée en plein air
⋯⋗ Revenir par le même chemin, d'où l'on découvre de belles vues sur la salle hypostyle. Entrée payante.

Sur le flanc nord du temple principal d'Amon, au niveau de la première cour, ont été déposés les blocs extraits lors du **vidage du 3e pylône**. Ils ont permis de reconstituer deux chapelles en forme de kiosque qui servaient probablement de reposoir pour les barques sacrées lors des grandes cérémonies. La première, la chapelle de calcaire (ou chapelle blanche), fut construite au nom de Sésostris Ier. Les parois sont délicatement sculptées de scènes représentant le roi face au dieu Min, divinité de la fertilité, représenté en perpétuelle érection. Sur les bases extérieures, évocation des villes d'Égypte avec les distances qui les séparent: un véritable **manuel de géographie** riche d'enseignement pour les spécialistes. La **chapelle d'albâtre** fut consacrée par Aménophis Ier et conserve quelques reliefs d'une grande sobriété représentant de la même façon le roi devant le dieu Min.

Le 3e pylône révéla également des blocs appartenant à une chapelle en quartzite rouge élevée par Hatchepsout. Même en nombre incomplet, les blocs ont permis la reconstitution de l'édifice dont les reliefs évoquent les grandes fêtes d'Amon, notamment la célèbre procession d'Opet *(p. 112 et p. 241)*. ●

9 | Les musées

© Sylvain Grandadam

▲ Statue d'Aménophis III aux beaux yeux en amande (entrée, salle B).

Situation : en centre-ville, sur le plan **B1**. **Plan** *p. 108*.

Horaires d'ouverture : t.l.j. 9 h-15 h et 16 h-21 h en hiver ; 9 h-14 h et 17 h-22 h en été. Entrée payante.

Durée de la visite : 1 h 30. Avant de visiter les salles on pourra voir et écouter un cours **audiovisuel** (en anglais) évoquant l'importance de Thèbes sous le Nouvel Empire.

|| Le Musée archéologique★★★

Le petit musée de la ville est une étape à ne pas manquer : il présente de façon remarquable – l'éclairage des objets est particulièrement réussi – une sélection de trouvailles effectuées sur les sites de Louxor et de Karnak. En outre, ses horaires

d'ouverture très commodes permettent de le visiter en fin de journée.
Voici une sélection des œuvres
essentielles.

| Entrée (salle B)

● **Statue d'Amon***** sous les traits
reconnaissables de Toutankhamon
(découverte en 1904 dans la cour
de la cachette du temple de Karnak). Elle date de l'époque où le
jeune souverain ramena à Thèbes la
cour de Tell el-Amarna, la capitale
hérétique d'Akhénaton, restaurant
le clergé d'Amon dans ses prérogatives. Le dieu tient à la main le
« nœud d'Isis », une amulette accordant la protection divine.

● **Buste d'Aménophis III***** *(à dr.)*,
en granit rouge. L'expression de ce
grand monarque de la XVIIIᵉ dynastie conserve une élégance et une
autorité remarquables, malgré des
traits stylisés. Cette œuvre, découverte sur le site du temple funéraire
du roi, est le témoin d'une école
d'artistes originale dont le roi avait
favorisé le développement près de
son palais de Malqata, sur la rive
gauche du Nil.

● **Tête de la déesse vache Hathor*****
(en arrière du précédent), provenant
du tombeau de Toutankhamon.

| Salle C

⇢ Une vingtaine d'œuvres de tout premier ordre sont présentées dans cette
longue salle.

● **Buste de Sésostris III***** *(mur de
g.)*. La série s'ouvre par ce remarquable buste : ce n'est pas l'effigie
d'un roi-dieu idéal mais le visage
d'un homme âgé où les ans ont
imprimé leur marque ; seule la
bouche encore sensuelle semble
l'écho d'une lointaine jeunesse.
Une œuvre exceptionnelle rehaussée par un bel éclairage.

● **Relief peint de Thoutmosis III***
*(sur le long mur, environ au premier
tiers en partant de la g.)*. Ce **relief
sur calcaire** peint représente Thoutmosis III ; il provient de son temple

funéraire de Deir el-Bahari. On y
voit un souverain aux traits volon-
taires coiffé de la couronne *atef*,
couronne osiriaque constituée d'un
faisceau de papyrus.

● **Statue de Thoutmosis***** *(à dr.)*.
Un chef-d'œuvre découvert dans
la cour de la cachette de Karnak,
la **statue en schiste** du même roi :
majesté et perfection physique servies par une admirable maîtrise
technique qui a permis d'adoucir la
dureté d'aspect de la pierre.

● **Aménophis III et le dieu Sobek****
(plus avant et au centre de la salle).
Groupe monumental représentant
le dieu Sobek en compagnie d'Aménophis III, figuré sous les traits d'un
jeune homme d'une extraordinaire
beauté. Cette statue fut usurpée par
Ramsès II qui fit graver son cartouche en place de celui de son lointain
prédécesseur. On la découvrit fortui-
tement au fond d'un puits du temple
de Sobek, à Dahamcha, en 1967.

| Nouvelle salle : la « Gloire de Thèbes »

⇢ Accès par le fond de la salle C.

Elle évoque la grandeur royale au
Nouvel Empire ainsi que les arts et
la technologie de cette époque.

● On découvre *(à g. de l'entrée)*, un
des six **chars** provenant de la tombe
de Toutankhamon ; la vitrine qui
lui fait suite expose une collection
d'**arcs royaux**.

● **Momies royales** *(au centre de la
salle)*. Il s'agit de celle d'Ahmosis,
le fondateur de la XVIIIᵉ dynastie et
du Nouvel Empire ; dans les vitrines sont exposées une **hache** et des
poignards d'apparat. La seconde
momie a connu une histoire plus
mouvementée. Après avoir quitté
illégalement l'Égypte au XIXᵉ s. elle
fut exposée dans le musée des Chu-
tes du Niagara au Canada. Une université américaine l'acheta en 1999,
l'étudia puis la restitua à l'Égypte.
Les recherches effectuées sur la
dépouille ont conduit les spécialis-

9

itinéraire

tes à y reconnaître Ramsès Iᵉʳ, père de Séthi Iᵉʳ et grand-père de Ramsès II. Lors de son arrivée en Égypte, la dépouille de ce souverain reçut les honneurs militaires.

● **Statue d'Amenhotep*** *(dans la mezzanine à laquelle une rampe donne accès)*. Amenhotep, fils de Hapou et haut dignitaire de la XVIIIᵉ dynastie fut un des hommes les plus puissants de son temps, fidèle serviteur de son maître Aménophis III. Plus de dix siècles plus tard, à l'époque ptolémaïque, sa mémoire était toujours vénérée par les Égyptiens qui l'avaient assimilé à une divinité. Il est représenté ici en scribe accroupi, la tête penchée sur le papyrus qu'il tient déroulé sur ses genoux.

● **Arts et technologies de l'Égypte ancienne** *(à l'extrémité de la mezzanine)*. Intéressantes vitrines présentant le **plan de la tombe de Ramsès IX** dessiné sur un fragment de calcaire, des instruments d'architecte, des figurines de cire servant à la fabrication de statues de métal. Une planchette de bois revêtue de stuc est particulièrement intéressante : on y voit d'un côté le dessin d'une statue royale exécuté sur un quadrillage méticuleux de manière à respecter les proportions idéales de la statuaire égyptienne, et de l'autre une esquisse selon le même procédé pour une fresque représentant une chasse royale.

Les vitrines D

⋯⟶ Accès par une rampe partant de la salle C.

Collection de **monnaies** d'époque romaine ; en avant des vitrines, rare **statue de Montouhotep III** (2010-1998) en Osiris ; ce type de représentation ne deviendra courante qu'au Nouvel Empire.

Salle E

Dans cette longue vitrine, voir surtout une collection de **bustes royaux**, parmi lesquels se distingue celui de Thoutmosis III.

Salle F

Deux beaux **reliefs** éclairent la fascinante période du règne d'**Hatchepsout** ; sur le premier la reine est représentée en femme, face à Amon à qui elle tend ses offrandes. On sait qu'une fois parvenue sur le trône, elle se fit représenter en homme, quitte à remodeler ses images antérieures comme dans le relief d'à côté : elle y figure en épouse royale aux côtés de Thoutmosis II, mais ses attributs féminins furent effacés par la suite.

Salle H

⋯⟶ Partie g. d'une longue salle dont la partie dr. constitue la section G.

Les pièces exposées contre ce mur appartiennent, pour la plupart, à l'époque d'Aménophis IV-Akhénaton.

● **Buste monumental d'Akhénaton***. On admirera tout d'abord ce buste monumental : ses traits déformés jusqu'à la caricature n'ôtent en rien la douceur d'expression du visage, remarquablement souligné par l'éclairage.

● **Mur de talatat*** *(la composition se lit de dr. à g. vers le roi)*. C'est l'une des pièces les plus importantes du musée : reconstitution d'un **mur d'un temple construit par Akhénaton**. Un gigantesque puzzle de 238 blocs, qui servirent ultérieurement de blocage au 9ᵉ pylône, que les archéologues ont réussi à reconstituer, trente-quatre siècles après le démontage de l'édifice originel. Le mur se divise en plusieurs compositions distinctes ; à gau-

▶ De g. à dr. et de ht en bas : la déesse Hathor, reconnaissable à ses oreilles de vache ; tête colossale d'Aménophis III, chef-d'œuvre de granit rouge issu des ateliers royaux ; Amon assimilé à Min, le dieu de la fertilité à la peau noire comme le limon nourricier du Nil ; sphinx attribué au règne de Toutankhamon ; Thoutmosis III coiffé de la couronne *atef*.

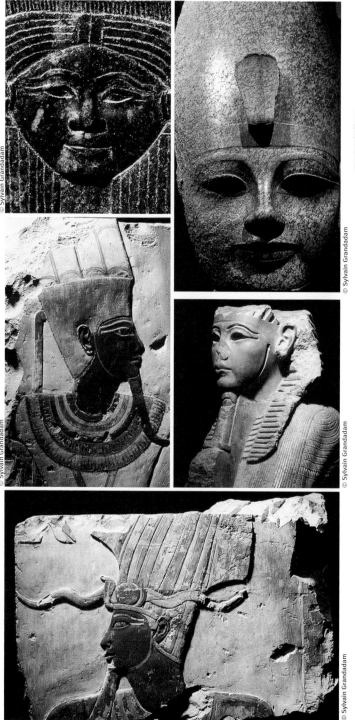

© Sylvain Grandadam

itinéraire 9

che le roi, figuré à plusieurs reprises, parfois en compagnie de son épouse Néfertiti, rend hommage au **dieu solaire**. Vers lui converge une foule de serviteurs porteurs d'offrandes. Plus à droite au-delà d'une partie manquante, c'est le **monde des ouvriers et des artisans**, description pleine de vie et de saveur où l'on s'amusera à reconnaître les bouviers aux prises avec leur bête, les boulangers rangeant leur pain sous le regard du comptable, ou les serviteurs remisant leurs jarres. Plus à droite encore, on pénètre dans l'intimité des **demeures particulières**, dont l'architecture est évoquée avec ses salles à colonnes, ses portes et ses terrasses. Vers le bas du tableau, des domestiques nettoient le sol d'une salle à colonnes : ils jettent de l'eau sur le sol pour fixer la poussière comme on le fait toujours aujourd'hui.

● **Second mur de talatat** (au-delà à dr. ; la scène se lit en partant du bas, de g. à dr., puis en haut de dr. à g.). Un second mur a été installé en 2004 ; plus fragmentaire, on peut y reconnaître, grâce à un dessin reconstituant l'ensemble de la composition, une **procession royale** où le souverain trône sur un palanquin porté par ses serviteurs.

● **Second buste d'Akhénaton★★★** (à l'autre extrémité du mur). Un second buste du souverain est exposé tout aussi admirable que la statue monumentale.

| Section G

Objets provenant de la **tombe de Toutankhamon** : un lit, deux paires de sandales, barque funéraire. Dans le reste de la vitrine, à voir, une collection de pieds de lampe d'époque byzantine (VIᵉ s.) ainsi que des céramiques mameloukes.

| La salle de la Cachette du temple de Louxor

⸱⸱⸱⸲ Revenir vers le hall d'entrée sur lequel ouvre cette dernière salle.

La plupart des 24 **statues** découvertes en 1989 dans le temple de Louxor sous la cour d'Aménophis (p. 216) sont exposées ici. Divers souverains figurent dans cette étonnante galerie de portraits dissimulée durant quelque époque de troubles : dans l'entrée, sphinx aux traits de Toutankhamon ; à gauche de la salle, **Horemheb** à genoux devant Atoum ; au fond, remarquable représentation d'**Aménophis III★★★**.

●●● *Pour ceux qui souhaitent prolonger la visite de vestiges archéologiques :* rendez-vous au **musée de la Momification** situé plus bas le long de la corniche plan **A2**. Il offre une bonne introduction aux méthodes de momification.

|| Le musée de la Momification★

⸱⸱⸱⸲ **A2** Ouv. t.l.j. 9 h-21 h (22 h en été). Entrée payante. Photos interdites.

Inauguré en 1997, ce petit musée expose une collection archéologique très bien présentée, avec des notices en français et en anglais, entièrement consacrée aux **pratiques funéraires de l'ancienne Égypte** (p. 246). Vous y découvrirez les **instruments chirurgicaux** servant à éviscérer les défunts, les **matériaux utilisés** pour le remplissage de la dépouille – natron, onguents, résine et lin –, ainsi que le résultat final que l'on peut apprécier dans la coupe verticale d'un crâne. Plusieurs **momies** sont également présentées, des hommes mais aussi des animaux, chat, babouin, poisson, crocodile… ●

Carnet d'adresses

▲ Écologique et bon marché : la calèche est le meilleur moyen de transport à Louxor.

© Sylvain Grandadam

|| Louxor

Plan *p. 108.*

Visite *p. 111.*

Indicatif téléphonique ☎ 095.

Sauf mention contraire, les hôtels et les restaurants sélectionnés acceptent **les cartes bancaires**.

❶ **Office du tourisme A3** ☎ 237. 22.15. Ouv. t.l.j. de 8 h à 21 h. Brochures et plans (sommaires) de la ville. Les informations que l'on y trouve ne brillent pas par leur excès de précision ou d'exactitude. Horaires des séances du spectacle son et lumière du temple de Karnak.

Accès

● **En avion**. L'aéroport se trouve à env. 7 km à l'E de la ville. Il accueille des vols internationaux (services de police auprès desquels on peut obtenir son visa, bureau de change, boutique hors taxes). Il n'existe pas de navette pour se rendre au centre-ville, mais de nombreux **taxis** attendent les passagers. Comptez env. 30 £EG.

● **En train**. La gare se trouve à la lisière orientale de la ville **B3**, à env. 15 min à pied de la corniche. Nombreux taxis à la sortie de la gare.

Circuler

À Louxor, les distances ne sont pas grandes et il est possible de se déplacer à pied. Seul le temple de Karnak, à 3 km au N de la ville, nécessite l'utilisation d'un moyen de transport. Encore qu'il soit bien agréable, à l'issue de la visite, de regagner le centre-ville en suivant la corniche au bord du Nil, pour peu que la chaleur soit supportable.

● **En calèche**. C'est la solution la plus plaisante. On en trouve partout. Veillez à négocier le prix au départ, les conducteurs ayant chaque année de plus en plus d'appétit. Sachez qu'une course en ville (temple de Karnak compris) ne devrait pas excéder 10 £EG. Pour la visite de Karnak ou le spectacle son et lumière, ne

Avertissement

À partir de Louxor, les déplacements des touristes étrangers par la route vers Edfou, Kom Ombo, Assouan, Dendera et Abydos doivent obligatoirement être regroupés en convois placés sous la protection de la police.

Trois convois sont organisés chaque jour à destination d'Assouan; deux sont directs, le troisième s'arrête en chemin à Edfou et Kom Ombo, le temps d'en découvrir les temples. Un convoi quotidien permet de visiter Abydos et Dendera dans la journée et de rentrer à Louxor dans l'après-midi. Se renseigner auprès de l'office du tourisme sur les horaires exacts. Les déplacements sur la rive ouest de Louxor ne sont en revanche soumis à aucune restriction. •

demandez pas au conducteur de vous attendre: vous trouverez sans peine une autre calèche pour rentrer.

● **En taxi**. Ils sont nombreux, mais assez chers. Vous n'en aurez pas besoin pour les déplacements en ville. Un taxi est indispensable en revanche pour la visite de la nécropole thébaine *(p. 133)*. Selon vos capacités de négociation, comptez un minimum de **80 £EG** pour 6 h.

● **À vélo**. Un mode de transport très prisé des voyageurs étrangers. Pratique pour le centre-ville (env. **10 £EG/jour**), son utilisation doit être envisagée avec plus de circonspection pour la rive gauche.

Quitter Louxor

● **En train**. Deux trains par jour pour Assouan ou Le Caire. *Pour les horaires, rens.* ❶ *office du tourisme; rés. à la gare.*

● **Par la route**. La gare routière se trouve à l'E de la ville, près de l'aéroport ☎232.32.18; **bus** pour Hur-

ghada, le Caire, Charm el-Cheikh, Suez. Pas de liaison par bus avec Assouan (2007). Pour les touristes, les seules façons de gagner cette dernière ville sont le **train** et le **taxi** privé qui doivent se joindre aux **convois sécurisés** mis en place entre Louxor et Assouan. Chaque jour, un convoi fait une halte à Edfou et Kom Ombo *(voir ci-contre).*

Adresses utiles

● **Change**. Tous les grands **hôtels** possèdent leur bureau de change. Nombreux distributeurs en ville.

● **Compagnie aérienne**. Egyptair, corniche El-Nil, au pied de l'hôtel Winter Palace **A3** ☎238.05.80. À l'aéroport ☎238.05.86.

● **Culte**. Église de la Sainte-Famille (catholique romain), rue Maabadel-Karnak **B2**, le dim. à 9 h et à 18 h, messes en italien avec lectures en plusieurs langues.

● **Cybercafés**. Nombreux cafés Internet en ville. Parmi les plus commodes, celui du premier étage de la *librairie Aboudi*, près de l'office du tourisme ou celui de la **galerie marchande**, sous la corniche au niveau du temple de Louxor.

● **Police** ☎122.

● **Police touristique**. À côté de l'office du tourisme **A3** ☎237.66.20.

● **Poste et téléphone**. Poste centrale, rue El-Mahatta **B3**. On trouve

budget
Hébergement

Ces tarifs sont sur la base d'une chambre double, en haute saison. Sauf mention contraire, les hôtels incluent le petit déjeuner dans leurs tarifs.

▲▲▲▲▲ de 110 à 200 €

▲▲▲▲ de 60 à 110 €

▲▲▲ de 25 à 40 €

▲▲ de 15 à 40 € •

partout en ville des **cabines télé-phoniques** où il est possible d'appeler l'étranger avec une carte de téléphone. Pour un peu plus d'intimité, il existe un **centre de télé-phone** (à cartes également) au pied de l'*Old Winter Palace*.

● **Urgences**. Hôpital international, rue de la Télévision **hors pl. par A4** ☎ 237.20.25.

Hôtels

●●● *Pour vous repérer : les numéros en* bleu *permettent de localiser les hôtels sur le plan de Louxor, p. 108.*

▲▲▲▲▲ **Le Meridien** 1, rue Khaled ibn el-Walid **hors pl. par A4** ☎ 236.69.99, fax 236.56.66, www. lemeridien.com. *288 ch.* Ses deux bras tendus vers le Nil, entre lesquels s'étale une vaste piscine, c'est un des derniers-nés de l'hôtellerie de Louxor. L'ensemble est clair et agréable autour d'un vaste espace intérieur où chaises de fer forgé et lampadaires sont un clin d'œil hollywoodien à Paris. ch. spacieuses et de tout confort, équipées d'un accès direct à Internet.

▲▲▲▲▲ **Mövenpick Jolie Ville** 2, Crocodile Island **hors pl. par A4** ☎ 237.48.55, fax 237.49.36. *336 ch.* Occupant une île à 8 km au S du centre-ville, cet hôtel de luxe propose des bungalows disséminés à travers de verdoyants jardins soigneusement entretenus. Au centre du périmètre se trouvent les parties communes, avec une superbe piscine, un **snack** et un **restaurant** (de grande qualité). Un lieu de séjour idéal pour qui entend combiner calme, détente et visites culturelles. Navette gratuite vers le centre-ville.

▲▲▲▲▲ **Sofitel Karnak** 3, 4 km N du temple de Karnak **hors pl. par B1** ☎ 237.80.25. *351 ch.* Un hôtel de grand luxe qui joue la carte du loisir et de la détente; les parties communes sont immenses, à l'intérieur comme à l'extérieur, avec son jardin fleuri autour de la piscine. Nombreuses installations sportives,

tennis, squash, centre de remise en forme, sauna, Jacuzzi. Club pour les enfants. Équipe d'animation en grande partie francophone. On regrettera cependant la relative exiguïté des ch. Navette gratuite, en bus et en bateau, vers le centre-ville.

▲▲▲▲▲ **Winter Palace** 4, corniche El-Nil **A3** ☎ 238.04.22, fax 237.40.87. *363 ch.* Cette institution de l'hôtellerie égyptienne pose un dilemme : d'un côté la partie ancienne construite à la fin du XIXe s. conserve un charme fou, avec les lourds tapis et le mobilier anglo-oriental de ses parties communes, ses salons de lecture, son bar à l'anglaise où l'on s'attend à tout instant à entendre un gentleman en smoking commander un sherry ou à croiser Hercule Poirot lui-même, et son restaurant gastronomique dirigé par un chef français *(Brasserie 1882, p. 131)* ; de l'autre la partie moderne, haute construction de béton sans grâce mais dont les ch. – de tout confort – ouvrent sur de somptueuses vues sur le Nil et la montagne thébaine, tandis que la partie ancienne n'offre que quelques ch. donnant sur le fleuve, les autres ouvrant sur les magnifiques jardins de l'arrière. Chacun sera ainsi placé devant ce choix cornélien : nostalgie rétro ou coucher du soleil inoubliable sur le Nil. *À noter* : les prix dans la partie moderne sont moins élevés. L'ouverture d'une nouvelle aile donnant sur les jardins, offre désormais une troisième possibilité de séjour dans cet hôtel mythique.

▲▲▲▲ **Mercure** 5, corniche El-Nil **B2** ☎ 238.09.44, fax 237.49.44. *314 ch.* Excellent confort pour cet hôtel en bordure du Nil qui est sans doute le plus animé de Louxor. Nombreux **restaurants** et **bars**, buffets à thème, animation musicale: un effort particulier a été consenti pour faire de l'endroit un lieu de séjour distrayant. Jolie terrasse à l'extérieur. Jardins et piscine complètent l'ensemble.

▲▲▲▲ **Mercure Inn** 6, 10, rue Maabad Louxor **A3** ☎ 237.33.21, fax 237. 00.51. *89 ch.* À un jet de pierre du temple de Louxor, mais à l'écart de la rue principale, cet établissement offre le double avantage d'une situation centrale et d'une grande tranquillité. Le groupe Accor, qui en assure la gestion, l'a entièrement rénové : parties communes et ch. équipées de tout le confort moderne (clim., télévision par satellite) ; les parties extérieures ont fait l'objet d'un soin particulier : piscine, au bord de laquelle on peut grignoter salades et pizzas. On trouve une petite aire de jeux pour les enfants. Une bonne adresse à prix abordable.

▲▲▲ **Arabesque** 7, rue Muhammad Farid **B3** ☎ 237.12.99, fax 237.21.93. *36 ch.* Petit établissement moderne du centre-ville, à deux pas du temple de Louxor. ch. propres et bien équipées. Un bon point pour la terrasse sur le toit, avec piscine et vue sur le temple. Pas d'alcool.

▲▲▲ **Flobater** 8, rue Khaled ibn el-Walid **hors pl. par A4** ☎ 237.42.23, fax 237.06.18. *40 ch.* En arrière de l'hôtel Saint-Joseph, hôtel moderne de bon confort et bon marché.

▲▲▲ **Luxor** 9, rue Louxor **A3** ☎ 238. 00.17, fax 238.00.18. *90 ch. Pas de cartes de paiement.* Une survivance de l'époque coloniale dans une architecture orientalo-victorienne du début du XXe s. Sauf peut-être la climatisation qui s'époumone dans les ch., rien ne semble avoir changé depuis cette époque ; l'ascenseur, coincé entre deux étages, rêve des jours anciens, et la pénombre qui règne dans les longs couloirs s'emploie à masquer les outrages du temps. À l'arrière, dans le jardin à l'abandon, l'eau verte d'une piscine ferait la joie d'une colonie de grenouilles. Reste que les ch., d'un confort sommaire, offrent, au 1er étage, d'immenses terrasses face au temple. Les prix, relativement élevés pour les services offerts, peuvent être négociés.

▲▲▲ **Merryland** 10, rue Néfertiti **B1** ☎ 238.17.46. *32 ch.* Petit hôtel sympathique, au fond d'une impasse calme, près du musée et de la corniche. Tout le confort moderne (télévision, clim.) et intéressante terrasse avec piscine et vue sur le Nil. Bon rapport qualité/prix.

▲▲▲ **Morris** 11, rue Khaled ibn el-Walid **hors plan par A4** ☎ 235.98.35, www.hotelmorrisluxor.com. *60 ch. (60 autres devaient ouvrir en 2007).* Hôtel moderne et de bon confort situé en retrait de la rue, donc relativement tranquille. Une grande partie des ch. offrent une petite vue sur le Nil. Sur le toit est aménagée une belle terrasse dotée d'une piscine. Bon rapport qualité prix.

▲▲▲ **New Windsor** 12, rue Néfertiti **B1** ☎ 237.28.47, fax 237.34.47. *120 ch.* Face au Merryland, dont il partage la situation à la fois tranquille et centrale, c'est un hôtel de conception moderne, rénové en 1999. On y trouve même une modeste piscine (petit bain pour les enfants), au rez-de-chaussée, encastrée entre divers corps de bâtiments. Accueil sympathique.

▲▲▲ **Philippe** 13, rue Labib Habashy **B2** ☎ 237.22.84, fax 238.00.50. *72 ch.* Excellent rapport qualité/ prix : propre, moderne, peu cher, accueil sympathique et terrasse avec piscine face au Nil. On est là à deux pas du musée et de la corniche.

▲▲▲ **Saint-Joseph** 14, rue Khaled ibn el-Walid **hors pl. par A4** ☎ 238.17.07, fax 238.17.27. *75 ch.* Dans la partie moderne de la ville, au sud du temple de Louxor, voici un établissement récent à l'excellent rapport qualité/prix : ch. de tout confort, réception agréable et accueil sympathique. Et même une petite piscine sur la terrasse. Le tout pour env. 30 $ pour une ch. double.

▲▲ **Emilio** 15, rue Yussef Hassan **B2** ☎ 237.16.01, fax 237.00.00. *48 ch.* À côté du bazar touristique, un hôtel moderne et de bon confort. Jolie vue sur le Nil depuis la terrasse (piscine), où il est conseillé de venir boire un verre au coucher du soleil.

▲▲ **Mina** 16, corniche El-Nil **A2** ☎ 237.20.74, fax 238.21.94. *40 ch. Pas de cartes de paiement.* Si vous souhaitez ouvrir la fenêtre de votre ch. sur le Nil sans écorner votre budget, voici l'endroit. Bien sûr, les ch. sont simplissimes et les parties communes peu originales. L'ensemble est même assez déprimant. Un bon point cependant: une terrasse sympathique face à la rue et au Nil.

▲▲ **Sunset** 17, Aly ibn Abou Taleb **hors plan par A4** ☎ 235.74.42, sun setluxor@yahoo.com. *Pas de cartes de paiement.* Ouvert fin 2006 dans une rue étroite d'un quartier populaire. Du balcon de la chambre, on découvre l'activité de la rue, le blanchisseur qui repasse ses chemises sur le trottoir d'en face ou le boucher voisin qui expose ses quartiers de viande devant son étal. ch. basiques mais dotées de climatisation et d'un téléviseur (chaînes satellites). Accueil sympathique. Bon marché.

▲▲ **Horus** 18 Karnak Temple **B2** ☎ 237.21.65. *30 ch. Pas de cartes de paiement.* Bien situé en vue du temple de Louxor sur lequel donnent les ch. ouvrant sur la rue. Bon marché.

Restaurants

●●● *Pour vous repérer : les numéros en* **rouge** *permettent de localiser les restaurants sur le plan de Louxor p. 108.*

♦♦♦ **Brasserie 1882** 4, dans l'hôtel *Winter Palace*, corniche El-Nil **A3** ☎ 238.04.22. Et si un soir vous vous offriez une petite fête ? Elle aura pour cadre le décor prestigieux du *Winter Palace*. Après un cocktail au bar, vous traverserez le couloir pour vous rendre au restaurant gastronomique de l'endroit. Au menu, carte inventive et fréquemment renouvelée de spécialités de cuisine française, teintées d'un soupçon d'Orient. Goûtez la salade de cailles aux figues confites. Vaisselle fine et service attentionné pour un délicieux dîner aux chandelles. Prix éle-

vés justifiés. En haute saison touristique, réservation impérative. Pour les messieurs, cravate obligatoire.

♦♦♦ **Miyako** 19, hôtel *Sonesta*, rue Khaled ibn el-Walid **hors pl. par A4** ☎ 238.25.75. Exotisme pour exotisme, pourquoi ne pas essayer le restaurant japonais de l'hôtel *Sonesta* ? En plus des tables classiques, deux bars à *tapanyaki* où, juché sur de hauts tabourets, vous pourrez déguster un menu préparé devant vous sur la plaque chauffante. Aux commandes, un chef… égyptien, mais pour qui la gastronomie nippone n'a plus de secret. Une soirée amusante et conviviale.

♦ **Maro** 20, Visitors Center **A2**. Une jolie terrasse face au Nil devant laquelle les bateaux de croisière ne viennent pas s'amarrer. L'établissement est fréquenté par les groupes de touristes au déjeuner; de grandes tables et un buffet les attendent. La clientèle individuelle dispose d'une terrasse plus petite en contrebas, à l'écart de l'animation. Si l'endroit est agréable, la nourriture en revanche est quelconque.

♦ **Chez Omar** 21, place Yussef Hassan **B2** ☎ 236.76.78. À la sortie du souk, en bordure d'un jardin, voilà un petit restaurant populaire qui a misé sur l'accueil des touristes. Pari gagné si l'on en juge par la popularité dont il jouit parmi la clientèle étrangère qui vient se régaler de brochettes et de tajines. Accueil sympathique et petits prix.

♦ **Dawar el-Omba** 22, hôtel *Mercure Inn*, 10, rue Maabad Louxor **A3** ☎ 237.33.21. Sympathique restaurant en plein air, annexe de l'hôtel *Mercure Inn*, dont la décoration puise dans les traditions de la société paysanne de la vallée du Nil. Bonnes spécialités locales, grande variété de ragoûts servis en cassolette qui tranchent agréablement avec l'ordinaire des grillades. On peut toutefois regretter une certaine désinvolture des serveurs. Nombreuse clientèle française.

♦♦ **Oasis 23**, rue Labib Habashy **B2** ☎ 012.195.11.71. Un salon de thé-restaurant qui passe pour l'endroit branché de Louxor. Carte courte de salades et de grillades.

♦♦ **Sofra 24**, 90, rue Mohamed Farid **B4** ☎ 235.97.52. C'est tout d'abord une jolie maison typique de la bourgeoisie égyptienne des années 1920. Pas de jardin central comme dans les demeures traditionnelles, mais une série de pièces donnant sur le hall d'entrée à la manière européenne. Elles abritent aujourd'hui de petits salons où les groupes d'amis peuvent dîner entre eux dans un joli cadre de meubles des années 1920 à 1950. À l'étage, la terrasse abrite la principale salle de restaurant. Au menu, grillades et tajines traditionnels. Pas d'alcool.

♦♦ **Thèbes 25**, 8 km au Nord de Louxor, juste avant le pont conduisant sur la rive gauche, **hors plan par B1** ☎ 225.79.92. Un joli endroit pour prendre de la distance avec la ville : on y mange dans un vaste jardin soigneusement entretenu, autour d'une noria du XIXᵉ s. Coin récréation pour les enfants avec notamment la possibilité d'une petite promenade en chameau. Grillades traditionnelles. Pas d'alcool. Idéal pour déjeuner au retour d'une demi journée de visite dans la nécropole thébaine.

♦ **El Hussein 26**, New Karnak, au Nord du temple, sur la route de l'hôtel *Sofitel*, **hors plan par B1** ☎ 237.83.35. Une table plébisci-tée par les habitants de Louxor : au programme grillades et salades traditionnelles préparées selon les règles de l'art. Pas d'alcool.

♦ **Sindbad 27**, rue El-Karnak **A3**. Restaurant en plein air en avant de l'hôtel *Luxor* et face au temple de Louxor. Salades, grillades et pizzas. Clientèle en grande partie égyptienne.

Shopping

L'année 2007 a vu l'achèvement de grands travaux d'embellissement de la ville : l'avenue de la gare a été débarrassée de ses immeubles les plus vétustes et dotée de larges trottoirs ; et, à l'E du temple de Louxor, ouvre aujourd'hui une large esplanade.

Le **souk B2** n'a pas échappé aux ambitions modernistes du nouveau gouverneur : cette rue parallèle à la Corniche s'annonce désormais par un haut portique de bois, la rue elle-même a été pavée et recouverte de pergolas. Conséquence, les commerces traditionnels et leurs chalands ont déserté l'endroit au profit de magasins touristiques à l'exception de quelques vendeurs de légumes et quincailliers qui s'accrochent à leur boutique. C'est là que l'on trouvera les indispensables souvenirs, mais aussi de jolies cotonnades, nappes et services de table, *galabeyas* ainsi que des épices. Les **ruelles perpendiculaires** conservent encore de sympathiques cafés. Pour retrouver l'animation populaire et les marchands proposant leurs fruits et leurs légumes à même le sol, il faut sortir du Souk et continuer vers le N la rue qui le prolonge. *Television Street* **AB4**, au S du temple de Louxor, est la principale artère commerçante de la ville moderne. On y croise peu de touristes. **Librairie Gaddis A3**, au pied de l'hôtel *Winter Palace* : grand choix d'ouvrages, guides, albums, littérature… **Aboudi A3**, sous la terrasse du restaurant *Marhaba* : grand choix d'ouvrages égyptologiques.●

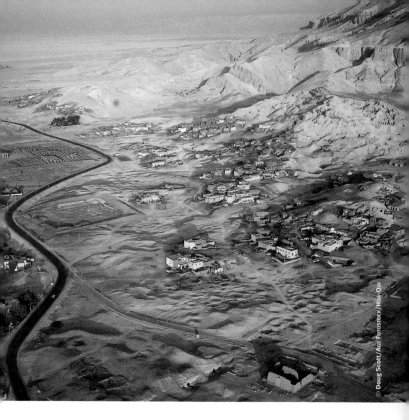

10 | La nécropole thébaine★★★

C'est bercé par le « tap tap » du bac qui traverse le Nil que l'on part de bon matin à la découverte de la rive occidentale de Thèbes. C'est là, sous l'ombre tutélaire d'El-Gourna, « la Corne », le point culminant de la montagne thébaine, dont la forme évoque celle d'une pyramide, que les souverains du Nouvel Empire ont choisi de creuser leur demeure d'éternité. À leur suite, épouses royales, princes et princesses, dignitaires de l'empire ou encore artisans du village de Deir el-Médineh se firent inhumer dans le flanc des montagnes alentour.

▲ Vue aérienne de Deir el-Bahari, le temple d'Hatchepsout.

AU PIED DE LA PYRAMIDE

La vallée des Rois servit de lieu d'inhumation pour les souverains d'Égypte, de Thoutmosis Ier (1493-1481) jusqu'à Ramsès XI (1099-1069) qui clôt la XXe dynastie. Soixante-deux tombes y ont été localisées à ce jour. Le **culte**

du roi défunt, depuis l'aube de la civilisation égyptienne, réclamait l'existence d'un temple funéraire (*p. 243*) : ainsi, à chaque tombe royale correspond un « **temple de millions d'années** », élevé à la limite des terres cultivées : ceux de Ramsès II (Ramesseum), Ramsès III (Médinet-Habou), Séthi Ier et Hatchepsout (Deir el-Bahari) sont les mieux conservés. La rive ouest n'était pas un désert humain : les champs y étaient cultivés et, dans un repli de la montagne, se trouvait le **village des artisans** préposés à la décoration des tombes, Deir el-Médineh (*p. 148*) ; les pharaons y vivaient aussi dans de **somptueux palais**, comme celui de Malqata d'où régna Aménophis III et dont les vestiges ne peuvent témoigner de la splendeur originelle.

LES TOMBES ROYALES

Si les hypogées de la vallée des Rois suivent tous le même principe, un long couloir descendant jusqu'à la chambre funéraire, on peut néanmoins en distinguer **deux types**. Dans le premier, le plus ancien, un couloir oblique à 90° pour se diriger vers la chambre funéraire ; dans le second, après le règne d'Akhénaton, le couloir suit un axe unique jusqu'à la salle du sarcophage.

Dans la plupart des cas, on trouve à un point du parcours un **puits rituel**, symbole du monde inférieur mais aussi moyen de décourager d'éventuels pillards. La **décoration**, limitée à la chambre funéraire pour les tombes les plus anciennes, puis couvrant l'ensemble des parois à partir de la XIXe dynastie (1293-1192), est empruntée à divers livres magiques, longues suites de formules ésotériques. Ces textes permettaient au roi défunt de surmonter les épreuves jalonnant son chemin vers l'immortalité. Assimilé au soleil dans sa course nocturne, dont la descente au fond de la montagne est un symbole, le pharaon doit traverser les 12 régions infernales correspondant aux 12 heures de la nuit. C'est dire que cette décoration, réservée au roi jusqu'à la XXe dynastie, exclut tout portrait, toute scène de la vie quotidienne. En revanche, les grands moments du règne sont présentés sur les murs des temples funéraires.

LES TOMBES CIVILES

Épouses royales et princes, nobles et hauts dignitaires de l'État, artisans et ouvriers de la nécropole thébaine même, tous tenaient à être inhumés près de leur souverain. Leurs hypogées, constitués généralement d'une chapelle funéraire précédée d'un

histoire
La vallée des Rois

Si la cour itinérante se transporte de palais en palais à travers le pays, Thèbes « la Victorieuse » reste la capitale dynastique, et chaque souverain se doit d'embellir le sanctuaire d'Amon. C'est face au temple de Karnak (*p. 115*), sur la rive gauche du Nil, que les souverains choisissent d'établir leur nécropole, renouvelant ainsi une tradition établie par les rois de la XIe dynastie (2130-1991). Les tombes royales sont désormais creusées dans

les flancs de la montagne thébaine, dont le plus haut sommet évoque une forme pyramidale.
D'autres replis de la montagne abritent les sépultures de l'entourage des pharaons, épouses et hauts dignitaires. Pour assurer le culte du roi défunt, des temples sont dressés dans la plaine bordant le Nil, les « demeures de millions d'années », dont les mieux conservées, celles de Séthi Ier (*p. 161*), de Ramsès II (*p. 159*) et de Ramsès III (*p. 156*), datent des XIXe et XXe dynasties.

histoire
Pillage des tombes royales

Sous le règne de Ramsès IX (1126-1108), une bande de pillards s'attaque aux tombes de la nécropole thébaine : une équipe de spécialistes est alors scrupuleusement sélectionnée – deux tailleurs de pierre, deux charpentiers, un décorateur de tombes ainsi que le batelier du gouverneur de Thèbes Ouest.

Au terme d'une première enquête, l'un des pillards est arrêté, interrogé puis vestibule, présentent une **abondante décoration peinte ou sculptée en relief**. Outre l'évocation du monde infernal et de son souverain Osiris, on voit représentées des scènes de la vie quotidienne dans des compositions pleines d'un charme et d'une vie qui font défaut dans les tombes royales.

LE DÉCLIN DE LA NÉCROPOLE THÉBAINE

Ramsès XI fut le dernier souverain à être inhumé dans la vallée des Rois. Durant les trente années de son interminable règne, l'Égypte sombra peu à peu dans le chaos. Il était bien loin le temps de la XVIIIᵉ dynastie, lorsque Pharaon, maître du monde, régnait depuis ses palais de Thèbes. Déjà, en transférant leurs capitales dans le nord du pays, les Ramessides avaient fait de Thèbes une métropole provinciale, où les grands prêtres d'Amon peinaient à faire respecter l'ordre. Ainsi, sous le règne de Ramsès IX, une affaire de pillage de tombes, dont nous conservons sur papyrus les minutes du procès, secoua la société thébaine (*voir ci-dessous*). Un pillage qui se généralisa à la chute de la dynastie ramesside et qui contraignit les grands prêtres d'Amon, véritables maîtres de la Haute Égypte, à soustraire de leurs tombeaux les momies des rois du Nouvel Empire pour les dissimuler dans des caches secrètes. Dès lors, la nécropole thébaine fut définitivement abandonnée par les souverains égyptiens.

LA REDÉCOUVERTE DE LA VALLÉE DES ROIS

D'innombrables graffitis dans quelques tombes de la vallée des Rois témoignent qu'à l'époque ptolémaïque déjà, les sépultures des pharaons, dont l'existence était connue des géographes anciens, suscitaient l'intérêt des **voyageurs grecs et romains**. Puis, hormis la présence de quelques moines dans les vestiges des temples funéraires, la nécropole thébaine sombra dans l'oubli. C'est un jésuite français, le **père Claude Sicard**, voyageant en Haute Égypte entre 1708 et 1712, qui le premier la reconnut. C'est lui également qui identifia le premier le site de Thèbes sur l'autre rive. Vingt ans plus tard, un deuxième Français, **Michel Pococke**, visita 18 tombes royales. La première exploration scientifique remonte à l'**expédition d'Égypte**, de 1798 à 1801 (*p. 257*), au cours de laquelle les savants découvrirent le tombeau d'Aménophis III. La recherche archéologique était lancée; elle dura tout le XIXᵉ s. pour se terminer au siècle suivant en apothéose: la

relâché faute de preuve au grand dam des habitants de Deir el-Médineh, qui craignent sans doute pour leur immunité, en raison de leur connaissance des lieux. Le pillage reprend de plus belle.

C'est finalement en l'an XVI que la bande sera arrêtée et incarcérée dans les prisons du temple d'Amon à Karnak. Après un interrogatoire que l'on imagine musclé, les voleurs se livrent à des aveux circonstanciés dont plusieurs papyrus nous ont conservé le détail: « Avec nos barres à mine, nous avons creusé un tunnel; armés de torches allumées, nous sommes ensuite descendus et nous avons découvert le Roi au fond de son caveau. Nous avons ouvert le sarcophage et avons trouvé la momie, ornée d'un faucon, d'amulettes et de bijoux en or. »

Le récit se poursuit avec la description du pillage du sarcophage de la Reine, auquel les voleurs mirent le feu pour récupérer or et pierres précieuses dans les cendres fumantes du cercueil et de la momie. « Nous avons fait huit parts de l'or que nous avons trouvé: vingt *deben* (1,82 kg) nous sont revenus à chacun. Puis nous sommes rentrés à Thèbes en bateau. » Le procès se déroule enfin dans la chapelle de Maat à Karnak. Déclarés coupables, les malfaiteurs seront mis à mort.

Citations de Pierre Grandet, « Le pillage des tombes royales », *L'Histoire* nº 142, repris *in L'Égypte ancienne*, Le Seuil, coll. « Points », 1996. ●

introduction

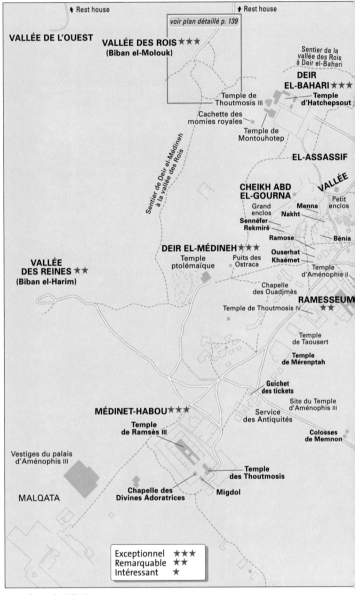

▲ La nécropole thébaine

découverte, en 1922, de la sépulture inviolée de Toutankhamon *(p. 141)*. On croyait alors l'exploration de la vallée des Rois achevée jusqu'en 1995 lorsqu'une équipe américaine découvrit dans la tombe n° 5 explorée pourtant depuis le XIXᵉ s., un passage inconnu jusque-là. Il conduisait vers 95 chambres funéraires (toujours en cours de dégagement) placées sous la protection d'un Osiris en relief taillé dans la paroi de pierre. Cet hypogée, le plus vaste jamais découvert en Égypte, n'est rien moins que la tombe des innombrables fils

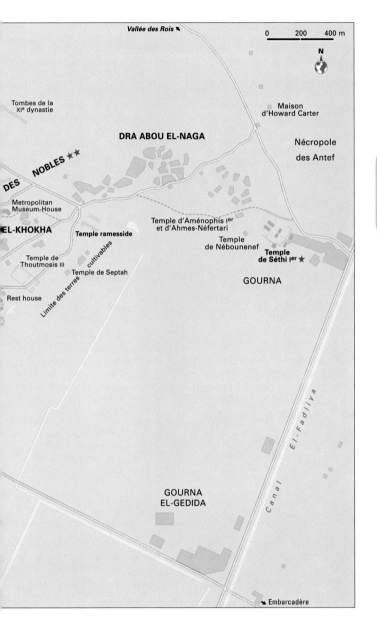

Vallée des Rois

0   200   400 m

N

Tombes de la
XIe dynastie

Maison
d'Howard Carter

DRA ABOU EL-NAGA

Nécropole
des Antef

DES NOBLES ★★

DES

Metropolitan
Museum-House

EL-KHOKHA

Temple ramesside

Temple d'Aménophis Ier
et d'Ahmes-Néfertari

Temple
de Nébounenef

Temple
de Séthi Ier ★

cultivables

Temple de
Thoutmosis III

Temple de Septah

GOURNA

Rest house

Limite des terres

GOURNA
EL-GEDIDA

Canal   El-Fadliya

Embarcadère

introduction

de Ramsès II. En 2006, nouvelle découverte, à moins de 15 m de la tombe de Toutankhamon, celle d'une tombe où avaient été déposés sept sarcophages de la XVIIIe dynastie. Il est probable que la vallée des Rois n'ait pas encore livré tous ses mystères : à l'exception de celle de Pinedjem II, les momies des rois-prêtres de la XXIe dynastie n'ont pas encore été découvertes. On peut imaginer qu'elles reposent dans quelques hypogées inviolés de la montagne thébaine. De quoi faire encore rêver des générations d'archéologues.

‖ La vallée des Rois***

···→ La route s'arrête au niveau d'un vaste parc de stationnement qui précède le centre d'accueil des visiteurs (maquette du site, bornes interactives en anglais et guichet sur place). De là, 500 m environ séparent de l'entrée du site. Visite : 1 billet donne accès à 3 tombes au choix ; les tombes de Toutankhamon et d'Ay nécessitent chacune un billet particulier. Si vous souhaitez visiter plus de 3 tombes, il vous faudra revenir au centre d'accueil pour acheter un nouveau billet. Les numéros affectés à chaque tombeau correspondent à la classification opérée par les archéologues et utilisée sur place. Ouv. t.l.j. 7 h-16 h (6 h-17 h en été). Durée : 2 h.

●●● *Pour tous les renseignements pratiques : voir ci-dessous.*

Soixante-trois tombes ont été dégagées dans la **vallée des Rois**, trois d'entre elles se trouvant dans la partie occidentale de la nécropole royale, appelée vallée de l'Ouest ou **vallée des Singes**. Une douzaine de tombes sont ouvertes à la visite par roulement dans la vallée des Rois, et une, celle d'Ay, dans la vallée des Singes. La **tombe de Toutankhamon** s'ajoute à cette série : ce n'est pas, et de loin, la plus spectaculaire, puisque les décorations se limitent à la chambre funéraire. Seul un succès de curiosité lui vaut une longue file de visiteurs qui attendent d'y entrer. Voici les trois hypogées à ne pas manquer.

‖ La tombe de Ramsès VI***

Tombe n° 9. Violée dès l'Antiquité (sans doute sous le règne de Ramsès IX), la tombe était bien connue des visiteurs romains qui y laissèrent un bon millier de **graffitis**. Il s'agit d'une tombe à axe unique, qui s'enfonce sur plus de 100 m au cœur de la montagne : préparée pour Ramsès V, la tombe fut agrandie pour recevoir la dépouille de son successeur. Les deux momies furent découvertes en 1898 par Victor Loret dans la tombe d'Aménophis II *(n° 35)* où elles avaient été déposées en compagnie de 25 autres momies royales par les grands prêtres d'Amon.

Les murs sont décorés d'un **ensemble exceptionnel de peintures***. On découvre tout d'abord, dans les trois premières salles du couloir et sur les deux côtés, le cycle complet du *Livre des portes* : dans son voyage, le défunt doit franchir, aidé par des formules magiques, 10 pylônes gardés par des serpents, qui ouvrent sur autant de provinces infernales.

Passés le puits rituel et la salle aux piliers, le couloir descend en suivant une pente plus accentuée jusqu'à la chambre funéraire. C'est là, après la longue course nocturne, que va s'accomplir la renaissance, un mystère qu'explicitent les représentations figurées aux murs : au plafond, une

● ●

Mode d'emploi
Conditions de visite de la nécropole

● **Horaires d'ouverture** : t.l.j. 7 h-16 h (6 h-17 h l'été).

● **Billets en vente à l'entrée des sites**. Pour les sites les plus célèbres : la vallée des Rois, avec Toutankhamon et la tombe d'Ay ; Deir el-Bahari (temple d'Hatchepsout), la vallée des Reines *(tombe de Néfertari est f.)*,

et la nécropole de l'Assassif *(accès à Deir el-Bahari où l'on achète les billets)*.

● **Billets délivrés au guichet du Service des Antiquités** *(près des colosses de Memnon ; ouv. 6 h-16 h)*. Pour les autres sites : la vallée des Nobles *(billets groupés, voir dans les visites)*, Dra abou'l Nagha, Deir el-Médineh *(billet supp. pour la tombe de Pashedu)*, Médinet-Ha-

bou, Ramesseum, les temples de Mérenptah et de Séthi Ier.

● **Programme**. Découvrir l'ensemble des sites demanderait un minimum de **3 jours**, temps dont peu de voyageurs disposent. Il faut opérer un choix. **1 journée est un minimum** ; le mieux est de la répartir en **2 demi-journées**, pour éviter fatigue et lassitude. Le reste de la journée, vous

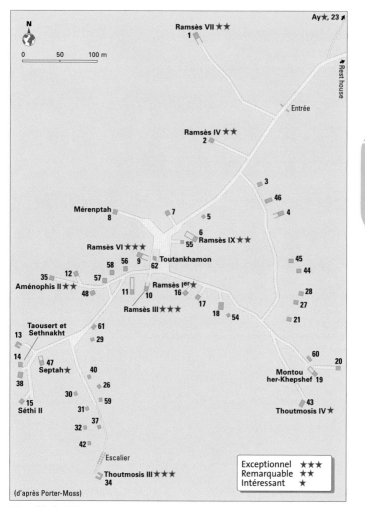

▲ La vallée des Rois

pourrez visiter les temples de Karnak et de Louxor, ou le Musée archéologique (p. 111-126).

● **Photos.** Photos interdites à l'intérieur des tombes, mais libres dans les temples.

●●● ***Attention!*** *À travers la montagne, il n'y a pas de cafétéria: il est impératif de se munir d'eau en quantité suffisante. Voir le* **carnet d'adresses** *p. 162.*

les musts
De la nécropole thébaine

● **La vallée des Rois*****, où vous visiterez 3 tombes (2 h).

● **La vallée des Reines****, où vous visiterez 3 tombes (1 h).

● **La vallée des Nobles****, avec la tombe de Ramose (45 min).

● **La vallée des Artisans*****, avec les tombes de Senedjem et d'Inherkhau (45 min).

● **Le temple de Deir el-Bahari***** (1 h).

● **Le Ramesseum**** (1 h).

● **Médinet-Habou***** (1 h). ●

10
itinéraire

▲ Peinture murale ornant la tombe de Ramsès IV.

double figure de Nout, personnification de la voûte céleste *(p. 240)*, avale le disque solaire qu'elle restituera au matin. Au moment de cette renaissance *(mur de g.)*, les forces du mal, représentées à l'envers, seront anéanties par les bourreaux célestes à la peau noire, tandis que les momies des défunts seront rendues à la vie par la divinité solaire *(même côté)*. Voyez enfin la résurrection du disque solaire, porté par les bras tendus de la déesse Nout *(détail mur de dr.)*.

| La tombe de Ramsès III★★★

Tombe n° 10. Cette tombe est d'un accès facile en raison de la faiblesse de sa pente. Au premier tiers de son parcours, elle accuse un décrochement à droite : en creusant, les ouvriers avaient atteint une tombe voisine. Cet hypogée, le « **tombeau des Harpistes** », conserve un cycle de décorations murales d'une remarquable diversité notamment

dans les huit petites pièces annexes qui ouvrent sur la première partie du couloir : on y voit boulangers et bouchers, barques sur le Nil, collection de vases qui, par leur style, semblent provenir de l'Égée, ainsi qu'un couple de harpistes aveugles *(dernière chapelle à g. avant le décrochement)*, scène qui a donné son surnom à la sépulture. Après le décrochement, le couloir conduit à une première salle à piliers ; au-delà, sur les murs, est représentée une **scène de l'ouverture de la bouche**. Le **sarcophage**, aujourd'hui au Louvre, se trouvait dans une salle à huit piliers dont la décoration murale est assez dégradée. Au-delà de la chambre funéraire ouvrent dans l'axe du tombeau trois salles annexes en enfilade *(accès interdit)*.

| La tombe de Thoutmosis III★★★

Tombe n° 34. Voilà certainement la tombe la plus **spectaculaire** de la nécropole royale. Tout au bout de

© SAPPA Christian/ Hoa-Qui

la vallée, dans une anfractuosité de la montagne – ce qui ne l'empêcha pas d'être pillée dès l'Antiquité –, ouvre la tombe de l'un des plus grands rois de l'Égypte ancienne. On accède à l'entrée, à une dizaine de mètres au-dessus du sol, par une échelle. Puis c'est la plongée au fond du tombeau en suivant deux couloirs entrecoupés d'escaliers qui descendent à 45° au cœur de la montagne. Passé le puits rituel (dont c'est le premier exemple dans la vallée des Rois; plafond astronomique), on aboutit à une première salle à deux piliers: au mur, les représentations des 741 divinités qui président à la renaissance quotidienne de l'astre solaire. Dans cette salle, un escalier descend à la chambre funéraire, dotée de deux piliers et sur laquelle ouvrent quatre petites salles annexes. Sa forme évoque un cartouche royal. Le **sarcophage de quartzite rouge**, lui aussi en forme de cartouche, se trouve au fond de la salle: lors de la découverte de la tombe par Victor Loret en 1898, le couvercle gisait à terre, brisé. Aux murs sont dessinées au trait et en écriture cursive pour les hiéroglyphes, à la manière d'un papyrus déroulé, des scènes du *Livre de l'Amdouat*. Les piliers portent des scènes des *Litanies de Rê* sur toutes leurs faces sauf une, qui montre le roi allaité par la déesse Isis au sycomore, représentée sous la forme d'un arbre.

itinéraire 10

égyptologie
La merveilleuse découverte

Dans les années 1910, la conviction des archéologues était faite: il n'y avait plus rien à découvrir dans la vallée des Rois. Ce n'était pas l'avis d'Howard Carter, familier de l'Égypte depuis 1892. Entre deux expéditions archéologiques – il avait déjà découvert les tombeaux d'Hatchepsout et de Thoutmosis IV –, il vivotait en vendant ses aquarelles aux touristes étrangers. En 1903, il s'associe à lord Carnarvon, qui finance ses recherches. En 1912, les deux hommes obtiennent la concession des fouilles dans la vallée des Rois. Il faudra dix longues années de recherches infructueuses pour aboutir à ce 4 novembre 1922 lorsque, sous les pioches des ouvriers égyptiens, apparaît une marche taillée dans la roche. Le dégagement se poursuit rapidement et, le lendemain soir, Carter découvre une porte encore revêtue de ses sceaux: on y lit le nom de **Toutankhamon**. Ainsi donc l'intuition de Carter s'était révélée exacte: la vallée des Rois était loin d'avoir livré tous ses secrets et recelait encore au moins une tombe, inviolée de surcroît. Aussitôt, Carter télégraphie à son mécène: « Merveilleuse découverte dans la Vallée. Tombe superbe avec sceaux intacts. Attends votre arrivée pour ouvrir. » Le 23 novembre, Carnarvon est sur les lieux. Le 26, les deux hommes s'attaquent à la porte de l'antichambre. Ils déplacent quelques pierres et Carter, armé d'une bougie, se glisse à l'intérieur. Carnarvon l'interroge: « Vous voyez quelque chose? » Après un long silence, une voix s'élève du fond du tombeau: « Oui, des merveilles. » ●

| Ramsès VII**

Tombe n° 1. Ouverte dès l'Antiquité, cette tombe à axe unique est décorée d'un **cycle de reliefs** où l'on voit notamment le dieu solaire sur sa barque, trônant dans son naos protégé par des serpents. Dans la chambre funéraire au beau plafond astronomique, la momie reposait dans un **sarcophage creusé dans le roc** (dégagé en 1983) et recouvert d'un couvercle de pierre, en fait un sarcophage renversé.

| Ramsès IV**

Tombe n° 2. Cycle bien conservé et assez complet de **textes funéraires**. On conserve un **papyrus** portant le **plan exact** de la tombe (musée de Turin) : il fut exécuté, semble-t-il, après la réalisation de la tombe et sans doute à des fins de décoration. De nombreux graffitis grecs et romains attestent que la sépulture fut ouverte dès l'Antiquité.

| Ramsès IX**

Tombe n° 6. Scènes empruntées aux différents livres funéraires et réalisées avec un souci du détail remarquable dans l'exécution des **hiéroglyphes**. Dans la chambre funéraire, la **momie**, qui fut retrouvée dans la cache de Deir el-Bahari, reposait dans une fosse creusée dans le sol, comme pour la tombe de Ramsès VII.

| Mérenptah

Tombe n° 8. Un couloir droit *(115 m)* conduit en pente raide vers la chambre funéraire où reposait le fils de Ramsès II. Au-delà du puits rituel, une salle à piliers fut ménagée à droite *(f. au public)*, sans doute pour servir de chapelle à la mémoire de Ramsès II. Les **peintures**, bien que dégradées, conservent de **beaux vestiges**. Dans la salle funéraire, le couvercle du sarcophage, un monolithe de granit sculpté à l'image du roi, est tou-

jours en place. De nombreux graffitis attestent que le lieu était visité à l'époque gréco-romaine.

| Ramsès Ier*

Tombe n° 16. D'un accès pénible en raison de la forte pente du couloir, cette tombe conserve de **remarquables peintures** dans la chambre funéraire. Le sarcophage en granit rose est en place : sa décoration sculptée est inachevée ; on n'en voit que les esquisses à la peinture jaune.

| Montou her-Khepshef

Tombe n °19. Cette tombe d'un prince héritier, fils de Ramsès IX, présente un **ensemble de peintures** limité mais remarquable : il s'agit de deux groupes de sept panneaux, en vis-à-vis dans le couloir d'entrée, d'une grande fraîcheur de tons. On y voit le défunt sacrifiant devant diverses divinités. Le reste de la sépulture est demeuré inachevé.

| Thoutmosis IV*

Tombe n° 43. Découverte par Howard Carter en 1903 (des pillards l'y avaient précédé dès l'Antiquité), cette sépulture intéressera par sa **rare complexité architecturale** *(l'accès est assez pénible)* et la **perfection apportée à la taille de la pierre** plutôt que par ses décorations pariétales, limitées au puits rituel (18 m de profondeur) et à l'antichambre qui précède la chambre funéraire. Une suite de couloirs entrecoupés d'escaliers conduit au-delà du puits (plafond astronomique, le roi devant diverses divinités) à une première salle à piliers. De là, un passage formant un angle à 90° avec les couloirs précédents conduit à l'antichambre (plafond astronomique et scènes représentant le roi) qui donne accès à la chambre funéraire après un nouvel angle à 90°. Le sarcophage en calcaire peint en rouge est en place. Le dégagement de cette salle a révélé un grand nombre d'objets funéraires.

| Aménophis II**

Tombe n° 35. C'est au terme d'une longue descente, entrecoupée par plusieurs escaliers et une première pièce à deux piliers, que l'on parvient à la **chambre funéraire** : les parois sont entièrement revêtues de textes du *Livre de l'Amdouat*, simples dessins au trait sur fond jaune.

| Septah*

Tombe n° 47. Un couloir de plus de 80 m, entrecoupé d'escaliers et **décoré des scènes habituelles** dont la réalisation est très soignée, conduit à la chambre funéraire, précédée, fait unique, d'un passage à gauche, resté inachevé. Peut-être était-il destiné à se prolonger vers une seconde chambre funéraire qui aurait reçu la momie de la mère du roi. La tombe a été usurpée à une époque ultérieure et la momie de Septah découverte dans la tombe d'Aménophis II en 1898.

| Taousert et Sethnakht

Tombe n° 14. Cette sépulture avait été creusée pour la **reine Taousert** qui, entre 1192 et 1190, coiffa la Double Couronne et se proclama pharaon. Son tombeau fut ensuite usurpé par Sethnakht, premier roi de la XXe dynastie (1190-1187). Dans la première partie du couloir, les scènes représentant la reine ont été surchargées par son successeur. Au-delà d'une première salle soutenue par huit piliers commencent les « **appartements** » de Sethnakht à l'extrémité desquels ouvre la chambre funéraire du roi. Son sarcophage a été reconstitué avec son couvercle en granit. Les couloirs à peine dégrossis donnent une idée des techniques d'excavation d'alors.

| Séthi II

Tombe n° 15. Belles représentations peintes où l'on peut découvrir, à mesure de sa progression vers la chambre funéraire, des chapitres des différents **textes funéraires** et les **divinités de l'au-delà** représentées dans le premier vestibule et sur les piliers de la chambre au sarcophage.

| Ay*

···⟶ **Tombe n° 23**. Dans la vallée de l'Ouest ou vallée des Singes ; accès à dr. avant le centre d'accueil et continuer sur 2 km. Un billet supplémentaire en vente à l'entrée du site.

Cette unique tombe ouverte dans la vallée occidentale mérite une visite. Ne serait-ce que pour suivre le chemin qui y conduit, un sillon entre deux montagnes dont la solitude rappelle les temps où la nécropole était inaccessible au commun des mortels. Ay fut le restaurateur de l'orthodoxie thébaine après le règne d'Akhénaton. Au bout d'un couloir assez sommairement dégrossi, on aboutit à la chambre funéraire, seule partie de la tombe à être pourvue d'une **décoration** dont les spécialistes ont relevé les **similitudes avec celle de Toutankhamon** : il est possible que la même équipe d'artistes ait travaillé sur les deux sites. Voir notamment, sur le mur de dr., la scène du *Livre de l'Amdouat* montrant la barque solaire tirée par cinq divinités au-dessus de 12 babouins symbolisant les 12 heures de la nuit. Le sarcophage, en morceaux lors de la découverte du tombeau par Belzoni en 1816, a été remonté à son emplacement originel.

|| La vallée des Reines**

···⟶ Au S-O de la nécropole. Ouv. t.l.j. 7 h-16 h (6 h-17 h en été) ; 1 billet pour les 3 tombes ouvertes à la visite, en vente à l'entrée du site. Durée : 1 h.

De la XVIIIe à la XXe dynastie, cette vallée au sud de la nécropole thébaine a servi de lieu d'inhumation pour les princes puis, à partir de la XIXe dynastie, pour les épouses royales. On peut distinguer deux types de sépultures : puits funéraires – une soixantaine – pour les princes de la XVIIIe dynastie puis tombeaux à l'architecture plus élaborée pour les reines. Au total, plus de 80 tombes ont été explorées, parmi lesquelles trois sont ouvertes à la visite. Deux d'entre elles appartiennent à des fils de Ramsès III et conservent des peintures d'une fraîcheur remarquable. La nécropole a continué d'être utilisée pendant la troisième période intermédiaire pour des dignitaires de l'État, puis sous l'Empire romain et jusqu'à l'époque copte, où un monastère a été construit.

La tombe d'Amoun her-Khepshef★★

Tombe n° 55. Bien que pillée sans doute dès la fin de la XIXe dynastie, cette tombe a révélé lors de sa découverte en 1903 une **décoration peinte** d'une qualité admirable, tant par son état de conservation que par l'élégance de sa réalisation.

● **La 1re salle**. Le couloir d'entrée conduit à un premier vestibule où le pharaon est représenté à plusieurs reprises et notamment vêtu d'un splendide habit d'apparat (*mur de face, côté g.*).

● **La 2e salle**. On passe dans la chambre funéraire, où sont représentés deux chapitres du *Livre des morts* (*mur de g.*) : le roi y figure avec son fils. C'est là que se trou-

vait le sarcophage, déplacé par les archéologues dans l'annexe qui lui fait suite. Cette dernière pièce abrite le squelette d'un fœtus découvert au début du siècle dans une autre tombe de la vallée.

Les secrets de la vallée des Reines

C'est au début du XXe s. que la vallée des Reines fit pour la première fois l'objet d'une exploration archéologique systématique. Sous la direction d'une mission italienne, les diverses campagnes permirent notamment la découverte du tombeau de Néfertari en 1904. Depuis le début des années 1970, l'exploration scientifique a repris, cette fois sous la direction d'archéologues français, conduits par Christiane Desroches-Noblecourt puis par Christian Leblanc. Une centaine de tombeaux ont été dégagés, plusieurs centaines de momies mises au jour. Aucune cependant antérieure à la XXIe dynastie. On peut ainsi penser que les dépouilles des reines et de princes de l'époque ramesside (XIXe et XXe dynasties) furent dissimulées par les prêtres d'Amon pour être soustraites aux convoitises des pillards, à l'instar des momies des pharaons découvertes dans la fameuse cache de Deir el-Bahari par Gaston Maspero en 1881. La dernière demeure des grandes reines d'Égypte resterait donc à découvrir. ●

▲ Le cortège funéraire antique était, comme aujourd'hui, accompagné d'un chœur de pleureuses. Tombe de Ramose.

© Sylvain Grandadam

| La tombe de Khaemouaset*

Tombe n° 44. Lorsqu'elle fut explorée, en 1903, la tombe était encombrée de sarcophages, signe qu'elle servit ultérieurement de **sépulture collective**. Cet usage secondaire n'a pas endommagé sa **splendide décoration peinte**. Parmi d'autres, vous verrez ainsi dans la chambre funéraire une scène où le roi figure en compagnie de son fils, le crâne rasé à l'exception d'une mèche unique, comme il était d'usage de représenter les enfants.

| La tombe de Thiti

Tombe n° 52. Tombe d'une épouse royale de la XXᵉ dynastie. À voir : les représentations des babouins saluant l'astre solaire *(paroi g. de la première salle)* et Hathor sortant de la montagne thébaine *(annexe ouvrant du côté dr. de la première salle).*

|| La vallée des Nobles**

···⊰ Au cœur de la nécropole. Ouv. t.l.j. 7 h-16 h (6 h-17 h en été). Billets regroupés délivrés au Service des Antiquités. Durée : 45 min.

Au flanc de la montagne thébaine s'étirait le village de Gourna avec ses maisons peintes de couleurs vives. Plus de la moitié d'entre elles sont désormais détruites, le reste est promis dans un avenir proche à un même sort par décision officielle. Le village fournit au XIXᵉ s un sérieux contingent de pilleurs de tombes, parmi lesquels les « célèbres » frères Abd el-Rassoul, à l'origine de la découverte de la cache de Deir el-Bahari. Il faut dire que l'occasion était trop belle : les maisons étaient le plus souvent construites au-dessus de tombeaux qui leur servaient de caves. Ce sont les **sépultures des dignitaires** : plus de 500 ont été repérées à ce jour, autour du village et plus au nord, sur les sites appelés **Khokha** et **Assassif**. Elles suivent toutes à peu près la même disposition d'ensemble : une cour à ciel ouvert, puis un vestibule ou un couloir qui donnent accès à la chapelle ou au puits funéraire, dépourvus généralement de décorations. L'entrée de l'hypogée était souvent surmontée d'un pyramidion. Contrairement aux tombes royales, les peintures ou les reliefs qui ornent vestibules et couloirs puisent leur inspiration dans la vie quotidienne des milieux aristocratiques. Une quinzaine de tombes sont ouvertes à la visite, réparties sur l'ensemble des sites de la vallée des Nobles.

Certaines peuvent être considérées comme les plus belles de l'ensemble de la nécropole thébaine. Opérer une sélection devient dès lors très délicat ; voyez au moins quatre tombes : celles de Ramose, Sennéfer, Rekhmirê et Nakht. Les 10 sépultures ouvertes de Cheikh abd el-Gourna sont regroupées ici par billets d'entrée. On distingue 5 zones dans la nécropole : le village, le petit enclos, le grand enclos, la Khokha et l'Assassif (*ce dernier site est accessible à partir de Deir el-Bahari où l'on achète les billets*).

La Nécropole de Cheikh abd el-Gourna

···⇥ **Groupe 1**. Les tombes du village ; 1 billet pour les 3 tombes, délivré au Service des Antiquités.

● **Ramose***** (*tombe n° 55*). Ramose était un haut dignitaire qui servit Aménophis III puis Aménophis IV. Il suivit probablement son dernier maître à Amarna, abandonnant sa tombe thébaine qu'il laissait inachevée et s'en faisant aménager une autre près de la nouvelle capitale royale. Ce qui frappe d'abord, ce sont les dimensions ambitieuses de l'ensemble, qui font du vestibule une véritable salle hypostyle soutenue par 32 piliers. La décoration quant à elle témoigne du goût délicat en vigueur sous le règne d'Aménophis IV-Akhénaton.

De part et d'autre de l'entrée, des **reliefs d'une finesse extraordinaire**, notamment dans l'exécution de la chevelure des personnages ou de leurs parures, traitent le thème du banquet funéraire présidé par le défunt et son épouse et auquel assistent des invités. Sur le mur de g., une scène représente les funérailles avec le cortège de pleureuses professionnelles rendues de manière très expressive. C'est sur le mur du fond, à dr., que la **nouvelle esthétique** que l'on a qualifiée d'**amarnienne** (*p. 232*) est la plus manifeste. On y voit le pharaon représenté sous les traits difformes qu'on lui connaît – tête démesurément allongée, ventre proéminent –, qui reçoit la bénédiction du disque solaire tandis que, devant lui, Ramose lui présente des ambassadeurs étrangers.

Dans l'axe de la porte d'entrée, la tombe se poursuit par la chapelle funéraire (*accès interdit*) au fond de laquelle une niche était destinée à abriter la statue du défunt.

● **Khaemet*** (*tombe n° 57*). La tombe de Khaemet, un haut dignitaire sous Aménophis III, présente la particularité d'une **chapelle à toiture voûtée**, prolongée par une niche où est déposé, non pas une unique statue du défunt, mais un groupe de six statues représentant Khaemet et les membres de sa famille.

La décoration du vestibule est remarquable : hauts-reliefs montrant le défunt tendant des offrandes à Renehout, déesse des moissons (*mur de g. en entrant*), et un beau chariot tiré par quatre chevaux (*côté dr.*). La décoration de la chapelle est très endommagée.

● **Ouserhat** (*tombe n° 56*). Cycle de peintures en bon état de conservation.

| Nécropole de Cheikh abd el-Gourna

···> **Groupe 2**. Les tombes du grand enclos ; 1 billet pour les 2 tombes, délivré au Service des Antiquités.

● **Rekhmirê***** *(tombe n° 100).* La tombe de ce vizir du Nouvel Empire – en fait le second personnage de l'État – est remarquable à un double point de vue. Par ses dimensions d'abord, un long et étroit vestibule transversal suivi d'une chapelle, étroite elle aussi, qui s'enfonce dans la montagne et s'achève par une stèle fausse-porte. Le plafond s'élève à mesure que l'on avance pour offrir une plus grande superficie pour la décoration peinte, second intérêt du tombeau (qui ne servit peut-être pas comme tel puisqu'on n'y trouve pas de puits funéraire). La **qualité des peintures** est **exceptionnelle** ; son abondance (près de 300 m² de décoration pour la seule chapelle) interdit de la détailler ici. Mentionnons néanmoins une procession de peuples étrangers apportant leurs tributs au pharaon : girafe, œufs d'autruche, défenses d'éléphant, singes du pays de Pount, céramiques de Crète, armes et éléphants de Syrie, etc. *(bras g. du vestibule, mur en face).* Dans la chapelle, la pesée de l'or sous l'autorité d'un scribe *(mur de g.),* un bateau remontant le Nil, des scènes de jardins et un banquet funéraire *(mur de dr.).*

● **Sennéfer***** *(tombe n° 96).* Au point le plus haut de la nécropole de Gourna (belle vue sur la vallée) ouvre cette tombe d'un dignitaire qui vécut sous le règne d'Aménophis II. Là encore, un grand moment dans la visite de la nécropole thébaine. Il faut d'abord descendre un long escalier de 44 marches pour parvenir jusqu'à l'antichambre : au plafond voûté en berceau, **surprenant décor de vigne et de grappes de raisin** ; sur les murs, **scènes d'offrande** et **cortège funéraire**. Vient la chapelle, soutenue par quatre piliers massifs sur lesquels apparaît, pas moins de 14 fois, le défunt Sennéfer en compagnie de sa bien-aimée Mérit, qui lui tend diverses offrandes. Les scènes représentées sur les murs, qu'il faut lire dans le sens des aiguilles d'une montre, évoquent le **voyage nocturne du défunt** vers la résurrection.

| Nécropole de Cheikh abd el-Gourna

···> **Groupe 3**. Les tombes du petit enclos ; 1 billet pour les 2 tombes, délivré au Service des Antiquités.

● ♥ **Nakht***** *(tombe n° 52).* Seule la chapelle de cette tombe, bâtie pour l'astronome d'Amon sous le règne de Thoutmosis IV, porte une décoration peinte. On peut y voir de **pittoresques scènes de la vie rurale** : semailles, labourage et battage du grain *(mur à g. de l'entrée)* ; vendanges et foulage du raisin au pied *(mur en face, côté dr.)* ; ainsi qu'un **banquet funéraire**, où figure le célèbre **groupe de trois musiciennes***** dont une est représentée nue *(mur en face, côté g.).*

● **Menna*** *(tombe n° 69).* Voisine de la précédente, par l'emplacement comme par le style, la tombe de ce dignitaire de la XVIIIe dynastie conserve un **cycle de peintures d'une étonnante fraîcheur**. Dans le vestibule, travaux des champs, banquet funéraire et scènes d'offrande. Dans la chapelle, belle scène de chasse et de pêche dans les marais.

| Nécropole de Cheikh abd el-Gourna

···> **Groupe 4**. Les tombes du village ; 1 billet pour les 3 tombes, délivré au Service des Antiquités. Trois autres tombes d'un moindre intérêt sont ouvertes, à proximité (N-O) de la tombe de Ramose.

● **Khonsou** *(tombe n° 31).* XVIIIe dynastie. La chapelle n'est décorée qu'au plafond. Dans le vestibule, **scènes navales** relatives à la fête en l'honneur du dieu Montou, ancienne divinité tutélaire de Thèbes *(p. 115).*

10

itinéraire

● **Ouserhat** *(tombe n° 51; à ne pas confondre avec la tombe homonyme n° 56)*. XIXᵉ dynastie. Dans le vestibule, le défunt est représenté plusieurs fois en famille dans d'élégantes compositions bien conservées. La chapelle n'est pas décorée.

● **Benia** *(tombe n° 343)*. XVIIIᵉ dynastie. Voir, notamment, une **pesée de l'or** en présence du défunt *(mur de g. en entrant)* et un **banquet funéraire** auquel participent des musiciens *(mur en face, côté g.)*.

| La nécropole de la Khokha

···❯ Au N-E de Cheikh abd el-Gourna; 1 billet supplémentaire, délivré au Service des Antiquités.

Trois tombes : **Néferronpet** *(n° 178)*, aux scènes évoquant les métiers d'art (orfèvres et sculpteurs); **Néfersékhérou** *(n° 296)*, ornée d'un très beau plafond; et **Thoutmosis** *(n° 295)*.

| La nécropole de l'Assassif

···❯ 1 billet supplémentaire, en vente à l'entrée du temple d'Hatchepsout.

● **Khérouef*** *(tombe n° 192)*. Très endommagé, ce tombeau présente néanmoins quelques belles scènes finement gravées sur le mur de son vestibule : voir notamment la fête de l'érection du pilier *djed* en présence du roi et de musiciens *(côté dr.)*.

● **Pabasa** *(tombe n° 279)*. Principalement décorée de **textes gravés**.

| La nécropole de Dra abou'l Nagha

···❯ 1 billet supplémentaire, délivré au Service des Antiquités.

Ce secteur servit de nécropole aux souverains de la XVIIᵉ dynastie, puis de lieu de sépulture aux dignitaires des XVIIIᵉ et XIXᵉ dynasties. C'est à cette dernière période qu'appartiennent les deux tombes récemment ouvertes à la visite.

● **Tombe de Roy** *(tombe n° 255)*. Cette tombe d'un scribe royal sous le règne d'Horemheb est l'une des plus anciennes connues de la nécropole thébaine. Champollion la visita lors de son séjour en Égypte. On peut y voir un **ensemble de peintures remarquables**, aux riches couleurs : le défunt est représenté en compagnie de son épouse, offrant des sacrifices à diverses divinités. Sur le mur de gauche, au registre inférieur, intéressante scène représentant le cortège funèbre : derrière le sarcophage suivent les familiers du défunt, certains, dans une scène très réaliste, se bouchant le nez, sans doute en raison de la corruption de la dépouille. Plus loin, la momie est hissée dans sa barque funéraire en présence d'un chœur de pleureuses. On assiste enfin à la mise au tombeau : la momie est accueillie par le dieu Anubis à tête de chacal.

● **Tombe de Shuroy** *(tombe n° 166)*. La décoration murale de cette tombe d'un dignitaire de la XXᵉ dynastie est restée en grande partie inachevée. On peut encore y voir les ébauches au trait des scènes qu'auraient dû compléter les peintres. Un intéressant témoignage des méthodes mises en œuvre dans la préparation des tombes de la nécropole.

|| ♥ Deir el-Médineh*** : la vallée des Artisans

···❯ Entre la vallée des Reines et la vallée des Nobles. Ouv. t.l.j. 7h-16h (6h-17h en été); billet délivré au Service des Antiquités (prévoir 1 billet supplémentaire pour la tombe de Pashedu). Durée : 45 min.

Pendant quatre siècles, sans interruption, cet étroit vallon dissimulé aux regards entre la montagne thébaine à l'ouest et la colline de Gournet Mouraï à l'est abrita un village peuplé exclusivement d'artisans, ceux-là mêmes qui creusèrent et décorèrent les sépultures royales. Le village fut abandonné à la fin

▲ Senedjem et son épouse adorant les dieux des Enfers (tombe de Senedjem).

© Sylvain Grandadam

LES SERVITEURS DE LA « PLACE DE VÉRITÉ »

C'est sous le règne de Thoutmosis Ier que fut fondé le village, pour y regrouper les artisans et ouvriers occupés au chantier de la tombe royale, la « place de Vérité ». Regrouper mais aussi enfermer : interdiction leur était faite, en effet, d'en sortir, afin de préserver le secret de l'emplacement des tombes royales. Près de 400 personnes y vivaient en famille dans de petites maisons de brique crue à terrasse, encloses derrière un mur. Par des sentiers (ils existent toujours) qui conduisaient vers la vallée des Rois ou celle des Reines, les ouvriers gagnaient leur lieu de travail. Ils y restaient une semaine, c'est-à-dire neuf jours, le dixième étant consacré au repos, tout comme les jours de fêtes religieuses – une cinquantaine par an.

UN VILLAGE D'ARTISANS

Les fouilles, et notamment le dégagement d'une grande fosse qui servait de décharge au nord du village, ont révélé **quantité de documents, papyrus ou ostraca**, qui jettent un éclairage passionnant sur la vie de ces hommes et de leurs familles. On a notamment découvert des plans de tombeaux dessinés sur des fragments de calcaire, riches d'enseignement sur les méthodes de travail utilisées. On sait aussi que les ouvriers étaient payés en nourriture, sous la responsabilité directe du vizir.

La tombe de Senedjem***

Tombe n° 1. Découverte en 1886, cette chambre funéraire appartenait à un artisan de la nécropole de la XIXᵉ dynastie. Elle présente un **cycle complet de peintures** dans un remarquable état de conservation.

Le panneau le plus célèbre se trouve sur le mur de droite en entrant : sur quatre registres, le défunt et sa femme se livrent à des travaux agricoles ; ces scènes sont inspirées

de la XXᵉ dynastie et ses occupants réinstallés dans le temple de Médinet-Habou. À l'époque copte, des moines s'installèrent dans le temple ptolémaïque d'Hathor, ce qui a valu à la vallée le nom moderne de « monastère de la ville », *Deir el-Médineh*. L'exploration systématique du site, conduite depuis 1922 par l'Institut français d'archéologie orientale, a permis de restituer la vie quotidienne du petit peuple de l'Égypte antique, masquée jusque-là par les réalisations monumentales de ses rois. Au-dessus du village, les artisans avaient aménagé leur nécropole. Trois tombes sont ouvertes à la visite.

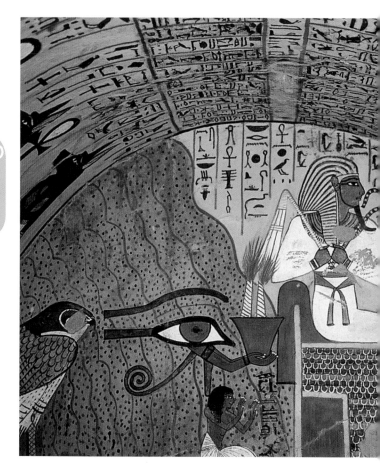

société
La première grève de l'histoire

En l'an XXIX du règne de Ramsès III, la grogne monte dans le village de Deir el-Médineh : depuis deux mois, salaires et rations ne sont plus distribués. Excédés, les ouvriers décident de franchir les cinq postes de contrôle qui barrent l'accès de leur village, et s'en vont occuper le temple funéraire de Thoutmosis III : « Nous en sommes arrivés là de faim et de soif ; nous n'avons pas d'huile ; nous n'avons pas de poisson ; nous n'avons pas de légumes verts. Envoyez-le dire à Pharaon, notre Seigneur parfait. »

Le vizir, alerté, leur fait parvenir une distribution partielle d'orge. Les ouvriers ne s'en contentent pas et la protestation se poursuit de plus belle. Le vizir, dont les fonctionnaires ont sans doute détourné une partie de l'approvisionnement du village en ces temps difficiles, tente de se justifier : « Si je ne suis pas venu à vous, est-ce que ce n'est pas parce qu'il n'y avait rien à vous apporter ? Il est arrivé qu'il n'y ait rien dans le grenier lui-même ; je vous donnerai ce que j'ai trouvé. » Les textes égyptiens restent muets sur l'issue de ce premier conflit social de l'histoire. ●

▲ Présidant un ensemble de peintures remarquablement conservées, Pashedu en prière devant Osiris, sous l'œil d'Horus brandissant une torche.

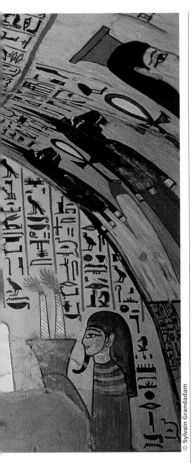

© Sylvain Grandadam

total) où Inherkhau est représenté en compagnie de différentes divinités : voyez, sur le mur de gauche, le défunt en prêtre, le crâne rasé et revêtu de la peau de léopard : Inherkhau occupait une place éminente dans la hiérarchie du village et devait accomplir les rites dans le temple de la communauté. Plus loin sur le même mur, un harpiste joue devant le défunt et son épouse. En face, scène intimiste où Inherkhau est représenté en compagnie de sa femme et de ses quatre enfants.

| La tombe de Pashedu**

···⟫ **Tombe n° 3**. 1 billet supplémentaire, délivré au Service des Antiquités.

Cette tombe qui domine la petite vallée (belle vue) est celle d'un artisan de la XIXᵉ dynastie. Voyez sur le mur à droite de l'entrée, une **scène pittoresque** où le défunt s'abreuve à un petit cours d'eau sous un palmier chargé de dattes.

| Le temple d'Hathor

···⟫ Entrée libre.

Le fond de la vallée est occupé par les **ruines du village** où l'on distingue encore bien le tracé de la rue principale, bordée de maisons dont on reconnaît les fondations. À l'extrémité nord du vallon s'élève un **temple d'époque ptolémaïque** dédié à Hathor qui conserve l'ensemble de ses bâtiments, y compris son mur d'enceinte en brique.

À l'intérieur du naos, les bas-reliefs (endommagés à l'époque chrétienne) conservent quelques traces de polychromie. À une centaine de mètres au-delà du temple ouvre un large cratère : c'est là que l'on a retrouvé plusieurs milliers de documents, textes et dessins, datant tous de la XIXᵉ dynastie et dont l'étude – qui se poursuit – a permis d'éclairer la vie quotidienne de ces artisans d'il y a trente-trois siècles.

d'un chapitre du *Livre des morts* qui dépeint les champs de l'Autre Monde, qu'arrose une rivière bordée d'arbres fruitiers. Sur le mur en face, Anubis conduit le défunt et préside à sa momification. Sur le mur de gauche, Senedjem et son épouse honorent différentes divinités. Sur le mur à gauche de l'entrée, la momie de Senedjem est veillée par Isis et Nephtys représentées sous la forme de faucons, tandis qu'au registre inférieur les fils de Senedjem présentent des offrandes à leurs parents.

| La tombe d'Inherkhau***

Tombe n° 359. XXᵉ dynastie. La chambre funéraire est décorée d'un **grand nombre de scènes** (31 au

10
itinéraire

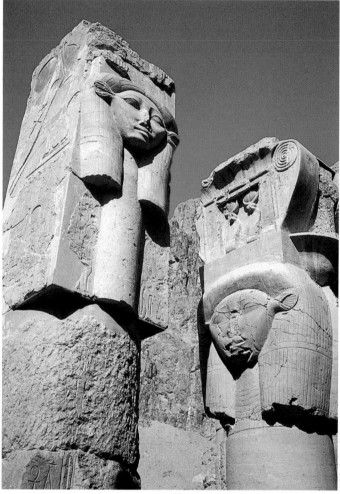

© Sylvain Grandadam

société

L'union d'Amon et de la reine Ahmosé

Sur les murs du temple de Deir el-Bahari, les textes rappellent l'origine divine de la reine Hatchepsout en termes non équivoques :

« Amon, le dieu magnifique, se transforma et prit l'apparence de Sa Majesté l'époux de la Reine. Il la trouva comme elle dormait dans son palais. L'odeur du dieu la réveilla. Sitôt il s'approcha d'elle et pour elle brûla d'ardeur. Il fit en sorte qu'elle pût le voir sous sa forme divine. Après qu'il l'eut approchée étroitement et qu'elle s'extasiait à contempler sa virilité, l'amour d'Amon pénétra son corps. La majesté de ce dieu fit tout ce qu'il désirait et la reine lui donna toute jouissance et l'embrassa ».

Trad. Christiane Desroches-Noblecourt. ●

▲ Chapiteaux hathoriques du temple d'Hatchepsout à Deir el-Bahari.

|| Deir el-Bahari*** :
le temple d'Hatchepsout

⸱⸱⸱⟶ À l'E de la vallée des Rois. Ouv. t.l.j.
7 h-16 h (6 h-17 h en été) ; billet en vente à
l'entrée du site. Durée : 1 h.

On ne peut échapper à un certain malaise en approchant le temple funéraire de la reine Hatchepsout. Trop neuf, trop hollywoodien pour être tout à fait honnête. Un sentiment dû à l'anastylose radicale conduite par les équipes d'archéologues polonais qui œuvrent sur le site depuis 1961. Pourtant, les Égyptiens du temps durent être saisis avant nous par la grandeur et la majesté de ce monument qu'ils nommèrent « Sublime des Sublimes ». Cette construction a un plan unique en son genre, avec sa succession de trois terrasses adossées à la montagne. Et, comble de stupéfaction, l'édifice servit de temple funéraire à une femme qui osa se parer du titre de pharaon.

Hatchepsout reine d'Égypte

Thoutmosis Iᵉʳ, le père d'Hatchepsout, n'était pas de sang royal. Il dut son accession au trône à son mariage avec une princesse royale, sans doute la propre sœur de son prédécesseur Aménophis Iᵉʳ. À sa mort, il laissa quatre enfants légitimes, qui disparurent rapidement, à l'exception de la future Hatchepsout et d'un fils né d'une épouse secondaire. C'est lui qui fut désigné comme son successeur ; pour se légitimer, il épousa sa demi-sœur. Lorsqu'il mourut à son tour, c'est le fils qu'il avait eu d'une obscure concubine qui fut appelé à lui succéder. L'enfant n'avait que 5 ans. Hatchepsout fut proclamée régente. Mue sans doute par l'orgueil dynastique – elle était après tout la seule héritière de sang royal – autant que par l'ambition, Hatchepsout s'appropria peu à peu les insignes royaux jusqu'à se faire proclamer pharaon vers l'an VII du règne de Thoutmosis III (vers 1471). Et voilà que la « **belle jeune fille en pleine fleur** », comme elle-même tenait à se faire appeler sur les murs de son temple, s'astreignit à **dissimuler les attributs de sa féminité** derrière les lourds insignes du pouvoir : elle arborait la barbe postiche, se coiffait de la lourde couronne du Double Pays. Pour célébrer la fête d'Opet *(p. 241)*, elle courut même en personne auprès de la barque d'Amon, vêtue comme un pharaon d'un simple pagne d'apparat et tenant à la main rame et gouvernail. Pourtant, dans les inscriptions officielles elle restait désignée comme une femme, que le dieu Amon appelle sa fille.

Un règne de gloire

Usurpatrice pour les générations suivantes, qui s'employèrent à marteler son nom sur les édifices publics, comme pour certains égyptologues modernes qui ne voient en elle qu'un jouet entre les mains de son intendant Senmout, Hatchepsout se montra pourtant digne de ses glorieux ancêtres. Durant son règne, d'une quinzaine d'années, elle s'employa à restaurer les temples endommagés par les longues guerres contre les Hyksos, elle favorisa à Thèbes, sa capitale, l'émergence d'écoles de sculpteurs, et lança des **expéditions commerciales** vers les pays voisins, qui ne disputaient plus la prééminence au royaume d'Égypte. La plus célèbre d'entre elles, que la reine tint à faire représenter sur les murs de son temple funéraire, conduisit cinq vaisseaux royaux vers le **pays de Pount**, une région que l'on identifie généralement avec l'Érythrée ou l'Éthiopie et où l'Égypte s'approvisionnait traditionnellement en encens. Il apparaît que, loin d'éliminer Thoutmosis III, elle l'associa au pouvoir. De fait, il monta sur le trône à la mort de la reine, pour un règne qui allait durer trente ans et s'avérer l'un des plus glorieux de la XVIIIᵉ dynastie.

C'est vers l'an VII de son règne que la reine entreprit la construction de son temple funéraire. La conception et la réalisation en furent confiées à **Senmout** qui se révéla, autant qu'un administrateur précieux, un architecte de génie.

Le plan est unique dans toute l'histoire égyptienne : une succession de trois terrasses, ornées de portiques dont les colonnes étaient taillées dans le calcaire le plus fin, qui s'intègrent à merveille dans une échancrure de la montagne thébaine. Sur la troisième terrasse, la chapelle funéraire dédiée à Amon s'enfonce dans la montagne. Fidèle entre les fidèles, Senmout fit creuser à proximité son propre tombeau *(f. à la visite)* dont le profond hypogée se trouve sous la première terrasse du temple.

La première terrasse

De plain-pied, elle était jadis reliée au fleuve par un canal, prolongé par une allée bordée de sphinx à l'effigie de la reine. La première terrasse était enclose d'un mur sur trois côtés et flanquée d'une colonnade sur le quatrième qui précède la seconde terrasse. Cet espace vaste et nu aujourd'hui était autrefois orné de **bassins** et planté d'**essences rares** parmi lesquelles les fameux arbres à encens ramenés du pays de Pount. Une rampe conduit à la terrasse suivante.

La deuxième terrasse

C'est sous le portique qui soutient la dernière terrasse que l'on peut voir les célèbres bas-reliefs qui constituent, avec le plan d'ensemble du monument, l'intérêt majeur du site. Le portique est divisé en deux parties par la rampe qui conduit à la terrasse supérieure.

▶ Au pied de la montagne thébaine, le temple funéraire de la reine Hatchepsout : une architecture unique dans l'histoire égyptienne.

● **La chapelle d'Hathor**. À l'extrémité gauche du portique s'élèvent les vestiges d'une chapelle dédiée à la déesse Hathor. Elle présente un vestibule soutenu par des **colonnes et piliers hathoriques** – dont les chapiteaux montrent le visage de la déesse aux oreilles de vache –, suivi d'une salle hypostyle également à colonnes hathoriques.

Aux murs de cette salle figurent d'**intéressants reliefs** : l'un d'entre eux montre la reine face à la déesse, représentée sous sa forme bovine. Le sanctuaire creusé dans le roc est inaccessible. En contrebas, au sud *(à g.)*, gisent sur une terrasse carrée les vestiges du temple funéraire de Montouhotep II qui avait déjà choisi ce site cinq siècles auparavant. Entre ce temple et la chapelle d'Hathor, au plus près de la montagne, subsistent les restes du temple funéraire de Thoutmosis III mis au jour en 1962.

● **La partie sud du portique**. C'est là qu'est décrite en bas-reliefs peints la **célèbre expédition au pays de Pount**★★★ : un ensemble de scènes admirables accompagnées de textes qu'il faut suivre de gauche à droite (ces panneaux sont des moulages, les originaux se trouvant au musée du Caire). On voit d'abord les cinq navires de l'expédition, l'arrivée à Pount et l'échange des présents avec les souverains du pays. La reine de Pount est représentée sous des traits difformes, qui trahissent de manière réaliste quelque infirmité dont devait souffrir la souveraine.

Puis vient le chargement des bateaux : arbres précieux transportés dans des paniers, aromates, or, peaux de bêtes, animaux également, singes, félins et même une girafe…

C'est enfin le retour à Thèbes où la reine rend hommage à Amon en lui offrant des présents ; après une scène représentant la pesée de l'encens, la dernière grande composition montre l'annonce officielle du succès de l'expédition au dieu Amon, assis sur son trône à dr. Devant lui se tiennent la reine Hatchepsout et en arrière de celle-ci, Thoutmosis III lui-même, ainsi associé au triomphe.

● **La partie nord du portique**. De ce côté, les **reliefs★** évoquent l'origine divine de la souveraine, manière de justifier son accession au trône. Les scènes décrivent comment le dieu Amon lui-même prit l'apparence du roi, se rendit nuitamment dans la chambre de la reine et s'unit à elle. De cette étreinte naquit Hatchepsout, dont Khnoum, le divin potier, façonne sur son tour le corps de nouveau-né accompagné de son *ka*.

La troisième terrasse

En façade, un portique présentait un alignement de piliers osiriaques détruits après la mort de la reine ; certains ont pu être remontés par les archéologues polonais.

Par un portail encadré de granit, on accède à ce qui apparaît aujourd'hui comme une cour mais qui était sans doute une salle hypostyle.

Au fond ouvre le spéos de la reine, chapelle funéraire taillée dans la roche et surmontée d'une voûte en pierres appareillées *(accès interdit au public)*. De part et d'autre de la cour ouvrent deux chapelles ; celle de g. est consacrée aux offrandes funéraires destinées à la reine, celle de dr. à ciel ouvert est dédiée au culte solaire.

10

itinéraire

© Luis Orteo/hemis.fr

♥ Médinet-Habou★★★

···❖ Au S de la nécropole. Ouv. t.l.j. 7 h-16 h (6 h-17 en été) ; billet délivré au Service des Antiquités. Durée : 1 h.

Nommé d'après un petit village copte qui occupa ses ruines, le complexe de Médinet-Habou réunit un ensemble de constructions remontant à des époques diverses, de la XVIIIe dynastie à l'époque romaine. La partie la plus impressionnante est le temple funéraire de Ramsès III : presque entièrement conservé, il est l'exemple le plus parfait des temples funéraires de la dynastie ramesside.

L'entrée du complexe : le Migdol

Comme à l'accoutumée, l'ensemble funéraire est circonscrit à l'intérieur d'une enceinte de brique crue. Mais on la franchit ici par une **porte monumentale** qui n'a son pendant dans aucune autre construction pharaonique. Il s'agit en réalité de l'imitation d'une entrée fortifiée telle qu'on pouvait en voir dans les villes d'Asie – un aspect militaire que confirment deux salles de garde en avant de la porte, l'étroit passage à redans pris sous la menace d'ouvertures, en même temps que les représentations guerrières qui figurent sur les façades des tours. Dans la tour de gauche, un escalier permet de grimper jusqu'à l'étage *(belle vue sur le pylône du temple)*. Au-delà de la porte ouvre un vaste espace au fond duquel s'élève le 1er pylône du temple *(vous laisserez pour plus tard la visite de l'édifice sur la dr. qui enjambe le mur d'enceinte)*.

La chapelle des Divines Adoratrices

Ce petit édifice fut élevé aux XXVe et XXVIe dynasties (VIIIe-VIIe s.) pour servir de **chapelle funéraire** aux Adoratrices d'Amon, des princesses royales chargées de représenter le pharaon auprès du clergé thébain *(p. 234)*. Sur les murs, divers reliefs montrent des scènes d'offrande. Dans la cour se trouve toujours un autel pour les sacrifices. Ces princesses étaient inhumées dans le périmètre de Médinet-Habou.

Le temple de Ramsès III

Pour construire son temple funéraire, Ramsès III s'inspira de celui qu'avait édifié, un siècle plus tôt, Ramsès II, le grand ancêtre pour

---

histoire
Les Peuples de la Mer

Les « habitants des îles qui sont au milieu de la mer » étaient connus depuis longtemps des Égyptiens. Certains d'entre eux, vaincus par Ramsès II, combattirent même à ses côtés lors de la bataille de Qadesh. Mais, en cette fin du XIIIe s. avant notre ère, il ne s'agit plus de raids sans lendemain lancés par des pirates contre les riches côtes de la Méditerranée orientale. Ce sont des vagues successives de populations qui cherchent à s'établir en Orient. Vers 1200, ils s'emparent de la cité d'Ougarit (sur la côte de la Syrie actuelle), une des plus florissantes cités de l'Orient, puis étendent leur domination sur une grande partie de l'Asie Mineure, menaçant les frontières d'Égypte en Syrie-Palestine. C'est alors, en l'an VIII de son règne (vers 1179), que Ramsès III se décide à réagir. Il porte ses armées au-devant de l'envahisseur, tout en fortifiant les côtes égyptiennes pour prévenir toute attaque maritime de l'ennemi. C'est une victoire totale dont Ramsès III a tenu à faire représenter la chronique sur les murs de son temple funéraire de Médinet-Habou. Une partie de ces Peuples de la Mer fera souche sur la côte de la Méditerranée orientale : nommés « Poulasti » par les textes égyptiens, ils sont les ancêtres des Philistins de la Bible, qui ont donné leur nom à la Palestine.

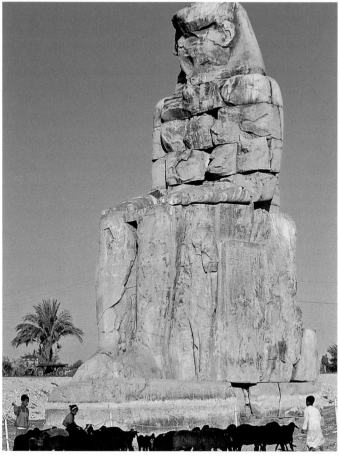

© Sylvain Grandadam

itinéraire **10**

Les colosses de Memnon

Face au guichet qui délivre les billets d'entrée se dressent deux énormes colosses à l'effigie d'Aménophis III. Ils flanquaient l'entrée du temple funéraire du roi, aujourd'hui disparu. Suite au séisme de l'an 27 de notre ère, qui mit à bas le temple, un des colosses se fissura et s'écroula à demi. Il s'ensuivit un curieux phénomène : chaque matin, la statue « chantait ». Explication prosaïque : l'eau accumulée pendant la nuit faisait vibrer l'air en s'évaporant. Pour les Romains, c'était un prodige devant lequel se pressaient les visiteurs étrangers parmi lesquels Strabon et l'empereur Hadrien. Le premier, en bon géographe, se montra néanmoins assez circonspect : « J'ai moi aussi entendu ce bruit à la première heure. Mais ce bruit provenait-il de la base ou du colosse, ou avait-il été fait intentionnellement par une des personnes qui se tenaient alors tout autour de la base ; je suis incapable de l'affirmer, car, dans l'incertitude sur la cause, il vaut mieux croire à tout plutôt qu'au fait qu'un son soit rendu par des pierres. » (Trad. Pascal Charvet). Toujours est-il que le lieu fit l'objet d'un pèlerinage et que les statues furent appelées colosses de Memnon, en référence au fils de l'Aurore qui, tué par Achille, reprenait vie chaque matin sous les caresses de sa mère. Au IIIe s., Septime Sévère fit restaurer la statue. Depuis, elle est muette. ●

▲ Les colosses de Memnon.

lequel il était pétri d'admiration. Même majesté, même souci de graver sur les murs de sa demeure de millions d'années les hauts faits de son règne. En l'occurrence, la gloire d'avoir écarté de l'Égypte la menace des Peuples de la Mer.

● **Le 1ᵉʳ pylône.** Les deux imposants massifs portent les **représentations rituelles du massacre des prisonniers**, asiatiques à droite, nubiens et libyens à gauche. Les murs extérieurs du temple sont également abondamment décorés de reliefs qui méritent d'être vus. Sur le grand mur nord *(à dr.)*, on peut ainsi remarquer, parmi d'autres scènes, une représentation du **combat naval** que Ramsès III livra contre les Peuples de la Mer. Du côté sud *(à g.)*, sur la face postérieure du pylône, **remarquable scène de chasse***** où l'on voit le roi *(registre inférieur)* traquant sur son char un taureau sauvage dans les marais. C'est un chef-d'œuvre du genre : parmi les roseaux, poissons et oiseaux aquatiques prennent la fuite devant la violence du combat.

Le reste du mur est décoré de scènes plus conventionnelles. C'est contre ce côté du temple que s'appuyait le **palais royal**, dont on peut voir les vestiges à terre.

● **La première cour.** Elle est bordée à droite et à gauche d'un portique à **puissants piliers osiriaques** ; sous le portique de gauche, une ouverture dans le mur permettait un accès direct au palais royal : c'est la « **fenêtre de l'apparition** », où le roi se tenait pour assister aux cérémonies qui se déroulaient dans la cour. Les faces intérieures des massifs du pylône sont décorées de **scènes guerrières** – massacre des Libyens à gauche, triomphe du roi à droite, qui assiste au défilé des captifs. Dans cette cour tout entière dédiée aux qualités militaires du souverain, les murs des portiques sont également décorés de scènes guerrières : voir notamment sur le mur de gauche, de part et d'autre de la fenêtre de l'apparition, un **groupe de lutteurs** au combat dont les prises évoquent celles du judo. Côté ouest, la cour est fermée par le 2ᵉ pylône, également décoré de scènes de guerre. La rampe qui conduit au portail était jadis flanquée de deux statues monumentales. C'est par là que l'on accède à la seconde cour.

● **La seconde cour.** Elle est entourée d'un portique sur les quatre côtés, soutenu par des piliers osiriaques à l'est et à l'ouest et par des colonnes massives sur les autres côtés. Sur les murs des portiques latéraux sont représentées des scènes religieuses dépeignant les fêtes en l'honneur de **Sokar-Osiris** *(à g.)* où l'on voit portée en procession la barque du dieu ; et celles en l'honneur de **Min** *(à dr.)*, dieu de la fertilité reconnaissable à son énorme phallus martelé sur la plupart des tableaux, sans doute par les chrétiens qui, à l'époque copte, installèrent une église dans cette cour.

Sous le portique du fond, dont les piliers sont doublés vers l'intérieur d'une rangée de massives colonnes papyriformes, les **scènes gravées** (importants vestiges de polychromie) exaltent le pouvoir royal : Ramsès III, accompagné de la procession de ses enfants (comme on peut aussi le voir au Ramesseum, *ci-contre*) reçoit la bénédiction de Thot et d'Horus.

● **La salle hypostyle.** Au-delà de la seconde cour, les constructions n'ont pas franchi l'épreuve du temps. De la salle hypostyle ne restent que les bases des 24 colonnes qui soutenaient le plafond. À gauche, une série de cinq chambres *(accès interdit)* était destinée à abriter le trésor du temple. Plus loin ouvraient deux autres salles hypostyles, réduites elles aussi à la base de leurs colonnes. Elles précédaient le naos du temple, également ruiné.

Le temple des Thoutmosis

···❖ Avant de quitter le complexe de Médi-net-Habou, visitez le petit temple de la XVIIIe dynastie dont le périmètre enjambe le mur d'enceinte.

Il était à l'origine dédié à Amon par Thoutmosis III et la reine Hatchep-sout et fut augmenté de cours et de salles annexes au fil des siècles. La *cella* et son péristyle datent de cette première époque ainsi que cinq des six salles obscures qui lui font suite (la dernière, en granit rose, fut ajoutée sous la XXXe dynastie, dernière dynastie indigène à avoir occupé le trône d'Égypte). Les cours successives furent elles aussi aménagées sous la XXXe dynastie ainsi qu'à l'époque ptolémaïque, dont date également le pylône. La cour en avant de celui-ci remonte à l'époque de l'occupation romaine.

Le temple de Mérenptah

···❖ Situé près du guichet des billets, non loin du Ramesseum (plan *p. 139*). Billet délivré au Service des Antiquités.

Le temple funéraire du fils et suc-cesseur de Ramsès II a été ouvert à la visite en 2002, après une tren-taine d'années de fouilles et d'étu-des conduites par des archéologues suisses. Rien ici des splendeurs grandioses des temples voisins de Médinet-Habou et du Ramesseum. L'édifice a servi de carrière pour des générations de villageois, et il n'en reste aujourd'hui que les soubasse-ments. On y reconnaît les bases de pylônes, celles de deux cours à por-tique et de deux salles hypostyles. À gauche de la première cour s'élevait un palais royal. L'intérêt de cette visite réside dans les trouvailles effectuées lors de leurs travaux par les archéologues : des **blocs ornés**, pris dans la construction, et qui proviennent d'édifices antérieurs. Ils sont présentés dans des **galeries souterraines** ouvrant l'entrée de la deuxième cour. On peut y voir notamment des blocs ornés dans le beau style d'Aménophis III. Un petit **musée** complète la visite : il abrite une série de sphinx à l'effigie d'Aménophis III ainsi que des frag-ments provenant d'une construc-tion de l'époque d'Akhénaton.

Le Ramesseum★★

···❖ Au centre de la nécropole. Ouv. t.l.j. 7 h-16 h (6 h-17 h en été) ; billet délivré au Service des Antiquités. Durée : 1 h.

Une statue colossale qui gît à terre foudroyée, des colonnes isolées, vestiges d'une salle hypostyle rui-née, quelques beaux arbres qui se dressent dans la première cour du complexe, voilà qui compose le plus **romantique tableau** de la rive occidentale de Thèbes.

C'est peu après son accession au trône que le pharaon Ramsès II (1279-1213) entreprit la construc-tion de son temple funéraire. Elle s'acheva vers la 22e année de son règne. Ce n'est pas, et de loin, le mieux conservé des temples funé-raires égyptiens : presque entiè-rement debout peu avant l'ère chrétienne, il a depuis largement servi de carrière pour les habitants des alentours. Un juste retour des choses puisque les investigations scientifiques qui y ont été condui-tes ont montré que Ramsès II lui-même n'avait pas hésité à piller les constructions de ses prédécesseurs pour mener à bien sa colossale entreprise.

Plus que son architecture d'ensem-ble, ce sont les reliefs du Rames-seum qui retiendront en tout pre-mier lieu l'attention : un véritable **livre d'heures** à la gloire des grands moments du règne, avec en tout premier lieu une relation de la célè-bre bataille de Qadesh (*p. 218*). Le temple était entouré de bâtiments annexes en brique crue, ainsi que d'un palais royal dont les ruines sont visibles au sud de la première cour, le tout étant entouré d'un haut mur d'enceinte également en brique.

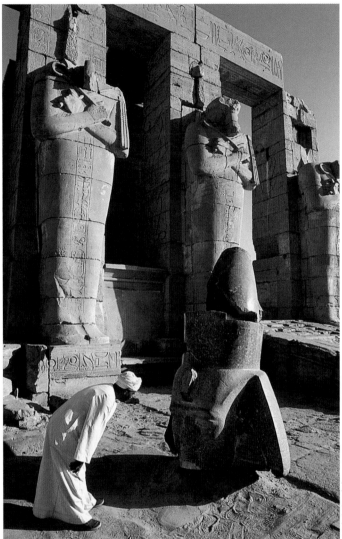

© Sylvain Grandadam

▲ Une tête écroulée de Ramsès dans son temple funéraire.

La première cour

⋯⫶ On pénètre sur le site par un chemin qui aborde l'édifice par son flanc N au niveau de la seconde cour.

Comme traditionnellement, le temple ouvre par un **pylône monumental** dont on découvre d'abord la face interne. Les deux massifs sont décorés de reliefs qui évoquent les **campagnes du roi en** **Asie** contre les Syriens et les Hittites et au cours desquelles se déroula la bataille de Qadesh. Sur le massif nord (*à g.*) sont représentées 16 villes ennemies, conquises, comme le montre un groupe de trois prisonniers devant chacune d'entre elles. Au centre du massif est représenté un camp de l'armée de Ramsès, et un examen attentif permet de distinguer les occupations quotidiennes des soldats en campagne. Sur le massif sud, c'est la **bataille de Qadesh** proprement dite : du haut de son char, le roi poursuit ses ennemis qui s'enfuient dans le plus grand désordre, quand leurs cadavres ne roulent pas avec ceux de leurs chevaux dans les eaux de l'Oronte, le fleuve qui baigne la cité de Qadesh. C'est de l'autre côté de cette cour que gît une statue brisée de Ramsès, haute à l'origine de 17 m pour un poids de plus de 1 000 tonnes.

> *En arrière de celle-ci, le 2e pylône, dont seul le massif nord subsiste en partie, donne accès à la seconde cour.*

La seconde cour

Contre la face intérieure du massif nord, d'autres scènes gravées reprennent le thème de la **bataille de Qadesh** où le roi sur son char poursuit les Hittites, tandis qu'au registre supérieur figure une **scène de fête agricole**. La cour est bordée de **huit piliers osiriaques**, vestiges d'un portique qui courait sur ses quatre côtés.

> *Du côté O, un vestibule précède la salle hypostyle.*

La salle hypostyle

En grande partie ruinée, elle était composée d'une nef centrale flanquée d'un **triple bas-côté**. Les colonnes subsistantes portent encore des traces de polychromie, de même que les fragments de plafond épargnés par les siècles, décorés d'un ciel étoilé.

Sur le mur du fond court à la base une intéressante procession de personnages : il s'agit des enfants de Ramsès II (la tradition lui en prête une centaine), parmi lesquels Mérenptah, son successeur, occupe le 18e rang.

Au-delà ouvrait un double vestibule dont la première partie a conservé son plafond à décor astronomique. Le sanctuaire a complètement disparu.

|| Le temple de Séthi Ier*

···> À Gourna, au N de la nécropole. Ouv. t.l.j. 7 h-16 h (6 h-17 h en été) ; billet délivré au Service des Antiquités. Durée : 1 h.

À déambuler seul entre les hautes colonnes de la salle hypostyle, on se demande quelle curieuse malédiction a détourné la masse des touristes de ce temple, à l'extrémité nord-est des nécropoles thébaines. Construit par le père de Ramsès II et achevé sous le règne de celui-ci, il conserve une grandeur et une élégance certaines malgré les destructions qui l'ont réduit à sa salle hypostyle et à ses annexes.

Prototype des temples ramessides, la demeure de millions d'années de Séthi Ier était précédée de deux cours, rythmées par deux pylônes. Cet ensemble a aujourd'hui disparu, et c'est par la belle colonnade du vestibule que l'on aborde le temple.

En arrière ouvre la salle hypostyle, soutenue par six puissantes colonnes et dont le plafond conserve sa **décoration** de vautours aux ailes éployées.

L'ensemble de l'édifice présente des vestiges significatifs de sa polychromie originelle. Sur le mur du fond, des reliefs montrent **Ramsès II allaité par Mout** *(côté g. du passage)* et **Séthi allaité par Hathor** *(côté dr.)*. De part et d'autre de la salle hypostyle ouvrent des pièces secondaires décorées de reliefs ; celles de droite sont les plus intéressantes : il s'agit d'un ensemble cultuel dédié par Séthi Ier à son père Ramsès Ier. Au-delà de la grande salle hypostyle, un vestibule conduit au naos ; cette partie du temple est très ruinée. Le temple était entouré de constructions annexes, des magasins où l'on entreposait les offrandes, ainsi que d'un palais, jouxtant la première cour au sud. Ce dispositif qui apparaît pour la première fois sera repris dans les temples ramessides postérieurs. ●

Carnet d'adresses

© Sylvain Grandadam

▲ Même au fond de leur sépulture souterraine, les pharaons reposent sous la forme pyramidale que dessine le point le plus haut de la montagne.

‖ La nécropole thébaine

Plan *p. 136.*

Visite *p. 138.*

Indicatif téléphonique ☎ 095.

Sauf mention contraire, les hôtels et les restaurants sélectionnés acceptent **les cartes bancaires**.

Accès

Depuis Louxor, un **bac** (piétons et vélos) permet de gagner la rive gauche. Départ du pied de l'hôtel Winter Palace, toutes les 30 min (de 6 h à 23 h ; 1 £EG). Au même endroit, on trouve des **barques à moteur** dont on peut louer les services pour son propre usage (convenir d'une heure de r.-v. pour le retour). Un **pont routier** permet de franchir le fleuve à env. 10 km en amont de la ville, ce qui permet de se rendre en voiture de son hôtel de Louxor jusqu'à la nécropole.

Circuler

Les distances entre les sites imposent, en l'absence de transports publics, d'être véhiculé.

● **En taxi particulier**. Louez les services d'un taxi à la journée. Vous en trouverez à la sortie du **débarcadère du ferry A2** ; ou vous pouvez choisir, la veille, un taxi à Louxor, et convenir d'un r.-v. pour la visite des sites le lendemain matin (cette dernière solution est préférable pour mieux discuter les prix). Fixez avec le chauffeur un prix pour un temps déterminé.

● **À pied.** D'autres façons moins classiques s'offrent à qui souhaite s'extraire de la foule. Plusieurs **chemins de randonnée** permettent de rejoindre différents sites à travers la montagne thébaine (vues somptueuses garanties sur la vallée): **Temple d'Hatchepsout-Vallée des Rois** *(1 h 30 de marche)*. **Deir el-Médineh-Vallée des Rois** *(2 h de marche)*: chemin plus long mais moins fréquenté; on peut même débuter la promenade dans la vallée des Reines. Reste la question du retour: il vous faudra convenir avec un chauffeur de taxi d'une heure de rendez-vous au lieu d'arrivée. **Temple d'Hatchepsout-Vallée des Nobles** *(30 min env.)*: promenade plus courte qui passe par l'Assassif. Belle vue sur le temple d'Hatchepsout.

● **À vélo.** Les adeptes du vélo pourront en louer à Louxor (traversée par le bac), ou au débarcadère du ferry sur la rive O; un mode de déplacement qui vous assure la plus totale liberté: sachez néanmoins que si les côtes sont rares, l'ombre l'est tout autant, et les distances sont toutefois assez importantes. Munissez-vous d'un chapeau et d'eau minérale *(on en trouve à l'entrée de presque tous les sites)*.

● **À dos d'âne.** Pittoresque garanti, mais déplacement lent: passé le premier kilomètre, on s'ennuie vite.

Hôtels

À Thèbes comme à Paris, choisir la rive gauche, c'est privilégier un mode de vie. Ici, c'est préférer le calme et l'authenticité à l'animation de la ville, avec sa foule et ses commerces, le silence de la nuit à peine troublé par le braiement de quelques ânes aux pétarades et aux klaxons des automobiles. Dans un cadre champêtre, au contact des villageois des alentours, les voyageurs sont de plus en plus nombreux à séjourner dans l'un des hôtels du lieu, certains tout à fait remarquables dans leur catégorie.

On trouve également de nombreux appartements et maisons privées à louer.

▲▲▲▲▲ **Al Moudira** ☎ 235.51.40, fax 235.51.41, www.moudira.com. *54 ch.* Des chambres d'hôtes de grand luxe plutôt qu'un hôtel: c'est ainsi que l'animatrice du lieu définirait son établissement: une affable Libanaise qui se veut maîtresse de maison au service de ses hôtes. Sur près de 8 ha de jardins au bout desquels s'étire une immense piscine, sont disséminés des pavillons abritant les ch., de véritables suites décorées avec recherche, chacune dans un esprit particulier. En quelques années, le lieu s'est affirmé comme le r.-v. de la jet-set à Louxor.

▲▲ **Nour el Balad**, près du site de Malqata, au S du guichet des billets ☎ 206.01.11. *Pas de cartes de paiement. 14 ch. dont 3 suites idéales pour des familles.* Charmant et chaleureux, un petit hôtel tout neuf, qui pourtant a privilégié dans sa construction les matériaux traditionnels – brique crue et palme –, au grand étonnement des paysans voisins, pour qui le béton et le parpaing sont le summum du luxe et de la modernité. L'établissement est tenu par une Française, qui dirige également le Nour el Gourna *(voir ci-après)*, tombée amoureuse de la région. On y sera aux petits soins pour vous tout au long de la journée, qui commence par un plantureux petit déjeuner dont le pain, le fromage et les confitures sont des fabrications maison. On peut également y prendre ses repas.

▲▲ **Nour el Gourna**, près du guichet des billets ☎ 231.14.30. *7 ch. Pas de cartes de paiement.* L'esprit est le même qu'au *Nour el Balad (voir ci-dessus)*, dans la décoration et l'accueil, avec cependant des chambres plus petites.

▲▲ **El Fayrouz, Gezira el Bairat** dans le village entre le débarcadère et le guichet du service des Antiquités) ☎ 231.27.09, www.elfayrouz.com. *17 ch. Pas de cartes de paiement.* Un petit hôtel propre et sympathique au milieu du village. Joli jardin. Les deux ch. de l'étage supérieur disposent de leur propre terrasse.

▲ **Aménophis**, Médinet-Habou ☎ 231.11.28, *22 ch.* Moderne et agréable, à deux pas du temple de Médinet-Habou.

Sennefer Guesthouse, Gourna, tombes des Nobles ☎ 231.03.95. *10 ch. Pas de cartes de paiement.* C'est l'une des maisons du village de Gourna, accrochée à flanc de colline, tout près de la tombe de Sennéfer, où le propriétaire, Mohamed « Snake », a ouvert quelques ch. aux touristes de passage. Confort très simple mais convenable ; une sympathique occasion de côtoyer les habitants du coin.

Restaurants

Plusieurs petits restaurants permettent de reprendre des forces au cours d'une journée de visite : *rest-house* du Ramesseum (grillades et salades dans un jardin agréable), **Cafétéria Mohammed**, près de l'hôtel Pharaohs (grillades et plats mijotés, accueil sympathique, jardin). Autre agréable possibilité de déjeuner, le petit restaurant de **Mohamed Snake** *(rubrique Hôtels, plus haut)*, à proximité de la tombe de Sennéfer : la terrasse domine une vue magnifique sur Gourna et la vallée ; on trouvera également deux petits restaurants côte à côte face au temple de Médinet-Habou.

Shopping

Du débarcadère à l'entrée de chaque site, d'innombrables **marchands** vous proposeront des copies d'antiques, statuettes et objets divers.

Le pire y côtoie le passable ; si vous êtes tenté, une négociation serrée s'impose : il n'est pas rare que les vendeurs proposent d'abord leurs articles à 10 fois le prix qu'ils consentiraient à les vendre. De petits **ateliers** proposent également des objets en albâtre. ●

La vallée du Nil★★★

Le long du Nil s'étirent deux rives verdoyantes: on est ici dans l'Égypte profonde, celle des champs où l'on vit au rythme des saisons et des travaux agricoles, si ce n'est plus aujourd'hui à celui des crues du Nil, domptées par les barrages d'Assouan. Que l'on voyage par la route ou en bateau, c'est un monde qui se révèle, ici falaise de grès ocre en surplomb du fleuve, là étendues de cannes à sucre sur lesquelles les palmiers projettent leur ombre. Et partout, le peuple d'Égypte, enfants s'ébrouant dans le fleuve, paysans tirant des ânes ou poussant l'antique araire, héritage de l'Antiquité. L'Égypte pharaonique y a également laissé quelques-uns de ses plus beaux temples: Abydos, Dendera, Esna ou Kom Ombo. Autant d'étapes essentielles au cours d'un voyage archéologique. Plus au nord vers Le Caire, au cœur de la Moyenne Égypte, d'autres temples et nécropoles attendent visiteurs et archéologues: la région, fief des extrémistes musulmans, est à l'heure actuelle inaccessible aux étrangers.

▲ Esna, petite ville provinciale au sud d'Assouan.

11 | Esna★

Situation : à 61 km au S de Louxor, sur la rive gauche du Nil. À cet endroit, un pont-barrage construit au début du XXe s. par les Britanniques, et doublé depuis d'un pont moderne, permet de franchir le fleuve.

Carte en rabat avant de couverture.

Horaires d'ouverture : t.l.j. 7h-16h (17h en été) ; entrée payante ; les billets sont délivrés sur le **quai**, à l'entrée de la rue principale du souk qui conduit au temple.

Durée de la visite : comptez 1 h, avec la promenade dans le souk.

Avertissement : en 2007, la vallée du Nil restait **sous haute surveillance** : les autorités redoutent d'éventuels attaques de la part des extrémistes musulmans. Que l'on voyage en groupe ou individuellement, on ne se déplace plus entre Louxor et Assouan qu'en convois, escortés d'importantes forces de police. En chemin, des arrêts sont prévus à **Edfou** et **Kom Ombo**. Pour les visites d'**Abydos** et de **Dendera** (excursion réalisable en 1 journée depuis Louxor), des convois sont également organisés pour accompagner les touristes. Pour plus de renseignements, contactez les offices de tourisme de Louxor ou d'Assouan.

Cette petite bourgade provinciale conserve une magnifique salle hypostyle qui appartint à un temple d'époque gréco-romaine. La ville d'Esna ne présente pas d'attrait particulier, sauf peut-être le souk occupant la rue principale qui conduit au temple (belles cotonnades locales).

LE DERNIER TEMPLE PAÏEN

Pour les Grecs, Esna, c'était **Latopolis**, la ville de Latès, la grande perche du Nil, poisson sacré associé au **culte de Neith**. Cette déesse guerrière originaire du Delta fut assimilée à Athéna à l'époque ptolémaïque en même temps que se développait son culte en Haute Égypte. Elle était ici associée à Khnoum, le potier, l'ancien occupant des lieux. La construction du temple d'Esna fut entreprise sous les Ptolémées. Quant à sa décoration, elle se poursuivit fort longtemps à l'époque romaine, jusqu'au milieu du IIIe s. Un mur de la salle hypostyle porte en effet le cartouche de l'empereur Dèce, qui régna de 249 à 251. Les textes gravés sur les murs sont ainsi les derniers que nous ait livrés la civilisation égyptienne.

| La salle hypostyle : une décoration riche d'enseignements

Seule subsiste aujourd'hui la salle hypostyle du temple dont le sanctuaire devrait être recherché sous le niveau des maisons à l'ouest du site. Comme habituellement pour un temple de cette époque, la façade est décorée de murs d'entrecolonnement. La salle elle-même est soutenue par 24 colonnes, aux chapiteaux d'une grande variété et toutes décorées de scènes liturgiques. Plus que les reliefs sculptés (qui pour les spécialistes ont néanmoins livré le détail des liturgies locales), c'est plutôt l'harmonie architecturale de l'ensemble que retiendront les visiteurs. Au plafond, soutenu par d'énormes architraves, calendrier des fêtes religieuses et scènes astronomiques.

Le passage vers la salle suivante, qui n'existe plus, a la forme d'une façade de temple ; au-dessus de la porte, notez le disque solaire ailé et au-dessus encore le dieu Khnoum debout à l'intérieur d'un second disque solaire, et paré d'une coiffe à double plume. Du côté droit de la salle hypostyle, quelques colonnes ont été décapées, révélant la polychromie originelle. Sur le mur latéral droit, belle scène de chasse aux filets où le roi poursuit des oiseaux aquatiques. ●

▲ Pêcheurs sur les bords du Nil.

nature

L'Égypte, don du Nil

Vue du ciel, l'Égypte utile se résume à une étroite bande verte suivant le cours du Nil : 38 700 km², soit à peine 4 % de la superficie totale du pays (1 million de km²). Tout le reste n'est que désert de sable ou de cailloux. Dans ce pays où il ne pleut presque jamais, la vie dépend entièrement de l'existence du fleuve.

Le Nil, fleuve fertile

Avec ses 6 671 km de long, dont 1 205 en Égypte, le Nil est le plus long fleuve du monde, juste avant l'Amazone. C'est en juin, au plus chaud de l'année, que survient la crue, noyant, avant la construction des barrages, l'ensemble des terres cultivées pour ne laisser émerger que les buttes où étaient établis villes et villages. En se retirant trois mois plus tard, les eaux abandonnent derrière elles une épaisse couche de limon fertile – miracle chaque année renouvelé, véritable « don du fleuve », selon le mot d'Hérodote. « Sur le régime de ce fleuve je n'ai rien pu apprendre ni des prêtres, ni de personne », avouait le célèbre géographe grec, qui visita le pays au vᵉ s. av. J.-C. Les anciens Égyptiens eux-mêmes s'interrogèrent toujours sur les particularités de la crue de leur fleuve, ne pouvant que lui attribuer des origines divines.

Les sources du Nil

Les sources du Nil restèrent une énigme jusqu'aux expéditions britanniques de la seconde moitié du XIXᵉ s., qui réussirent à percer le mystère des deux Nil. Le Nil Blanc vient de loin : depuis le lac Victoria, il traverse les hauts plateaux du Burundi, du Rwanda et de l'Ouganda, en se nourrissant des pluies équatoriales. À Khartoum (Soudan), il se joint au Nil Bleu, né des hauts plateaux d'Éthiopie et alimenté au printemps par la fonte des neiges. C'est le Nil Bleu, plus impétueux, qui fournit l'essentiel de la crue. ●

12 | Edfou★★★

▲ Horus, divinité tutélaire d'Edfou.

© Sylvain Grandadam

Situation: à 108 km au S de Louxor, et 115 km au N d'Assouan, sur la rive gauche du Nil. Le temple : à la lisière O de la petite localité du même nom.

Carte en rabat avant de couverture.

Horaires d'ouverture: t.l.j. de 7 h à 16 h (17 h en été); entrée payante.

Conseil de visite: vous aborderez le temple par l'arrière en passant devant une cafétéria. Longez le mur occidental du temple pour gagner la façade principale. Tout au fond de l'esplanade qui précède le pylône s'élèvent les vestiges d'un *mammisi* dont la décoration fut terminée dans les premières décennies de notre ère.

Durée de la visite: comptez 1 h 30.

●●● ***Attention***: *pour cette visite, lire l'avertissement p. 166.*

Le temple d'Edfou, exceptionnellement bien conservé, fut le plus grand sanctuaire construit à l'époque ptolémaïque. Bien que datant d'une période tardive de l'histoire égyptienne, à l'heure où les maîtres du pays sont des étrangers, Edfou ne témoigne en rien d'une quelconque décadence ou d'un appauvrissement artistique ou spirituel. Il apparaît plutôt comme l'aboutissement de traditions plusieurs fois millénaires.

LA DEMEURE NOCTURNE D'HORUS

Depuis l'aube de la civilisation égyptienne, Edfou est connue comme la capitale du deuxième nome de Haute Égypte, avec Horus pour divinité tutélaire. La construction du temple dura un peu moins de deux siècles. Une série de textes commémoratifs gravés sur les parois nous en donne une **chronologie précise**. Comme toujours, c'est par le naos que l'on commença: la première pierre en fut posée le 23 août 237 et le sanctuaire fut consacré quatre générations plus tard, le 10 septembre 142. Les travaux se poursuivirent par le pronaos et le pylône dont les portes monumentales en bois de cèdre du Liban furent posées en l'an 70 de notre ère, alors que Rome s'était emparée du pays. Le temple était dédié à **Horus**, le faucon, fils d'Osiris, assimilé au dieu solaire qui, dans sa course diurne, garantissait la bonne marche du monde. Chaque soir, il regagnait le sanctuaire d'Edfou que scellaient alors solennellement les prêtres jusqu'au matin. À l'intérieur du temple, les prêtres conservaient un faucon, animal sacré que l'on montrait au peuple les jours de grande fête.

| Le pylône

C'est par le pylône que s'acheva la construction du temple. Sa décoration – scène traditionnelle de massacre des prisonniers – apparaît comme la moins soignée de l'ensemble: sans doute l'exécution des reliefs fut-elle confiée à des artistes subalternes, tandis que les meilleurs d'entre eux avaient rejoint le chantier du temple de Dendera. Par sa masse architecturale, l'ensemble reste impressionnant, avec ses deux massifs de 36 m de haut qui portent en façade les encoches destinées à recevoir les quatre oriflammes de fête. Entre les deux massifs figure Horus sous sa forme de disque solaire, comme apparaissant au matin entre deux montagnes. Deux escaliers permettaient de gagner les terrasses (*f. au public*).

| La cour

On pénètre dans la cour bordée d'un péristyle sur trois côtés. Comme par la suite dans tout le reste du temple, la décoration est parfaitement symétrique d'un côté à l'autre. Sur les soubassements des murs à droite et à gauche de l'entrée figurent des représentations de la fête du mariage sacré ou de la « **Bonne Réunion** ». C'est ce voyage d'Hathor qui est figuré ici; vous remarquerez que du côté droit (représentant le nord), l'embarcation de la déesse, bien que tirée par des radeaux, a hissé sa voile: c'est que pour se rendre à

Edfou, elle doit remonter le courant. En revanche, sur le chemin du retour qui suit le courant (*à g.*), la voile est amenée. Sur les parois latérales, une même scène de procession se répète: on y voit le roi, coiffé, à gauche, de la couronne rouge de Basse Égypte, à droite, de la couronne blanche de Haute Égypte, conduire vers le sanctuaire les 20 nomes du Nord et les 22 nomes du Sud, chacun représenté par un groupe de quatre personnages. Des scènes liturgiques occupent les registres supérieurs de chacune de ces deux parois.

| Le pronaos

Le plafond de la première salle couverte qui précède le sanctuaire est soutenu par deux groupes de six colonnes, chacune ornée de représentations de divinités et de temples égyptiens. De part et d'autre de l'entrée furent aménagées deux petites pièces: dans celle de gauche, le grand prêtre, qui allait accomplir le rite au nom du pharaon, se purifiait. Puis il passait dans celle de droite, la **bibliothèque**, où il choisissait le rouleau de papyrus contenant le rituel du jour. Sur les murs de cette dernière sont gravés les titres des ouvrages déposés jadis dans de petites niches. Le mur à gauche de l'entrée porte d'intéressantes scènes, qui se poursuivent sur tout le côté gauche. Elles rappellent la **fondation du temple**: sorti de son palais, Pharaon choisit l'emplacement de la future demeure d'Horus. Il en délimite le périmètre à l'aide d'une corde d'arpenteur, puis creuse les fondations et, enfin, préside à l'inauguration solennelle du sanctuaire.

| La salle hypostyle

Les parois de cette salle, dont le plafond est soutenu par 12 colonnes (vous remarquerez la diversité des chapiteaux), présentent, en plus de scènes liturgiques, des images des divinités et de leurs plus célèbres sanctuaires. Sur la paroi nord (*face à l'entrée*), belles scènes de **proces-**

sion des barques sacrées, l'une d'Hathor, l'autre d'Horus que l'on distingue à la tête de la divinité qui orne la proue de chacun des vaisseaux. Sur les côtés ouvrent trois pièces : à gauche, la première était destinée à recevoir les récipients d'eau lustrale ; la seconde servait de **laboratoire** où se préparaient onguents et parfums nécessaires au rituel – au mur sont gravées différentes recettes pour ces préparations ; la troisième salle, à droite, abritait le **trésor du temple** dont des amulettes sacrées. De part et d'autre, un passage permettait d'accéder au long couloir extérieur qui enserre le sanctuaire. Après la salle hypostyle, une autre salle servait à déposer les offrandes alimentaires destinées au dieu, qui se nourrissait de leur parfum (voyez les plafonds noircis par la fumée des huiles). De chaque côté de cette pièce, des escaliers conduisent vers les parties hautes du temple. Il est possible de gravir les escaliers qui contiennent des scènes de processions rituelles, jusqu'à la terrasse (f. au public).

| Le sanctuaire

En progressant vers le cœur du temple, alors que les plafonds s'abaissent et que s'élève le sol, on parvient au saint des saints, précédé d'un vestibule. Du côté droit ouvre la chapelle *ouabit*, précédée d'une cour à ciel ouvert. Elle était utilisée lors de certaines grandes cérémonies. Au plafond de la chapelle, représentation de la déesse Nout. Dans le saint des saints, le **naos de granit** est en place : c'est là qu'était déposée la statue investie chaque nuit par l'âme d'Horus. Tous les matins, après s'être purifié, le grand prêtre se présentait seul devant le naos et ouvrait la porte à deux battants afin qu'Horus sous sa forme de disque solaire puisse parcourir son chemin diurne. Pendant ce temps, les acolytes, demeurés dans le vestibule, psalmodiaient les hymnes sacrés : « Éveille-toi, sois en paix, éveille-toi

en paix ». Sur les **murs intérieurs du sanctuaire**, des reliefs illustrent cette cérémonie quotidienne : on y voit le roi s'avancer vers le naos, en briser les sceaux et s'abîmer dans une contemplation mystique de la divinité. Autour du sanctuaire court un couloir sur lequel ouvrent **huit chapelles**, chacune consacrée à une divinité. L'une d'entre elles, la première en s'engageant dans le côté g. du couloir, conserve en partie sa polychromie originelle. C'est là que, sous le patronage d'Horus, étaient déposés les vêtements sacerdotaux. Sur le mur intérieur du couloir, près du sol, court une frise riche d'enseignements sur l'Égypte ptolémaïque : il s'agit d'un véritable **précis géographique** où sont figurés les 42 nomes d'Égypte, avec leurs divinités et leurs temples ; les reliefs indiquent leur capitale administrative et l'étendue de leur territoire cultivable.

Le couloir extérieur

···> Accès par les côtés de la salle hypostyle.

Entre le sanctuaire et le mur d'enceinte court un corridor décoré de **scènes liturgiques et mythologiques**. En commençant par le côté est (à dr.), vous rencontrez un escalier qui descend jusqu'à un étroit couloir souterrain : il passe sous le mur d'enceinte pour atteindre le puits sacré d'où était tirée l'eau lustrale servant aux cérémonies. Les prêtres la transportaient tout au long du corridor pour entrer du côté ouest du temple où se trouvait la salle des offrandes liquides ouvrant sur la salle hypostyle. Parmi les scènes qui ornent les parois du couloir, une pittoresque suite de tableaux montre le combat d'Horus contre son oncle Seth figuré sous sa forme d'hippopotame (mur extérieur, côté O). Sur les parties hautes du mur du sanctuaire, les **gargouilles** servaient, plus qu'à l'écoulement des eaux, à l'évacuation des miasmes risquant d'entacher la pureté du saint des saints. ●

13 | Kom Ombo★★

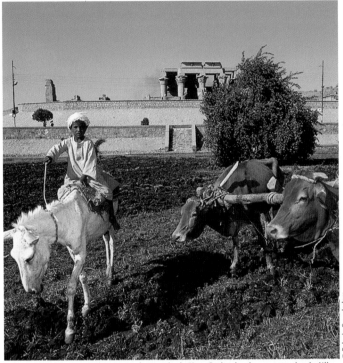

© Sylvain Grandadam

▲ Entouré de champs et de vergers, le temple de Kom Ombo domine une courbe du Nil.

Situation : à 167 km au S de Louxor, et 45 km au N d'Assouan, sur la rive droite du Nil. Depuis la grande route Louxor-Assouan, une petite route conduit vers l'O jusqu'au temple (3 km env.).

Carte en rabat avant de couverture.

Horaires d'ouverture : t.l.j. de 7 h à 16 h (17 h en été) ; entrée payante.

Durée de la visite : comptez 1 h.

●●● *Attention : pour cette visite, lire l'avertissement p. 166.*

Si l'on arrive par le fleuve, c'est au détour d'une courbe du Nil, soulignée d'une bande verte de jardins hérissés de palmiers, que surgit, dressé sur son éminence, l'un des temples les plus romantiques d'Égypte. Plus de deux mille ans de soleil ne sont pas parvenus à venir à bout de la décoration peinte sur ses colonnes et ses chapiteaux, au long de ses lourdes architraves, dont les tons encore vivaces permettent de restituer par l'esprit leur chatoiement originel. Une visite à ne pas manquer et qui peut constituer un agréable but d'excursion depuis Assouan, distante d'à peine une heure de voiture.

UN SANCTUAIRE POUR DEUX

Kom Ombo présente cette particularité de se dresser au sommet d'une manière d'acropole, un cas unique en Égypte. Autre singularité : il s'agit d'un temple double. Il fut en effet dédié à deux divinités : **Sobek**, le dieu crocodile, et **Horus** sous sa forme locale. Une double porte ouvre ainsi en façade, et cette gémellité se poursuit jusqu'au sanctuaire, formé de deux naos côte à côte. Succédant à un édifice plus ancien – quelques vestiges portent la marque de la XVIIIᵉ dynastie –, il fut élevé à l'époque ptolémaïque. À l'époque de sa construction, au IIᵉ s. avant notre ère, Ombo était une ville importante, capitale de nome, étape sur les voies caravanières ; rien n'en a subsisté, hormis son temple.

| À travers le temple

···⯈ Un escalier moderne donne accès au site.

On aboutit ainsi sur une esplanade où se dressent tout d'abord les vestiges du pylône, décoré au nom de Domitien (81-96). Vient ensuite la cour bordée d'un portique dont quelques bases de colonnes sont encore en place. Conformément à la double vocation du temple, c'est par une double porte que l'on accède ensuite aux deux **salles hypostyles** successives qui conservent de beaux reliefs, ainsi qu'une partie de leur plafond.

Dans ces deux espaces que rien ne divise devaient se pratiquer des rites communs aux deux divinités. Au fond apparaissent les soubassements du **double naos** : entre les deux sanctuaires, un étroit passage souterrain devait sans doute servir à quelque mystérieuse cérémonie. En arrière des naos, une série de petites salles, des remises, conservent leur décoration de reliefs en partie inachevée. Le saint des saints était entouré d'un double couloir, qu'il faut imaginer plongé dans l'obscurité. Le mur du couloir extérieur, en arrière des naos, porte d'intéressantes scènes empruntées à l'**art de la médecine** : on y voit une série d'instruments chirurgicaux ainsi qu'une parturiente sur sa chaise d'accouchement.

Sur l'esplanade au nord du temple (*à g.*) ouvre un vaste **puits** circulaire auquel on accédait par un passage souterrain suivi d'un escalier (*entrée interdite*).

●●● *À voir en quittant le temple :* *vous jetterez un coup d'œil à la* **chapelle d'Hathor** *(à g. de la sortie) où vous attendent des crocodiles momifiés.*

| Eaux et jardin

···⯈ En contrebas du temple.

Un vaste jardin, **Rural House**, a été aménagé, où l'on peut découvrir la reconstitution des divers modes traditionnels d'irrigation, *chadouf*, *saqia* et vis d'Archimède. Même si les systèmes modernes les ont largement supplantés, les techniques traditionnelles de pompage se rencontrent encore dans les campagnes de la vallée. La silhouette du *chadouf* appartient depuis des siècles au paysage rural du pays. Il s'agit d'une perche au sommet de laquelle est fixé un bras pouvant pivoter sur 360°. À une extrémité de celui-ci, un contrepoids, à l'autre un récipient que l'on plonge dans l'eau et que l'on remontera grâce à la pierre ou au sac de terre fixé de l'autre côté. La *saqia* est une noria, roue munie de godets, que l'on tourne grâce à la force animale. La vis d'Archimède est placée à l'intérieur d'un cyclindre que l'on tourne à bras d'homme pour remonter l'eau.

On peut aussi y voir une évocation de la vie agricole, avec son pigeonnier, ses maisons, sa basse-cour et quelques chameaux. Un café et une boutique s'ajoutent à l'ensemble. Pour les photographes, le lieu offre de beaux angles sur le temple. ●

13

itinéraire

14 | Dendera★★★

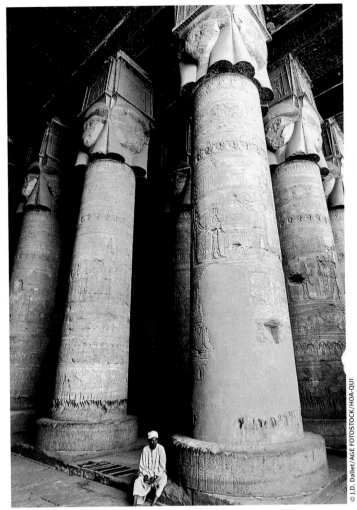

▲ Le pronaos soutenu par des colonnes aux chapiteaux hathoriques.

© J.D. Dallet/AGE FOTOSTOCK/HOA-QUI

Situation : à 75 km au N de Louxor, sur la rive gauche du Nil ; 6 km à l'O de la ville de Qena.

Carte en rabat avant de couverture.

Horaires d'ouverture : t.l.j. de 7 h à 16 h (17 h en été) ; entrée payante.

Durée de la visite : 2 h.

●●● *Attention : pour cette visite, lire l'avertissement p. 166.*

Voici le temple de la joie, de la musique et de l'amour, le **sanc-** tuaire d'Hathor, que les Gréco-Romains assimilèrent à Aphrodite. La belle déesse aux oreilles de vache est omniprésente en son temple : elle occupe plus de la moitié des tableaux figurés sur les murs. Parvenu jusqu'à nous dans un excellent état de conservation, jusqu'à son enceinte en brique crue, le temple de Dendera est une étape majeure au cours d'un voyage dans la vallée du Nil.

L'HOMMAGE DES GRECS À LA BELLE DÉESSE

Le temple de Dendera appartient aux grands sanctuaires laissés par **les Ptolémées** le long des rives du Nil. Chacun des rois macédoniens ou presque apporta sa contribution à l'édifice. Jusqu'à Cléopâtre qui se fit représenter sur la face arrière du temple avec Césarion, le fils qu'elle avait eu de Jules César. La construction se poursuivit à l'époque romaine : Marc Aurèle (161-180) fut ainsi le dernier des Césars dont le cartouche orne les murs du temple. Pourtant, les fouilles entreprises dès la fin du XIXe s. ont montré l'ancienneté du lieu de culte, puisqu'il remonte aux premiers siècles de la civilisation pharaonique.

Le temple de Dendera entretenait des rapports étroits avec celui d'Edfou. Chaque année, Hathor sous sa forme de faucon femelle était conduite à Edfou pour s'unir au faucon Horus au cours de la fête de la Bonne Réunion *(p. 241)* qui donnait lieu à de grandes manifestations de liesse populaire.

| L'enceinte

Le périmètre sacré ouvre au nord par une porte monumentale de pierre ménagée dans le mur d'enceinte en brique, qui est conservé sur une belle hauteur. Sur le chemin du temple principal vous laisserez à dr. une série de bâtiments secondaires : deux *mammisi*, le premier d'époque romaine, le second portant le cartouche de Nectanébo Ier (380-362, un des derniers pharaons indigènes) : c'est la plus ancienne construction visible sur le site. Entre ces deux édifices, les chrétiens d'Égypte, réutilisant les matériaux trouvés sur place, édifièrent au Ve s. une **église** à trois nefs et un baptistère, aujourd'hui réduits aux fondations. Contrairement aux autres temples, celui de Dendera n'était pas précédé d'une cour et d'un pylône. C'est donc directement par la salle hypostyle que l'on aborde l'édifice.

| La salle hypostyle

La façade monumentale est soutenue par deux paires de trois colonnes hathoriques, à l'effigie de la « dame aux quatre visages », maîtresse des points cardinaux et de l'univers. Sur les murs d'entrecolonnement, de chaque côté de l'entrée, figure Hathor et son époux, Horus. Le plafond de la salle hypostyle aux deux groupes de neuf colonnes résume les connaissances astronomiques des Égyptiens : on y voit la représentation de la course du Soleil et de la Lune, les signes du zodiaque, les décans, les planètes… Du côté gauche, on reconnaît la déesse Nout dont le corps s'étire sur toute la longueur du mur, en une représentation de la voûte céleste. Sur les parois, scènes d'offrande rituelle où le roi, ici l'empereur Néron, fait face à la divinité.

| Le sanctuaire

Il faut traverser trois salles successives pour atteindre le saint des saints. La première, au plafond soutenu par six colonnes hathoriques, était le lieu d'apparition de la déesse lors des processions solennelles. De part et d'autre ouvrent deux groupes de trois chambres servant de remises, de laboratoire *(à g.)* et de salle du trésor *(à dr.)*. La dernière pièce à droite mène à la terrasse par un escalier coudé. On passe ensuite à la salle des offrandes *(le passage à g. donne accès au second escalier, droit cette fois, qui conduit à la terrasse)*, puis, précédant le saint des saints, le vestibule sur la gauche duquel ouvre une chambre où étaient déposés les vêtements sacerdotaux. À droite, un passage mène à l'*ouabit*, chapelle précédée d'un espace à ciel ouvert ; l'ensemble servait lors des cérémonies du Nouvel An : on entassait dans la cour les offrandes à Hathor, dont les statues trônaient dans la chapelle. Au plafond de celle-ci : Nout avalant le soleil à l'ouest pour le faire renaître à l'est.

| Le saint des saints

C'est là, au cœur du temple, qu'Hathor reposait dans son **naos**; devant elle étaient disposées ses barques sacrées. Chaque matin, les prêtres venaient l'éveiller en lui chantant des hymnes dont les textes sont gravés sur les parois de l'édifice. Autour du sanctuaire court un couloir éclairé par des ouvertures ménagées dans les parties supérieures; sur ce couloir ouvrent **11 chapelles divines**, dédiées pour sept d'entre elles à Hathor elle-même. Du côté gauche, la chapelle dédiée à Osiris a fait l'objet d'un nettoyage à base d'une solution d'ammoniac: ces travaux ont permis de restituer de manière étonnante l'éclat de la polychromie originelle. La chapelle la plus importante se trouve en arrière du sanctuaire, dans l'axe de celui-ci; elle est décorée en façade à la manière d'un temple avec frise et corniche. À l'intérieur se dressait une statue revêtue d'or de la déesse, effigie que l'on peut voir représentée sur les murs.

Dans la chapelle du fond à droite, une échelle permet d'accéder à une **crypte** longue de 25 m qui court sous le mur du naos. Les murs portent de **magnifiques reliefs** consacrés principalement à Hathor et à Isis: voyez notamment de belles représentations de sistres ainsi qu'un relief de faucon au plumage soigneusement travaillé. On a dénombré un total de 11 cryptes à Dendera, chambres secrètes ménagées dans l'épaisseur des murs ou dans les fondations de l'édifice. L'accès, obstrué par des pierres gravées, en restait dissimulé.

| Les escaliers vers la terrasse

On accède à la terrasse par les escaliers qui partent de la salle des offrandes. Pour suivre les pas des prêtres anciens, vous emprunterez celui, coudé, de l'ouest (*du côté dr. du temple en regardant le sanctuaire*), traditionnellement réservé à la montée, pour redescendre par celui de l'est, en ligne droite.

Les parois de chacun d'eux montrent une **double procession de prêtres et de servants** conduits par le pharaon, l'une montant vers la terrasse, l'autre en descendant. La terrasse du temple servait chaque année lors des fêtes du Nouvel An: on y hissait alors la statue de la déesse afin qu'elle soit revivifiée par les rayons du soleil. À mi-parcours de l'escalier de l'ouest, une petite salle servait à la **consécration des statues**: c'est là que les prêtres pratiquaient les rituels magiques permettant à la divinité de prendre possession de son effigie.

| La terrasse

Au débouché de l'escalier coudé, à l'extrémité sud du temple, se dresse un **petit kiosque à colonnes hathoriques**. C'est là que la statue de la déesse était exposée au rayonnement de l'astre solaire.

Du côté nord de la terrasse sont aménagées **six chapelles** (*trois sur le rebord E, trois à l'O*), toutes consacrées à Osiris. Elles sont entièrement décorées de reliefs évoquant les **mystères osiriaques** (*p. 240*). Le plus célèbre est celui qui orne le plafond de la deuxième chapelle à droite en se dirigeant vers l'extrémité du temple: il s'agit d'un moulage (l'original se trouve au musée du Louvre) qui représente un **zodiaque circulaire** où l'on peut reconnaître sans trop de peine, dans la partie centrale, les 12 signes traditionnels.

●●● **Coup d'œil**: *vous pourrez, pour terminer votre visite, grimper par une échelle de fer sur le rebord du temple, d'où l'on découvre une belle* **vue** *sur les campagnes environnantes.* ●

14

itinéraire

15 | ♥ Abydos★★★

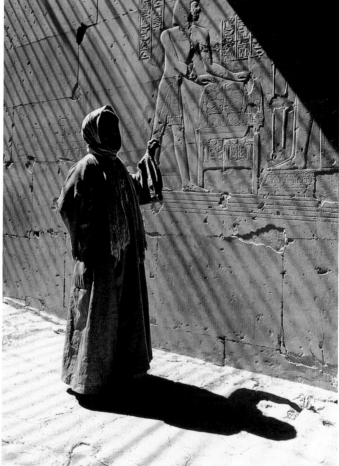

© Sylvain Grandadam

▲ Les reliefs du temple d'Abydos comptent parmi les plus beaux de l'Égypte ancienne.

Situation : à 154 km au N de Louxor, sur la rive gauche du Nil.

Carte en rabat avant de couverture.

Horaires d'ouverture : t.l.j. de 7 h à 16 h (17 h en été) ; entrée payante.

Durée de la visite : 2 h.

●●● **Attention :** *pour cette visite, lire l'avertissement p. 166.*

Site majeur de l'Égypte ancienne, le temple d'Abydos abritait le tombeau d'Osiris, le dieu des morts, auprès duquel se firent inhumer les pharaons de l'Ancien Empire.

Le temple principal du complexe, celui de Séthi Ier, conserve d'admirables reliefs qui comptent parmi les plus beaux que nous ait laissés le Nouvel Empire.

|| Le tombeau d'Osiris

Dès la période thinite, les souverains d'Égypte avaient choisi Abydos pour y aménager leur sépulture. On y vénérait alors un dieu funéraire local, « Celui qui est à la tête du monde occidental », à qui fut associé Osiris, sans doute depuis les temps les plus reculés de la civilisation égyptienne. Abydos devint un des lieux les plus saints de toute l'Égypte. C'est que la tradition avait fait d'Abydos le **lieu de sépulture de la tête d'Osiris**. Chacun, avant de mourir, se devait d'accomplir le pèlerinage afin d'accéder au royaume d'Osiris. À défaut, on le faisait représenter sur les parois de son tombeau. À partir de la XIe dynastie (Moyen Empire), des cérémonies à mystères y furent représentées au cours desquelles les officiants mimaient la mort du dieu et sa résurrection. Les visiteurs y laissèrent de nombreux ex-voto, et les pharaons y construisirent leurs monuments funéraires. Ceux de Séthi Ier et de Ramsès II sont parvenus jusqu'à nous, en excellent état de conservation. Le grand temple d'Osiris, en revanche, a entièrement disparu.

|| Le temple de Séthi Ier

Le projet du grand roi de la XVIIIe dynastie était ambitieux : associer dans un même périmètre son propre temple funéraire et le tombeau d'Osiris, l'Osireion, qu'il fit creuser à la manière d'un hypogée, sans doute à l'emplacement où la tradition plaçait la sépulture du dieu. Le temple lui-même affecte une disposition unique, un plan en L où, dans sept chapelles, sont vénérées les principales divinités d'Égypte, parmi lesquelles le souverain lui-même.

| Les deux salles hypostyles

Le pylône monumental ayant disparu, c'est par les salles hypostyles que l'on aborde directement l'édifice après avoir traversé les deux cours successives en avant du temple. Les reliefs qui décorent la façade sont l'œuvre du fils de Séthi, Ramsès II, que l'on voit présenter des offrandes aux divinités et à son père. C'est à Ramsès également que l'on doit l'aménagement des deux cours, la construction du pylône et l'achèvement de la décoration intérieure. Les deux salles hypostyles, l'une à deux rangées de colonnes, l'autre à trois, offrent la même disposition : elles présentent sept travées dans l'axe des sept chapelles qui occupent le fond de la seconde salle hypostyle. Sept portes permettent le passage entre les deux salles, toujours dans l'axe des chapelles.

Les ♥ **reliefs***** des hypostyles *(dans le creux pour la 1re, en haut-relief pour la 2e)*, véritables chefs-d'œuvre de l'art égyptien, méritent un examen attentif ; voyez notamment dans la seconde hypostyle, sur le mur de droite, un ensemble de scènes représentant le pharaon devant Osiris, Isis et Nephthys : le souverain tend au maître des Enfers une statuette de la déesse Maat, signifiant ainsi qu'il a gouverné en respectant l'ordre instauré par le démiurge. La finesse des traits, le velouté du grain de la pierre, la lumière rasante qui vient souligner le relief, tout concourt à rendre inoubliable cette série de tableaux où se résume la grandeur des souverains de l'ancienne Égypte.

| Les chapelles divines

Chacune d'elles mérite un examen attentif en raison de la qualité des reliefs qui en ornent les parois. Toutes à l'exception d'une seule, la troisième à partir de la droite, dédiée à Osiris, sont fermées du côté opposé à l'entrée par une stèle fausse-porte. La décoration reprend à chaque fois le même thème : le cérémonial, précisément décrit en 36 tableaux, accompli par le roi devant chacune des divinités. Finement taillés dans le calcaire, ces reliefs peuvent être considérés comme des **chefs-d'œuvre de l'art du Nouvel Empire**. Vous remarquerez les voûtes, réalisées en encorbellement à l'image des voûtes des hypogées ou de la chambre funéraire de la Grande Pyramide de Giza. La chapelle d'Osiris donne accès à un appartement de deux salles à colonnes qui précède, du côté droit, trois chapelles dédiées à la triade osiriaque : le dieu lui-même, Isis et leur fils Horus.

La partie sud du temple

···❖ À g. de la seconde salle hypostyle, un passage donne accès au célèbre « couloir des Rois ».

Contre la paroi de droite, on peut voir en effet Séthi et son fils rendre hommage aux **cartouches de 76 pharaons** qui l'ont précédé sur le trône : y manquent ceux d'Hatchepsout, du roi hérétique Akhénaton et de ses successeurs immédiats, Ay et Toutankhamon ; la liste reprend avec le roi Horemheb. En poursuivant tout droit, on aboutit à une série de pièces inachevées destinées à servir de remises et de **salle de préparation pour les offrandes**. Elles furent ultérieurement occupées par les premiers chrétiens d'Égypte, comme l'atteste une croix profondément creusée dans le mur de l'une d'entre elles.

● **La terrasse.** Sur le flanc droit du couloir, un passage ouvre sur l'escalier conduisant vers la terrasse du temple. Les parois sont ornées de reliefs gravés sous Ramsès II. Voyez ainsi sur le côté droit une magnifique **scène de chasse au taureau sauvage** à travers les marais du Delta mettant en scène Ramsès et son fils. Plus que d'un tableau pittoresque, il s'agit plutôt d'un véritable programme dynastique : « Moi, représentant des dieux sur terre, j'ai vaincu les forces du chaos qui menaçait l'équilibre du monde », proclame ainsi Pharaon. Une scène de chasse aux canards, avec les mêmes protagonistes mais

secondés cette fois par des divinités, occupe l'autre côté du mur, avec la même valeur symbolique. De la terrasse, vous découvrirez une **vue** plongeante sur l'Osireion.

L'Osireion

···❖ Au bout du passage orné des scènes de chasse, une porte – que les gardiens se feront un plaisir d'ouvrir – donne sur l'extérieur du temple au pied duquel s'ouvrent les vestiges de l'Osireion.

Voulant associer son propre culte funéraire à celui d'Osiris, Séthi ordonna la construction, en arrière de son temple, d'un **tombeau pour le dieu des morts**.

Un long couloir souterrain, dont les parois portaient des représentations de divers textes funéraires, conduisait à une vaste salle rectangulaire au plafond soutenu par d'énormes piliers et de colossales architraves. Cette salle était bordée d'un canal délimitant ainsi une sorte d'île où reposait le dieu : il faudrait y voir une image de la butte primordiale à partir de laquelle le monde fut créé.

Le temple de Ramsès II

···❖ À 300 m env. au N-O du temple de Séthi. Accès par l'Osireion ; un gardien vous accompagnera jusqu'à l'entrée.

De proportions moindres que le temple de Séthi, et beaucoup moins bien conservé, le temple funéraire de Ramsès II présente quelques beaux reliefs, certains gardant la trace d'une partie de leur polychromie. Le 2e pylône – le premier a disparu – donne accès à une cour entourée d'un portique à colonnes osiriaques (aux murs, scènes de procession). Viennent ensuite deux salles hypostyles qui précèdent les trois chapelles principales du temple. Sur les flancs des deux salles hypostyles ouvrent des salles secondaires dont les reliefs présentent encore des traces de peinture. ●

© Mattes R./Explorer/Hoa-Qui

Assouan et ses environs

Avec Assouan et ses populations nubiennes à la peau noire, longues silhouettes flot-
tant dans leurs galabiyas blanches et bleues,
l'Égypte s'ouvre à un autre monde, celui
de l'Afrique. Depuis un siècle, la Première
Cataracte, limite méridionale de l'Égypte
ancienne, ne gronde plus de ses eaux fra-
cassées contre les rochers. Les travaux des
hommes l'ont pacifiée, et sur le Nil devenu
lac claquent en un ballet incessant les hautes
voiles triangulaires des felouques, virant au
plus près entre les îles qu'embrasse le fleuve.
Un des plus beaux spectacles au monde.

LA FRONTIÈRE DE L'ÉGYPTE

Depuis l'aube de l'histoire égyptienne, un
siècle même avant l'émergence de la Iʳᵉ dynastie, une ville s'était établie sur l'île Éléphantine. Au-delà, plus au sud, commençaient les terres sauvages de Kouch, ensemble
d'ethnies et de paysages disparates. Une forteresse veillait sur l'île : la garnison y assurait
la garde des routes commerciales du sud qui

▲ Souk d'Assouan.

introduction

Exceptionnel ★★★
Remarquable ★★
Intéressant ★

N

Monastère Saint-Siméon

Mausolée de l'Aga Khan

Tombes des princes

Nil

el-Nil

Ferry

Gouvernorat d'Assouan

El-Mehatta

1

Police touristique

Corniche

Église catholique

Abtal el-Tahrir

Zaghlul

Saad

Shark el-Bandat

Île Kitchener

5 ▲ A. Magid
Abu Jud

11

E. Sayeda Nafesa

Mattar

10

Corniche Abtal el-Tahrir

Ahmad Maher

Keylani

12

▲ 3

Île Éléphantine

Ferry

Satah ed-Din

9 8
Abas Farid

Abas M. el-Akad

2

▲ **Hôtels**
1 Cataract
2 Isis (Isis Island)
3 Mövenpick
4 Basma
5 Isis
6 Marhaba
7 Cleopatra
8 El-Amir
9 Horus
10 Philae
11 El-Salam
12 Keylani

Parc archéologique

Musée

14 ◆

Kasr el-Hagar

Egyptair

Temple de Khnoum

Nilomètre

Ferry

El-Shallal

1

◆ 13

3

◆ **Restaurants**
1 1902
13 El Dokka
14 Panorama

Musée de la Nubie ★★★

▲ 2, 4 **A** Obélisque inachevé, Philae ★★★★ Haut Barrage,

B

▲ Assouan

• •

programme
Quelques jours
à Assouan

Il faut consacrer au moins **deux jours** complets à Assouan, le temps minimum d'une découverte satisfaisante ménageant des instants de détente.

● **Jour 1.** Le matin, visite de Philae et de l'obélisque inachevé. Retour à Assouan pour le déjeuner *(d'agréables restaurants sont aménagés en terrasse au bord du Nil,* **Carnet** *d'adresses p. 207)*. Dans l'après-midi, visite du musée de la Nubie.

● **Jour 2.** Promenade en felouque avec en chemin, selon vos intérêts, découverte des îles ou de la rive gauche. Dans l'après-midi, promenade dans le souk coloré de la ville. L'excursion d'Abou Simbel s'effectue en avion depuis Assouan : si vous poursuivez votre voyage vers Le Caire ou Louxor, vous pourrez trouver à Abou Simbel des vols directs vers ces deux villes. Sur la route de l'aéroport, ne manquez pas le détour par le Haut Barrage. ●

apportaient à l'Égypte les produits précieux de l'Afrique : ivoire, ébène, peaux d'animaux ou encore encens. Face à l'île, sur la rive orientale du fleuve, un comptoir commercial se développa au point d'arrivée des caravanes, **Souana** des Égyptiens, **Syène** des Grecs : c'est la moderne Assouan, dont le nom dérive directement du toponyme pharaonique. C'est là également que l'on chargeait statues et obélisques de **granit rose et gris**, extraits des carrières aux flancs des collines orientales, qui firent la célébrité d'Assouan, de la haute Antiquité égyptienne à l'époque romaine.

Les princes d'Éléphantine

Issus de rang princier, les gouverneurs d'Éléphantine apparaissent de fait comme les ambassadeurs du pharaon. Ils veillent au respect des traités conclus avec la Nubie vers laquelle les ambitions égyptiennes se sont tournées dès la Iʳᵉ dynastie. Ils lancent vers le sud, vers le **pays de Kouch**, des expéditions commerciales et militaires au nom du roi. Sur les parois des somptueux tombeaux (ces derniers sont très ruinés) qu'ils se font aménager sur la rive gauche, les princes rappellent leurs hauts faits. **Irkouf** fit ainsi graver la relation d'une expédition qu'il conduisit vers Kouch.

Il en ramena, outre de nombreuses richesses, un nain qui amusa fort son maître Pépi II, un jeune enfant hissé sur le trône. Considéré par la postérité comme le modèle du serviteur, Irkouf fit l'objet d'un culte qui se perpétua jusqu'au Moyen Empire dans son temple d'Éléphantine.

De Syène à Assouan

Ce rôle de poste-frontière, Assouan le conserva bien longtemps après la disparition du dernier pharaon. Les **Romains** y entretenaient une garnison, pour contenir notamment les raids des **Blemmyes**, derniers fidèles du culte pharaonique pour qui le culte d'Isis continua d'être rendu en son temple de Philae, sans doute jusqu'au VIᵉ s. Et bien longtemps après, une armée française conduite par **Desaix**, en chassant les Mamelouks au-delà de la Première Cataracte, parachevait la conquête de l'Égypte en s'assurant du contrôle de sa ville la plus méridionale. Entre-temps, guerres, famines et épidémies avaient eu raison de l'antique Syène, dont il ne reste de nos jours aucun vestige. Depuis la construction du Haut Barrage (1960-1972, *voir p. 194*), Assouan a retrouvé son animation, grâce notamment à une importante population nubienne. ●

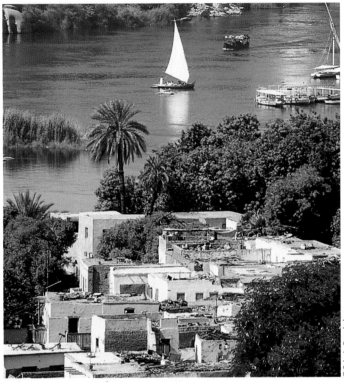

▲ Vue plongeante sur l'île Éléphantine et le Nil.

© Sylvain Grandadam

16

itinéraire

Situation : face à la ville d'Assouan.

Durée de la visite : une demi-journée.

Carte en rabat avant de couverture. **Plan** *p. 180.*

Carnet d'adresses *p. 206.*

Glisser sur le Nil en attendant que se gonfle la grande voile blanche de la felouque, voilà l'un des grands plaisirs d'un séjour à Assouan. Vous pourrez emprunter ces embarcations traditionnelles pour vous rendre sur la rive gauche ou pour explorer les îles qui émergent entre les deux rives. La balade la plus classique vous conduira dans les îles Éléphantine et Kitchener. Moins courues sont les îles situées en amont de l'hôtel Cataract, qui permettent de prolonger agréablement la promenade au fil de l'eau.

Le parc archéologique d'Éléphantine

⸱⸱⸱⸱ **A3** Ouv. t.l.j. 8 h 30-18 h (17 h en hiver) ; entrée payante. Même billet pour le parc et le musée. Le départ du bac se trouve au début de la Corniche, face aux bureaux d'Egyptair. Du débarcadère, un escalier mène au musée ; le parc archéologique se trouve sur la g. Passé l'entrée, commencez votre visite par la dr. en suivant l'itinéraire proposé. Durée : prévoir 2 h de visite.

Le berceau historique d'Assouan tire son nom de ses rochers en forme de pachydermes à la pointe sud de l'île. Dès l'Ancien Empire, un temple y fut consacré à **Khnoum**, le dieu potier qui façonne l'humanité sur son tour, qui est aussi le protecteur de la crue. Jusqu'à l'époque byzantine, on continua d'y ériger des sanctuaires, face au Nil nourricier définitivement pacifié par la Cataracte. Des équipes d'archéologues allemands sont à l'œuvre sur le site. Ils ont reconstitué plusieurs sanctuaires présentés au long d'un itinéraire archéologique qui couvre plus de trente siècles d'histoire.

Les temples de Satet

Le chemin aménagé pour la visite passe tout d'abord par plusieurs sanctuaires dédiés à **Satet**, épouse de Khnoum, depuis le Moyen Empire jusqu'à l'époque ptolémaïque. Le temple construit sous le règne de Thoutmosis III présente à l'intérieur un relief figurant le roi embrassé par la déesse. Au bout de cette première allée, qui longe une série de chapelles reconstituées, apparaissent les soubassements d'une **basilique byzantine** du VIᵉ s.

Le temple d'Héqaib

Le chemin se poursuit jusqu'au **sanctuaire d'Heqaib**, au pied de la butte qui supporte le temple principal. En chemin, à dr. des vestiges de maisons de la fin de la XIIᵉ dynastie apparaissent au sol (XIXᵉ – XVIIIᵉ s.); leurs murs de brique bien conservés donnent une idée précise de disposition. Il s'agit de ce haut dignitaire de l'Ancien Empire, dont une statue orne la salle du rez-de-chaussée du musée de la Nubie et dont la tombe fut creusée dans la falaise de la rive occidentale *(p. 184)*. Après sa mort, il fut divinisé et vénéré dans le temple découvert par les archéologues; l'accès en est interdit mais on peut le découvrir à travers la grille; un espace ouvert bordé de niches protégeant des statues du maître des lieux. Un escalier conduit ensuite à la butte qui supporte le temple principal.

●●● *Coup d'œil*: en suivant tout droit, on parvient à une plate-forme d'observation qui offre une belle **vue** sur le site.

> *Pour le temple de Khnoum, prendre à g.*

Le temple de Khnoum

Dans son dernier état, le sanctuaire date de l'époque ptolémaïque; abordant le temple par le chevet, vous découvrirez tout d'abord l'énorme naos de granit, aujourd'hui renversé, offert à Khnoum par Nectanébo. Du reste du temple, il ne reste que les soubassements. Dans la cour, des sondages effectués par les archéologues ont révélé des empilages de dallages, témoins des constructions successives. Au-delà du rebord nord, on peut découvrir les sarcophages des béliers sacrés.

●●● *À voir également*: du côté S, un chemin descend jusqu'à la pointe de l'île où ont été reconstitués d'autres pavillons. Jolie **vue** sur le Nil et les îles en amont.

Le nilomètre

Revenu au temple, vous continuerez l'itinéraire de la visite qui vous conduira jusqu'au nilomètre, construit à l'époque des Ptolémées.

Bon nombre de temples étaient pourvus de puits profonds, en relation avec la nappe souterraine des eaux du Nil. Les parois en étaient graduées, ce qui permettait de mesurer chaque année le niveau de la crue et de prévoir ainsi le volume de la récolte. C'est au géographe romain Strabon que l'on doit le terme « nilomètre ». Il précise également que cet instrument de mesure servait aux gouverneurs pour estimer les revenus publics, ceux-ci étant d'autant plus élevés que la crue était abondante.

> *En sortant du parc archéologique, vous reviendrez sur vos pas jusqu'au musée.*

Le musée

Il est aménagé dans l'ancien pavillon construit à l'époque britannique pour abriter la résidence de l'ingénieur du barrage. Poussiéreux et laissé à l'abandon, le musée ne mérite qu'une visite rapide: on y verra notamment des palettes du

V[e] millénaire en forme d'animaux. Une **annexe** moderne, 100 m plus loin, présente une intéressante collection d'objets touchant à la vie quotidienne des anciens Égyptiens : outils, chaussures, amulettes…

L'île Kitchener

⋯ **A2** Site ouv. t.l.j. 8 h-18 h. Entrée payante.

L'« **île aux Fleurs** » est aménagée en un agréable jardin botanique, où l'on flâne au milieu d'une exubérante végétation… et d'une foule de touristes, surtout en fin de journée. De petits étals permettent de découvrir épices et herbes locales, dont le *carcadeh*, des fleurs d'hibiscus séchées dont on fait une excellente tisane servie souvent glacée.

●●● *Une pause : vous pourrez goûter cette boisson très désaltérante dans le petit café installé au S de l'île.*

Au sud d'Éléphantine

⋯ Vous pourrez prolonger la promenade en felouque en visitant deux autres îles situées en amont de la ville. Durée : env. 3 h pour l'ensemble de la promenade.

● **l'île de Saluga**. La première île, inhabitée, abrite une **réserve ornithologique** (une soixantaine d'espèces) au milieu d'une végétation protégée. Un ponton permet de débarquer et de suivre les chemins balisés.

● **L'île Sehel (Suhayl)**. La seconde île abrite un village peuplé de Nubiens. À la pointe sud de l'île s'élève un cône de rochers, face à la Première Cataracte, comptant une multitude de **stèles gravées** dans le rocher par les anciens Égyptiens de toutes les époques. Du sommet, larges vues sur le Nil avec, à l'arrière-plan, la silhouette du **barrage britannique** *(ouv. t.l.j. 7 h-17 h, 18 h en été ; entrée payante)*.

Rive ouest du Nil

⋯ Ces visites proposées, situées sur la rive occidentale d'Assouan, offrent la possibilité d'une belle promenade à travers le désert (3 km env. ; aucune difficulté particulière). Accès : une felouque vous déposera au pied du mausolée de l'Aga Khan, où vous trouverez chameaux et chameliers ; de là, vous partirez à pied ou à dos de chameau vers le monastère Saint-Siméon puis rejoindrez les tombes des princes ; retour par le bac.

histoire
Juifs d'Éléphantine

Au VIIe ou au VIe s. avant J.C., les souverains égyptiens firent appel à des mercenaires juifs pour garder les marches méridionales du royaume contre les incursions éthiopiennes. À en croire papyrus et *ostraca* découverts sur place, les Juifs d'Éléphantine disposaient d'un temple où ils sacrifiaient en l'honneur de Yahvé et des divinités qui lui étaient associées. Ils entretenaient avec les Égyptiens des relations économiques et matrimoniales. Après la conquête de l'Égypte par Cambyse en 525, ils bénéficièrent de la protection des Perses, ce qui leur valut une solide inimitié de la part des Égyptiens. Leur temple fut détruit, vers 411, à l'occasion de soulèvements contre les Perses qui préludèrent à la reconquête nationale de 404 avant J.-C.

religion
Les ismaéliens

La secte musulmane des ismaéliens, une branche du chiisme, reconnaît sept imams à la suite d'Ali *(p. 258)*. La secte connut son heure de gloire aux XIIe et XIIIe s. Appelés par les chroniques franques « Assassins » (déformation de « Haschichins », fumeurs de haschich), ses membres étaient dirigés d'une main de fer par leur chef, le « Vieux de la montagne », reclus dans sa forteresse d'Alamout au nord de l'Iran actuel. Ils s'illustrèrent par une série d'assassinats politiques perpétrés contre les croisés de Terre sainte et leurs ennemis musulmans. Après la prise d'Alamout par les Mongols au milieu du XIIIe s., la secte survécut secrètement en Perse et en Inde. C'est lors d'un procès qui opposa, au XIXe s., deux tendances rivales devant la cour de Bombay, que la secte, désormais appelée ismaélienne, réapparut au grand jour. Son chef spirituel porte le titre d'Aga Khan. ●

16
itinéraire

| Le mausolée de l'Aga Khan

⸳⸳⸳⸻ F. à la visite.

Cette sépulture aux allures de forteresse, plantée sur une éminence, domine tout le paysage d'Assouan. Elle abrite la dépouille du troisième Aga Khan (mort en 1957), grand-père de l'Aga Khan actuel (*voir ci-contre*). Séduit par la beauté d'Assouan, il y avait fait construire une propriété que l'on aperçoit à mi-pente, en dessous du mausolée. Sa veuve, la bégum, revenait chaque année y passer quelques semaines en hiver jusqu'à son décès en juillet 2000. L'accès au mausolée est désormais interdit, car l'afflux de visiteurs troublait la sérénité du lieu.

| Le monastère Saint-Siméon

⸳⸳⸳⸻ Ouv. t.l.j. 7 h-16 h (17 h en été). Entrée payante ; un gardien vous guidera.

L'Égypte fut l'un des berceaux du monachisme chrétien. Quand ils ne s'installaient pas dans les temples, les premiers moines coptes aménageaient des retraites à la lisière des terres cultivées, comme ce fut le cas pour le monastère Saint-Siméon, **Deir Amba Sama'an**, fondé vers le Vᵉ s. Il resta en fonction, semble-t-il, jusqu'au XIII s. Les hautes murailles, parfaitement conservées, dissimulent un ensemble de constructions assez ruinées, disposées autour de cours intérieures. On reconnaît au passage cuisines et installations sanitaires. À l'étage, les cellules des moines sont en meilleur état.

| Les tombes des princes

⸳⸳⸳⸻ **A1** Depuis le débarcadère du bac d'Assouan, un escalier conduit rapidement à la colline que l'on atteint par le N. Ouv. t.l.j. de 7 h à 16 h (17 h en été). Entrée payante. La visite s'effectue sous la conduite du gardien des lieux qui en détient les clés.

Sous l'**Ancien Empire**, les princes d'Assouan firent creuser leur sépulture au flanc de cette colline, face à l'extrémité nord de l'île Éléphantine. Si l'état de conservation de ces hypogées – une quarantaine au total – n'est en rien comparable aux tombes de la nécropole thébaine, certains présentent des restes significatifs de leur décoration originelle. Mais on découvre surtout, de cette terrasse, de **superbes vues** sur le Nil et Assouan qui justifient à elles seules l'ascension. À l'origine, chaque tombeau était relié à la rive par un long *dromos* : un escalier doublé d'une rampe servant à hisser le sarcophage. L'emplacement de quelques-uns d'entre eux, envahis par le sable, est encore visible.

Trois tombeaux sont ouverts à la visite :

● **Tombe de Sirenpout Iᵉʳ**. Celui-ci présente un vestibule à quatre piliers précédant une chambre funéraire à deux piliers (les reliefs sont dans un très mauvais état de conservation).

● **Tombe de Sirenpout II**. Dans la tombe, au-delà d'un couloir flanqué de deux séries de trois niches abritant des effigies sculptées du défunt et de sa famille, on parvient à la chambre funéraire à quatre piliers carrés ; les artistes de l'époque décorèrent cette dernière pièce de couleurs soulignant les veines naturelles de la roche.

● **Tombes de Mekhou et Sabni**. La tombe suivante est celle de **Mekhou**, un haut dignitaire de Pépi II. Elle se compose principalement d'une grande salle soutenue par deux rangées de piliers, qui communique avec une seconde sépulture, celle de **Sabni**, fils du précédent, qui conserve les plus beaux reliefs de la nécropole, de pittoresques scènes de chasse au boomerang et de pêche en barque. ●

16

itinéraire

17 | Le musée de la Nubie★★★

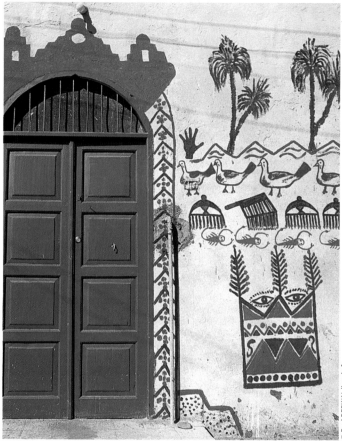

▲ Maison nubienne au bord du Nil, Assouan.

© Fred DERWAL/hemis.fr

Situation : A3 à la sortie S d'Assouan, en direction du barrage, à 200 m env. à g. au-delà de l'entrée de l'hôtel *Cataract*.

Horaires d'ouverture : t.l.j. de 9 h à 13 h et de 17 h à 21 h. Entrée payante.

Durée de la visite : 1 h 30.

Plan *p. 180.*

Carnet d'adresses *p. 206.*

Ce vaste complexe inauguré en novembre 1997 abrite une exposition permanente, dont la présentation est tout à fait remarquable, entièrement consacrée à la **Nubie depuis l'époque préhistorique** et dont les quelque 2 000 pièces proviennent des divers musées égyptiens. Autour du bâtiment principal s'étendent près de 15 000 m² de **jardins** agrémentés de cascades et de ruisseaux. L'évocation de la Nubie s'y poursuit avec la reconstitution d'habitations traditionnelles et de grottes préhistoriques. Sont également exposés des monuments funéraires gréco-romains et fatimides.

La salle des gouverneurs de Nubie

⋯⋮ Immédiatement à dr. en entrant.

Joliment éclairée, une collection de statues de **gouverneurs d'Assouan** au Moyen Empire témoigne de l'importance grandissante de ces dignitaires à cette époque. Constitués en véritables dynasties, ils s'émancipèrent peu à peu du pouvoir central, plongeant l'Égypte dans la deuxième période intermédiaire. Avec eux naît véritablement l'**art du portrait** : leurs traits tirés par les responsabilités, leurs chairs alourdies par les ans sont bien éloignés des traditionnelles représentations idéales.

Cette même galerie expose également leurs **sarcophages** ainsi que la momie d'un bélier, avec son masque d'or, découverte dans le sanctuaire de Khnoum (période ptolémaïque). Dans la salle adjacente, les sites antiques engloutis par la mise en eau du barrage sont évoqués à travers une intéressante collection de **photographies**.

> *Revenez dans le hall et descendez l'escalier qui conduit à l'exposition principale.*

La collection permanente

⋯⋮ En descendant l'escalier principal, on aboutit aux salles d'exposition (vis. dans le sens des aiguilles d'une montre).

● **Section préhistorique**. Elle présente des objets témoignant des premiers balbutiements de la civilisation égyptienne : œufs d'autruche de la période néolithique (5000-3100), pièces de céramique de la période appelée Nagada I (4500-4000) ; à Nagada II (4000-3300) apparaissent les premières palettes. De cette même période datent des céramiques portant en décoration des motifs de bateaux.

● **Ancien Empire**. Il est magistralement introduit par une statue sans tête de **Chéphren**, découverte dans l'enceinte de son complexe funéraire à Giza. La diorite dans laquelle elle fut taillée provient en revanche de Nubie, du gisement de Toshka, où les pharaons envoyaient des expéditions pour chercher la précieuse pierre réservée à la statuaire royale. La Nubie fournissait également au pharaon ses redoutables archers, ainsi cette compagnie d'hommes à la peau noire, dont l'original se trouve au musée du Caire ; les vitrines rendent compte de la culture locale : plats de céramique ornés de scènes de chasse aux animaux sauvages.

● **Royaume de Kouch**. Cette région de Nubie au sud de la Deuxième Cataracte abrita un puissant royaume indépendant durant la deuxième période intermédiaire (1784-1539). Il fut définitivement détruit par les souverains de la XVIIIe dynastie (1539-1293) et la région administrée par des gouverneurs aux ordres du pharaon. Les objets exposés témoignent d'un art assez rudimentaire, marqué cependant par l'influence égyptienne à travers **amulettes** et **scarabées**. Remarquez diverses **pièces de céramique** imitant la vannerie.

● **Royaume de Napata**. Cette région en aval de la Quatrième Cataracte, sous domination égyptienne depuis la XVIIIe dynastie (un sanctuaire à Amon y fut alors construit), s'émancipa progressivement de la tutelle égyptienne pour se constituer en royaume à la fin du IXe s. En 747, le roi de Napata se proclama même pharaon, fondant la XXVe dynastie de Manéthon, qui régna en Haute Égypte jusqu'en 654. Les rois de cette dynastie éthiopienne se montrèrent des défenseurs scrupuleux des traditions antiques. De cette époque, on peut voir une très belle **statuette***** de Horemakhet, fils du roi Chabaka (716-706) et grand prêtre d'Amon à Thèbes.

17

itinéraire

● **Espace central**. Il est dominé par une statue colossale de Ramsès II, puissant symbole de la domination égyptienne sur la Haute Nubie ; elle provient du temple de Gerf Hussein, englouti sous les eaux du barrage. Dans cette même section, on peut admirer un remarquable **buste du roi Taharqa*****, le plus illustre représentant de la XXVe dynastie, qui étendit son pouvoir de Napata aux rives de la Méditerranée. Également, **stèle du rêve de Tanoutamon**, dernier représentant de la XXVe dynastie, à qui les dieux ordonnèrent durant son sommeil de réunifier l'Égypte. Il fut pourtant refoulé par les Assyriens en 656 et dut se réfugier dans son royaume de Napata, où l'Histoire perd sa trace.

Les vitrines du côté gauche de la salle exposent une collection de petits objets (statuettes, bijoux, amulettes) du Moyen Empire jusqu'à la période méroïtique (300 av. J.-C.–300 apr. J.-C.), dont les rois nubiens étaient restés fidèles à l'antique religion égyptienne, alors que le christianisme avait déjà largement gagné les populations des rives du Nil.

● **Derniers païens** (IVe-VIe s.). Cette section est précisément consacrée aux derniers adeptes de la civilisation pharaonique, des princes qui régnèrent depuis leurs villes de Ballana et de Qustul après la disparition du royaume de Méroé. Ils se faisaient enterrer avec leurs chevaux (magnifiques **caparaçons**** reconstitués) et leurs bijoux d'apparat comme ces **trois couronnes d'argent***** dont la réalisation emprunte aux techniques byzantines, mais dont la décoration (œil d'Horus, vautour aux ailes déployées) conserve la mémoire de l'iconographie pharaonique.

● **Nubie chrétienne**. Série de huit panneaux de **fresques** provenant d'une église à Abdalla Nirqi (Xe s.) où l'on reconnaît notamment le Christ entouré des symboles des quatre évangélistes, ainsi que saint Jean Chrysostome.

Les collections se terminent, après une maquette des temples d'Abou Simbel *(p. 197)*, par une évocation très vivante du **monde nubien d'avant le barrage**, avec ses maisons de village, son école et ses travaux des champs. On peut enfin voir une maquette du *Post Boat*, qui, jusqu'à la construction du Haut Barrage, reliait Assouan à Wadi Alfa et qui constituait pour les Nubiens le seul lien avec le reste du monde. ●

18 | ♥ Philae★★★

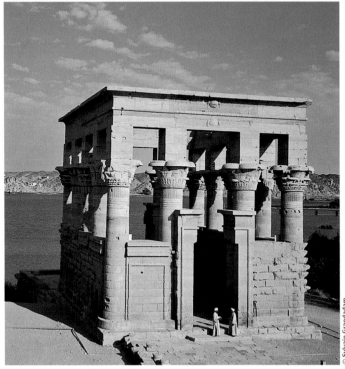

© Sylvain Grandadam

▲ Le kiosque élevé par Trajan servait de reposoir à la barque sacrée de la déesse Hathor.

Situation : à 5 km au S d'Assouan.

Accès : pas de transports collectifs : il faut donc avoir recours aux services d'un **taxi** auquel vous demanderez de vous attendre pour le retour. Le taxi vous déposera près du ponton *(qui est précédé d'un souk touristique)*, où se trouvent les embarcations qui vous conduiront sur l'île en 10 min ; **course en bateau** payante : env. 30 £EG pour une barque particulière *(tarifs officiels affichés à l'entrée du débarcadère ; en cas de négociation difficile, les bateliers étant assez gourmands, demander l'aide d'un fonctionnaire de la police touristique, toujours présente sur place)*.

Horaires d'ouverture : t.l.j. de 7 h à 16 h (17 h en été). Entrée du site payante *(guichet juste avant le ponton)*.

Durée de la visite : comptez au minimum 3 h.

Spectacles son et lumière : tous les soirs (texte français d'André Castelot) ; 2 ou 3 représentations par jour dont une en français.

Plan *p. 180.* **Carte** en rabat avant de couverture.

Carnet d'adresses *p. 206.*

LA RÉSURRECTION D'UN SITE

Avec la mise en eau du premier barrage d'Assouan en 1902, le temple de Philae était promis à une mort lente. Les eaux du lac de retenue submergeaient colonnes et pylônes et ce n'était plus que durant les deux mois de l'année où l'on ouvrait les vannes du lac que réapparaissait en partie l'ancien sanctuaire d'Isis. On s'y promenait alors en barque, glissant sur l'eau au ras des colonnes. Bien après vinrent la construction du Haut Barrage, et le formidable succès que représenta la sauvegarde des temples de Nubie *(p. 204)*. Forts de cette expérience, des **scientifiques du monde entier**, au premier rang desquels Christiane Desroches-Noblecourt, se penchèrent sur le cas de Philae. Des crédits furent dégagés, pour un tiers par l'État égyptien, afin de sauver le dernier des grands temples menacés par les eaux. Les travaux, lancés en 1972, s'achevèrent huit ans plus tard; l'inauguration officielle du temple remonté sur son nouvel emplacement eut lieu le 10 mars 1980. Le sanctuaire d'Isis, théâtre mystique de la renaissance perpétuelle d'Osiris, était sauvé.

LE TOMBEAU D'OSIRIS

Le temple de Philae date pour l'essentiel des époques ptolémaïque et romaine. C'est à la Basse Époque que l'on trouve en Égypte des sanctuaires dédiés à **Isis**, au moment où le culte de la Grande Magicienne se répand et se popularise à travers le bassin méditerranéen. D'innombrables graffitis laissés par les visiteurs sur les parois du temple attestent que l'on y venait en pèlerinage de tout l'Empire romain.

À l'origine de la sainteté du lieu, une légende: l'île de Biggeh (au sud du temple reconstruit, à l'ouest du temple originel) passait en effet pour abriter le corps d'Osiris, reconstitué par son épouse Isis *(p. 239)*. C'est là qu'elle lui rendit la vie et s'unit à lui pour enfanter Horus. Dès lors, le lieu fut dédié aux mystères de la vie et de la mort. Dans l'île de Biggeh, nul autre humain que les prêtres n'était autorisé à pénétrer.

Les desservants du temple y célébraient chaque jour un culte, sur chacun des 365 autels disséminés dans l'île. Chanter, jouer de la musique, et même parler à voix haute étaient proscrits dans ce lieu occidental de la mort. À l'est, en revanche, l'île qui portait le temple était un lieu de joie, résonnant

jour après jour de cortèges dont les officiants rivalisaient de danses et de chants. Une véritable « usine divine » (concept de Christiane Desroches-Noblecourt) où s'accomplissait le mystère de l'éternelle renaissance sous les auspices de la Grande Magicienne Isis.

LE DERNIER REFUGE DU PAGANISME

En amont de la Première Cataracte, Philae n'est déjà plus en Égypte. Du reste, par son orientation, le temple est tout entier tourné vers l'Afrique, comme pour accueillir la venue du Nil et saluer le retour du voyage mystique d'Isis, assimilée à Hathor, vers les hautes terres éthiopiennes. C'est par le côté méridional que l'on abordait l'île, comme le font encore les visiteurs d'aujourd'hui. C'est également au sud que se recrutèrent les **derniers fidèles d'Isis**.

Au début de l'ère chrétienne, alors que la civilisation pharaonique était moribonde dans la vallée du Nil, les Blemmyes, féroces guerriers venus du Soudan, en restaient les derniers défenseurs. Ils avaient obtenu des autorités romaines le droit d'emporter chaque année la statue de la déesse vers leurs lointaines contrées et de la ramener en un cortège triomphal dans son sanctuaire. Ainsi, les mystères de l'Égypte ancienne se perpétuaient dans un monde déjà acquis au christianisme, sous la conduite d'une poignée de prêtres dont l'un des derniers, **Esmet Akhom**, a laissé sur les murs de Philae une inscription précisément datée du 24 août 394, soit deux ans après l'édit de Théodose proscrivant les cultes païens. Il semble pourtant que, sous la conduite d'une famille sacerdotale, une activité religieuse se soit poursuivie jusqu'au règne de Justinien (VIᵉ s.), dans un temple où coexistaient désormais païens et chrétiens, ces derniers ayant établi leur chapelle dans l'ancienne salle hypostyle. Les traces de ces rivalités

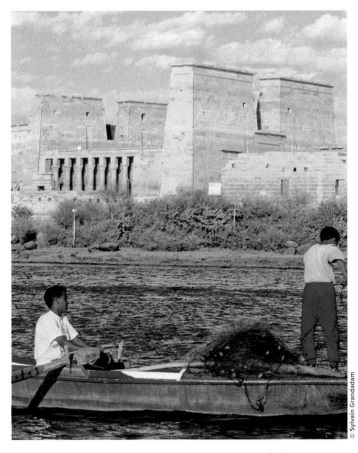

© Sylvain Grandadam

18
itinéraire

patrimoine
Le sauvetage des
temples de Philae

Pour sortir des eaux les temples de Philae, les scientifiques s'inspirèrent de l'exemple d'Abou Simbel: les édifices seraient découpés en blocs puis remontés sur un îlot voisin plus élevé. On commença par entourer l'île d'un batardeau de manière à l'isoler des eaux du lac. Cette cloison étanche était en fait composée d'une double rangée de plaques d'acier de 17 m de hauteur; entre les deux, un espace de 12 m comblé par un blocage de sable afin de soulager la construction de la formidable pression exercée par les eaux du lac. De puissantes pompes furent mises en route afin d'assécher le périmètre. Puis il fallut dégager les constructions de la gangue de limon qui s'était accumulée pendant des décennies et que l'on rejeta dans l'espace compris entre les deux cloisons. Une aubaine pour les ouvriers du chantier qui transformèrent bien vite l'endroit en florissant potager.

Découpés en blocs, soigneusement numérotés, les édifices de l'île sacrée d'Isis furent ensuite entreposés sur d'immenses aires de stockage. L'île choisie pour reconstruire le complexe, plus à l'ouest, dut préalablement être arasée de plus de 30 m et ses contours être redessinés pour ressembler au plus près à l'île originelle: 270 000 m³ de rochers permirent ainsi d'en augmenter la superficie. Vint enfin le patient travail de remontage de ce puzzle titanesque. ●

▲ Le temple de Philae n'est aujourd'hui accessible qu'en bateau.

sont encore gravées sur les parois du temple, dans les nombreuses croix coptes et le martelage systématique des figures de l'ancien panthéon. C'est Justinien qui ordonna la fermeture définitive du temple : les statues d'Isis, d'Osiris et d'Horus furent transférées à Byzance, où l'Histoire perd leur trace.

┃ À travers l'île

⋯⋗ Après env. 10 min de traversée, on aborde l'île de Philae par sa rive S où est aménagé le débarcadère des touristes. Laissant à votre dr. les rangées de sièges du son et lumière, vous vous dirigerez vers le flanc O de l'île.

┃ L'accès au temple principal

Sur la rive sud de l'île, un portique aux gracieux chapiteaux hathoriques constitue sans doute l'élément le plus ancien du complexe : appelé **pavillon de Nectanébo Ier**, il fut construit par l'un des derniers pharaons indigènes d'Égypte.

La voie processionnelle conduisant au temple est bordée de chaque côté d'une colonnade : celle de dr., dont la décoration est inachevée, remplaça à l'époque romaine une allée de sphinx. Curieusement, elle fut construite selon un axe différent de celui du pylône, masquant ainsi le massif oriental de celui-ci. Du côté gauche, 32 colonnes (une est manquante) bordent un portique dont le plafond est en partie conservé.

┃ Le premier pylône

L'entrée monumentale du temple est classiquement décorée de **scènes de massacre des prisonniers** par le roi, ici Ptolémée XII, Néos Dionysos, le père de Cléopâtre. Le portail est orné de cartouches au nom de Nectanébo. Sous le porche, du côté droit, une **inscription** bien conservée retient l'attention des visiteurs français : elle rappelle que le 13 ventôse de l'an VII de la République,

une division française menée par Desaix atteignait la Première Cataracte après avoir mis en fuite les dernières troupes mameloukes.

┃ La cour

On entre ensuite dans la cour du sanctuaire, bordée du côté droit par un portique qui précédait la **bibliothèque** du temple.

Du côté gauche, des colonnes hathoriques signalent le *mammisi* (époques ptolémaïque et romaine), lieu où s'accomplissait le mystère de la naissance divine d'Horus. On y pénètre par un étroit passage le long du massif occidental du 1er pylône (remarquez au mur de celui-ci les nombreux graffitis en grec laissés par les visiteurs de l'époque romaine). L'édifice se compose de trois pièces en enfilade décorées de scènes évoquant la naissance de l'enfant solaire ; dans la dernière, un relief montre **Isis allaitant Horus** qu'elle tient tendrement sur son genou : un type de représentation qui servira de modèle à l'iconographie mariale des chrétiens.

L'étroit passage conduit à l'extérieur du temple, vers un **nilomètre** auquel on accède par une volée de marches.

Revenu dans la cour du sanctuaire, et avant de pénétrer dans la salle hypostyle, vous remarquerez au bas du massif droit du 2e pylône un **bloc de granit monolithe** qui fut taillé à la manière d'une stèle : il porte une inscription rappelant les dons de Ptolémée IV (221-203) au clergé local. Les scènes traditionnelles qui figurent sur les faces des deux massifs sont, comme sur le 1er pylône, au nom de Ptolémée Néos Dionysos.

┃ Le sanctuaire

Au VIe s., le vestibule fut transformé en église par les chrétiens. Sur les murs, de nombreuses croix soulignent la nouvelle orientation du lieu de culte, vers l'est cette fois, où fut dressé un autel de pierre toujours en place. Une inscription sur le montant de la porte conduisant au saint des saints rappelle que cette transformation fut ordonnée par l'évêque Théodore. Les reliefs pharaoniques (scènes rituelles d'offrande) sont assez bien conservés, de même que la décoration sculptée du plafond (vautours aux ailes déployées et scarabées ailés). En poursuivant plus avant vers le saint des saints, on laisse à droite une **chapelle à ciel ouvert** (sur le mur est, un autre graffiti laissé par les soldats de la République). Le sanctuaire, qui conserve son reposoir de granit, est orné de beaux reliefs illustrant des scènes rituelles d'offrande. Sur le mur de droite, on peut voir, en deux tableaux, Isis allaitant Horus. Le temple est doté d'une terrasse *(accès interdit)*.

La rive orientale de l'île

Gagner l'extérieur du temple par un passage ménagé dans la cour, du côté g. lorsqu'on se dirige vers le pylône.

● **Le temple d'Hathor.** Face à vous, un peu à gauche en contrebas, subsistent les vestiges d'un petit temple dédié à Hathor. Sur la base des murs, d'intéressants reliefs évoquent les **fêtes joyeuses** célébrant le retour de la déesse en Égypte. Elle était accueillie par des musiciens représentés ici avec leurs instruments : double flûte, harpe et luth. On y voit aussi une représentation du dieu Bès, divinité difforme, génie populaire qui protégeait les maisons des mauvais esprits. Il présidait également aux festivités : c'est le sens de sa présence ici.

● **Le kiosque de Trajan.** À une vingtaine de mètres plus au S s'élèvent les colonnes du kiosque de Trajan,

un élégant édifice construit sous le règne de cet empereur : il servait de reposoir à la barque sacrée de la déesse lors des cérémonies marquant le retour de celle-ci de son voyage mystique vers les contrées du Sud. La toiture originelle en bois a disparu.

● **Les autres édifices.** Sur le reste de l'île, d'autres vestiges furent identifiés par les archéologues, dont ceux de **sanctuaires secondaires** et d'une petite **église copte**. Ils sont réduits à présent à des soubassements informes à l'exception, à l'extrémité N de l'île, d'un **arc monumental** d'époque romaine qui servait d'accès à une chapelle érigée au nom d'Auguste, dont ne subsiste que le podium.

L'obélisque inachevé

⋯▶ À 1 km au S d'Assouan. Ouv. t.l.j. de 7 h à 16 h (17 h en été). Entrée payante.

Dans l'une des carrières de granit qui rendit Assouan célèbre dans l'Antiquité, un obélisque, long de 42 m, fut dégagé de la masse rocheuse, mais abandonné en raison d'une fissure dans la pierre. Cet état d'inachèvement permet de mieux comprendre les **procédés d'extraction** qu'utilisaient les Égyptiens dans les temps anciens. On ménageait tout d'abord une série d'encoches tout autour du bloc que l'on voulait détacher, puis on y fichait des coins de bois. Une fois mouillés, ceux-ci gonflaient en faisant éclater la pierre. Le bloc était ensuite décoré sur place, puis tiré jusqu'aux rives du Nil et hissé sur des barges à sec. L'arrivée de la crue les remettait à flot ; dès lors, le transport devenait possible. ●

19 | Le Haut Barrage et ses environs

19
itinéraire

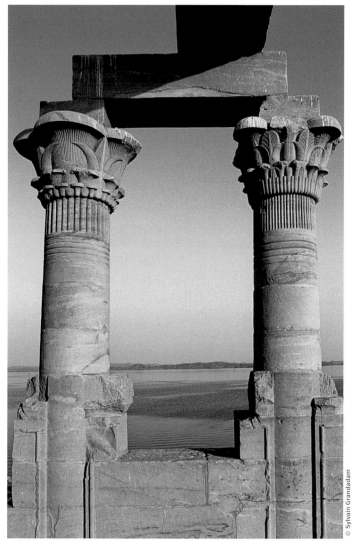

© Sylvain Grandadam

▲ Kiosque de Kertassi sur les bords du lac Nasser.

Durée de la visite : 1 demi-journée.

Situation : à 15 km au S d'Assouan sur la route de l'aéroport.

Accès : en voiture individuelle (pas de transport collectif depuis Assouan).

Conseil de l'auteur : si votre voyage à Assouan passe par l'aéroport, à l'aller comme au retour, le mieux est de visiter le barrage à l'occasion de votre transfert entre l'aéroport et la ville.

Horaires d'ouverture : Ouv. t.l.j. 7 h-16 h (17 h en été). Entrée payante.

Carte en rabat avant de couverture.

Carnet d'adresses p. 206.

|| Le Haut Barrage

Pour atteindre le Haut Barrage (Saad el-Aali), en venant d'Assouan, vous franchirez tout d'abord l'**ancien barrage** construit par les Britanniques entre 1898 et 1902. Avec près de 2 000 m de long, ce fut, à l'époque, le plus grand ouvrage de ce type au monde. Afin d'augmenter ses capacités, il fut surélevé à deux reprises, la dernière en 1934. Il était destiné à réguler le cours du Nil, retenant l'eau à la fin de la crue pour ensuite la libérer au printemps, lorsque la sécheresse se faisait sentir. Il conserve cette fonction, le Haut Barrage étant réservé à la production d'électricité. En aval, on découvre une belle vue sur la Première Cataracte, désormais pacifiée, au bord de laquelle un village a été aménagé pour accueillir les populations nubiennes déplacées.

●●● *Pour en savoir plus sur le Haut Barrage : voir p. 202.*

En arrivant sur le site du Haut Barrage, on est accueilli par une construction monumentale à la gloire de l'amitié égypto-soviétique. Passé le poste de contrôle où vous prendrez votre billet, vous gagnerez le milieu de l'ouvrage où est aménagée une plate-forme d'observation.

|| Les temples de Kalabsha★

⋯⋗ Embarcadère au pied du Haut Barrage, en amont sur la rive g. Vous trouverez là des embarcations qui vous conduiront sur le site en 5 min env. Un marchandage ferme s'impose : les bateliers, qui ne voient guère de monde, prétendent à des tarifs astronomiques ; vous ne devriez pas pouvoir vous en tirer pour moins de 30 £EG. Ouv. t.l.j. 7 h-16 h (17 h en été) ; entrée payante. Durée : comptez 2 h de visite au total. Lampe de poche conseillée.

Le temple de Kalabsha, dédié à Mandoulis, ainsi que les deux petits sanctuaires qui le jouxtent sont eux aussi des rescapés du Haut Barrage. Ils proviennent de trois sites différents à environ 40 km plus au sud ; après démontage bloc par bloc, ils ont été reconstruits sur cet îlot.

| Le kiosque de Kertassi

En suivant le chemin qui conduit au temple principal, celui de Mandoulis, vous apercevrez sur une petite éminence à votre gauche l'élégant petit **kiosque gréco-romain de Kertassi**. Il n'en reste plus que quatre colonnes composites, où palmiers, lotus et papyrus se mêlent en une délicate broderie et, en avant, deux piliers hathoriques qui encadraient l'entrée.

19

itinéraire

---

document
Exploits sur le Nil
au Iᵉʳ s. de notre ère

« Un peu en amont d'Éléphantine se trouve la petite cataracte, sur laquelle les bateliers donnent une sorte de spectacle pour les préfets. La cataracte, en effet, est au milieu du fleuve ; elle est formée par une chaîne de rochers, plate à son sommet, de sorte qu'elle laisse passer le fleuve, mais s'achève sur un précipice, au pied duquel l'eau se brise à grand fracas, tandis que de part

et d'autre, près des rives, il y a un chenal qu'on peut même parfaitement remonter. Ainsi les bateliers, après avoir remonté par là, au-delà de la cataracte, se laissent-ils dériver ensuite vers elle, puis sont poussés avec leur barque jusqu'au précipice et en réchappent sans dommage pour eux et leur embarcation. »

Strabon, *Livre XVII*, chap. 49 (trad. Pascal Charvet, éd. Nil, 1997).

barrage
En quelques chiffres

Volume : 47 millions de m³ (2,6 millions pour la pyramide de Chéops). Longueur : 3 600 m. Hauteur : 111 m. Largeur : 980 m à la base, 40 m au sommet. Lac Nasser : 500 km de long (150 en territoire soudanais) sur une largeur variant entre 10 et 30 km. Capacité de retenue : 157 milliards de m³. C'est le deuxième lac de retenue au monde après celui du Zambèze. ●

Le temple de Mandoulis

Ce sanctuaire d'époque romaine était dédié à **Mandoulis**, divinité locale assimilée à Horus. Les travaux de démontage et de reconstruction, entre 1961 et 1962, furent financés par la République fédérale d'Allemagne.

● **L'entrée**. Un escalier ménagé dans le pylône permet de grimper au sommet, pour une belle vue sur le lac et surtout sur les structures du temple. Dans la cour, bordée d'un péristyle, les archéologues ont relevé de nombreux **graffitis en grec** ; ils furent laissés tour à tour par différentes tribus nubiennes qui se disputaient le sanctuaire, les unes fidèles à l'antique religion des Égyptiens, les autres déjà gagnées au christianisme.

● **Le sanctuaire**. Il se compose d'un pronaos et d'un naos dont la toiture disparue a été remplacée par une couverture en béton. La **décoration sculptée** est très endommagée, à l'exception du passage à l'arrière du naos où Mandoulis figure en compagnie d'Osiris, d'Isis et d'Horus. Dans l'angle droit de la cour, un escalier conduit à la terrasse.

> *À dr. du temple de Mandoulis part le chemin conduisant au sanctuaire de Beit el-Ouali.*

Le temple de Beit el-Ouali*

Ce sanctuaire rupestre appartient à une série de petits oratoires laissés par **Ramsès II** en Nubie, sur le chemin de ses conquêtes de jeune souverain.

Bien que de taille modeste, sa visite ne doit pas être négligée, notamment pour les reliefs qui en ornent la cour. Il fut consacré par le souverain à Amon et aux divinités de la cataracte.

● **Les reliefs de la cour**. Les thèmes traités évoquent essentiellement les **succès militaires** du jeune conquérant. Sur le mur de gauche, une scène représente avec beaucoup de pittoresque une ville nubienne assiégée par le roi. Un peu plus loin, on voit une très élégante représentation du roi monté sur son char de combat.

● **L'intérieur du sanctuaire**. Il fut creusé dans la montagne à l'image d'un **Abou Simbel en miniature** et se compose d'un vestibule et d'un naos.

Il s'orne d'une **remarquable série de reliefs** qui conservent une grande partie de leur polychromie. Le roi y est représenté rendant hommage à diverses divinités. Dans le naos, une très belle scène montre le roi allaité par la déesse-mère. ●

| # ♥ Abou Simbel★★★

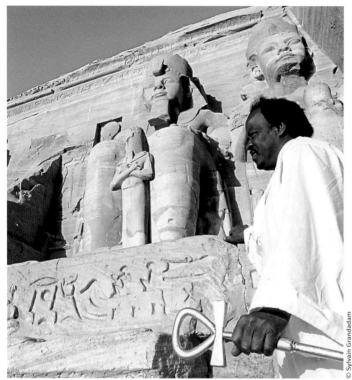

© Sylvain Grandadam

▲ La façade du grand temple de Ramsès II est ornée de colosses de 20 mètres de hauteur représentant le pharaon.

Situation : à 290 km S d'Assouan ; 60 km de la frontière avec le Soudan.

En avion : à la sortie de l'aérogare, une navette vous mène jusqu'au site. Vous la retrouverez pour vous ramener à l'aérogare en temps voulu.

Horaires d'ouverture : t.l.j. 5 h 30-17 h 30 (18 h en été). Entrée payante ; billets à l'entrée du site.

Durée de la visite : 2 h.

Spectacle son et lumière : tous les soirs en plusieurs langues grâce à un système d'écouteurs ; seuls ceux qui passent la nuit à Abou Simbel pourront y assister.

Se repérer : à 3 km de l'aéroport se trouve le centre de la localité, que les habitants appellent le **souk**. C'est là que vous trouverez les banques, les commerces, les cafés… Les temples se trouvent 1 km plus à l'E.

Carte en rabat avant de couverture.

Carnet d'adresses p. 206.

Une grand-rue assez large pour absorber une circulation d'heure de pointe ; de chaque côté, des cafés où le soir venu les hommes viennent tirer sur la chicha : c'est le souk, le centre de la bourgade d'Abou Simbel. Tout autour vivent quelque 10 000 habitants, dans des villages modernes qui ont cependant conservé le moutonnement traditionnel de leurs coupoles blanches. Au bout de la rue, plusieurs agences bancaires flambant neuves témoignent des retombées du tourisme. Une manne pas si abondante pourtant, si l'on en juge par le nombre de boutiques, pimpantes, ouvertes mais vides. C'est que la vie est

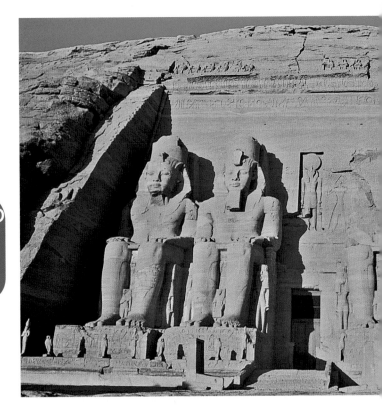

ailleurs, dans les petites oasis créées au bord du rivage, que relient à la ville les gabares que l'on voit amarrées dans les bras du lac pointés jusque dans la ville. Demain, elles partiront là-bas vers le Soudan ravitailler en provisions et en nouvelles les *fellahim* qui s'accrochent à leur lopin de terre.

Un patrimoine exceptionnel

La promesse de développement c'est aussi **Toshka**, à une cinquantaine de kilomètres plus à l'ouest, autour d'un projet pharaonique qui vise à créer une seconde vallée du Nil grâce à une dérivation du lac Nasser. Cette réalité est cependant éclipsée par la célébrité des temples de Ramsès, chef-d'œuvre de l'humanité que la coopération internationale a réussi à sauver de l'engloutissement. Une merveille que visitent en moins de 2 h la plupart

des voyageurs venus en avion pour la demi-journée. Abou Simbel offre pourtant d'excellentes possibilités de logement ; y rester pour la nuit permet de découvrir les temples à son rythme, d'y revenir le matin pour assister à l'illumination progressive de la façade par le soleil levant, et d'assister au spectacle son et lumière. Sans oublier la magie des nuits transparentes du désert.

Un phénomène unique

L'intrusion bisannuelle du soleil au plus profond du sanctuaire d'Abou Simbel apparaît comme un événement à ne pas manquer. C'est ce que se disent deux fois l'an les quelque 2 000 visiteurs qui viennent assister au phénomène. Quelques-uns ont choisi de passer la nuit sur place – la réservation alors s'impose –, la plupart ont quitté Assouan à 1 h du matin par la route. C'est

◀ La façade du temple d'Abou Simbel, entièrement taillée dans la falaise.

© Sylvain Grandadam

mais d'une façade entière taillée à l'image de celles des temples construits et qui semble émerger de la montagne. À la place des pylônes, des statues gigantesques du roi sous ses diverses manifestations divines. À l'intérieur du grand temple, sculptures et reliefs rappellent la fonction divine du souverain en même temps que son génie militaire et sa bravoure au combat : c'est là que l'on verra ce qui est sans doute la plus belle des évocations de la bataille de Qadesh.

Le grand temple

···▷ Ouv. t.l.j. 5 h 30-18 h (17 h 30 en hiver) ; à g. de l'ensemble.

L'étroite porte qui donne accès à l'intérieur, surmontée d'une niche abritant le dieu solaire Rê, est flanquée de **quatre colossales statues** (20 m de hauteur) du roi assis en majesté. À ses pieds figurent à une échelle réduite Néfertari et la reine-mère, ainsi que des princes et des princesses, enfants de Ramsès II. Au sommet du quadrilatère où s'encadrent les colosses court une **frise de 22 cynocéphales**, adorateurs du Soleil levant. Malgré la démesure des proportions des quatre colosses (ils sont plus grands que ceux de Memnon, sur la rive gauche de Louxor), un soin particulier fut apporté à l'exécution des visages, dont les traits d'une grande finesse reflètent force juvénile et majesté. Un des quatre colosses fut endommagé par un tremblement de terre, sans doute dès l'Antiquité. Notez aussi le grand nombre de graffitis laissés par les voyageurs au fil des siècles. L'un d'eux, sur la jambe du colosse de g., fut gravé au VIᵉ s. avant notre ère par un général grec au service de Psammétique II. Il s'agit de la plus ancienne inscription monumentale en grec connue à ce jour.

alors un convoi d'une cinquantaine de bus et de taxis qui file à travers le désert. Arrivés sur place il leur faudra attendre leur tour pour espérer entrer à l'heure dite dans le temple. Pour satisfaire tout le monde, les autorités ont même tenté d'instaurer une circulation à l'intérieur du sanctuaire de manière à permettre à un maximum de visiteurs d'assister au prodige – on a même vu des écrans vidéo installés à l'extérieur.

L'EMPREINTE DE RAMSÈS II

Les temples d'Abou Simbel sont les réalisations les plus extraordinaires de la série de sanctuaires qu'a laissée le grand pharaon en amont de la Première Cataracte pour marquer la mainmise égyptienne sur le Sud. Il ne s'agit pas ici, comme dans le temple de Beit el-Ouali reconstruit près du temple de Kalabsha, d'une grotte précédée d'une avant-cour,

20
itinéraire

La première salle

La porte ouvre sur une vaste salle, pendant souterrain de la cour d'un temple. Elle est soutenue par huit piliers osiriaques à l'effigie du roi. Les parois sont ornées de reliefs qui presque tous célèbrent les vertus guerrières et pacificatrices du roi.

● **La bataille de Qadesh*****. Cette composition qui occupe la quasi-totalité de la paroi nord *(à dr.)* rappelle le plus haut fait d'armes du règne de Ramsès II, la bataille qui opposa le roi aux armées hittites près de la ville syrienne de Qadesh *(p. 218)*. On y voit sur deux grands registres les différents moments de l'engagement, des préparatifs à la victoire finale. Au **registre inférieur**, le roi assis tient son conseil de guerre devant ses officiers ; pour leur arracher des aveux, les espions hittites capturés sont bastonnés. Plus loin, on voit le camp égyptien, entouré d'une palissade, où les soldats vaquent aux occupations ordinaires d'une armée en campagne. Sur le **registre supérieur**, lui-même divisé en plusieurs tableaux superposés, s'engage la bataille : le roi sur son char décoche ses flèches contre l'ennemi au moment où il est bien près d'être capturé par les Hittites ; la ville de Qadesh, au pied de laquelle coule l'Oronte, est enfin encerclée, les ennemis mis en déroute. Vainqueur, le roi contemple depuis son char le cortège des prisonniers tandis que des Égyptiens dénombrent les mains et les sexes des ennemis tués au combat.

● **La paroi sud de la salle** *(côté g.)*. Ces reliefs relatent les victoires de Ramsès contre le pays de Kouch, en amont de la Deuxième Cataracte.

Le sanctuaire

On passe ensuite dans une salle de moindres dimensions soutenue par quatre piliers massifs décorés, comme les parois, de scènes liturgiques. En poursuivant vers le cœur de la montagne, il faut traverser une troisième salle, aussi large que les précédentes mais peu profonde, avant d'atteindre le sanctuaire. Contre le mur du fond trônent les quatre statues dégagées de la roche que le soleil atteint deux fois l'an *(voir ci-contre)*. Devant elle, un autel servait de reposoir à la barque sacrée.

Le temple de Néfertari

Dans le temple dédié à l'épouse préférée de Ramsès ainsi qu'à la déesse Hathor, divinité de la danse et de l'amour, ce sont cette fois **six statues monumentales** qui se dressent en façade, six colosses debout, d'une hauteur de 8 m, deux représentant la reine, les autres le souverain. À leurs pieds, à une moindre échelle, les enfants royaux. Et une audace que seul pouvait se permettre le puissant Ramsès : la reine et le roi sont représentés côte à côte à taille égale, une innovation dans la statuaire royale. Pour parachever cet hymne à l'amour excavé de la montagne, Ramsès II fit graver sur la façade du temple l'inscription : « Néfertari par amour de laquelle se lève le Soleil. » De quoi combler l'orgueil d'une épouse et d'une reine.

● **L'intérieur**. On pénètre dans un vestibule soutenu par six piliers à chapiteaux hathoriques. De là, après avoir traversé une seconde salle, on accède au sanctuaire. Sur le mur du fond figure l'**effigie d'Hathor**, sculptée à même la roche, sous sa forme de vache. Elle est de face, comme sortant de la montagne, protégeant devant elle une statue du roi. Les **reliefs** qui ornent les parois du temple sont d'un grand intérêt : ils présentent des scènes traditionnelles d'offrande aux divinités où figurent alternativement le roi et la reine. Dans leur style soigné et d'une grande fraîcheur peut se lire la joie d'un règne commençant, où le couple royal, dans la fleur de sa jeunesse, célèbre à l'envi sa beauté et sa puissance. ●

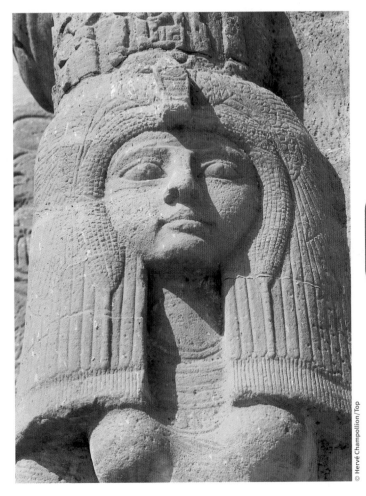

© Hervé Champollion/Top

architecture
Une orientation savamment calculée

Au fond du naos trônent quatre statues côte à côte : de g. à dr., Ptah, Amon, Ramsès et Rê. L'orientation du temple fut calculée de sorte que, à deux époques de l'année, entre le 10 janvier et le 30 mars et entre le 10 septembre et le 30 novembre, les rayons du soleil pénètrent profondément à l'intérieur du sanctuaire. Deux fois par an, le 20 février et le 20 octobre, ils viennent même caresser les effigies de grès. En février, la lumière touche d'abord Amon puis se déplace sur la statue de Ramsès. En octobre, c'est le contraire : les rayons du soleil irradient Rê, puis le roi. C'est ainsi que les dieux transmettent au roi leur puissance divine. Quant à Ptah, le vieux dieu memphite dont Ramsès II avait ranimé le culte, seule son épaule gauche est touchée quelques instants par les rayons du soleil.

Lors de la reconstruction du temple à son nouvel emplacement, l'orientation du temple fut strictement respectée afin que l'effigie de Ramsès II puisse toujours être revivifiée par l'irradiation divine. ●

▲ La statue monumentale, qui se dresse à l'entrée du temple de Néfertari, représente l'épouse préférée de Ramsès II.

▲ Chantier de construction du barrage d'Assouan.

Grands travaux sur le Nil

L'objectif majeur du Haut Barrage d'Assouan était la maîtrise du plus long fleuve du monde. Il fallait en finir avec l'alternance de crues et de sécheresse qui précarisait l'agriculture égyptienne au moment où le pays devait faire face à une poussée démographique de plus en plus pressante. Il fallait, en somme, ramener les sources du Nil à l'intérieur des frontières de l'Égypte.

La construction

La dimension pharaonique du projet n'échappa pas à ses promoteurs, Gamal abd el-Nasser en tête. Et le symbole était éloquent : là où jadis on édifiait de colossales pyramides pour le salut d'un seul, les nouveaux dirigeants de l'Égypte entreprenaient des travaux plus colossaux encore, mais pour le bénéfice de tous. Les Européens, à la suite des Américains, tout à leur solidarité israélienne, ayant refusé de financer le projet, Nasser fut contraint de solliciter l'aide de l'URSS.

Après des études préliminaires qui décidèrent du choix d'un barrage-poids, les travaux débutèrent en 1960. En 1964, les eaux du Nil, définitivement barrées, entraient dans un canal de dérivation. En 1972, l'ouvrage fut inauguré par les présidents Sadate et Podgornyï.

Des résultats positifs

L'objectif principal a été atteint : la crue de 1964 fut maîtrisée, alors que la mise en eau de l'ouvrage n'était pas même encore achevée, et la terrible sécheresse qui frappa les pays de l'Afrique orientale entre 1984 et 1988 fut sans effet sur l'Égypte. De plus, pour la première fois depuis l'apparition de la civilisation sur les rives du Nil, l'agriculture n'y était plus dépendante des caprices de la crue : grâce à l'irrigation, il est même aujourd'hui possible de pratiquer deux récoltes par an, ce qui revient en fait à doubler la surface agricole du pays, à quoi s'est ajoutée la bonification de terres conquises sur le désert. Par ailleurs, la production d'électricité, même si elle ne représente plus aujourd'hui qu'environ 20 % du total de la production égyptienne, n'est pas négligeable. Elle a permis l'électrification des campagnes ainsi que le développement d'une industrie lourde : chimie et sidérurgie. Enfin, la pacification du fleuve l'a rendu navigable tout au long de l'année, pour le plus grand profit des bateaux de croisière et des touristes.

La Nubie engloutie

La mise en eau du barrage eut une conséquence immédiate : le déplacement d'une population estimée à 60 000 personnes qui vivaient jusque-là en amont d'Assouan, et qui virent leur pays, la Nubie, leurs terres et leurs villages définitivement sous les flots. Ils furent relogés dans de nouveaux villages, à Assouan mais aussi dans les environs du temple de Kom Ombo ; d'autres se sont résolus à partir en Basse Égypte et au Caire pour y construire une nouvelle vie. Les temples pharaoniques eurent plus de chance : grâce aux immenses efforts de la communauté internationale, ils ont été sauvés des eaux et, pour beaucoup, reconstruits plus haut sur la rive. En ce domaine, la réalisation la plus spectaculaire fut le sauvetage des temples d'Abou Simbel.

Des conséquences imprévues

L'édification d'un ouvrage d'une telle importance n'a pas manqué d'entraîner d'importantes modifications dans l'écologie régionale. Une telle masse d'eau suscite une évaporation importante : il y a désormais des nuages dans le ciel d'Assouan, où l'on a même vu quelques gouttes de pluie, à la plus grande stupéfaction des habitants. Conséquence plus grave, tout le limon, fertilisant naturel des terres égyptiennes pendant des millénaires, est désormais retenu en amont du barrage. Pour assurer leurs deux récoltes annuelles, les paysans sont donc contraints de recourir largement aux engrais chimiques. De plus, l'irrigation massive et incontrôlée a rapidement entraîné des remontées catastrophiques de sels, rendant de nombreuses terres impropres à la culture (10 à 15 % des terres de l'oasis du Fayoum, par exemple). Un bilan mitigé, donc, pour ce qui reste néanmoins le plus formidable ouvrage de l'Égypte contemporaine. ●

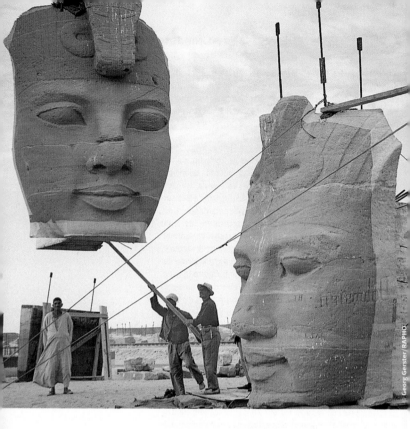

Georg Gerster/RAPHO

▲ Spectaculaire dépose des colosses.

Le sauvetage des temples d'Abou Simbel

La tête d'un des colosses du grand temple en route pour sa nouvelle demeure. Par précaution, le fond des remorques était recouvert d'une épaisse couche de sable.

La construction du Haut Barrage d'Assouan mettait définitivement l'Égypte à l'abri des caprices des crues du Nil. Mais le remplissage du lac de retenue, le lac Nasser, condamnait 24 temples antiques à être engloutis. La célèbre égyptologue française Christiane Desroches-Noblecourt parvint à mobiliser la communauté internationale pour une entreprise titanesque : le sauvetage des temples de Nubie et, en premier lieu, de ceux d'Abou Simbel.

L'appel international

Convaincre la communauté internationale de se mobiliser pour sauver des temples d'Égypte ne fut pas une tâche aisée. Il fallut cinq années, au cours desquelles l'affaire de Suez ne contribua pas à accélérer le processus pour qu'enfin, le 8 mars 1960, soit lancé, sous l'égide de l'Unesco, un appel international pour la sauvegarde des monuments de Nubie. À cette époque, les relations diplomatiques étaient encore rompues entre l'Égypte, la France et l'Angleterre. Christiane Desroches-Noblecourt rappelle avec émotion qu'une des premières réponses fut celle d'une petite fille de Tournus, âgée de 12 ans, qui envoyait à l'organisation internationale le contenu de sa tirelire. Finalement, une trentaine de pays répondirent à l'appel, ainsi qu'un grand nombre de particuliers.

Un gigantesque puzzle

Après l'étude de divers projets, le choix du procédé de remontage fut définitivement arrêté le 16 novembre 1963. Les deux temples seraient sciés en blocs, certains de taille gigantesque afin de préserver l'intégrité du visage des statues, puis remontés 100 m plus haut, à l'abri des eaux du lac. Pour conserver au site son aspect originel, une immense voûte de béton, parée des pierres prélevées *in situ*, devait recouvrir l'ensemble. Et surtout, il fallait respecter scrupuleusement l'orientation d'origine, afin de laisser deux fois l'an le soleil pénétrer jusqu'au fond du temple.

Trois années de travaux

En août 1965, les travaux commencèrent. On procéda tout d'abord à l'arasement des collines jusqu'à 80 cm environ des plafonds des temples. L'eau du lac montant dangereusement, il fallut protéger le site par un batardeau long de 370 m et haut de 37 m ; l'infiltration des eaux nécessita de plus l'installation de pompes. Avant de procéder à la découpe des blocs supérieurs, on prit soin de recouvrir les façades de sable (380 000 m³) afin de les protéger de tout choc éventuel. Puis vint le découpage proprement dit : pas moins de 1042 blocs, certains pesant 20 tonnes. Une fois numérotés, ils étaient transportés par des camions, au fond desquels on avait disposé un lit de sable, sur le nouveau site. En juillet 1966, les deux temples étaient entièrement démontés. Ne restait plus qu'à assembler ce puzzle de géant que vint coiffer une immense voûte de béton, la plus grande voûte porteuse du monde à cette époque. Par sécurité, le béton fut coulé au plus chaud de l'été par une température de 58 °C. L'inauguration officielle eut lieu le 22 septembre 1968, 146 ans exactement après la lettre de Champollion à M. Dacier *(p. 226)*.

Le patrimoine de l'humanité

« Le 8 mars 1960, pour la première fois, toutes les nations sont appelées à sauver ensemble les œuvres d'une civilisation qui n'appartient à aucune d'elles. » Ainsi débutait la réponse d'André Malraux, alors ministre de la Culture du général de Gaulle, à l'appel lancé par l'Unesco en faveur d'Abou Simbel. C'est en effet à la suite du sauvetage des temples de Nubie qu'est née parmi les nations l'idée d'un patrimoine mondial. Aujourd'hui, plusieurs centaines de sites du monde entier, historiques ou naturels, figurent sur une liste établie par l'Unesco et sont placés ainsi sous la protection de la communauté internationale. Une réalisation que n'eût pas désavouée André Malraux, qui concluait ainsi son adresse à l'Unesco : « Il n'est qu'un acte sur lequel ne prévalent ni l'indifférence des constellations ni le murmure éternel des fleuves : c'est l'acte par lequel l'homme arrache quelque chose à la mort ». ●

Carnet d'adresses

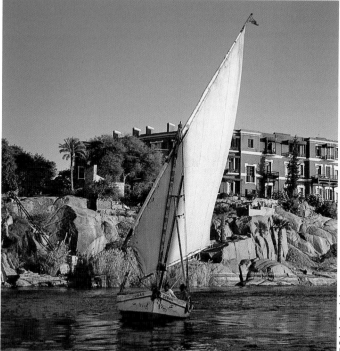

▲ Dans le film *Mort sur le Nil*, c'est de l'hôtel Cataract que partait le bateau emmenant Hercule Poirot et ses compagnons dans leur tragique croisière.

|| Abou Simbel

Visite *p. 197.*

Indicatif téléphonique ☎ 097.

Sauf mention contraire, les hôtels et les restaurants sélectionnés acceptent **les cartes bancaires.**

Accès

● **En avion.** Plusieurs vols quotidiens relient Assouan et Louxor à Abou Simbel. Le nombre de rotations permet d'effectuer la visite dans la journée, solution privilégiée par la majorité des visiteurs.

● **Par la route.** 2 liaisons en bus sont organisées pour les visiteurs étrangers ; les départs sont assurés à 4 h et 11 h (se faire confirmer les horaires à l'office du tourisme) et prévoient le retour dans la journée. Départ depuis la nouvelle gare routière à 4 km au N du centre-ville. On peut également choisir de louer les services d'un taxi ; dans ce cas également, vous devrez vous joindre aux deux convois quotidiens (4 h et 11 h). Cette solution vous permettra en revanche plus de liberté sur place, en vous joignant au premier convoi et en revenant par le dernier.

● **Par le lac.** La navigation sur le lac est réservée à quelques bateaux de croisière. Le séjour s'inscrit dans des forfaits proposés par les voyagistes et ne peut en principe être souscrit sur place.

Hôtels

Tous les hôtels se trouvent dans la ville moderne qui s'est développée en lisière du site. On y trouve aussi plusieurs restaurants, des boutiques et des banques.

▲▲▲▲ **Nefertari** ☎ 340.05.08, fax 340.05.10. *123 ch.* Moderne et de bon confort, un peu moins bien tenu que le Seti Abu Simbel.

▲▲▲▲ **Seti Abu Simbel** ☎ 340.07.20, fax 340.08.29. *138 ch.* Un très bel ensemble en lisière du village et à moins de 2 km du site : des bungalows, certains ouvrant sur le lac, disposés dans d'agréables jardins. Belle piscine.

▲ **Nobaleh Ramsis** ☎ 340.11.18. *23 ch. Pas de cartes de paiement.* Si les parties communes sont laissées à l'abandon, les ch en revanche sont relativement propres avec leur carrelage et leurs peintures claires. Elles n'ouvrent que par une petite lucarne, seule concession à l'habitat traditionnel. L'hôtel se trouve au centre du souk.

Abu Simbil Tourist Village ☎ 340.00.92. *23 ch.* À l'entrée du souk quand on arrive de l'aéroport. Très sommaire. Pas de restaurant.

Assouan

Plan *p. 180.*

Visite *p. 182.*

Indicatif téléphonique ☎ 097.

Sauf mention contraire, les hôtels et les restaurants sélectionnés acceptent **les cartes bancaires.**

❶ **Office du tourisme** : à côté de la gare ferroviaire **B1** ☎ 230.28.11. Ouv. t.l.j. de 8 h à 15 h et de 18 h à 20 h (en été, de 8 h à 15 h et de 19 h à 21 h). Le personnel est particulièrement aimable et compétent.

Accès

● **En avion.** L'aéroport d'Assouan se trouve à env. 15 km au S de la ville, au-delà du Haut Barrage **hors pl. par A3**. Il accueille des vols internationaux (bureau de change). Pas de navette vers le centre-ville, mais vous trouverez de nombreux taxis à la sortie de l'aérogare (env. 40 £EG). Plusieurs vols quotidiens depuis Le Caire et Louxor.

● **En train.** La gare se trouve au N de la ville **B1** ☎ 340.47.54. De nombreux taxis ainsi que quelques calèches attendent à la sortie. L'office du tourisme est tout près.

● **En bus.** Gare routière à 4 km N du centre **hors pl. par B1.**

Adresses utiles

● **Banques.** Distributeurs dans les banques ouvertes dans le **souk** et à l'aéroport.

● **Change.** Bureaux de change dans les **grands hôtels** et distributeur automatique de billets devant la banque **Misr**, sur la corniche.

● **Compagnie aérienne.** Egyptair, corniche El-Nil **A3** ☎ 231.50.00; à l'aéroport ☎ 348.05.68.

● **Culte.** Église catholique près de la gare routière **B1**. Messes en anglais les sam. et dim. soir.

● **Poste.** Corniche El-Nil, près du bureau d'*Egyptair* **A3**.

● **Urgences.** Hôpital général **hors pl. par A3** ☎ 231.38.55. **Police** ☎ 122. Police touristique **B1** ☎ 231.43.93.

Circuler

Assouan est une ville tout en longueur (2 km environ du N au S de la corniche qui s'étire au bord du Nil). Les distances que l'on y parcourt ne nécessitent pas vraiment de moyen de transport. On trouve cependant quelques calèches sur place ainsi que de nombreux taxis.

● **En taxi.** Indispensable pour visiter les sites archéologiques – le temple de Philae, l'obélisque inachevé, le temple de Kalabsha. Il s'agit essentiellement de breaks Peugeot. Bien préciser au chauffeur le détail de la course avant d'entamer les marchandages. Le plus commode est de conserver votre taxi pour une demi-journée, le temps de visiter le temple de Philae et l'obélisque inachevé. Le Haut Barrage peut être visité sur le chemin de l'aéroport.

● **En felouque.** Circuler en felouque est un plaisir dont il ne faut pas se priver lors d'un séjour à Assouan. Vous pourrez au choix négocier une simple promenade sur le Nil ou utiliser ce moyen de transport pour gagner les îles face à la ville (Éléphantine, Kitchener) ainsi que la rive gauche où se trouvent le monastère Saint-Siméon et les tombeaux des princes d'Éléphantine. On peut gagner ainsi les îles de Séhel et Saluga au S de la ville ; toutefois, la distance étant plus grande, mieux vaut utiliser les services d'une barque à moteur en cas de faible vent. Vous trouverez des felouques et des barques à moteur long de la corniche. Comptez env. 25 £EG par heure de promenade.

● **En ferry**. Plusieurs bateaux de transport public assurent la traversée depuis la corniche. **Vers le sud de l'île Éléphantine** (temple de Khnoum et Musée archéologique) : au S de la corniche, au niveau du bureau d'Egyptair **A3**. **Vers le village nubien d'Éléphantine B3**. **Vers les tombeaux des princes d'Éléphantine** : face à la rue conduisant à la gare **B1**.

Quitter Assouan

● **En avion**. Plusieurs vols quotidiens vers Louxor, Le Caire et Abou Simbel.

● **En train**. Trains pour Louxor et Le Caire ainsi que pour toutes les villes de la vallée du Nil.

● **En bus**. En 2004, le transport des touristes étrangers par la route vers Louxor ne pouvait s'effectuer qu'au sein de convois sous protection policière. Se rens. auprès de l'office du tourisme. *Avertissement p. 166.*

Hôtels

●●● *Pour vous repérer : les numéros en* bleu *permettent de localiser les hôtels sur le plan d'Assouan, p. 180.*

▲▲▲▲▲ Cataract 1, **A3** ☎ 231.60.00, fax 231.60.11, h1666@accor-hotels. com. *131 ch. pour le Old Cataract, 144 ch. pour la partie moderne.* Centenaire en 2002, ce fleuron de l'hôtellerie britannique est toujours là, planté sur sa colline qui domine l'un des plus beaux paysages d'Égypte. Beaucoup d'atmosphère dans les parties communes et chambres de grand luxe, meublées et décorées avec goût. Le must d'un séjour à Assouan. L'ancien bâtiment est flanqué d'un appendice moderne, le *New Cataract*. ch. de grand confort, même si l'atmosphère générale de cette partie est d'une affligeante banalité. En revanche, on jouit depuis les chambres de la partie moderne (moins chère que le *Old Cataract*) d'une vue incomparable sur le Nil : sans aucun doute la plus belle d'Assouan.

▲▲▲▲▲ Isis 2, Isis Island **hors pl. par A3** ☎ 231.74.00, fax 231.74.05, isis island@aswanet.com.eg. *447 ch.* À 5 min en bateau d'Assouan (navette privée gratuite depuis le S de la corniche, au niveau des bureaux d'Egyptair **B3**), cet hôtel occupe une île sur laquelle sont disséminés, au milieu de jardins, parties communes, piscine et bâtiments abritant les chambres. Grand luxe et calme assuré.

▲▲▲▲▲ Mövenpick 3, île Éléphantine, **A2** ☎ 230.34.55, fax 231.35.38. *234 ch.* Une retraite au calme sur l'île Éléphantine ; ch de tout confort, jolis jardins ; navettes gratuites avec le débarcadère sur la corniche.

▲▲▲▲ Basma 4, rue El-Fanadek **hors pl. par A3** ☎ 231.09.01, fax 231.09.07, basma@rockel mail.com. *210 ch.* Le dernier-né des hôtels modernes et de grand confort de la ville. Il occupe une éminence au-dessus du musée de la Nubie et domine un vaste panorama sur le fleuve et Assouan.

▲▲▲▲ Isis 5, *(en ville)*, corniche El-Nil **B2** ☎ 231.51.00, fax 231.55.00. *102 ch.* Un ensemble de bungalows de bon confort aménagés en terrasse entre la corniche et le Nil : au centre, les parties communes, et, au bord du fleuve, une grande et belle piscine. Agréable et central. Évitez de choisir les chambres trop près de la corniche en raison du bruit de la circulation, qui se prolonge tard dans la nuit et commence tôt le matin. À noter : un bon **restaurant** italien décoré dans le style d'une *trattoria* (salle intérieure uniquement).

▲▲▲ **Marhaba** 6, Corniche **B1** ☎ 233.01.02, fax 233.01.05, www. marhaba-aswan.com. *75 ch.* Hôtel moderne en retrait de la Corniche ; préférer les ch donnant sur le Nil. Un effort pourrait être fait sur l'entretien des parties communes.

▲▲▲ **Cleopatra** 7, rue Saad Zaghlul **B1** ☎ 231.40.01, fax 231.40.02. *130 ch.* Moderne et de bon confort au cœur du souk populaire. Chambres impeccables et accueil sympathique. Piscine sur la terrasse ; on peut y prendre un verre face au Nil. Bon rapport qualité/prix.

▲▲ **El-Amir** 8, rue Abas Farid **B3** ☎ 231.47.32, fax 230.44.11. *36 ch.* Petit hôtel moderne en arrière de la corniche. Pas franchement gai.

▲▲ **Horus** 9, corniche El-Nil **B3** ☎ 230.33.23, fax 231.33.13. *41 ch.* La réception se trouve à l'étage. À n'utiliser que si les autres établissements à petit budget de la corniche sont complets.

▲▲ **Philae** 10, Corniche **B2** ☎ 231. 20.89, fax 232.40.89. *54 ch.* Très simple ; demandez à voir les chambres.

▲ **El-Salam** 11, corniche El-Nil **B2** ☎ 230.26.51, fax 230.36.51. *70 ch.* Réception au 2e étage. Agréable salle de restaurant face au Nil pour prendre son petit déjeuner. Ambiance jeune et sympathique. Chambres et parties communes bien tenues. Demander néanmoins à en voir plusieurs ; celles donnant sur le Nil, pourvues de petits balcons, ont notre préférence.

▲ **Keylani** 12, 25, rue Keylani **B2** ☎ 231.73.32. *25 ch.* Au fond d'une ruelle donnant sur le souk, il offre le double avantage de se trouver au cœur de la ville populaire, tout en étant à l'écart du bruit. Propre, très sympathique : une adresse très cou-

rue des routards du monde entier. L'hôtel abrite aussi un cybercafé équipé du haut débit.

Restaurants

●●● *Pour vous repérer : les numéros en* **rouge** *permettent de localiser les restaurants sur le plan d'Assouan, p. 180.*

◆◆◆ **1902** 1, Old Cataract, **A3** ☎ 231. 60.00. L'étape incontournable d'un séjour à Assouan ; on dînera ici sous la haute coupole de la salle de restaurant de l'hôtel *Cataract*, réalisée dans un style néomauresque caractéristique de la période coloniale. On pourra opter pour le menu du jour ou pour la carte dont les plats portent tous le nom d'une des personnalités qui se sont attablées ici, d'Agatha Christie à François Mitterrand en passant par Winston Churchill.

◆◆ **El Dokka** 13, **A3**. Sympathique restaurant, décoré dans la couleur locale, installé sur un îlot à 5 min de navigation de la corniche. Navette privée et gratuite depuis l'embarcadère du ferry pour le temple de Khnoum.

◆ **Panorama** 14, corniche El-Nil **A3**. Excellentes spécialités orientales servies dans un cadre agréable et fleuri sur un ponton face au Nil. Un des restaurants préférés des Français séjournant à Assouan ; le maître d'hôtel parle parfaitement leur langue et s'emploie à expliquer en détail les préparations de sa carte. *F. en soirée vers 21 h.*

Shopping

À visiter impérativement lors d'un séjour à Louxor, la longue **rue du souk** (Saad Zaghlul **B1-2**) qui s'étire sur plus de 1 km parallèlement à la corniche et aboutit au N sur la place qui précède la gare. C'est là que s'approvisionnent les habitants de la ville : parfums et couleurs garantis. Vous y trouverez les épices de Haute Égypte artistiquement disposées en pyramides dans de grands couffins. ●

repères

© Sylvain Grandadam

Les dates qui ont fait
l'Égypte pharaonique

|| Période
de formation

● **VIe millénaire.** Les plus anciennes traces de société humaine dans la vallée du Nil remontent à cette période. Il s'agit pour l'essentiel de reliefs pariétaux qui évoquent des communautés de chasseurs traquant de leurs arcs et de leurs flèches girafes, autruches ou éléphants.

| La préhistoire

● **V^e millénaire.** Alors que le reste du nord de l'Afrique du Ve millénaire est peuplé de tribus de chasseurs nomades, apparaît dans la région du Fayoum une **société d'agriculteurs**, maîtrisant l'art de la vannerie et de la céramique. Parallèlement, la Haute Égypte développe un **art raffiné** qui excelle entre autres dans la taille de l'ivoire.

Pages précédentes : peinture murale de la tombe de Séthi Ier située dans la vallée des Rois.

◄ Statues colossales de Ramsès II taillées dans la falaise (temple d'Abou Simbel).

▶ LA PÉRIODE DE NAGADA

● **IVe millénaire.** Ce millénaire ouvre la période prédynastique, appelée aussi **culture de Nagada**, du nom du site éponyme situé en face de Nag Hammadi, en Moyenne Egypte. Les quelque 3 000 sépultures mises au jour ont livré un **abondant matériel funéraire**, céramique notamment, dont certains thèmes décoratifs trahissent des relations avec le monde mésopotamien.

▶ LA « DYNASTIE ZÉRO »

La fin de la période de Nagada voit apparaître l'utilisation d'éléments qui appartiennent déjà au monde pharaonique – couronnes, symboles, ébauche du système hiéroglyphique. Aussi certains spécialistes ont-ils suggéré le concept de « dynastie zéro », c'est-à-dire antérieure à la première dynastie dans le classement de Manéthon, l'historien égyptien à qui l'on doit la division de l'histoire de l'Égypte ancienne en dynasties. C'est à cette époque qu'appartiendrait le « roi Scorpion », dont la sépulture a été mise au jour en 1988 dans l'ancienne nécropole d'Abydos (p. 176).

| L'aube thinite

● **2950-2635.** Narmer, un roi venu du Sud, réussit l'unification de l'Égypte par la conquête du Delta.

Pour la tradition grecque, cet exploit, représenté sur la **palette de Narmer** (p. 67), fut l'œuvre du **roi Ménès**, originaire de This (ville qui a donné son nom à la période historique), près d'Abydos. S'agit-il du même personnage, comme pourrait le laisser supposer une inscription qui

associe à Narmer le terme de « Men » pour Ménès ? Et pour de nombreux spécialistes, Narmer et Ménès désignent le même personnage.

Un fait demeure : dès son origine, la civilisation pharaonique est en place. Le roi est la personnification du **dieu Horus** et porte une titulature – l'ensemble des titres que porte le souverain – qui demeurera inchangée jusqu'au dernier pharaon, vingt-huit siècles plus tard.

Dans la mythologie égyptienne, Ménès passe pour être le fondateur de **Memphis** (p. 103), construite autour du temple de Ptah (p. 121), le dieu créateur dont il instaura le culte. **Abydos** (p. 176) est le centre du culte national, et c'est là que se font inhumer les souverains. Des tombeaux secondaires à leur nom ont été découverts à Saqqara (p. 94) : sans doute s'agit-il de cénotaphes, sépultures rituelles, pour marquer le pouvoir des rois sur la Basse Égypte.

|| Ancien Empire : IIIe-VIe dynastie

● **2635-2140.** L'histoire politique de ces cinq siècles est fort mal connue. Certains de ses pharaons ne sont même pour nous que des noms, transmis par la liste royale de la pierre de Palerme – une stèle de la Ve dynastie qui porte gravée la succession des premiers pharaons – des noms rendus illustres toutefois par le gigantisme des réalisations qui leur sont attachées : Djoser, Snéfrou, Chéops, Chéphren, Mykérinos…

| Les premiers pharaons

● **2617-2450.** La première figure marquante de l'Ancien Empire est le roi **Djoser** (2617-2591). Sous son règne est construite la première pyramide (p. 86). Autour du souverain règne une **élite** – guère plus de 2 000 hommes pour une population totale estimée à 1,5 million d'individus

– qui se distingue de la masse par sa connaissance de l'écriture : c'est le monde des scribes, des prêtres et des hauts dignitaires, parmi lesquels le grand vizir, *djaty*, et les gouverneurs de province, ou nomarques, la plupart de sang royal.

Dès la IVᵉ dynastie (2561-2450), l'**administration égyptienne** est en place : les différents ministères s'assurent du recensement de la population, de l'organisation de l'irrigation, du cadastre et de la collecte des impôts. Le pays est divisé en **provinces**, les 42 nomes traditionnels : on en compte 22 au sud et 20 au nord, chacun portant un emblème provenant sans doute d'un vieux fonds tribal prédynastique.

Le déclin

Si les pharaons tirent leur pouvoir de la possession de la terre, ils doivent leur puissance au commerce lointain. Sous l'Ancien Empire, il n'est pas encore question de conquêtes. Le roi envoie des expéditions vers le Sinaï pour en exploiter les richesses minières, ou vers la Nubie, traditionnel réservoir de mercenaires et de matières précieuses.

▶ Le règne de Pépi II

● **2241-2148.** Le long règne de **Pépi II** (94 ans ; 5ᵉ souverain de la VIᵉ dynastie) marque le point culminant de l'Ancien Empire. Au cours de ce règne, les hauts dignitaires s'affranchissent peu à peu de la tutelle royale. Déjà, à la fin de la Vᵉ dynastie (2450-2321), leur puissance se lisait dans la somptueuse décoration de leurs tombeaux (mastabas de Ti et de Mérérouka à Saqqara, *p. 101*).

Mais sous Pépi II se constituent de véritables lignées de **potentats locaux**, la charge de gouverneur étant devenue héréditaire. Et, plutôt que de se faire inhumer selon l'usage autour de la sépulture de leur souverain, ils préfèrent la nécropole de leur capitale respective, où ils se font rendre un culte funéraire.

▶ La chute de la VIᵉ dynastie

● **2148-2140.** À la mort de Pépi en 2148, les forces centrifuges ont définitivement pris le pas sur le pouvoir central. La VIᵉ dynastie s'achève dans un climat de complot et de guerre civile larvée, avec le règne de **Nitocris** (vers 2140), la première femme à monter sur le trône d'Égypte *(p. 224)*.

|| Première période intermédiaire

● **2140-2022.** À la chute de la VIᵉ dynastie, l'Égypte connaît une **période de chaos** qui voit une longue succession de roitelets incapables d'imposer leur autorité à des dynasties locales résolument indépendantes. Aux guerres incessantes s'ajoutent la disette et, pis que tout, le mépris des traditions ancestrales.

La dynastie des Antef

Les rois impuissants des VIIIᵉ, IXᵉ et Xᵉ dynasties se veulent pourtant les héritiers des dynasties memphites : ils reprennent les titulatures des souverains du temps passé, mais sans pour autant en recouvrer le pouvoir.

Pour la première fois, le salut vient de Thèbes : depuis 2130 environ y règne une dynastie, celle des **Antef**, du nom de son fondateur. Le quatrième de la lignée, **Montouhotep II**, réussit vers 2022 à réunir les deux royaumes à la force des armes. Le Moyen Empire s'ouvre avec cette XIᵉ dynastie.

Une période de profondes mutations

Cette période vit en même temps une profonde mutation de la société égyptienne : l'entrée de l'individu sur la scène de l'Histoire. La **promesse d'un au-delà**, réservée jusqu'alors au seul souverain, s'étend aussi à de plus larges couches de la population. L'idée morale fait son apparition.

Moyen Empire :
les XIᵉ et XIIᵉ dynasties

● **2022-1784.** Avec la XIᵉ dynastie, **Thèbes** devient la capitale du royaume. Sa divinité locale, **Amon** *(p. 238)*, associée à Rê, se hisse au sommet du panthéon et fait figure de dieu national. L'absolutisme royal atteint son apogée dans une Égypte puissante et respectée.

La réorganisation du pays

Pour les nouveaux maîtres du Double Pays, il s'agit tout d'abord de **réformer l'administration** : une tâche longue et ambitieuse à laquelle chaque souverain apporte sa contribution. La triste expérience de l'anarchie impose de réduire les pouvoirs des nomarques : en soumettant tout d'abord la succession des gouverneurs à l'assentiment royal puis, sous Sésostris III (XIIᵉ dynastie), en les remplaçant par des fonctionnaires subalternes dépendant de la volonté royale.

● **1991-1962.** Aménemhat Iᵉʳ, fondateur de la XIIᵉ dynastie, inaugure une pratique suivie jusqu'à l'époque ramesside : celle d'associer, du vivant du pharaon, son fils au trône afin de faciliter la succession. Il faut enfin imprimer dans la pierre l'autorité royale : les temples de Haute et de Basse Égypte font l'objet de restaurations et d'agrandissements, et en tout premier lieu celui de **Karnak** *(p. 115)*, le sanctuaire du dieu national.

Le grand Sésostris

● **Vers 1961-1928.** Les Grecs, avec Hérodote (484-425 av. J.-C.), ont fait du roi Sésostris la figure emblématique du Moyen Empire, une légende qui s'inspire en partie du règne de **Sésostris III**.

▶ L'ESPRIT DE CONQUÊTE

S'ils ne s'aventurent pas aussi loin que le prétendaient les Grecs, qui les virent combattre en Thrace et contre les Scythes, les pharaons du Moyen Empire renouent avec la tradition des **expéditions lointaines** : vers le sud avec l'intégration au royaume de la Basse-Nubie et vers les oasis de l'ouest pour soumettre les nomades libyens en s'assurant la maîtrise des pistes caravanières. Vers l'Orient, surtout, avec lequel l'Égypte entretient de fructueuses relations commerciales à travers les ports de Byblos et d'Ougarit, dont les princes se montrent sensibles à la brillante civilisation des rives du Nil.

▶ L'EMPIRE S'OUVRE À L'ÉTRANGER

Dans le même temps, le Double Pays s'ouvre aux **influences extérieures** : des céramiques minoennes sont déposées dans les tombes tandis que dans la partie orientale du Delta s'implantent des colonies asiatiques venues du Proche Orient, réservoirs de main-d'œuvre et de mercenaires. Creusé dans la falaise jaune de Beni Hassan, en Moyenne Egypte, le tombeau de Khnoumhotep (première moitié du XIXᵉ s.), qui fut gouverneur des provinces orientales, montre ainsi une caravane de nomades asiatiques pénétrant en Égypte.

Pour garder ses frontières orientales, l'Égypte entreprend la construction du « **mur du Roi** », qui défend les chemins de Horus, c'est-à-dire les pistes caravanières conduisant vers le Proche-Orient à travers le Sinaï.

Deuxième période intermédiaire

● **1784-1539.** La XIIᵉ dynastie s'achève avec le règne d'une reine, **Sobeknéfrou** (1787-1784). La dynastie suivante (1784-1650) compte, selon Manéthon, une soixantaine de souverains. Depuis leur capitale de **Licht**, ceux-ci s'efforcent de perpétuer la civilisation des siècles précédents, mais l'étendue de leurs territoires s'étiole. La Nubie s'émancipe sous la conduite des rois de Kouch, secondé par des officiers égyptiens. De petits royaumes indépendants se disputent le Delta (XIVᵉ et XVIᵉ dynasties) tandis que, vers le milieu du XVIIᵉ s., une dynastie locale affirme son indépendance à Thèbes (XVIIᵉ dynastie).

L'occupation étrangère

À la même époque, les « chefs des pays étrangers », les **Hyksos** (1650-1539, XVᵉ dynastie), d'origine sémite sémitique, réussissent à s'implanter à **Avaris**, dans le Delta oriental, une région déjà peuplée d'Asiatiques depuis près de deux siècles. De là, ils poussent leur avantage jusqu'à Memphis, où leur roi Salitis se fait couronner pharaon en 1650, et finissent par exercer leur influence sur une grande partie de la vallée. S'il est vrai qu'au cours de leurs campagnes les Hyksos pillent temples et palais, ils se montrent néanmoins soucieux de reprendre à leur compte les titulatures et l'apparat pharaoniques. **Seth d'Avaris**, assimilé à Baal le grand dieu des Sémites du Proche-Orient, est vénéré comme le dieu national. Surtout, les Hyksos introduisent en Égypte la **charrerie** (le cheval était connu sur les bords du Nil, mais pas l'attelage), qui permettra aux pharaons des XVIIIᵉ et XIXᵉ dynasties de conduire leurs campagnes victorieuses au Proche-Orient.

La reconquête

« Il y a un chef dans Avaris et un autre à Kouch, et moi je resterais sans rien faire, entre un Asiatique et un Nègre ! » Coincé dans une Thèbes coupée des grandes routes commerciales, **Kamosé** (1541-1539), le dernier souverain de la XVIIᵉ dynastie, proclame ainsi son ambition sur une stèle qu'il fait graver à Karnak. Pourtant, la gloire de réunifier l'Égypte ne revint pas à celui qui avait choisi pour nom de Horus « L'Horus parfait qui courbe les Deux Terres », mais à son frère **Ahmosis** (1539-1514), avec qui traditionnellement commencent la XVIIIᵉ dynastie et le Nouvel Empire.

Nouvel Empire : la XVIIIᵉ dynastie

● **1539-1293.** La XVIIIᵉ dynastie est la dynastie vedette de toute l'histoire égyptienne. Ses souverains, les Aménophis et les Thoutmosis, sans oublier la reine Hatchepsout et l'énigmatique Akhénaton, composent une galerie d'inoubliables portraits, jusqu'à Toutankhamon, petit roi sans pouvoir mort à 19 ans, dont la tombe, découverte inviolée, a révélé la richesse qui entourait les dépouilles des souverains *(p. 141)*.

L'empire

La reconquête s'achève en 1518 avec la **prise de Sharouen**, la dernière place forte des Hyksos, après trois ans de siège. Désormais, il ne suffit plus de fortifier le *limes* égyptien, comme au Moyen Empire : la défense du pays impose de se porter en avant des frontières.

▶ Les gendarmes du Levant

Enrichis par l'or de la Nubie reconquise, les pharaons des XVIIIᵉ et XIXᵉ dynasties s'érigent en véritables gendarmes du Levant. La Syrie-Palestine, affaiblie par d'incessantes guerres régionales, constitue en effet une proie facile pour les empires du Nord – Hourrites du Mitanni puis Hittites. **Thoutmosis Iᵉʳ** (1493-1481) inaugure cette longue série de campagnes : il est le premier souverain égyptien à franchir l'Euphrate.

▶ Les campagnes d'Orient

Le petit-fils de Thoutmosis Iᵉʳ, **Thoutmosis III** (1478-1426), après avoir retrouvé le trône dont il avait été évincé par sa tante, **Hatchepsout** *(p. 225)*, conduit 17 campagnes en Orient. Au cours de la première, il défait une coalition de cités palestiniennes à la bataille de Meggido et atteint l'Euphrate. Plutôt que de guerres de conquête, il s'agit d'opérations de police visant à s'assurer la loyauté des cités vassales, toujours promptes à se soulever. Pour plus de sûreté, les

histoire

princes des cités palestiniennes sont éduqués à la cour d'Égypte : ils y servent certes d'otages, mais ils conservent, une fois rentrés dans leur pays, les manières et les goûts égyptiens, et s'avèrent de ce fait des alliés d'autant plus sûrs. Les ambitions internationales de l'Égypte ne se limitent pas à l'Orient. Hatchepsout lance ainsi une expédition commerciale vers le pays de Pount, aux confins de l'actuelle Abyssinie.

| Akhénaton

● **1375-1354.** Le règne d'**Aménophis IV** est probablement celui qui a suscité le plus d'interrogations. Voilà en effet un bien étrange personnage qui s'est employé à mettre à bas l'ensemble de l'édifice religieux patiemment constitué par un millénaire de spéculations théologiques. Au panthéon de l'Égypte traditionnelle, il substitue un dieu unique et créateur de l'univers, Aton. Comble d'audace dans un monde qui prisait tant les images, la divinité suprême ne possède d'autre représentation que celle, abstraite, d'un disque solaire d'où émanent des rayons terminés par des mains. Le seul officiant de ce culte est le roi en personne. Confiné avec la belle **Néfertiti** dans sa ville nouvelle d'**Akhétaton** (aujourd'hui Tell el-Amarna), le pharaon laisse croître le mécontentement du clergé qu'il a dépossédé de ses prérogatives et de ses biens, tandis qu'en Asie les vassaux de l'Égypte commencent à redresser la tête, profitant de la faiblesse de leur suzerain. L'utopie amarnienne ne résiste pas à la mort de son initiateur.

| Toutankhamon

● **1345-1326.** La succession d'Akhénaton, mort dans la dix-huitième année de son règne, n'est pas fermement établie. Il semble que **Sémenkhkarê**, légitimé par son mariage avec une fille du souverain défunt, lui ait succédé sur le trône. En 1336, un enfant de 9 ans, marié lui aussi à une princesse royale, est proclamé pharaon d'Égypte : **Toutankhamon**, rendu célèbre par l'extraordinaire événement que constitua la découverte de son tombeau en 1922. Le jeune souverain commence son règne à Amarna puis, sans doute sous la conduite d'Ay, peut-être le propre frère de la reine Tiyi, mère d'Akhénaton, rentre à Thèbes pour le plus grand bénéfice du clergé d'Amon. La restauration des cultes anciens est proclamée, et toute mention d'Akhénaton et de son dieu unique fait l'objet d'un martelage consciencieux sur l'ensemble des édifices publics.

| La restauration

● **1326-1293.** À la mort de Toutankhamon, sa veuve implore le roi des Hittites de lui envoyer un prince pour assurer la succession en l'épousant. En vain : le prince est sans doute intercepté en chemin et, à sa place, le « Divin Père » **Ay** accède au trône. Durant ses quatre années de règne (1326-1323), il a le temps d'embellir le temple de Karnak et d'aménager sa propre tombe dans la vallée des Rois *(p. 143)*.

▶ LE GLORIEUX HOREMHEB

● **1323-1293.** Pour restaurer la plénitude de la puissance de l'Égypte, il faut un homme à poigne : ce sera **Horemheb**, général d'Aménophis IV puis de Toutankhamon. Maître du pays pendant trente ans, il marque le retour à l'ordre par une politique de grands travaux : à Memphis, dont il fut gouverneur, et surtout à Karnak *(p. 115)*, où il achève la construction du 2ᵉ pylône, qu'il bourre de blocs provenant des édifices bâtis par Akhénaton puis démantelés. Il restaure les administrations locales mises à mal par l'extrême centralisme amarnien et conduit sans doute quelques campagnes militaires en Asie. Avant sa mort, il associe au trône un autre général, **Ramessou**, fondateur de la XIXᵉ dynastie, et que les historiens nommèrent Ramsès Iᵉʳ.

histoire

||Nouvel Empire : les Ramessides

● **1293-1069.** Cette période de plus de deux siècles comprend les XIXe et XXe dynasties. Elle est dominée par la figure de **Ramsès II** (1279-1213), dont le long règne porte l'Égypte au faîte de sa puissance. Ses successeurs de la XXe dynastie intègrent tous son nom à leur titulature, comme pour mieux se concilier une gloire qui progressivement leur échappe.

| La gloire de Ramsès

● **1291-1279.** Séthi Ier, fils de Ramessou, inaugure le retour de l'Égypte sur la scène internationale : vers l'ouest où il refoule les Libyens et vers l'est contre les Bédouins du Sinaï. Il poursuit plus avant et rétablit la domination de l'Égypte sur la Palestine et la Phénicie. Il inaugure surtout le style impérial porté à son apogée par son fils et successeur **Ramsès II**. Après avoir été associé au trône du vivant de son père, Ramsès II emprunte les chemins de l'Asie en l'an IV de son règne pour faire régner l'ordre égyptien en Palestine. Mais son exploit est pour l'année suivante, lors de la célèbre bataille de Qadesh.

| La bataille de Qadesh

● **1274.** En l'été de cette année, en l'an V de son règne, le jeune Ramsès marche sur la Syrie à la tête d'une troupe de 20 000 fantassins, auxquels s'ajoutent les chars et les troupes d'élite du roi. Son objectif : la Syrie d'où il espère chasser définitivement les Hittites qui lui disputent la région. Après un mois de marche, le voilà en vue de la ville de Qadesh, cité fortifiée des bords de l'Oronte, clé stratégique de la région. À peine Ramsès a-t-il ordonné les premières mesures de défense que les débris d'une des quatre divisions égyptiennes pénètrent, débandés, dans le camp royal. Les Hittites viennent d'attaquer : le quart de l'armée

▶ La statue monumentale de Ramsès II au temple de Louxor.

égyptienne est anéanti. Après que Ramsès a lancé un appel au dieu Amon son père, la victoire change de camp : les Hittites sont repoussés jusqu'à l'Oronte, où la plupart d'entre eux se noient dans la plus grande confusion. Le roi hittite envoie un message de capitulation aux Égyptiens. Pour les Égyptiens, c'est une victoire. Pour les Hittites aussi, à en croire les relations qu'ils ont laissées de cette bataille. Il est probable que de cette rencontre confuse ne sortit ni vainqueur ni vaincu.

| Les successeurs

Jusqu'au dernier roitelet de la XXe dynastie, les successeurs de Ramsès II revendiquent l'héritage du glorieux ancêtre.

▶ MÉRENPTAH

● **1213-1204.** Mérenptah (Mineptah), fils de Ramsès II, heureux élu parmi la centaine d'enfants que l'on prête au souverain, marche sur les traces de son père et entreprend, durant son court règne (huit ans), une campagne militaire pour rétablir l'ordre en Syrie-Palestine. Sur la stèle qui relate cette campagne (*au musée du Caire, r.-d.-c., atrium central, p. 67*) est pour la première fois mentionné le nom d'Israël.

▶ RAMSÈS III

● **1187-1156.** Ramsès III (XXe dynastie) est le dernier des grands Ramessides et, pour la dernière fois, l'Égypte joue un rôle prépondérant au Proche-Orient. Le roi repousse d'abord des bandes nomades venues de Libye : un grand nombre de prisonniers sont ramenés en Égypte et installés dans des colonies agricoles du Delta. De ce terreau sortent les **chefferies libyennes** qui, dans les siècles suivants, s'érigent en principautés indépendantes. Le grand exploit de Ramsès III est de repousser, en l'an VIII de son règne (vers 1179), l'invasion des **Peuples de la Mer**, lors d'une bataille navale qu'il prend soin de faire représenter dans son temple funéraire de Médinet-Habou.

| L'éclatement du royaume

● **1156-1069.** En moins d'un siècle, huit pharaons se succèdent ensuite sur le trône : tous des Ramsès, qui perdent peu à peu le contrôle du pays. L'Égypte sombre dans le chaos : brigandage dans les campagnes, corruption des autorités locales et, bientôt, disette en Thébaïde. Pis que tout, la nécropole royale est pillée sous Ramsès IX (1126-1108).

▶ L'ASCENSION DES GRANDS PRÊTRES

L'insécurité est telle que, quelques décennies plus tard, Pinedjem, le grand prêtre d'Amon, est contraint de dissimuler les momies royales à Deir el-Bahari *(p. 153)*, d'où Gaston Maspero les tira d'un oubli de près de trois mille ans. Deux autres

caches sont aménagées pour abriter les sarcophages des grands prêtres d'Amon. Car à mesure que décline l'autorité royale s'accroît celle des **grands prêtres** de Thèbes. Depuis Ramsès IV (1156-1150), une même famille monopolise la charge. Un temps assez long pour s'émanciper de la tutelle royale.

▶ NAISSANCE DE LA XXIᵉ DYNASTIE

● **1080.** En l'an XIX du règne de **Ramsès XI**, le général en chef des armées de Haute Égypte, **Hérihor**, s'arroge le titre de grand prêtre, tandis que, dans le Delta, le roi impuissant abandonne le pouvoir à l'administrateur **Smendès**. À la mort du souverain, en 1069, Smendès s'approprie la titulature royale et fonde la XXIᵉ dynastie. Son pouvoir se limite au nord, depuis la ville nouvelle de **Tanis**, construite avec les matériaux de Pi-Ramsès, capitale fondée par Ramsès II. Au sud, **Pinedjem**, successeur de Hérihor, se proclame roi à son tour. La division de l'Égypte est consommée.

||Basse Époque

● **1069-343.** Jusqu'à la conquête d'Alexandre, l'Égypte vit un long déclin à partir de la **troisième période intermédiaire** (1069-664). Éclaté en principautés, le pays connaît aussi l'humiliation d'une invasion libyenne, éthiopienne, puis perse.

| Thèbes contre Tanis

● **1069-945.** Entre les rois de Tanis et les prêtres de Thèbes, forts des revenus que leur apportent les domaines des temples, la coexistence est plutôt pacifique, comme l'illustrent les nombreux liens familiaux tissés entre les deux dynasties. En fait, les souverains pontifes de Thèbes reconnaissent l'autorité formelle du pharaon qui, en contrepartie, s'engage à suivre les oracles d'Amon. **Psousennès Ier** (1039-993) est le premier à délaisser la vallée des Rois pour se faire inhumer dans sa capitale, Tanis. Absente de la scène internationale, l'Égypte assiste en spectatrice à la montée en puissance du **royaume d'Israël**, désormais la première force de la région. Une alliance est conclue, qui se solde comme souvent par un mariage. Mais cette fois, c'est une princesse égyptienne qui entre dans le harem d'un souverain étranger : Salomon, roi d'Israël.

| Les rois libyens

● **945- 730.** À la mort de **Psousennès II** (945), un homme fort s'empare du trône d'Égypte. C'est un général d'origine libyenne, époux d'une fille du roi : il se proclame pharaon sous le nom de **Chéchonq**, le Chichaq de la Bible.

▶ **LA CAMPAGNE DE PALESTINE**

Sous les premiers souverains de cette XXIIe dynastie, dite bubastite du nom de leur ville d'origine, Bubastis, située dans le Delta oriental, l'Égypte retrouve un lustre qu'elle n'avait pas connu depuis longtemps. Chéchonq entreprend une campagne victorieuse en Palestine, pillant au passage le temple de Jérusalem. Cette campagne est relatée dans un bas-relief de Karnak, sur le porche dont le Bubastite embellit le sanctuaire, consacrant ainsi son emprise sur le clergé thébain.

▶ **LA CHUTE DES BUBASTITES**

Pendant près d'un siècle, l'Égypte reste une puissance respectée, jusqu'au règne d'**Osorkon II** (874-850), qui participe à une coalition d'États orientaux destinée à arrêter l'avancée des Assyriens conduits par Salmanazar III. Après lui, l'Égypte sombre à nouveau dans l'anarchie. Les chefs de guerre libyens se disputent le Delta. On compte jusqu'à cinq roitelets qui se proclament pharaons, parmi lesquels les souverains de la XXIIIe dynastie fondée par **Pétoubastis** autour de sa capitale **Léontopolis** (Delta oriental).

| La mainmise éthiopienne

Depuis la fin de la XXe dynastie, la Nubie s'est affranchie de la tutelle égyptienne. Une dynastie locale y règne, profondément égyptianisée, autour du sanctuaire local consacré à Amon, à Djébel Barkal (Soudan aujourd'hui). Vers le milieu du VIIIe s., ces rois africains prennent la titulature royale et se proclament pharaons.

▶ **LE ROI PIYÉ**

● **747-716.** Le premier souverain attesté est un certain **Kachta**. Mais c'est à son fils **Piyé** qu'il revient de mettre la main sur une Égypte affaiblie. Il s'empare tout d'abord de Thèbes, puis poursuit son avancée vers le nord. Malgré la résistance des rois du Delta, pour une fois réconciliés et conduits par **Tefnakht** (XXIVe dynastie), roi de Saïs, dans le Delta oriental, Piyé entre dans Memphis et reçoit la soumission des souverains, à l'exception de Tefnakht qui se replie sur ses terres. Héritier respectueux de la tradition égyptienne, Piyé se rend à Héliopolis pour y rendre le culte à Rê, avant de regagner Napata, sa capitale nubienne.

▶ LES ROIS NUBIENS

Pendant près d'un siècle, l'Égypte est réunifiée du Soudan à la Méditerranée sous la férule de rois certes étrangers mais si épris de culture égyptienne qu'ils s'en vont puiser aux plus anciennes sources, jusque dans la pyramide d'Ounas, les thèmes décoratifs de leurs monuments.

Deux figures dominent cette XXVᵉ dynastie : l'une est celle d'un puissant souverain, **Taharqa** (690-664), qui défie les Assyriens avant d'être contraint de leur abandonner la Basse Égypte. L'autre est celle de **Montouemhat**. Véritable prince de Thèbes, ce personnage, dont le musée du Caire *(p. 66)* conserve deux saisissants portraits, s'emploie à restaurer l'ancienne grandeur du sanctuaire d'Amon : il entreprend d'ambitieuses constructions à Karnak, confirme le clergé dans ses prérogatives et se concilie la noblesse locale. Après le sac de Thèbes par les Assyriens (663) et la chute de la XXVᵉ dynastie, il reste en place, cherchant à sauver ce qui peut l'être.

▶ LE SAC DE THÈBES

● **669.** Deux campagnes assyriennes ont raison des rois nubiens. La première, conduite en 669 par **Assourbanipal**, prend Memphis, poursuit jusqu'à Thèbes et sans doute jusqu'à Assouan. En quittant l'Égypte, il laisse en place **Néchao Iᵉʳ**, roi de Saïs et fondateur de la XXVIᵉ dynastie. En 664, le successeur de Taharqa reprend depuis son refuge de Nubie la route du nord. Il s'empare de Thèbes puis de Memphis et s'avance dans le Delta. La réponse assyrienne est immédiate. Une nouvelle campagne chasse les Nubiens d'Égypte, définitivement cette fois. Au passage, les troupes du roi mettent Thèbes à sac : temples, palais et trésors sont pillés.

Psammétique Iᵉʳ, successeur de Néchao sur le trône de Saïs, hérite de ses alliés assyriens le pouvoir sur l'Égypte. Même l'inusable Montouemhat se déclare son vassal.

| De la renaissance Saïte au dernier pharaon égyptien

● **672-525.** La **dynastie saïte** marque le dernier grand moment de la civilisation pharaonique. Thèbes humiliée n'est plus capitale ; les Saïtes renouent avec Memphis, comme aux premiers temps de l'Histoire, et **Neith**, mère de Rê, supplante Amon comme dieu national.

▶ L'ÉGYPTE S'OUVRE AU MONDE

L'Égypte s'ouvre au monde : les armées comprennent de forts contingents de mercenaires étrangers, grecs, cariens d'Asie Mineure, libyens, syriens, juifs également, qui forment une colonie sur l'île Éléphantine *(p. 182)*. C'est le temps des premiers interprètes égyptiens : ils servent de guides aux intellectuels grecs en visite dans le pays. **Amasis** (570-526), le pharaon philhellène, après avoir noué des relations d'amitié avec Polycrate, le tyran de Samos, finance la reconstruction du sanctuaire d'Apollon à Delphes, détruit par un incendie en 548 : la Grèce est en effet devenue une puissance avec laquelle il faut compter, la seule aussi capable d'arrêter l'expansion perse. Pourtant, en 525, **Cambyse II**, roi perse, balaie à Péluse les armées du pharaon.

▶ LE DERNIER PHARAON ÉGYPTIEN

● **525-343.** Comme avant eux les Hyksos, les Libyens ou les Éthiopiens, les Perses se coulent dans le moule de la tradition égyptienne : le grand roi se fait proclamer pharaon, en adopte la titulature et sacrifie dans les temples aux dieux de l'Égypte. Les rois perses forment ainsi la XXVIIᵉ dynastie de Manéthon. Le pays est gouverné par des satrapes et des fonctionnaires perses qui adoptent rapidement les mœurs du pays. C'est à cette période que Hérodote visite l'Égypte. À la faveur d'une querelle dynastique qui affaiblit la Perse, l'Égypte recouvre son indépendance sous la conduite d'**Amyrtée** (404-399), seul et unique représentant de la XXVIIIᵉ dynastie.

histoire

Les deux dernières dynasties égyptiennes, la XXIXe et la XXXe, offrent au pays ses ultimes instants d'indépendance. **Nectanébo Ier** et son fils **Nectanébo II** embellissent les temples antiques et dotent notamment celui de Karnak *(p. 115)* du 1er pylône. Une campagne d'**Artaxerxès III** en 343 ramène les Perses en Égypte. Vaincu, le dernier pharaon, Nectanébo II, gagne le Sud. Il s'y maintient pendant peut-être deux ans, puis l'Histoire perd sa trace. Jusqu'au coup d'État des Officiers libres en 1952, l'Égypte ne connaîtra plus de gouvernement autochtone.

|| L'Égypte hellénistique

● **332.** Avant d'entreprendre sa marche vers l'Orient, **Alexandre le Grand** chasse le dernier satrape (gouverneur perse) et s'empare de l'Égypte. Il vient rendre hommage aux dieux du Nil dans leurs sanctuaires d'Héliopolis et de Memphis et pousse même jusqu'à l'oasis de Siwa, dans le désert libyque, pour y consulter le célèbre oracle d'Amon. Dans le secret de son temple, le dieu lui révèle son ascendance divine. De là proviennent les légendes sur sa naissance : fils d'Amon et d'Olympias pour les unes, fils secret de Nectanébo, dernier pharaon autochtone d'Égypte, selon les autres. Avant de quitter un pays qu'il ne devait jamais revoir, le Macédonien fonde **Alexandrie**, la première d'une longue série de villes qui porteront son nom. Il semble qu'après sa mort à Babylone, en 323, sa dépouille ait été ramenée en Égypte. Malgré plus de 150 tentatives pour la retrouver, l'emplacement de la sépulture du conquérant reste un mystère.

| Les Ptolémées

● **323-30.** À la mort du conquérant, son empire est divisé entre ses généraux, les Diadoques. L'Égypte échoit à **Ptolémée**, fils de Lagos (d'où le

▶ Cléopâtre et Marc-Antoine incarnés à l'écran par Elizabeth Taylor et Richard Burton (*Cleopatra* de Mankiewicz, 1963).

nom de «lagide» que porte aussi la dynastie macédonienne d'Égypte), qui se proclame roi en 305 et adopte la titulature pharaonique. Les successeurs de Ptolémée se coulent dans la tradition égyptienne, honorant ses dieux, restaurant leurs anciens sanctuaires ou érigeant de nouveaux édifices religieux, au nombre desquels se comptent des sites aussi prestigieux que Kom Ombo, Edfou *(p. 168)*, Esna *(p. 166)* ou encore le temple de Philae *(p. 189)*. Héritiers d'une géographie, ils reprennent à leur compte la politique extérieure des pharaons : ils traitent avec les royaumes nubiens et surtout cherchent à s'assurer la possession de la Palestine et de la Basse Syrie. **Ptolémée III Évergète** lance ainsi en 246, contre le roi séleucide de Syrie, une fulgurante campagne en Orient qui le conduira jusqu'à Babylone. Les Ptolémées s'emparent enfin de l'île de Chypre et font de la mer Égée un lac égyptien.

▶ LE RAYONNEMENT D'ALEXANDRIE

Alexandrie rayonne sur l'Orient méditerranéen. À la cour de Ptolémée Ier, le constructeur du phare, se pressent les plus grands savants du monde grec. Son successeur, **Ptolémée II Philadelphe**, édifie la célèbre bibliothèque, dépositaire de l'ensemble du savoir antique, où s'entassent rapidement plusieurs centaines de milliers de volumes. On lui prête également l'initiative de la première traduction en grec de la Bible des Hébreux, ébauche de la Septante. Sur les rives de la vallée, comme depuis des millénaires, les fellahs extirpent du limon de considérables richesses agricoles qui affluent vers Alexandrie et sa cour, dont la magnificence «corrompt le corps et l'âme» selon les mots de Scipion Émilien (185-129 ; homme de guerre et fin lettré), qui visite le pays en 140 avant notre ère. Une richesse que ne parviennent pas à entamer les incessantes querelles de succession qui épuisent la dynastie.

▶ LA FIN DES PTOLÉMÉIDES

● **51-35.** Après avoir soutenu Pompée, Cléopâtre VII *(p. 225)* et son frère, Ptolémée XIII, sont contraints d'accueillir **César**, débarqué à Alexandrie. Après la mort de César, Rome envoie **Antoine** gouverner l'Orient en son nom. Brûlant de renouer avec le rêve impérial qu'elle avait frôlé sur la couche de César, Cléopâtre s'embarque sur sa plus fastueuse galère et croise vers Tarse, où séjourne Antoine. À son tour, le vaillant soldat est conquis par la plus riche souveraine du temps. Délaissant ses ambitions romaines, Antoine se prend à rêver d'un Empire oriental dont il serait le maître, Cléopâtre à ses côtés. Mais Rome ne l'entend pas ainsi. Antoine doit combattre. La bataille décisive a lieu au large d'**Actium** (31 avant notre ère) : la flotte d'Antoine, que Cléopâtre a rejoint, est anéantie par les vaisseaux romains. De retour à Alexandrie, Antoine livre un dernier combat contre les troupes d'Octave venues de Palestine et, la défaite consommée, il se suicide. Il est suivi de peu dans la mort par Cléopâtre.

| La mainmise de Rome

● **30 av. J.-C.-643.** Province romaine, l'Égypte bénéficie d'un statut particulier : l'empereur de Rome est son souverain, héritier des pharaons, et gouverne le pays par l'intermédiaire d'un vice-roi. Désormais, c'est vers Rome, puis Constantinople, que sont acheminées les richesses de la vallée, devenue un des greniers à blé de l'empire. À Alexandrie se développe une **élite hellénisée**, païens, chrétiens, juifs, qui tourne radicalement le dos aux autochtones de la vallée. En 212, le décret de Caracalla, accordant la citoyenneté romaine à tout homme libre de l'empire, ignore résolument les campagnes. Du reste, grec et latin sont les langues officielles de la province, l'égyptien ne subsistant que dans le monde rural et les temples, qui restent le conservatoire de l'antique culture nilotique. C'est dans ce milieu urbain, et tout particulièrement alexandrin, que se répand le message chrétien *(p. 250).* ●

© Sylvain Grandadam

▲ Néfertari, dont le nom en égyptien signifie « la plus belle », représentée dans son tombeau (vallée des Reines) avec de belles boucles d'oreilles en forme de bouton de lotus.
Son tombeau, l'un des plus extraordinaires de la nécropole thébaine, est malheureusement fermé au public.

histoire
Les reines d'Égypte

Parmi la prestigieuse galerie de portraits que compose la lignée des pharaons, quelques reines exercèrent vraiment le pouvoir, revêtant les attributs royaux, pagne court ou barbe postiche.

Nitocris, la première reine d'Égypte

Nitocris serait la première reine d'Égypte, mais son existence n'est pas fermement attestée. Elle aurait régné à la fin de la VIᵉ dynastie et aurait été ainsi la dernière souveraine de l'Ancien Empire *(p. 213)*. Les traditions postérieures lui attribuent la construction de la pyramide de Mykérinos.

Taousert, la reine d'Égypte

Cette princesse de souche royale fut l'épouse principale de Séthi II (1204-1198). À la mort de celui-ci, elle exerça la régence au nom de Septah, un fils de Séthi Iᵉʳ *(p. 218)*, avant de se proclamer elle-même pharaon en 1192. Son règne, qui clôt la XIXᵉ dynastie, ne dura que deux ans. C'est son nom qu'utilisa Théophile Gautier pour désigner la momie de son roman.

Hatchepsout
à l'égal des dieux

En montant sur le trône, Hatchepsout (1471-1456) est devenue dieu et porte, comme tel, la barbe postiche, mais ses
traits d'une grande douceur restent ceux d'une femme. Une
féminité que s'est plu à rappeler la tradition en lui prêtant
quelques faiblesses pour le fidèle Senmout, son homme de
confiance, qui dessina les plans du temple funéraire de la
reine à Deir el-Bahari et voulut se faire inhumer près de son
temple. Pendant la quinzaine d'années de son règne, elle fut
l'égal des grands pharaons, restaurant de nombreux temples
de la vallée, construisant d'autres édifices religieux, pacifiant
enfin les frontières *(p. 153)*. Son nom fut systématiquement
martelé après sa mort, parce qu'elle fut considérée comme
usurpatrice en écartant du trône le fils de Thoutmosis II,
Thoutmosis III *(p. 216)*.

Tiyi,
la dévote d'Aton

Si elle ne monta jamais formellement sur le trône, la reine
Tiyi exerça une influence déterminante sur le règne de son
époux, Aménophis III, puis sur celui de son fils, Akhénaton
(p. 217). Tiyi n'était pas de sang royal : elle était issue de la
bourgeoisie de province. À la mort de son époux, Tiyi assura
la régence, leur fils héritier étant trop jeune pour monter sur
le trône. Elle continua de diriger son éducation dans le fastueux palais royal de Malqata sur la rive gauche de Thèbes, et
lui inspira sans doute le culte du disque solaire Aton *(p. 217)*.

Néfertiti,
« la Belle est venue »

L'origine de cette reine – africaine peut-être si l'on se fie au
modelé de ses traits – est une énigme, tout comme reste
mystérieuse sa fin : elle fut sans doute écartée du trône du
vivant même de son époux, Akhénaton. Elle apparaît en tout
cas, à l'égal de son époux, comme l'inspiratrice de l'hérésie
atonienne.

Néfertari,
l'épouse modèle

Néfertari forma avec Ramsès II *(p. 218)* l'un des couples les
plus séduisants de l'histoire égyptienne. Elle fut mariée à
Pharaon alors qu'elle était à peine sortie de l'enfance, et que
lui-même était encore un jeune homme. Ramsès n'hésita pas
à associer son épouse au pouvoir : Néfertari figure ainsi aux
côtés de son époux dans les nombreux temples que celui-ci
fit ériger. Pour elle spécialement, Ramsès fit creuser à côté de
son sanctuaire rupestre d'Abou Simbel *(p. 200)* un temple qui
l'associait à Hathor, la Vénus égyptienne *(p. 239)*.

Cléopâtre,
la dernière reine

Associée à son frère, Ptolémée XIII, Cléopâtre VII monte
sur le trône d'Égypte en 51. On sait comment la belle Égyptienne séduisit César et lui donna un fils, Césarion, et après
lui, Antoine. Avec ce dernier, elle rêve d'un empire oriental
qui prend fin avec la défaite d'Actium *(p. 223)*. Vaincue par
Octave, elle se suicide. ●

© Sylvain Grandadam

▲ Un guide du temple
d'Abydos.

▶ Pronaos du temple d'Edfou.

L'écriture
égyptienne

Avant que Champollion ait trouvé la clé qui lui permit de
déchiffrer l'écriture égyptienne, les hiéroglyphes furent utilisés sans discontinuer pendant plus de trois millénaires sur
les rives du Nil.

Hiéroglyphes, mode d'emploi

Les hiéroglyphes sont au départ une **écriture figurative** dans
laquelle chaque réalité est traduite par un dessin. Autre principe : certains hiéroglyphes sont choisis pour traduire l'un

des **23 sons de base** de la langue égyptienne, ou encore des associations de deux ou trois d'entre eux. La langue écrite égyptienne, apparentée aux langues sémitiques, ne traduit pas les voyelles, que le lecteur doit restituer. Cette absence rend souvent aléatoire la prononciation des textes à traduire. Certains signes ne sont aussi utilisés que pour leur **valeur «grammaticale»**, précisant le sens d'un hiéroglyphe, son genre, son nombre ou l'action dans laquelle il est engagé. L'extrême difficulté de l'écriture – le tracé de chaque dessin requiert des qualités d'artiste – a conduit à la création de deux écritures cursives : le **hiératique**, employé pour les textes religieux, et le **démotique**, réservé aux textes profanes.

Les hiéroglyphes peuvent se lire indifféremment de droite à gauche, de gauche à droite, de haut en bas et de bas en haut : c'est la direction du regard des signes en forme d'êtres animés qui, convergeant vers le même point de départ, donne le sens de la lecture. Par leur grande plasticité, ils ont toujours constitué un motif décoratif de choix.

L'écriture, un moyen de promotion sociale

Acquérir l'écriture, c'était pour les Égyptiens la certitude d'atteindre une position sociale enviable. Par ailleurs, les nécessités de l'administration impériale incitèrent très tôt les autorités de l'État à organiser un système éducatif à l'échelle nationale. Les enfants commençaient leur apprentissage vers 5 ou 6 ans et rejoignaient l'école, qui dépendait le plus souvent d'un temple.

Lors de leurs fouilles, les archéologues ont pu retrouver des *ostraca* et des papyrus, véritables «cahiers d'exercices» des enfants d'alors. Les élèves s'exerçaient sur des tessons de poterie. Ils apprenaient également l'arithmétique, discipline indispensable à un bon fonctionnaire et, ceux qui poursuivaient leurs études, les textes littéraires classiques, ainsi que les langues des pays étrangers. Les plus doués d'entre eux étaient admis à rejoindre l'administration royale, sans doute à l'issue de concours.

Les hiéroglyphes déchiffrés

En 1799, le capitaine Bouchard découvre à Rosette, près d'Alexandrie, une stèle de basalte couverte d'un décret émis par les prêtres de Memphis en l'honneur de Ptolémée V en 196 av. J.-C. et rédigé en langues grecque, hiéroglyphique et démotique. Il s'agit de trois versions d'un même texte.

Pour la communauté scientifique, voici la clé qui permettra de déchiffrer les textes de l'ancienne Égypte. Le Français Sylvestre de Sacy, fondateur de l'Institut des langues orientales à Paris, parvient à isoler les noms propres dans le texte démotique. Ses collègues suédois et britanniques croient pouvoir en déchiffrer quelques signes. Mais il faudra, plus de vingt années plus tard, l'intuition géniale de Jean-François Champollion pour percer définitivement les spécificités du système d'écriture égyptien : des signes qui traduisent à la fois des concepts, des sons et des notations grammaticales. La célèbre stèle qui fut saisie par les Anglais en 1801 a été déposée depuis au British Museum à Londres.

●●● *Pour approfondir votre lecture, lire également : Les pionniers de l'égyptologie p. 264.* ●

© Sylvain Grandadam

3 000 ans d'art égyptien

Des statues par dizaine de milliers, des milliers de tombes peintes ou ornées de reliefs ont permis d'appréhender plus de trois mille ans de production artistique. Un art marqué, depuis ses origines, par sa fonction religieuse et dynastique, mais aussi d'une grande diversité selon les époques, de la sensibilité de l'Ancien Empire, à la majesté des XVIIIe et XIXe dynasties, en passant par la grandeur austère du Moyen Empire.

| Un défi à l'éternité

Pour l'essentiel, les œuvres conservées proviennent de tombeaux ou de monuments funéraires et furent réalisées dans les ateliers royaux installés près des palais ou à l'intérieur du périmètre des temples. Elles restent profondément marquées par leur caractère religieux et princier. L'art profane, méconnu, garde encore ses secrets que les archéologues s'acharnent à percer au cours de campagnes de fouilles saisonnières.

▶ Un art religieux...

Dans l'art égyptien, l'idée du beau est secondaire, au profit d'un projet théologique visant à la «transmutation de la vie présente en éternité» (François Daumas). Il s'agit en effet d'offrir aux défunts des **«corps de substitution»**, support de leur réalité immatérielle, voire des **simulacres d'offrandes** destinés à nourrir leur *ka* pour l'éternité *(p. 243)*. Ainsi, les statues achevées étaient «animées» par un ensemble de rites semblables à ceux que l'on pratiquait sur les momies, tel celui de l'«ouverture de la bouche» *(p. 244)*. L'œuvre devant défier l'éternité, on préférait pour la sculpture les **matériaux les plus résistants**, gra-

◀ Le masque funéraire de Toutan-khamon (Musée archéologique du Caire).

nit, diorite, aux roches plus fragiles comme le calcaire. Dans la peinture ou le relief, il s'agissait de présenter **l'homme sous toutes ses facettes**, afin que rien ne lui manque dans l'au-delà : tête de profil et œil de face, épaules et poitrine de face, jambes et seins des femmes de profil. Des conventions tout entières au service d'un projet religieux alors que quelques fragments d'œuvres profanes parvenues jusqu'à nous montrent que les Égyptiens étaient aussi capables d'exprimer le mouvement. Ces conventions admises, peuvent surgir alors, selon le tempérament de l'artiste, des œuvres d'une grande sensibilité ou d'autres plus pittoresques et débordant d'une vie que l'on devine patiemment observée.

▶ **... ET PRINCIER**

C'est dans les temples que se pratiquaient les rites destinés à insuffler la vie à la pierre. Ainsi la production artistique fut-elle étroitement **tributaire des conditions politiques** du moment : sous les grands règnes, abondance d'œuvres de très grande qualité ; aux époques plus troublées, appauvrissement de la production, même si l'on peut trouver, datant de périodes difficiles, de remarquables mais plus rares réalisations.

| L'art profane méconnu

Seuls les édifices religieux, construits en pierre pour défier l'éternité, sont parvenus jusqu'à nous. Les **maisons particulières**, demeures royales comprises, édifiées en matériau précaire, bois ou brique crue, ont disparu depuis longtemps. Nous ne pouvons donc que conjecturer l'art profane des Égyptiens au travers des **objets de la vie quotidienne** déposés dans les tombes ou des *ostraca*, ces tessons de poterie sur lesquels les artistes, délivrés de toute contrainte, ont souvent laissé libre cours à leur imagination. Une imagination foisonnante, comme en attestent les pittoresques scènes animalières qui ornent, par exemple, les mastabas de l'Ancien Empire à Saqqara *(p. 94)*.

| De la brique à la pierre

C'est sous le règne de Djoser, durant l'Ancien Empire *(p. 213)*, que la **brique**, qui composait jusque-là les mastabas royaux à Abydos *(p. 176)*, est remplacée par la **pierre**. Pierre pour les « demeures d'éternité », brique pour les habitations temporaires, y compris pour les palais royaux. L'initiateur de cette innovation capitale est l'architecte **Imhotep** *(p. 230)*, à qui les Égyptiens rendirent un culte jusqu'à l'époque ptolémaïque.

▶ **LES PREMIÈRES PYRAMIDES**

La première pyramide égyptienne, la célèbre pyramide à degrés de Saqqara *(p. 94)*, s'élève près de **Memphis** *(p. 103)*, la capitale des pharaons de l'Ancien Empire. Viennent ensuite les pyramides parfaites : celle de **Snéfrou** *(p. 86)*, à Dahchour, puis l'ensemble de Giza *(p. 88)*, composé des pyramides de **Chéops** *(p. 90)*, la plus grande, de **Chéphren** et de **Mykérinos** *(p. 91)*.

▶ **LES PYRAMIDES DE MEMPHIS**

Les souverains suivants érigent des édifices moins imposants, et toujours dans la région de Memphis *(p. 103)*. On en a dénombré plus d'une soixantaine. Gigantesques ou plus modestes, les pyramides dominent un vaste complexe composé d'un temple funéraire, où l'on rend un culte au roi divinisé, ainsi que de tombes secondaires, marquées par des pyramides de plus petites dimensions. Ces dernières sont destinées aux membres de la famille royale, qui espèrent participer à l'immortalité du souverain. Ainsi, dès le début de l'Ancien Empire, la place éminente du pharaon est symboliquement affirmée : intermédiaire entre les hommes et les dieux, il se tient au sommet de la pyramide humaine.

Imhotep, vizir et architecte

Dès les premières dynasties s'imposa la nécessité d'une administration efficace et centralisée, dirigée par un vizir, intermédiaire indispensable entre le roi et les organes du pouvoir. Maître d'œuvre de la politique du pays, il semble doté de compétences universelles. La tradition prête ainsi au grand Imhotep, vizir du roi Djoser *(p. 213)*, des qualités d'architecte (il dessina les plans de la pyramide à degrés), de savant et même de médecin. Ce qui lui valut d'être l'objet d'un culte jusqu'à l'époque hellénistique où il fut assimilé à Esculape.

Musique au cœur

Art sacré ou plaisir profane, la musique est omniprésente dans la vie des Égyptiens. Elle accompagne les processions religieuses, rythme les travaux des champs et enchante les soirées lorsque le maître de maison écoute la plainte du harpiste – thème fréquemment représenté dans les peintures funéraires – qui se lamente sur la brièveté de la vie. Peintures et sculptures ont dressé un inventaire quasi complet des instruments de l'époque : flûte, hautbois, tambourin ou sistre, cette sorte de hochet pourvu de baguettes métalliques que l'on fait tinter. Le luth et la lyre, cette dernière originaire d'Asie, apparaissent lors du Nouvel Empire. Seul nous reste inconnu le système de notation musicale. Les musiciens jouissaient alors d'un grand prestige, certains d'entre eux occupant des fonctions officielles à la Cour. ●

▲ Sous le dieu soleil Aton, Aménophis IV et sa famille (stèle conservée au Musée archéologique du Caire).

| Le classicisme égyptien

Peu d'édifices du Moyen Empire *(p. 215)* sont parvenus jusqu'à nous, la plupart ayant été démantelés aux époques suivantes : les pyramides des rois de la XIIe dynastie, qui firent l'admiration de Hérodote, ne sont plus que des amas informes dont le parement de pierre et de calcaire n'est plus visible, tout comme le sanctuaire du Moyen Empire à Karnak *(p. 121)*. Seul témoin du raffinement de l'architecture de ce temps, la «chapelle blanche» de **Sésostris Ier** (1961-1928) : ses blocs, qui bourraient l'intérieur du 3e pylône, ont été remontés en 1938 par Henri Chevrier. C'est aujourd'hui la pièce maîtresse du musée en plein air du temple de Karnak *(p. 121)*.

▶ LA SCULPTURE DU MOYEN EMPIRE

Si l'architecture n'a guère laissé de traces, nous conservons en revanche d'innombrables et splendides exemples de **statues** : des figures royales, d'abord, le thème majeur des ateliers de l'époque. Omnipotent, le souverain se doit d'être présent partout et ses effigies se multiplient à l'infini. Porteuses de tous les attributs de la fonction royale, les statues des pharaons s'éloignent cependant du stéréotype divin des siècles précédents pour laisser transparaître, sous les atours du pouvoir, de véritables **portraits**. Viennent ainsi à l'esprit les représentations de **Sésostris III**, comme le splendide buste exposé au musée de Louxor, dont le règne, avec celui d'**Aménemhat III** (1843-1796), marque le sommet de l'art du Moyen Empire. Elles montrent le roi tout au long de son règne, du jeune homme dans la force de l'âge au vieillard fatigué, les traits usés et aigris. Cette apparition du portrait est à mettre en relation avec l'émergence de l'individu, sensible depuis la première période intermédiaire. Elle se traduit également par la composition de chefs-d'œuvre de la littérature romanesque, au premier rang desquels se trouve le célèbre roman

Sinouhé l'Égyptien. Cette œuvre, dont nous est parvenue une centaine de copies datant de toutes les époques, narre les mésaventures d'un dignitaire accusé de complot contre son roi, Aménemhat Ier, et contraint à l'exil. Après de multiples aventures, il rentre dans son pays où il reçoit le pardon du nouveau souverain.

▶ LES ARTS APPLIQUÉS

En matière d'**arts appliqués**, il faut avoir admiré, au musée du Caire *(1er étage, salle 4, p. 75)*, les splendides bijoux des princesses Chnoumet (Dahchour, complexe funéraire d'Aménemhat II) et Sat Hathor Younet (Lahoun, complexe funéraire de Sésostris II) pour découvrir les raffinements dont s'entourent les hauts dignitaires de l'empire.

| L'art du grand siècle

Au faîte de sa puissance, l'Égypte du Nouvel Empire *(p. 216)* croule sous la richesse. Cette richesse profite à des couches de plus en plus étendues de la population : le personnel sacerdotal des temples s'est multiplié et les soldats rentrés de campagnes victorieuses sont dotés de lopins de terre et d'esclaves. Cette nouvelle classe intermédiaire se pique d'art et de culture pour le plus grand profit des artisans qui développent une véritable production en série.

▶ L'ART ROYAL

L'art royal appartient toutefois à un domaine bien distinct : sous les premiers souverains de la XVIIIe dynastie, le goût du Moyen Empire est remis à l'honneur et recopié. Avec **Aménophis II** (1450-1425), un redoutable combattant, la représentation du souverain connaît une nouvelle évolution : elle s'éloigne sensiblement du stéréotype pour insister sur les valeurs propres du personnage. Le règne d'**Aménophis III** (1408-1372) marque le sommet de l'absolutisme royal : il inaugure le culte des statues royales qui se dressent, imposantes, devant la façade des temples. Ce goût du gigantisme, d'où le souci du détail charmant n'est pourtant pas exclu, se lit dans le groupe monumental qui orne la salle centrale du rez-de-chaussée du musée du Caire *(p. 67)* ou dans les restes imposants des «colosses de Memnon» *(p. 157)*, uniques vestiges du temple funéraire du roi sur la rive gauche de Thèbes.

▶ **L'EXCEPTION AMARNIENNE**

Comme sur le plan religieux *(p. 217)*, l'art sous Akhénaton fait figure d'exception durant le Nouvel Empire. En effet, l'art officiel subit également de profonds bouleversements. Si certains éléments traditionnels restent en vigueur, comme la représentation du pharaon en Osiris, les portraits du souverain et de la famille royale frappent par leur singularité : crânes démesurément allongés, ventres proéminents, cuisses exagérément lourdes sur des chevilles graciles, figure unique dans l'Antiquité, qui préfère voir ses souverains solidement appuyés sur leurs pieds… Des traits à la limite de la caricature, dont on suppose qu'ils correspondaient à une particularité physique du roi et qui s'appliquèrent à l'ensemble de la famille royale. Singularité des scènes également qui dépeignent le couple royal et ses enfants, saisis dans l'intimité de leur vie familiale, et tranchent avec l'hiératisme en vigueur aux époques précédentes. Ce souci naturaliste transparaît également dans les scènes profanes comme sur les *talatat*, ces blocs décorés qui proviennent des temples thébains détruits après la mort du souverain et dont un panneau a été reconstitué au musée de Louxor *(p. 122)* : l'exécution est plus rapide, estompant gestes et attitudes pour privilégier des lignes plus souples, dans des perspectives moins rigoureuses. Dans la sculpture, le tracé se fait fluide, invitant le regard à suivre les courbes asymétriques de lignes en perpétuelle tension, qui suscitent sur les visages de saisissants jeux d'ombre et de lumière.

▶ Un prêtre au crâne rasé, comme l'obligation rituelle lui en est faite, rend hommage à son roi, protégé par Isis qui lui tend la croix de vie.

Mais que l'on ne s'y trompe pas : les représentations de l'intimité du couple royal ne visent pas à rapprocher celui-ci du commun des mortels. Par ses caractéristiques physiques volontairement accentuées, le roi reste intrinsèquement différent des hommes, à l'instar d'un dieu.

Le style impérial

À la fin du Nouvel Empire, Ramsès II fut un grand bâtisseur et développa un art nouveau amorcé avant lui par son père, Séthi Ier *(p. 218)*. La tombe de ce dernier, située dans la vallée des Rois et décorée d'exceptionnels bas-reliefs, comme son temple funéraire sur la rive gauche de Thèbes qui devient le modèle des temples funéraires ramessides, posent déjà les jalons du style impérial.

Ramsès couvre littéralement le pays de monuments et d'effigies à sa gloire, de la Nubie aux frontières palestiniennes. Issu d'une lignée originaire de Basse Égypte, il construit une nouvelle capitale dans le Delta, Pi-Ramsès, plus proche du théâtre d'opérations capital que représente alors le Proche-Orient. On pense que c'est à l'édification de cette ville nouvelle que travaillèrent les Hébreux réduits en esclavage.

Cette **débauche de constructions** donne son style aux dynasties suivantes : colonnes monolithes, statues monumentales adossées aux façades, généralisation du relief en creux – un gigantisme impérial repris avec plus ou moins de bonheur jusqu'à la fin de l'époque libyenne *(p. 220)*. On conserve également de cette époque un grand nombre de **textes littéraires**, écrits désormais dans la langue populaire, plus proche du copte que de la langue de l'Ancien Empire, une innovation amorcée dès le règne d'Aménophis IV. ●

© Photothèque Hachette

mythologie
Le panthéon égyptien

Depuis les premiers voyageurs grecs, l'étranger reste stupéfait devant le nombre incalculable de divinités vénérées par les Égyptiens : un panthéon complexe et extravagant, corps humains à tête d'animal, animaux à tête humaine, femmes dont le front s'orne de cornes de vache, quand ce ne sont pas tout simplement des animaux, taureaux, crocodiles, ibis ou babouins qui occupent le centre du culte. Ce bestiaire fantastique scandalisa bien des visiteurs de l'Antiquité.

▶ **LES ÉCOLES RÉGIONALES**

Il faut imaginer, dans la préhistoire égyptienne, un grand nombre d'idoles locales, dieux tutélaires d'une région, voire d'un village. C'est parmi ces divinités à caractère totémique que se recrutèrent, lors de l'élaboration des différentes théologies, les dieux principaux du panthéon égyptien.

Il existait en effet plusieurs écoles à travers l'Égypte, chacune proposant sa propre version de la création du monde dans laquelle le dieu local tenait la meilleure place. À Memphis, c'était Ptah *(p. 240)* qui passait pour le démiurge ; les prêtres de Hermopolis, en Moyenne Égypte, penchaient plutôt pour Thot *(p. 240)*, le dieu à tête d'ibis qui, par le pouvoir de sa parole, suscita quatre couples divins, les éléments surgis d'un océan primordial. Finalement, c'est la version des prêtres de Héliopolis qui finit par s'imposer *(p. 87)* ; plus simple, plus pittoresque, elle rencontra dans toute l'Égypte un grand écho populaire.

▶ **RÊ, LE GRAND DÉMIURGE**

À l'origine régnait le **Noun**, l'océan ou le chaos primordial. Du Noun émergea la lumière : **Rê** *(p. 240)*, appelé **Atoum** dans sa fonction créatrice. De sa propre semence – ou de sa salive selon d'autres versions –, Atoum engendra l'univers : **Chou** et **Tefnout**, respectivement l'Air et l'Élément liquide. De ce premier couple divin naquirent le dieu **Geb**, la Terre, et la déesse **Nout** *(p. 240)*, le Ciel. Ils engendrèrent à leur tour deux nouveaux couples : **Osiris** *(p. 240 et p. 248)* et **Isis** *(p. 239)*, **Seth** *(p. 240)* et **Nephtys**. Voici constitué le groupe des neuf divinités primordiales, connu sous le nom d'**Ennéade héliopolitaine**. Au cours des siècles, le génie créatif de la théologie égyptienne permit d'intégrer à ce panthéon originel des **divinités secondaires** soudainement promues par les hasards de la politique. Ainsi **Amon**, l'obscur dieu local de Thèbes, qui, assimilé à Rê, deviendra à partir du Moyen Empire le dieu national égyptien. De même, le regroupement traditionnel des divinités en triade de type père-mère-fils, dont la plus connue est celle que constituent Osiris, Isis et Horus *(p. 239)*, permit d'agréger les idoles régionales au cercle des grands dieux égyptiens.

▶ **Un conservatoire de traditions anciennes**

Jamais en effet, au cours des millénaires, la théologie égyptienne n'abandonna un concept ou un dieu au profit d'une réalité religieuse nouvelle. Ce qui explique le **foisonnement** et la **complexité du panthéon égyptien**, une complexité que les prêtres dans leur Maison de Vie *(p. 237)* s'efforcèrent d'éclaircir, génération après génération, en expliquant les rapports qu'entretenaient leurs dieux au sein d'une subtile hiérarchie. Cette **grande souplesse** de la religion égyptienne permit en outre à chaque école théologique de considérer sa divinité principale comme le grand créateur. Certains textes religieux parlent même de « dieu » sans lui adjoindre d'autre qualificatif. On a pu ainsi poser l'hypothèse de l'intuition d'un monothéisme dans les milieux lettrés, les divinités secondaires n'étant plus que les représentations de l'infini des possibilités que pouvait assumer la divinité suprême.

▶ **Les dieux désertent leur création**

Longtemps les dieux habitèrent leur création terrestre, née d'un tertre originel surgi du chaos primordial, comme la terre d'Égypte qui émergeait chaque année des flots après

▶ La déesse Taoueret et la vache Hathor, deux visages de la fille de Rê.

La classe sacerdotale

Dans une société aussi profondément religieuse, la fonction sacerdotale était l'une des plus respectées. L'une des plus recherchées aussi, du fait des formidables richesses des temples, des dons princiers et de l'exploitation des immenses domaines que possédait chaque sanctuaire. Le plus souvent, la fonction sacerdotale se transmettait de père en fils. Le jeune enfant voué à la prêtrise devait, dès l'âge de 5 ans, apprendre, en plus de l'écriture, les théologies complexes en vigueur ainsi que le foisonnant calendrier des fêtes religieuses et leur signification. Les prêtres étaient tenus à des règles d'hygiène très strictes. Ils se rasaient entièrement afin qu'aucun pou ou autre parasite ne vînt les souiller, et se baignaient deux fois par jour et deux fois par nuit dans de l'eau froide, nous apprend Hérodote. Ils s'habillaient exclusivement de lin, délaissant les matières d'origine animale comme la laine ou le cuir, à l'exception des peaux de panthère, leur parure liturgique. Ils suivaient de strictes prescriptions alimentaires, s'interdisant notamment le porc, le poisson, l'ail ou les fèves. De plus, lorsque leur tour venait d'assurer le service du temple, ils s'abstenaient de toute relation sexuelle.

Les Divines Adoratrices d'Amon

Pour les Égyptiens, chaque matin était une nouvelle création. À Thèbes, où Amon était considéré comme le démiurge, il fallait, l'inondation. Mais voilà qu'un jour les hommes se révoltèrent contre Rê. Pour mater la rébellion, il leur envoya sa fille, la terrible lionne **Sekhmet**, qui était aussi l'œil de son père. Elle perpétra un tel carnage, se gorgeant du sang de ses victimes, que le dieu lui-même en fut horrifié : pour arrêter la fureur incontrôlable de sa fille, il répandit sur terre des flots de bière teintée de rouge. Le massacre cessa lorsque la lionne sombra dans l'ivresse. Vexée, la fille de Rê s'enfuit d'Égypte pour s'exiler en Nubie. Mais en perdant son œil, Rê perdait en même temps son pouvoir. À force de flatterie, il obtint le retour de l'exilée. La « Lointaine » regagna alors sa patrie, sous la forme bienveillante et nourricière d'une vache : c'est **Hathor** (p. 239), la déesse de la Danse et de l'Amour, que les Grecs eurent tôt fait

···> *Suite p. 242.*

par des rites appropriés, réveiller quotidiennement l'énergie créatrice du dieu, et notamment ses pulsions sexuelles. C'est ce rôle que tenaient les Divines Adoratrices, « épouses et mains du dieu », en charmant Amon par leurs chants, leurs danses et leur parfum. Sous le Nouvel Empire, elles étaient recrutées parmi les princesses royales, certaines devenant par la suite épouses et mères de Pharaon. La future reine Hatchepsout *(p. 225)* passa ainsi une partie de son enfance dans le temple de Karnak. À la XXIe dynastie, les choses changent. Si les « épouses d'Amon » sont toujours filles de roi, elles sont tenues au célibat et à la virginité. Leur succession étant assurée par voie d'adoption, de véritables dynasties de Divines Adoratrices se constituèrent, assurant, à la tête d'une fastueuse maison, les fonctions royales auprès d'Amon, au moment où les pharaons régnaient depuis leurs capitales du Delta. Cette institution dura jusqu'au VIe s. avant notre ère, où elle fut abolie par les Perses.

Le scarabée

On ne sait pourquoi cet insecte très répandu en Égypte est devenu l'une des amulettes les plus populaires de la civilisation pharaonique. La raison tient peut-être à l'assonance entre son nom égyptien, *kheperer*, et le mot *kheper* qui signifie « venir à l'existence ». Toujours est-il qu'il fut assimilé, dès l'époque thinite, au démiurge, créateur du Soleil ; de fait, le scarabée pousse devant lui une petite boule de terre où il pond ses œufs. ●

Le temple
au cœur du mystère

Aux temps où chaque localité vénérait sa propre divinité protectrice, les temples primitifs comprenaient un espace à ciel ouvert, entouré d'un mur, au centre duquel s'élevait un mât visible de l'extérieur. De cette disposition originelle, les temples pharaoniques ont conservé les mâts de fête qui se dressent en avant des pylônes. Quant aux sanctuaires à ciel ouvert, ils étaient réservés aux divinités solaires.

Un espace mystérieux

Le temple est un espace clos, inscrit dans un périmètre lui-même isolé du monde par une enceinte généralement de brique crue, où le profane n'est pas admis. Dans le temple proprement dit, on procède vers le saint des saints par zones de pureté rituelle croissante à mesure que décroît la lumière, jusqu'à l'obscurité totale dans laquelle baigne le naos, le sanctuaire qui abrite la statue de culte. On avance ainsi de la première cour, où quelques notables sont admis lors des grandes fêtes, jusqu'au sanctuaire de la divinité, où seul le grand prêtre est autorisé à pénétrer. Le temple présente tou-jours le même dispositif : l'entrée est marquée par le pylône, ensemble des deux massifs monumentaux qui encadrent la porte. Souvent, ils s'ornent en façade de la scène rituelle du massacre des ennemis par le pharaon armé de sa masse. On pénètre ensuite dans une cour à ciel ouvert, bordée d'un por-tique et utilisée lors des cérémonies. Sur cette cour ouvre une succession de salles couvertes, pronaos, salles hypostyles, vestibules, jusqu'au naos. À mesure que l'on avance vers ce saint des saints, le plafond s'abaisse tandis que le sol s'élève comme pour plonger au plus profond du mystère.

Naos (sanctuaire)

Salle hypostyle

Cour péristyle

Une image du monde

Si le temple égyptien est la demeure du dieu, il est aussi une figuration du monde, une image du tertre primordial d'où jaillit la création. Les massifs du pylône symbolisent les montagnes entre lesquelles se lève chaque matin le Soleil; les textes égyptiens les assimilent également à Isis et à Nephtys, épouses d'Osiris et de Seth. Les plafonds, qui représentent le Ciel, sont constellés d'étoiles et résument souvent l'ensemble des connaissances astronomiques et astrologiques de la science antique. Le sol, c'est la Terre d'où émergent les bouquets de roseau et de papyrus – qui ornent, de fait, les bases des murs du temple. Les colonnes sont palmiers, lotus ou papyrus, épanouis dans l'axe des salles lorsqu'elles sont baignées de la lumière diffusée par les ouvertures ménagées dans les superstructures, fermées et encore en gestation dans les parties plus obscures.

Une ville sacrée

Tout un petit monde peuple l'enceinte du temple: d'abord le corps des prêtres, divisé en quatre «tribus» qui se partagent mois après mois le service du temple. On y trouve aussi l'ensemble des corps de métiers nécessaires à l'entretien des lieux et au bon déroulement du culte: menuisiers et charpentiers, mais aussi boulangers et cuisiniers chargés de préparer les offrandes déposées quotidiennement devant la statue divine. Sans oublier les danseuses sacrées. On y rencontre même des forces de police – le sanctuaire d'Amon possède ainsi sa propre prison. Du temple dépend aussi la Maison de Vie: c'est là que les prêtres élaborent leurs complexes théologies, consignent les rituels, définissent les canons précis de l'art religieux, pratiquent la médecine et la magie, ces deux sciences n'étant du reste guère distinctes; elle sert enfin de centre de transmission du savoir aux nouvelles générations de religieux. ●

Pylône (façade)

Dromos
(allée des Sphinx)

●●● Pour approfondir votre lecture, lire également : 3 000 ans d'art égyptien p. 228, Le panthéon égyptien p. 233, Petit précis des divinités égyptiennes p. 238, Les grandes fêtes p. 241. ●

mythologie
Petit précis des divinités égyptiennes

● **Amon**. Il n'est jusqu'au début du Moyen Empire qu'une obscure divinité de Thèbes. C'est avec l'accession au trône d'une dynastie locale (la XIᵉ) qu'il acquiert une dimension nationale. Au cours des siècles et jusqu'à la période ptolémaïque, son sanctuaire principal de Karnak *(p. 115)* ne cesse de s'embellir et de s'enrichir. Divinité dynastique, il est associé à Rê et à Ptah qui en deviennent des manifestations. Il est représenté assis en majesté, tenant le sceptre et le signe de vie *ankh*, ou debout coiffé d'une couronne rehaussée de deux plumes. Les théologiens lui donnèrent pour épouse Mout, et pour fils Khonsou. Son animal emblématique est le bélier. Sous sa forme

AMON

d'Amon-Min, il est le dieu de la Fertilité, représenté, comme dans le reposoir de Sésostris *(musée en plein air de Karnak, p. 121)*, le sexe dressé et un bras levé. Tout naturellement, les Grecs l'associèrent à Zeus: le célèbre oracle de Zeus-Amon dans l'oasis de Siwa acquit une telle renommée qu'Alexandre le Grand lui rendit visite en personne pour se voir confirmer sa filiation divine.

● **Anubis**. La mythologie a fait de lui l'inventeur de la momification, qu'il aurait pratiquée pour la première fois sur le corps d'Osiris. Depuis, ce dieu, représenté comme un homme à tête de chacal ou comme un chacal couché, veille sur les défunts. Il assiste les morts lors de leur comparution devant le tribunal d'Osiris et se charge de vanter leurs mérites devant le seigneur des Occidentaux.

ANUBIS

● **Hathor**. La belle femme aux cornes de bovin, représentée aussi sous la forme d'une vache paisible et nourricière, était la déesse de l'Amour et de la Joie. Le sistre, son instrument de prédilection, fournit un thème décoratif aux temples qui lui sont consacrés, le plus connu étant celui de Dendera *(p. 173)*.

HATHOR

● **Horus**. C'est l'une des divinités les plus complexes de l'Égypte ancienne: il n'y a en effet pas un, mais plusieurs Horus à travers l'Égypte, dont les mythologies ont fini par se confondre de manière assez confuse. Le plus ancien semble être le fils de Rê, le dieu faucon associé au Soleil. C'est à une de ces formes de Horus qu'est consacré le temple d'Edfou. L'autre Horus est le fils d'Osiris, qui dut combattre son oncle Seth pour reconquérir le trône de son

HORUS

père. C'est à cette forme qu'est assimilé le pharaon, devenu lui-même, de son vivant, un Horus. L'œil de Horus, l'*oudjat*, est l'œil lunaire, symbole de santé : c'est une des amulettes les plus populaires de l'ancienne Égypte.

● **Isis**. Épouse d'Osiris et mère de Horus, Isis est vénérée comme la Grande Magicienne : grâce à ses pouvoirs, elle réussit en effet à ranimer le corps sans vie de son époux et à en être fécondée pour donner naissance à Horus. Mère exemplaire qui éleva son fils dans le souvenir de son père (elle est souvent représentée assise tenant l'enfant divin sur ses genoux), elle fut considérée à la Basse Époque comme la maîtresse de l'univers. Ses rites à mystères se répandirent dans tout l'Empire romain. On la représente généralement portant une coiffure en forme de siège : c'est ce que signifie le mot Isis.

ISIS

KHNOUM

● **Khnoum**. Dieu à tête de bélier, il est considéré comme le potier universel, qui façonne sur son tour les êtres vivants – un thème souvent représenté dans les reliefs des temples funéraires. Protecteur des sources et maître de la crue, il avait son sanctuaire sur l'île Éléphantine *(p. 182)*, au débouché de la Première Cataracte. Le temple d'Esna lui est consacré *(p. 166)*.

● **Maat**. Belle femme coiffée d'une plume d'autruche, Maat est surtout vénérée pour le principe qu'elle symbolise : l'ordre et l'équilibre, maîtres mots de la pensée religieuse égyptienne, sans lesquels le monde est voué au chaos. Elle préside à la pesée des âmes des morts devant le tribunal d'Osiris.

● **Nout**. Déesse du Ciel, épouse de Geb – la Terre –, elle est l'une des divinités primordiales de l'Ennéade héliopolitaine *(p. 234)*. On la représente le corps courbé, touchant la terre des mains et des pieds. Chaque soir, elle avale le Soleil qui poursuit sa course nocturne à travers son corps et chaque matin, elle lui donne naissance de nouveau.

MAÂT

NOUT

● **Osiris**. Il fut le premier être vivant à triompher de la mort. C'est sur lui que fut pratiquée pour la première fois la momification. Depuis, il règne sur les Occidentaux – les morts – et préside au jugement des âmes. Défunt, le roi est assimilé à un nouvel Osiris : le pharaon sous sa forme osiriaque est l'un des thèmes majeurs de l'art égyptien. Même Akhénaton *(p. 217)*, le pharaon hérétique défenseur d'un strict monothéisme, se fit représenter sous la forme d'un Osiris. Le dieu des Morts est toujours montré sous la forme d'un homme enveloppé dans un linceul et coiffé d'un haut bonnet paré de deux plumes.

OSIRIS

● **Ptah**. Le dieu tutélaire de Memphis est représenté sous la forme d'un homme momifié, un sceptre à la main et coiffé

RÊ

d'un bonnet. Il fut, sous l'Ancien Empire, le protecteur de la monarchie; avec la prépondérance d'Amon, il fut associé à celui-ci dont il devint la substance, Rê en étant l'apparence. Dieu créateur, il est le patron des artisans. Le taureau Apis lui est consacré en son sanctuaire de Saqqara *(p. 102)*.

● **Rê.** Divinité principale du clergé de Héliopolis, le dieu solaire fut considéré sous l'Ancien Empire comme le grand démiurge. Œil solaire, il fut assimilé à Horus, dont il revêt l'apparence: un faucon ou un homme à tête de faucon. Par la suite, il fut assimilé à Amon par le clergé thébain.

● **Sérapis.** C'est sous le règne du premier Ptolémée d'Égypte *(p. 222)* que fut «créé» le dieu Sérapis, une figure d'homme barbu coiffé d'un bouquet de roseaux. En réunissant dans une même figure syncrétique des éléments empruntés à Osiris et à Zeus, les Macédoniens voulurent réunir Grecs et Égyptiens autour d'un même culte. À ce dieu national des Ptolémées furent consacrés de nombreux temples à travers toute l'Égypte et notamment à Alexandrie, dont le Sérapeion était connu dans l'ensemble du monde antique: il abritait une statue colossale du dieu attribuée au grand sculpteur hellénistique, Bryaxis. Les malades venaient y passer la nuit pour recevoir en rêve ordonnance et guérison. Le temple fut détruit en 391 sous Théodose, qui proscrivit tout rite païen à l'intérieur de l'empire.

● **Seth.** Représenté sous la forme d'un homme à tête d'animal fantastique, mi-lévrier, mi-âne, le frère maudit d'Osiris, dieu du Chaos et du Désert stérile, fut pourtant considéré comme divinité nationale à l'époque thinite (3150-2635), puis, bien plus tard, par les Hyksos (1650-1539) qui l'assimilèrent au dieu sémitique Baal, maître de la Foudre et de l'Orage.

● **Thot.** Pour le clergé de Hermopolis, il était le grand démiurge sous sa forme de babouin. Plus tard, représenté sous la forme d'un homme à tête d'ibis ou comme un ibis, il devint le patron des scribes en tant qu'inventeur de l'écriture et maître du langage. «Secrétaire perpétuel» de l'assemblée des dieux, c'est lui en effet qui consigne les annales royales et tient le compte des péchés des hommes. ●

SETH

THOT

Les grandes fêtes

En dehors du rituel quotidien réservé à la classe sacerdotale, le **peuple égyptien** était admis à contempler les saintes statues lors des grandes fêtes solennelles : la fête d'Opet à Thèbes *(p. 133)*, celle de la Bonne Réunion à Edfou *(p. 168)* ou encore la procession de Min à Coptos. Au cours de ces célébrations qui duraient plusieurs jours, les idoles étaient conduites en **procession** de sanctuaire en sanctuaire devant l'assistance innombrable de la foule en liesse.

La fête d'Opet

La grande solennité de Karnak était la fête d'Opet, présidée par le roi en personne : Amon quittait son temple pour s'en aller durant dix jours séjourner dans sa résidence de Louxor. Après les offrandes rituelles, l'effigie d'Amon était extraite de son naos et hissée sur une barque rituelle qu'accompagnaient celles des divinités qui lui étaient associées. Portée par 30 prêtres, l'embarcation sacrée était conduite jusqu'au Nil, où elle prenait place à bord d'un bateau de cérémonie ; de même pour les barques des autres divinités accompagnant Amon dans son voyage. Tiré par des remorqueurs, le roi ayant pris place en personne dans le premier d'entre eux, halé depuis la berge afin de seconder les rameurs à la peine pour remonter le courant, le convoi parvenait devant le temple de Louxor, où les idoles étaient conduites dans le même appareil de brancards et de porteurs. Sur le chemin, une foule immense, contenue à grand-peine par un cordon de policiers armés de bâtons, tout à la joie d'apercevoir le dieu suprême de l'Égypte et salivant à la perspective de déguster les pièces des bœufs de sacrifice que des bouchers découpaient habilement sur le passage du cortège. Puis la procession entrait dans le silence et les ténèbres du temple de Louxor.

La fête de la Bonne Réunion

Chaque année, la divine Hathor retrouvait son époux Horus pour un hymen mystique. Cette fête d'origine agricole était l'une des plus populaires de la vallée : avec le retour de la déesse, les paysans célébraient le retour de la crue, gage de fertilité. Cinq jours donc avant sa rencontre avec son époux, Hathor était extraite du naos de son temple de Dendera *(p. 173)*, portée jusqu'au fleuve et hissée sur une embarcation d'apparat. Derrière elle, une foule de barques chargées de prêtres et de pèlerins composait un cortège fluvial salué sur sa route par la foule des paysans massés sur les rives. Au bout de cinq jours de navigation, et plusieurs arrêts en chemin dont un dans le temple de Karnak, la belle arrivait enfin au débarcadère d'Edfou où l'attendait déjà Horus. Après les sacrifices rituels, c'était en un joyeux cortège, escorté de danseuses et de musiciens, que le couple divin gagnait Edfou pour y connaître sa première nuit dans le secret du *mammisi* du temple. Treize jours de fête suivaient, parmi lesquels on voyait encore les dieux parcourir les terres cultivées jusqu'aux limites du désert, puis c'était le départ de la déesse par le même chemin. ●

d'assimiler à leur Aphrodite. Mais le vieux démiurge était las : il demanda à sa fille Nout de le hisser sur son dos et de le conduire jusqu'au ciel. C'est l'acte fondateur de la destinée humaine, dans un monde déserté par les dieux.

▶ PHARAON, LE MÉDIATEUR

En se retirant, le démiurge laissa un représentant chargé de gouverner la création en son nom : c'est **Pharaon**, dont la double nature, humaine et divine, en fait l'intermédiaire entre les dieux et les hommes. À lui de préserver l'ordre et l'équilibre du monde en le protégeant du chaos qui sans cesse menace de l'engloutir. Pour cela, il faut tout d'abord s'assurer de l'assistance des dieux. C'est donc le roi, et lui seul, qui, dans les temples, doit accomplir les rites : ceux-ci permettent à la divinité d'habiter son effigie et de répandre ainsi ses bienfaits sur les hommes. Au quotidien, le roi délègue ses fonctions sacerdotales au clergé. Le chaos, c'est aussi l'ennemi qui menace aux frontières : la figure du roi massacrant les ennemis est un thème couramment représenté sur les pylônes des temples. Maintenir l'ordre et l'équilibre, c'est enfin gouverner l'Égypte et permettre chaque année sa re-création, matérialisée par la crue du Nil. Chaque pharaon est ainsi un **nouvel Horus**, héritier, comme le fils d'Osiris, du royaume de son père.

▶ LE CULTE DIVIN

Précisons tout d'abord que dans l'Égypte ancienne le service divin n'engage pas la foule des croyants : seuls les **prêtres** sont admis à pénétrer à l'intérieur du temple, et le premier d'entre eux est seul autorisé à faire face à la divinité au plus profond de son sanctuaire *(p. 236)*. Chaque matin, vêtu uniquement de lin – la laine, impure, est proscrite dans le périmètre sacré –, le grand prêtre entre dans la première salle hypostyle. Là, il commence par se purifier, tandis que l'un de ses acolytes se munit des textes liturgiques du jour. Tout en procédant à des fumigations, il se dirige vers le sanctuaire, tandis que la foule des prêtres chante des hymnes. C'est seul qu'il va pénétrer dans le saint des saints où, dans son naos de bois ou de pierre, repose la **statue du dieu**. Après avoir brisé le sceau d'argile qu'il a apposé la veille, le grand prêtre ouvre la porte à deux battants et fait face à l'idole. Il l'embrasse afin de lui conférer la vie, lui présente les offrandes de nourriture demeurées dans le vestibule, la vêt, puis la replace dans le naos dont il ferme les deux battants. Il s'éloigne enfin à reculons, en effaçant la trace de ses pas avec un petit balai. Le même rituel se déroule le soir, pour le coucher de la divinité.

▶ L'UNIVERS SELON LES ÉGYPTIENS

L'observation de la nature avait suffi à convaincre les Égyptiens que l'existence de la douce vallée du Nil tenait du miracle. Chaque année, lorsque montait dans le ciel nocturne l'étoile Sothis (Sirius), les terres cultivées disparaissaient sous la montée des eaux du Nil. Une **crue destructrice**, dont la puissance était brisée par les rochers de la Première Cataracte, domaine de Khnoum, le dieu potier, créateur des formes visibles des hommes et de l'univers. Mais une **crue bienfaitrice**, aussi, qui fertilisait les terres pour l'année agricole à suivre. Dans la vallée inondée, seuls restaient visibles les villages perchés sur leur éminence : un rappel annuel du tertre originel émergeant de l'océan primordial, une image des premiers instants du monde. L'ensemble de la création terrestre flottait elle-même sur un océan qui l'entourait de toutes parts. Sur cette masse liquide vivaient des oiseaux aquatiques, oiseaux migrateurs, annonciateurs du chaos, que les Égyptiens chassaient avec passion : un thème fréquemment représenté sur les parois des tombeaux. ●

rite
La mort
chez les Égyptiens

Amoureux de la vie, de sa nature, des joies de la musique et des banquets, les Égyptiens furent obsédés par la mort. Parois ornées des tombeaux où des monceaux de victuailles étaient présentées aux défunts, pratiques funéraires avec la momification, visaient à assurer aux morts un simulacre de vie dans l'au-delà.

▶ L'HOMME MULTIPLE

Pour les Égyptiens, l'être humain est composé d'éléments distincts : le corps physique et trois entités plus subtiles auquel il sert de support. Le *ka*, souvent traduit par « double », accompagne l'homme jusqu'au-delà de la mort. C'est son principe vital, que l'on nourrit d'offrandes dans les chapelles funéraires ; cette entité immatérielle se contente de simulacres de nourritures terrestres, peintes par exemple sur les murs des tombeaux, dont elle prend possession en traversant les fausses portes qui servaient de lieu de passage entre le monde des vivants et celui des morts : les mastabas de Saqqara offrent de splendides exemples de ce type de représentation.

Les rois et les dieux possèdent aussi un *ka* (plusieurs pour certaines divinités) ; c'est pourquoi, dans les représentations de naissance royale, on voit le potier Khnoum *(p. 239)* occupé à façonner deux nouveau-nés : le roi et son double. Quant aux dieux, les rites pratiqués dans les temples permettent à leur *ka* de venir prendre possession de leur statue, considérée à l'égal d'un corps physique.

Du reste, à l'époque tardive, un même terme définira ces deux réalités : le corps et la statue. Le *ba*, représenté par un oiseau à tête humaine, pourrait être assimilé à l'**âme**, la part divine de l'homme associée à

▲ Page précédente : Anubis, le dieu chacal, préside à l'embaumement des défunts (illustration du *Livre des morts*).

la lumière du soleil. Lors des rites de régénération des statues divines, celles-ci, après avoir pris possession de leur *ka*, sont conduites sur la terrasse du temple afin que les rayons du soleil vivifient leur *ba*.

L'*akh*, le troisième principe, est l'**ombre du mort**, sa partie obscure qui ne le quitte jamais et qui, selon certains textes, survit au royaume d'Osiris *(p. 240 et p. 248)* après le trépas. La mort est la séparation des trois entités. Les pratiques funéraires permettant au défunt d'atteindre l'immortalité ont pour but de les réunir à nouveau.

▶ Les pratiques funéraires

Pour s'assurer la vie éternelle, il convenait tout d'abord de **préserver l'intégrité du corps**, support des entités immatérielles; les pratiques d'embaumement et de momification sont presque aussi anciennes que la civilisation égyptienne elle-même *(p. 246)*. Il fallait ensuite **subvenir aux besoins du défunt** pour l'éternité. Dans les chapelles funéraires, le clergé assurait le culte du roi devenu Osiris *(p. 240 et p. 248)*. Dans les sépultures privées, les mastabas de l'Ancien Empire, comme à Saqqara, les occupants ne pouvaient

Le jeu de *senet*

Connu depuis l'Ancien Empire, le *senet* était l'un des jeux favoris des Égyptiens anciens. Deux joueurs s'affrontaient autour d'un damier de 30 cases disposées en 3 rangées. Chacun des joueurs avançant ses pièces d'un nombre de cases obtenu par le lancement d'osselets ou de bâtonnets, tout en tentant de bloquer la progression de l'adversaire. Ce jeu – dont le nom signifie « passer » – revêt une signification symbolique sous le Nouvel Empire. On le voit ainsi représenté dans les sépultures où le défunt tente de vaincre un adversaire invisible, assurant ainsi son « passage » vers l'au-delà.

L'« ouverture de la bouche »

Comme pour les morts, les statues de divinités devaient être rendues à la vie par un certain nombre de rites : celui de l'ouverture de la bouche nous est bien connu par de multiples représentations, dans les tombes de la vallée des Rois notamment. Après une séance de purification à l'aide d'eau versée depuis plusieurs cruches, les artistes ayant présidé à la fabrication de la statue étaient conviés pour une dernière toilette. Après l'abattage rituel de bêtes dont on offrait cœur et cuisses à l'idole, on procédait à la cérémonie d'ouverture de la bouche à l'aide d'instruments spécifiques, pinces et herminette, de sorte que la statue, désormais vivante, puisse se nourrir. On la parait de fard, de bijoux et d'emblèmes divers, puis, après un nouveau sacrifice rituel, les prêtres transportaient l'idole dans le naos où elle allait désormais résider. ●

◄ Devant le corps momifié du défunt, accueilli par Anubis et pleuré par son épouse, les prêtres revêtus de la peau de panthère encensent les offrandes.

Textes des sarcophages, puis *Livre des morts* sous le Nouvel Empire, ils fournissaient au défunt les formules magiques lui permettant de franchir les obstacles – des portes dont le nombre varie selon les époques – disposés sur le chemin de l'au-delà : des embûches destinées à écarter du royaume d'Osiris les esprits mauvais, au premier rang desquels Seth.

Après avoir triomphé des épreuves en récitant les formules, voici le défunt face au tribunal d'Osiris, tandis qu'Anubis énonce la liste de ses bonnes actions.

▌ LA PESÉE DU CŒUR

Osiris, le «premier des Occidentaux», siège en compagnie de 42 divinités. Devant lui, une balance à deux plateaux. Dans l'un se trouve le cœur du mort, qui doit être plus léger que la plume déposée par Maat dans l'autre plateau.

Survient alors l'un des monuments de la littérature sacrée égyptienne, la célèbre confession négative que prononce le défunt face au dieu : «J'ai repoussé pour toi le mal, je n'ai pas fait pleurer, je n'ai causé de mal à personne, je n'ai pas dépouillé l'orphelin de ses biens… » C'est un véritable programme moral, bien éloigné du formalisme et des pratiques magiques auxquels semblent à première vue se résumer les pratiques funéraires.

Ce n'est qu'après avoir prouvé qu'il fut un homme de bien que le défunt peut accéder au royaume d'Osiris, participer lui-même à la divinité et rejoindre la lumière de Rê et «les dieux qui sont dans le ciel ». ●

s'assurer les services perpétuels d'un prêtre et les décorations des chambres funéraires remplissaient cet office : sur les parois, d'interminables processions d'offrandes convergeaient vers la fausse porte où le *ka* du mort venait en prendre possession. On trouvait même inscrits à l'extérieur des édifices des textes rappelant aux passants le nom du défunt : il suffisait de le prononcer en même temps que la liste d'offrandes qui l'accompagnait pour rendre la vie au mort. Des amulettes glissées sous les bandelettes des momies et des objets rituels déposés près du corps facilitaient le passage vers l'au-delà. De même, des statuettes, les *oushebti*, remplissaient à leur place les corvées auxquelles étaient astreints les défunts.

▌ LES GUIDES
DU VOYAGE OUTRE-TOMBE

Le viatique du défunt comprenait aussi des recueils de textes ésotériques. Sous l'Ancien Empire, alors que seul le pharaon était promis à la vie éternelle, il s'agissait d'un corpus de formules appelé par les archéologues *Textes des pyramides*. Avec la «démocratisation de la vie éternelle » qui se développe durant le Moyen Empire, ces textes, qui jusqu'alors ne concernaient que la personne royale, sont aménagés pour convenir au commun des mortels.

rite
Des corps
pour l'éternité

Explorant en 1932 la chambre funéraire de la pyramide de Saqqara *(p. 94)*, l'archéologue Jean-Philippe Lauer découvrit, abandonnés sur le sol, un pied, quelques fragments de côtes et un sternum. C'était là tout ce qu'il restait de la momie du roi Djoser, mise à mal dès l'Antiquité par les pilleurs de tombes. C'est surtout le plus ancien témoignage de momification découvert à ce jour.

La conservation des corps

L'idée de préserver l'intégrité des corps est probablement aussi vieille que la civilisation égyptienne elle-même. Les anciens Égyptiens se figuraient en effet l'individu comme un agrégat de différents éléments, le *ba*, le *ka* et l'*akh (p. 243)*. Partant de la simple observation de la nature – un corps abandonné dans les sables du désert se conserve longtemps du fait de la quasi-absence d'humidité –, les Égyptiens imaginèrent des procédés de déshydratation propres à empêcher la putréfaction des corps.

Les techniques d'embaumement

Les embaumeurs commençaient tout d'abord par extraire le cerveau par les narines, morceau par morceau, grâce à un crochet de fer. Ils pratiquaient ensuite une incision sur le

◄ Peinture murale dans la vallée des Rois.

flanc du défunt à l'aide d'une pierre tranchante, de manière à pouvoir en extraire les viscères qui eux-mêmes, une fois embaumés, prendraient place à côté du défunt dans des récipients particuliers, les vases canopes.

Ils bourraient alors les cavités abdominale et thoracique de natron (carbonate de sodium cristallisé) et de tissus afin d'absorber le maximum d'humidité avant de plonger le corps dans un bain de natron, pendant 70 jours, précise Hérodote, afin de procéder à une dessiccation complète. Celle-ci terminée, ils vidaient les cavités de leur bourrage de natron pour le remplacer par un second, définitif celui-là, afin de prévenir l'affaissement du corps. De même, on remodelait les traits du visage de manière à lui rendre l'aspect de la vie.

Les derniers préparatifs

Après l'embaumement, le corps était emmailloté de bandelettes, en lin exclusivement. Plusieurs centaines de mètres de tissu étaient nécessaires, qui provenait du linge «de famille» utilisé par le défunt de son vivant, des linges sacrés à recouvrir les statues des temples ou d'autres spécialement confectionnés pour cet usage et qui portaient des textes de divers livres funéraires.

De nombreuses amulettes étaient placées entre les bandes pour assurer la protection du défunt. La momie était enfin recouverte d'un linceul, décorée de bouquets de fleurs et placée dans son sarcophage, non sans avoir reçu les sacrements liturgiques – comme le rite de l'ouverture de la bouche (p. 244).

Au départ, un privilège royal

Réservée tout d'abord au seul pharaon, la momification s'étendit progressivement aux membres de la famille royale et aux hauts dignitaires, puis au peuple entier.

On a pu ainsi estimer à plus de 500 millions le nombre de corps momifiés tout au long de l'histoire de l'Égypte ancienne jusqu'à la christianisation du pays, et enfouis dans les sables du désert. Tous ne bénéficiaient pas des mêmes soins. Pour les défunts de moindre importance, on se contentait de dissoudre les viscères en injectant de l'huile de cèdre par les voies naturelles. ●

© Photothèque Hachette

Le mythe d'Osiris

Dieu de la Renaissance et souverain du royaume des morts, Osiris apparaît comme la figure la plus vénérée du panthéon égyptien. En compagnie de son épouse Isis et de leur fils Horus, ils forment la première triade divine.

Un roi juste et bon

Fils de Geb, dieu de la Terre, et de Nout *(p. 240)*, déesse du Ciel, Osiris succéda à son père sur le trône de l'Égypte. Époux de sa sœur Isis *(p. 239)* et souverain modèle, il apporta aux hommes l'art de l'agriculture et des pratiques religieuses. Sous son règne bienfaisant, les hommes vivaient un véritable âge d'or. Son frère, Seth le roux *(p. 240)*, seigneur des déserts stériles, en conçut une vive jalousie. Flanqué de 72 acolytes, il convia Osiris à un grand banquet ; au cours des festivités, il présenta à l'assemblée un magnifique coffre de bois ouvragé et le promit à celui qui s'y coucherait et le trouverait à sa taille. À peine Osiris s'y fut-il allongé que Seth et ses complices se précipitèrent sur le coffre, y clouèrent un couvercle, l'entourèrent d'un cordage et jetèrent le tout dans le Nil. Le cadavre d'Osiris noyé dériva au fil du courant et finit par s'échouer sur la côte de la Méditerranée orientale, à Byblos, en pays phénicien.

La longue quête d'une veuve

Folle de douleur, Isis parcourt le monde à la recherche de son époux. Elle parvient à Byblos et réussit à convaincre le roi du pays de lui rendre le coffre, sur lequel un bel arbre a poussé. Isis ramène alors le corps tant aimé en terre d'Égypte et le dissimule dans les fourrés du delta du Nil. L'ayant appris, Seth réussit à dérober le corps de son frère ; cette fois, il le découpe en quatorze morceaux qu'il dissémine en autant de points du territoire égyptien.

Isis doit partir pour sa seconde quête. Patiemment, elle réussit à retrouver chaque partie du corps de son époux, à l'exception de son membre viril, qui a été avalé par l'oxyrhynque, le poisson emblème du dix-neuvième nome, vénéré par les habitants de la région comme une représentation de Seth. Grâce à ses talents de magicienne et aidée par Anubis *(p. 238)*, qui pratiqua la première momification en enveloppant le corps d'Osiris de sa propre peau, Isis parvient à rendre la vie à son époux. Prenant l'apparence d'un oiseau, elle s'unit à lui et conçoit leur fils Horus *(p. 239)*. Ressuscité, Osiris ne retrouvera pourtant pas son trône terrestre : c'est Horus qui devra recueillir l'héritage que lui disputera son oncle Seth. Osiris règne désormais sur le royaume des morts.

Le premier des Occidentaux

Osiris est le maître du monde occidental, celui des Enfers égyptiens ; il préside le tribunal devant lequel doit comparaître chaque âme avant d'être admise à l'immortalité.

À partir du Moyen Empire, à mesure que l'espoir de l'immortalité, jadis réservé au seul souverain, s'étend progressivement à l'ensemble de la population, le culte d'Osiris sauveur connaît une ferveur croissante. En chacune des quatorze cachettes où Seth dissimula les morceaux de son frère s'élèvent désormais des temples, autant de buts de pèlerinage. Le plus célèbre est celui d'Abydos *(p. 176)*, où fut enterrée sa tête. Chaque année s'y déroulent des mystères, réservés aux seuls initiés, où les prêtres miment la mort et la résurrection du dieu.

À la Basse Époque, le culte d'Osiris se répand dans tout le bassin méditerranéen. Alors qu'il était, à l'origine, également vénéré comme une divinité de la nature qui, comme elle, meurt et renaît, il n'est plus désormais considéré que dans sa dimension de sauveur. Quant à Isis, la mère divine de Horus, dont le culte connaît une faveur exceptionnelle dans tout l'Empire romain, elle inspirera aux chrétiens les premières représentations de la Vierge. ●

◄ Osiris, dieu des morts, reçoit les offrandes en compagnie du dieu Thot.

▼ Le roi défunt est assimilé à Osiris, sous la forme duquel il est fréquemment représenté dans ses temples funéraires. Même Akhénaton, qui croyait en un dieu unique, se conforma à cette tradition. Ci-dessous, statue d'Aménophis III sous sa forme osiriaque.

© Sylvain Grandadam

▲ Une Vierge à l'enfant allaitant (détail d'une peinture murale, monastère copte de Deir al-Souriani).

religion
Le message chrétien

L'Église égyptienne apparut dès les premiers siècles de son existence comme l'expression d'une réalité nationale. Elle se constitua en effet autour des querelles christologiques portant sur la nature du Christ, humaine, divine ou double, qui déchiraient la chrétienté orientale au Vᵉ s.

L'évangélisation

Selon la tradition copte, Marc l'Évangéliste, qui vient à Alexandrie prêcher la nouvelle foi entre 42 et 48, y est martyrisé en 62. Les premiers chrétiens se recrutent dans les milieux alexandrins hellénisés, et plus particulièrement parmi la population juive. On en connaît peu de chose, du fait de leur quasi-anéantissement lors des persécutions de Dioclétien (284-305) : une époque douloureuse dont le souvenir est resté vivace chez les coptes puisqu'ils font partir leur calendrier liturgique du début du règne de cet empereur, appelé «l'ère des Martyrs» (282). Ce n'est qu'après l'édit de tolérance promulgué par l'empereur Constantin (313) et surtout sa proclamation comme religion d'État en 391 que le christianisme se répand dans les campagnes égyptiennes. Vers 400, les chrétiens sont majoritaires en Égypte et le christianisme s'égyptianise : dès la seconde moitié du IIIᵉ s., Évangiles et écrits des Pères sont traduits en copte, langue héritière de celle des pharaons et transcrite dans l'alphabet grec augmenté de sept signes. C'est en copte aussi que l'on prie dans les églises.

Les querelles christologiques

Les querelles christologiques du Vᵉ s. consomment le divorce entre les Églises égyptienne et constantinopolitaine. Au concile d'Éphèse (431), Cyrille, patriarche d'Alexandrie, est un ardent pourfendeur des hérétiques nestoriens qui nient toute part divine du Christ, et introduit le terme de Theotokos, mère de Dieu, pour désigner la Vierge, une épithète qui qualifiait probablement Isis, représentée tenant son fils Horus dans le giron. Ses successeurs, en revanche, s'opposent à l'Église officielle lors du concile de Chalcédoine en 451 : l'Église égyptienne devient ainsi monophysite, privilégiant la nature divine du Christ, hérétique donc aux yeux du patriarche de Constantinople, ce qui avive les tensions entre les autorités byzantines qui contrôlent la province et l'Église locale, haut lieu d'une résistance « nationale ». Loin de querelles théologiques byzantines, cette hostilité envers l'Église officielle traduisait en réalité celle des Égyptiens à l'égard de l'empereur byzantin et de ses représentants, gouverneurs et collecteurs d'impôts. Après l'occupation perse (619-629), c'est avec indifférence sinon avec soulagement que les Égyptiens chrétiens, trop heureux de se débarrasser de la tutelle impériale, accueillent les Arabes musulmans en 640.

Égypte, terre des ermites

Les ermites chrétiens ne furent pas les premiers mystiques à monter au désert. Pour les Égyptiens anciens, habitants de la vallée du Nil, le désert représentait déjà le monde du Chaos, peuplé de bêtes féroces et d'animaux fantastiques. Le désert était aussi le lieu de l'apparition quotidienne de l'astre solaire et celui de son coucher, promesse d'une renaissance. La découverte de graffitis dans les montagnes à l'ouest de Thèbes semble montrer que, sous le Nouvel Empire, des hommes pieux se retiraient dans ces solitudes pour assister au coucher d'Amon-Rê. À l'époque ptolémaïque, les textes grecs font état de reclus, vivant hirsutes et nus, chargés de chaînes à l'intérieur même du périmètre des temples. Ils servaient de guides spirituels aux pèlerins et délivraient des oracles. Les plus connus de ces personnages étaient les dévots d'Isis. Ces derniers fidèles des cultes anciens restèrent présents dans le temple de Philae (p. 189) jusqu'à la fermeture de celui-ci au culte païen, au VIe s. de notre ère, y côtoyant sans doute les moines chrétiens qui avaient élu domicile dans une partie du temple.

● **Saint Antoine le Grand.** « Va, vends tout ce que tu possèdes, donne-le aux pauvres et tu auras un trésor dans les cieux ; puis viens et suis-moi. » C'est en entendant ces paroles de l'Évangile de Matthieu qu'Antoine, originaire du Fayoum, alors âgé de 20 ans, rencontra sa vocation. Il s'isola tout d'abord dans un ermitage tout près de son village ; puis il gagna le désert jusqu'aux rives de la mer Rouge, pour fuir les fidèles qui se pressaient autour de lui, attirés par sa réputation de sainteté. S'il accepta de temps à autre la présence de disciples, la vocation d'Antoine, mort en 356, fut celle d'un solitaire.

● **Saint Pacôme.** C'est à saint Pacôme, au milieu du IVe s., qu'il appartint d'édicter la première règle de vie commune pour ceux qui avaient renoncé à la vie séculaire. Il commença par une vie retirée d'ermite. Puis, voyant une foule de disciples le rejoindre, il prit conscience de la nécessité d'une loi, pour éviter au groupe l'anarchie et les querelles. C'est la règle pacômienne qui servit de modèle à toutes les règles futures des ordres monastiques. Établie à Tabenessi, un village abandonné de Haute Égypte, cette communauté se voulut la préfiguration terrestre de la Cité de Dieu. D'autres communautés suivirent cet exemple, occupant les temples et sanctuaires païens abandonnés, comme à Philae (p. 189). ●

qui estoient a deux

fist dieu le tout puillat
quant il nous deffen
ci deuise comment da
miete fu prinse

histoire

Les dates qui ont fait
l'Égypte musulmane

L'arrivée de l'islam est saluée par les fellahs chrétiens, las des vexations que leur infligent les élites grecques vassales de Byzance. Le pouvoir du Croissant va métamorphoser les villes et les cœurs, qui battent désormais à l'unisson de l'*oumma*, la communauté des musulmans qui s'étend des rives de l'Indus aux côtes de l'Atlantique. Alexandrie, trop grecque, est délaissée au profit d'un modeste campement de tentes qui deviendra Le Caire, la ville aux mille minarets, centre d'un vaste réseau d'échanges qui couvre l'ensemble du monde connu.

▲ Prise de Damiette par Louis IX en 1249 (enluminure de *La vie de Saint Louis* par Joinville, vers 1360, Bibliothèque nationale de France).

||La conquête arabe

● VIIᵉ S. Après ses victoires successives sur les Perses sassanides, puis sur les Byzantins (636), qui lui ont ouvert les portes de l'Irak et de la Syrie, le **calife Omar** a les mains libres pour s'engager à l'ouest. Conduites par le général Amr ibn al-As, les troupes musulmanes pénètrent en Égypte à la fin de l'année 639. En l'an 640, elles sont aux portes de Babylone, une place forte byzantine au sud du Caire actuel. Après une longue résistance, la forteresse tombe en avril 641. Les soldats d'Amr vont pouvoir faire route vers le nord. En juin de la même année, ils sont devant Alexandrie, qu'ils assiègent, mais la ville ne capitulera qu'en novembre. Conformément aux termes du traité, les Byzantins obtiennent de demeurer en ville, le temps pour eux d'évacuer leurs troupes et leurs dignitaires. C'est que les Arabes, qui ne sont pas encore les grands marins qu'ils deviendront, se détournent de la grande ville portuaire, trop peuplée, trop cosmopolite, si peu égyptienne. Ils lui préfèrent Fostat, ville nouvelle qu'ils créent aux environs de l'ancienne capitale, premier noyau de la future agglomération cairote. La passivité, voire la complicité des coptes à l'égard des nouveaux venus, leur assure la bienveillance des nouveaux maîtres. De fait, les chrétiens resteront majoritaires dans le pays jusqu'au IXᵉ s. et peut-être même jusqu'au Xᵉ s., et la langue copte sera utilisée jusqu'au XIIIᵉ s. Seuls les monastères pâtiront de la présence musulmane, du fait sans doute de leur qualité de grands propriétaires fonciers.

Les Toulounides

● **868-905.** Pendant plus de deux siècles, l'Égypte reste une **province d'empire**, fournissant comme depuis des siècles les richesses de son agriculture à **Damas** puis à **Bagdad**, respectivement capitales des Omeyyades et des Abbassides. Mais, au IXᵉ s., le centre du pouvoir est bien loin et le tout nouveau préfet d'Égypte, le général turc **Ahmed Ibn Touloun**, nommé en 868 par le calife de Bagdad, rumine des ambitions d'indépendance. Bien vite, il s'émancipe de la tutelle de son lointain maître, lève les impôts de sa riche province à son profit exclusif et s'entoure d'une puissante armée de mercenaires. Il laissera le trône à son fils, souverain fastueux, restaurant ainsi une **dynastie indépendante**, onze siècles après la disparition de la dernière représentante des Ptolémées. Si rien ne reste de la capitale qu'il fonda, on doit néanmoins à Ibn Touloun la mosquée qui porte son nom *(p. 58)*, sans doute le plus bel édifice du Caire islamique. En 905, un sursaut des Abbassides met un terme à cette éphémère dynastie.

Les Fatimides

● **969.** Après le court intermède des **Ikhchidides**, dynastie d'origine turque qui régna en Égypte de 935 à 969, de nouveaux maîtres s'imposent au pays : les **Fatimides**. Cette fois, il ne s'agit plus de gouverneurs saisis par l'ambition. Ce sont des conquérants, surgissant sur leurs coursiers le sabre à la main de leurs possessions d'**Ifriqiya**, l'actuelle Tunisie, où ils s'étaient établis depuis le début du Xᵉ s.

L'Empire fatimide

Les Fatimides sont chiites, et leurs califes, chefs militaires tout autant que religieux, se prétendent de la descendance de Fatima, la fille du Prophète. Doublement odieux aux Abbassides, comme usurpateurs et comme hérétiques, ils parviennent à se tailler un **vaste empire** qui comprend la majeure partie de l'Afrique du Nord, et commencent à pousser leur avantage en Syrie, prenant Damas en 970. Désormais, deux grandes puissances se trouvent face à face : les Abbassides à l'est et les Fatimides à l'ouest. Entre les deux, les petites principautés syriennes que se disputent les deux ennemis.

Égypte : carrefour commercial

À la tête de fabuleuses richesses, les maîtres du Caire rivalisent de magnificence avec les cours de Bagdad et de Constantinople. L'Égypte est à nouveau le **carrefour de tous les produits du monde**. Dès la fin du Xᵉ s., des marchands amalfitains sont installés sur les rives du Nil, bientôt suivis des Génois, des Vénitiens et d'autres grands commerçants du monde occidental. Les juifs y sont très actifs, grâce au tissu de relations qu'ils entretiennent avec les communautés disséminées dans tout le monde connu. La découverte des documents de la geniza du Caire a jeté un saisissant éclairage sur ce grand commerce international.

| Un pays de tolérance

La mosquée El-Azhar est construite sous les Fatimides : elle servira de foyer de diffusion du chiisme avant de devenir, aujourd'hui encore, la référence spirituelle et juridique du monde sunnite. Souverains hétérodoxes régnant sur une population dans son immense **majorité sunnite**, les Fatimides se distinguent par leur **tolérance religieuse**, notamment à l'égard de la communauté chrétienne, dont de nombreux membres servent à des postes élevés dans l'administration califale. Seule exception, le règne du **calife Hakim** (980-1021), qui déclencha de terribles persécutions contre les sunnites et les chrétiens, ordonnant même la destruction du Saint-Sépulcre de Jérusalem. Il périt assassiné après s'être proclamé d'essence divine.

| L'anarchie à la cour fatimide

● **1099.** Depuis la prise de Jérusalem, les Francs s'accrochent solidement au littoral palestinien. Au Caire, les « **califes fainéants** » (René Grousset), vautrés dans le luxe de leur palais, abandonnent la réalité du pouvoir à leur vizir. Qui en détient la charge est le véritable maître de l'Égypte : dès lors, la capitale vit au rythme des complots, des coups de force sanglants et des destitutions. Le pays sombre dans l'anarchie. Pour les Francs, la proie est belle et semble facile.

| La chute des Fatimides

● **1164-1171.** Après une première incursion prometteuse en 1164, **Amaury Ier**, roi de Jérusalem, reprend en 1167 le chemin de l'Égypte. Il y est d'ailleurs appelé par le grand vizir : le dignitaire musulman cherche un appui contre les troupes de **Nour ed-Din**, le maître d'Alep, qui marchent contre lui sous les ordres de **Chirkouh**, un général kurde. Aux côtés de Chirkouh, son neveu, un certain **Saladin**. Les Francs s'installent au Caire et leur roi est reçu par le calife en personne avec tous les honneurs dus à un précieux allié. En 1167, le pays est de fait un protectorat franc. Mais l'année suivante, Amaury, rompant son alliance, se jette sur l'Égypte avec l'appui des Byzantins. Il retrouve sur sa route le vieux Chirkouh. Cette fois la bataille tourne à l'avantage de l'émir kurde, qui en profite pour décapiter le vizir discrédité et installer à sa place son

Le calife Hakim

Monté sur le trône d'Égypte en 980, le calife fatimide Hakim se signala rapidement par les mesures vexatoires prises à l'encontre des juifs et des chrétiens. Il imposa aux uns le port d'une clochette au cou lorsqu'ils pénétraient dans les bains et il contraignit les autres à apposer une croix de bois sur la porte des hammams qu'ils fréquentaient. Il fut pourtant l'idole du petit peuple du Caire. Ne dit-on pas en effet que, la nuit venue, il s'habillait de guenilles pour se rendre dans les bouges de la ville afin de s'enquérir de l'état de l'opinion ? Il apprit ainsi un jour de ses compagnons d'ivresse de bière et de haschisch que des notables de la ville conservaient dans leurs entrepôts de grandes quantités de blé alors que sévissait la famine. Le lendemain, il sortit de son palais, accompagné de bourreaux ; précédant le sinistre cortège, des hérauts annonçaient que quiconque serait trouvé en possession de réserves clandestines aurait la tête tranchée sur-le-champ. Des quantités de nourriture apparurent ainsi à bas prix sur le marché. De quoi soigner sa popularité. Le vent tourna pourtant le jour où Hakim se proclama d'essence divine. C'en était trop, même pour le petit peuple du Caire, profondément religieux. Il fut assassiné par des sbires envoyés, dit-on, par sa propre sœur, dont il projetait de faire son épouse. Traqués, ses partisans durent s'enfuir précipitamment pour gagner le refuge des montagnes libanaises. Ils sont à l'origine de la secte des druzes, qui considèrent Hakim comme leur messie, le *Mahdi* qui reviendra sur terre à la fin des temps. ●

neveu. Maître incontesté de l'Égypte, Saladin supprime en 1171 le califat fatimide, et avec lui les divisions qui affaiblissaient le monde musulman. À la mort de Nour ed-Din (1174), Saladin évince ses héritiers et s'empare de la Syrie. De Damas au Caire, les musulmans sont unis sous l'autorité d'un seul chef, vassal bien théorique de l'impuissant calife de Bagdad, duquel il tient pourtant à obtenir l'investiture.

||Saladin et les Ayyoubides

● **1174-1250.** Saladin n'aura guère le temps de s'attarder en Égypte, «sa maîtresse qui le détourne de son épouse légitime», la Syrie, selon les mots qu'un chroniqueur du temps lui prête. Les huit années (1171-1179) qu'il passe au bord du Nil signifient tout d'abord le **retour à l'orthodoxie sunnite**, à laquelle était restée fidèle la masse de la population locale. La mosquée El-Azhar est remise aux docteurs orthodoxes et au Caire se multiplient les fondations de madrassas, ces écoles coraniques vouées à l'étude et à la diffusion du sunnisme. Ce retour à l'orthodoxie s'accompagne parfois de brimades envers les non-musulmans; on reproche par exemple aux chrétiens d'avoir joué un rôle trop important sous les Fatimides. À la mort de Saladin (1193), son royaume se partage rapidement entre ses héritiers: au Caire, les Ayyoubides vont régner jusqu'en 1250, étendant de temps à autre leur pouvoir sur la Syrie. C'est le cas sous le règne du dernier représentant de la dynastie, **Saleh Ayyoub**, dont les troupes affrontent les croisés de Saint Louis débarqués à Damiette en 1249. Avant de pouvoir atteindre Le Caire, les croisés sont vaincus et leur roi fait prisonnier en 1250. À peine le sultan a-t-il le temps de conclure un traité prévoyant l'élargissement des prisonniers contre rançon qu'il est détrôné par sa garde d'esclaves turcs, ses mamelouks.

||Des Mamelouks aux Ottomans

● **XIIIᵉ-XIVᵉ s.** Le premier siècle de la période mamelouke est brillant: les premiers sultans, **Baïbars** et **Qalaoun**, achèvent la reconquête de la Syrie franque. Saint-Jean-d'Acre, dernière possession latine, tombe aux mains du fils de Qalaoun en 1291. Sur un autre front, les Mamelouks se posent en rempart du monde arabo-musulman en arrêtant l'avancée des Mongols à la **bataille d'Ain Djaloud** (Palestine) en 1260. Ils ajoutent encore à leur prestige en accueillant au Caire - recueillir serait un terme plus approprié - le calife abbasside, le Commandeur des croyants, chassé de Bagdad par les Mongols.

| Le système mamelouk

Depuis les derniers Ayyoubides, l'usage s'est répandu de former des unités militaires composées d'esclaves turcs, réputés pour leur bravoure au combat. Les Mamelouks généralisent le système du plus modeste niveau de la hiérarchie civile jusqu'au sommet de l'État, le sultan. Les futurs Mamelouks sont achetés sur les marchés aux esclaves, où les commerçants occidentaux jouent un rôle actif. Ils reçoivent chez leur maître une éducation militaire et religieuse puis, affranchis, rejoignent sa troupe. Les plus capables d'entre eux peuvent atteindre les plus hautes fonctions, jusqu'à celle de sultan, en principe désigné par l'assemblée des chefs de guerre. Bien que plusieurs sultans aient tenté, pour certains avec succès, de fonder une lignée, ce principe de recrutement interdit de fait toute transmission héréditaire du pouvoir.

| L'anarchie

Pour l'Égypte, les Mamelouks sont de **bons administrateurs**: c'est qu'il faut assurer une levée efficace de l'impôt. Ils sont surtout de **grands** bâtisseurs : comblés de richesses, les beys couvrent la capitale et les provinces de madrassas, de mosquées, de palais, tandis que leurs somptueux mausolées élèvent leurs coupoles à la périphérie du Caire. Cette brillante période s'achève avec la **terrible épidémie de peste** de 1348 qui décime la population et cause une récession économique dont l'Égypte mamelouke ne se relèvera pas. La seconde période de cette dynastie d'esclaves n'est plus qu'une suite interminable de **querelles de succession**. Dans les rues mêmes de leur capitale, les factions rivales se livrent de violents combats. Des péripéties devenues si habituelles que le bon peuple du Caire, nous raconte un chroniqueur, vient en masse y assister comme au spectacle. Ce n'est plus que sur ces piètres champs de bataille que les Mamelouks peuvent témoigner de leur valeur militaire : leur terrible force de frappe lorsqu'ils chargeaient à cheval, le cimeterre à la main, est désormais devenue anachronique depuis la généralisation des armes à feu.

La chute des Mamelouks

● **1516.** Le 18 mai 1516, le **sultan El-Ghouri** franchit les portes du Caire : il s'en va combattre les **armées de Sélim l'Ottoman**, qui marche sur ses frontières à travers la Syrie. C'est une armée d'un autre âge, qui n'a pourtant rien perdu de son apparat. En tête avancent les éléphants, suivis de la cavalcade des officiers en grande tenue, puis viennent les cheikhs et le calife abbasside lui-même. Enfin apparaît le sultan, revêtu de soies brodées d'or et précédé de ses chevaux, certains sellés de cristal et d'or. Massé sur le passage du cortège, le peuple applaudit au spectacle. C'est le dernier qu'il lui sera donné de voir. Les armées d'El-Ghouri sont écrasées par les Ottomans, et le sultan lui-même meurt au combat.

Le retour de l'anarchie

● **1517.** En 1517, les troupes ottomanes entrent au Caire. C'est désormais un **pacha** nommé par le sultan d'Istanbul qui gouverne le pays. Une charge prestigieuse que, dans un premier temps, vont se disputer les grands dignitaires ottomans. Mais rapidement, les chefs des grandes maisons mameloukes, qui ont conservé leurs domaines agricoles et leurs richesses, imposent à nouveau leur pouvoir. Malgré les tentatives ottomanes de leur opposer la force des janissaires et de milices locales, les **Mamelouks** sont à nouveau les véritables maîtres du pays, tandis que le pacha en est réduit à observer depuis son palais les sanglantes luttes pour le pouvoir qui ont repris de plus belle. L'Égypte sombre encore une fois dans l'**anarchie** et l'arbitraire. ●

Les dates qui ont fait
l'Égypte moderne

L'Expédition d'Égypte marque la brutale confrontation entre une province ottomane alanguie dans ses archaïsmes et la modernité occidentale. Pour la France, l'Expédition se solde par un échec militaire et diplomatique. Pour l'Égypte, c'est l'ouverture aux techniques européennes. Ainsi les khédives, les rois d'Égypte qui se succéderont jusqu'au milieu du XXᵉ s., auront-ils pour la plupart d'entre eux l'ambition de faire du pays le poste avancé de l'Occident.

▲ Caricature d'Ismaïl Pacha – khédive d'Égypte de 1863 à 1879 –, dessinée par Theobald Chartrain et publiée dans *Vanity Fair* en 1881.

|| La campagne d'Égypte

● **1798.** 54 000 hommes embarquent à Toulon le 19 mai à bord des 350 vaisseaux qui les attendent à quai. Leur destination? L'Égypte. Leur chef? **Bonaparte**, encore auréolé de ses triomphes en Italie. Après avoir enlevé l'île de Malte le 2 juillet, la formidable flotte débarque sur la côte égyptienne.

| Projet politique...

Le 21 juillet, la **bataille des Pyramides** ouvre aux troupes françaises les portes de la capitale: «Peuple du Caire, je suis venu pour détruire la race des Mamelouks», proclame le bouillant général, «ce ramassis d'esclaves achetés dans le Caucase

histoire

et la Géorgie [qui] tyrannise la plus belle partie du monde. » Pour le Directoire, le projet a des buts moins philanthropiques : il s'agit de couper aux Anglais la route des Indes.

| ... ou mission civilisatrice ?

C'est pourtant à une **mission civilisatrice** que s'attelle l'expédition. Pas moins de 167 savants l'accompagnent en effet, parmi lesquels des sommités du temps comme Monge, Berthollet ou Geoffroy Saint-Hilaire. Un **Institut égyptien** est fondé au Caire, à l'imitation de celui de France, et **deux journaux**, les premiers sur le continent africain, sont imprimés sur les presses acheminées de France avec l'expédition. Mais surtout, les savants vont entreprendre un **relevé méthodique du pays** : antiquités, monuments, costumes, faune, flore… Au mépris du danger, ils accompagnent la troupe dans ses campagnes à travers le pays. Ce qui vaudra à la postérité l'ordre savoureux d'un brave capitaine républicain lors d'une escarmouche avec les Mamelouks : « Les ânes et les savants au milieu ! » Ces milliers de dessins vont constituer la base de la monumentale *Description de l'Égypte*, publiée à partir de 1802.

|| Mohammed Ali

● **1801-1805.** Parmi les officiers des armées ottomanes qui contraignent les Français à une retraite piteuse en 1801 figure un certain **Mohammed Ali**, un Albanais né à Kavalla (en Grèce aujourd'hui). Rapidement, cet officier ambitieux parvient à imposer son autorité sur les factions mameloukes qui se disputent le pouvoir. Mohammed Ali est nommé en 1805 officiellement pacha d'Égypte par la Sublime Porte. Six ans plus tard, il élimine définitivement les Mamelouks en faisant massacrer leurs principaux chefs dans la citadelle du Caire, où il les avait conviés à une réception. Il a désormais les mains libres pour entreprendre son grand œuvre : moderniser l'Égypte.

| La modernisation démarre

Cela commence par l'**armée**, composée désormais de recrues qu'il forme à l'occidentale, en faisant appel à des instructeurs étrangers. Parmi eux, le colonel Sève, un Lyonnais qui, converti à l'islam, prendra le titre de **Soliman Pacha** (une des rues principales du centre du Caire porte toujours son nom). Cela continue avec le **commerce** et l'**industrie**,

---

Un obélisque à Paris

En avril 1830, Mohammed Ali offre les deux obélisques du temple de Louxor à Charles X. Reste aux Français à acheminer le premier des deux colosses de 230 tonnes jusqu'à Paris (le second restera *in situ*). Le 14 août 1831, un bateau à fond plat, seul type de navire capable de remonter le Nil et la Seine, aborde devant le temple de Louxor. Les équipes françaises se mettent au travail. Il faut déposer l'aiguille monumentale, puis lui faire franchir les 300 mètres qui la séparent de la rive. Enfin, le 25 août de l'année suivante, à la faveur de la nouvelle crue, l'obélisque quitte son temple, redescend le Nil et entreprend la traversée de la Méditerranée tiré par un des premiers vapeurs de la marine française. Après une première étape à Toulon le 10 mai 1833, il atteint Paris le 23 décembre de la même année. Reste à dresser l'obélisque sur la place de la Concorde, emplacement finalement choisi après de longues polémiques. Il faudra trois années pour venir à bout de cette tâche délicate. Enfin, le 25 octobre 1836, en présence du roi Louis-Philippe, l'obélisque s'élance dans le ciel sur un socle de granit de Bretagne. Seuls les quatre cynocéphales nus, qui accueillaient à la base de l'obélisque l'apparition de l'astre du jour, ne sont pas conviés à la fête. Ils firent pourtant partie du voyage mais, jugés trop indécents pour les yeux parisiens, ils furent relégués dans les réserves du musée du Louvre. ●

histoire

qu'il plie aux normes européennes. L'économie égyptienne doit se tourner vers l'Occident : sous son règne, **Alexandrie** devient le grand port du pays, une grande ville que le pacha préfère au Caire, dont la turbulente population est difficile à contrôler.

| Les espoirs de conquête

● **1831-1840.** Mohammed Ali renoue avec les ambitions orientales de bon nombre de ses prédécesseurs sur le trône d'Égypte en cherchant à s'assurer la **maîtrise de la Syrie**. Il y parvient cette année-là grâce aux campagnes conduites par son fils Ibrahim, puissamment secondé par des officiers européens. Mohammed Ali doit néanmoins lâcher prise sous la menace des armées ottomanes et de la diplomatie britannique. En 1841, il est promu au titre de pacha héréditaire d'Égypte. Ses descendants vont régner jusqu'au coup d'État de 1952.

|| Le pouvoir des khédives

● **1848.** Le 2 septembre, Mohammed Ali abdique en faveur de son fils Ibrahim, qui ne régnera que quelques mois (il meurt le 10 novembre de la même année). Abbas, petit-fils de Mohammed Ali, lui succède. Son court règne (il mourra assassiné) marque un **repli de l'Égypte sur elle-même** : le souverain, que l'on présente comme un féodal autocrate, ne prise guère les innovations venues de l'étranger ; la plupart des techniciens étrangers, et notamment français, quittent le pays.

|| L'emprise occidentale

● **1854-1857.** L'arrivée de **Saïd** sur le trône de l'Égypte annonce le retour en force de la **francophilie** : Ferdinand de Lesseps est un ami intime du souverain et obtient la concession du canal de Suez. Auguste Mariette est nommé directeur du Service des Antiquités. Plus francophile encore que son oncle auquel il succède en 1879, **Ismaïl** inaugure une dispendieuse politique de grandeur : il entend faire de l'Égypte un pays européen. Auréolé de son tout nouveau titre de khédive obtenu de Constantinople (le terme signifie « roi » en persan), Ismaïl se rend en France en 1867 pour visiter l'**Exposition universelle**, dont le clou est le pavillon égyptien, dessiné par Auguste Mariette. Il est partout,

L'Égypte à l'Expo

Le clou de l'Exposition universelle qui se tint à Paris en 1867 fut incontestablement le pavillon égyptien : sept millions de visiteurs découvrirent ainsi la reconstitution d'un temple, synthèse de l'art égyptien inspirée du kiosque du temple de Philae. Auguste Mariette, alors directeur du Service des Antiquités au Caire, en suit la construction pas à pas. Il refuse tout d'abord le granit comme matériau de construction : tous les temples égyptiens sont édifiés en grès, les murs seront donc montés en plâtre sur lequel on collera du sable. Pour la décoration, Mariette se rend en personne en Haute Égypte pour y relever des inscriptions, à Abydos et Philae. Les murs portent des moulages réalisés d'après des originaux de la Ve dynastie ou des scènes historiées provenant de monuments du Nouvel Empire. À l'intérieur, les visiteurs peuvent également voir près de 500 crânes, rangés par dynastie, ainsi que sept momies. Tous ces restes humains vieux de plusieurs millénaires ne quitteront plus Paris : ils sont conservés aujourd'hui au musée de l'Homme. (Lire aussi Élisabeth David, *Mariette Pacha*, éd. Pygmalion, 1994.) ●

histoire

de l'Opéra aux champs de course, troquant son tarbouche contre un haut-de-forme, et séduisant les Parisiens par son affabilité.

▶ LES CAISSES SONT VIDES

● **1869-1871.** La grande affaire du règne d'Ismaïl fut l'**inauguration du canal de Suez** en 1869, sans doute la plus grande fête du siècle, à laquelle assista l'impératrice Eugénie. *Aïda* est jouée en 1871 pour la première fois à l'Opéra du Caire. Mais ces somptuosités ont un prix bien trop élevé pour les caisses de l'État égyptien, qui est déclaré en faillite en 1876. Une commission mixte franco-britannique contrôle désormais les finances du pays, tandis que dans les ministères prennent place des administrateurs européens. Le pouvoir d'Ismaïl est de plus en plus théorique. En 1879, Ismaïl est déposé par le sultan de Constantinople à la demande expresse de Paris et de Londres.

▶ L'INSTAURATION
DU PROTECTORAT BRITANNIQUE

● **1879-1892.** Pour faire pièce à une tutelle étrangère de plus en plus pesante émerge un **mouvement nationaliste** égyptien dont l'audience s'accroît d'année en année. Sous le règne de Tewfik, le **colonel Orabi** se fait le porte-parole des officiers égyptiens mécontents d'être évincés au profit de militaires étrangers, et notamment turcs. Il réussit à imposer au khédive un ministère à sa convenance, dans lequel il s'octroie le portefeuille de la Guerre.

Pour mettre un terme à l'agitation nationale, un corps expéditionnaire britannique débarque le 17 juillet 1882 à Alexandrie. Orabi est envoyé en exil à Ceylan. L'occupation étrangère commence. Sous **Abbas II**, souverain falot, les Anglais sont désormais maîtres du jeu en Égypte, qu'ils utilisent comme base pour la reconquête du Soudan après la mort à Khartoum, en 1885, du général

▶ Nasser est acclamé par la foule après la ratification du traité conclu entre Nasser et la Grande-Bretagne en 1954. Les forces britanniques doivent quitter le canal de Suez dans les 20 mois.

Gordon. Une mainmise qu'officialisent les accords franco-britanniques de 1904, l'**Entente cordiale** : à l'Angleterre revient l'Égypte, à la France, le Maroc. Le premier barrage d'Assouan est inauguré en 1902. À la suite du déclenchement de la Première Guerre mondiale, l'**Angleterre** impose son **protectorat** sur l'Égypte et dépose Abbas.

La revendication nationale

● **1914-1917.** Malgré son titre de sultan, **Hussein** est perçu comme l'homme de paille des Britanniques. Pourtant, en dépit des bouleversements économiques et sociaux consécutifs à la guerre – on a compté jusqu'à un million de soldats stationnés en Égypte –, les dirigeants nationalistes prônent la modération le temps du conflit.

▶ LE WAFD

● **1918-1924.** Dès l'annonce de l'armistice le 13 novembre 1918, la revendication nationaliste reprend de plus belle : **Saad Zaghloul**, chef du parti nationaliste **Wafd**, se rend devant le haut-commissaire britannique pour réclamer l'indépendance de l'Égypte. Le 8 mars 1919, il est déporté à Malte par les autorités britanniques. Dès le lendemain, le pays se soulève : au Caire, on mitraille les manifestants tandis que l'agitation gagne la province, où éclate un véritable soulèvement armé. Le 17 avril 1919, la tension se relâche avec l'annonce de la libération de Saad Zaghloul ; elle reste néanmoins endémique jusqu'en 1922, année où l'Égypte devient officiellement un **royaume indépendant**. Après la **victoire du Wafd aux élections en 1924**, Saad Zaghloul est chargé de former un gouvernement.

▶ LE DERNIER KHÉDIVE : FAROUK

● **1936-1952.** Le dernier règne de la dynastie khédivale débute comme un **conte de fées** : Farouk, un beau jeune homme à peine sorti de l'adolescence, monte sur le trône. Mais très vite, l'excès et la débauche ont raison du jeune *sportsman* et, le 26 juillet 1952, c'est un poussah boursouflé qui embarque à Alexandrie pour l'exil. Le 26 janvier précédent, des émeutes, dont les véritables instigateurs restent encore aujourd'hui inconnus, ont détruit une partie du Caire sous le regard impuissant des forces de police. Cette brutale **explosion de violence** suivit de longues années de rancœurs, au premier rang desquelles figurait l'humiliante défaite de l'armée égyptienne infligée par le jeune État hébreu en 1948. Le 23 juillet au matin, la radio nationale annonçait qu'un groupe d'officiers s'était emparé du pouvoir. Pour la première fois depuis près de vingt-trois siècles, des Égyptiens présidaient aux destinées de leur pays.

|| De Nasser à Sadate

Avec le coup d'État des Officiers Libres et la prise du pouvoir par le Colonel Nasser, l'Egypte s'invente une nouvelle destinée. Maîtresse d'elle-même, elle entend occuper à nouveau un rôle régional essentiel. Partisan d'une économie dirigée, Nasser va mener son pays vers la modernité à marches forcées avec pour réalisation emblématique la construction du barrage d'Assouan. À son successeur Sadate reviendra la tâche d'ouvrir l'économie égyptienne sur le monde.

| L'épopée nassérienne

● **1956.** Le soir du 26 juillet, la place Mohammed-Ali d'Alexandrie est noire de monde : à la tribune, **Gamal Abdel Nasser** tient la foule sous la magie de son verbe, un arabe populaire et savoureux qui enchante les masses égyptiennes. Soudain un énorme rire secoue la grande carcasse du raïs : un rire qui bien vite se noie dans les hurlements d'enthousiasme de tout un peuple en délire. Nasser vient d'annoncer qu'à l'heure où il parle, des fonctionnaires égyptiens prennent le contrôle de la Compagnie du canal de Suez. C'est la réponse de l'Égypte aux Américains, qui viennent de refuser les crédits nécessaires à la construction du barrage d'Assouan. Dans les capitales européennes, c'est la stupeur. Londres et Paris concoctent à la hâte un projet d'intervention militaire avec le concours des Israéliens. C'est la piteuse « expédition de Suez » qui, lancée le 29 octobre de la même année et après un parachutage de troupes franco-britanniques sur la zone du canal, se terminera en fiasco suite aux menaces conjointes des Russes et des Américains. Pour Nasser, c'est le triomphe : son barrage, il l'aura, après avoir contraint l'ancienne puissance coloniale à une retraite humiliante.

L'Égypte aux Égyptiens

On a souvent rapproché les ambitions de Gamal Abdel Nasser de celles de son lointain prédécesseur Mohammed Ali : rompre avec un passé d'humiliation nationale en s'appuyant sur un programme en forme de triptyque – économie largement étatisée, fondée sur le développement industriel, la constitution d'une armée nationale et la restauration du rôle régional de l'Égypte.

▶ LE « NASSÉRISME »

Une différence néanmoins, et de taille. Cette fois, ce sont des enfants de l'Égypte qui sont au pouvoir, des fellahs sanglés dans leurs uniformes kaki, le col ouvert sur une peau burinée, qui épuisent leur jeunesse à la tâche dans une frénésie de réformes. Prônant l'unité de la nation arabe – musulmans et chré-

◀ Le jour des obsèques du Président Nasser dans les rues du Caire (1970).

tiens confondus –, le «nassérisme» s'exporte rapidement : dans toutes les capitales arabes fleurissent les portraits du raïs égyptien, qui apparaît comme le seul dirigeant capable de rompre avec le cycle des défaites entamé en 1948 avec la création de l'État d'Israël.

▶ LA DÉFAITE DE 1967

● **1967-1970.** À l'échelle internationale, Nasser hisse l'Égypte à un rôle de premier plan ; avec Jawaharlal Nehru et le maréchal Tito, il est l'un des fondateurs du mouvement des «non-alignés», et Le Caire devient une étape obligée pour les diplomates du monde entier. La guerre de 1967 vient mettre un bémol aux ambitions du colonel : au premier jour du conflit, la totalité de l'aviation égyptienne est clouée au sol par les bombardiers israéliens tandis que les troupes de l'État hébreu prennent pied sur la rive occidentale du canal. Devant l'ampleur de la défaite, qui se solde côté égyptien par la perte du Sinaï, occupé jusqu'à la rive orientale du canal par Israël, le raïs offre sa démission au peuple, pour la reprendre quelques jours plus tard, cédant à l'émotion populaire. Sa mort, en 1970, donnera lieu à des scènes d'hystérie collective comme seule peut en être capable la foule égyptienne.

| Le pharaon assassiné

● **1970-1981.** Parvenu au pouvoir dans des conditions difficiles, **Anouar el-Sadate**, qui passa tout d'abord pour un président de transition, allait pourtant profondément modifier la donne régionale en même temps que les orientations du pays. Pour asseoir son pouvoir, il lui fallait tout d'abord une victoire : celle de la guerre d'octobre 1973, qui permit à l'Égypte de récupérer la rive orientale du canal de Suez.

▶ L'OUVERTURE

Après avoir rompu spectaculairement avec l'alliance soviétique en 1976, le président allait pouvoir lancer son grand projet, l'*infitah*, une politique d'ouverture tous azimuts : à l'intérieur, libéralisation de l'économie et restauration d'un multipartisme contrôlé, au détriment du parti unique instauré sous Nasser au nom de l'unité nationale ; à l'extérieur, ouverture aux grands marchés internationaux. Puis vinrent en 1977 le formidable défi du voyage du raïs en Israël et le discours historique qu'il y prononça le 19 novembre devant la Knesset. Ce spectaculaire rapprochement se solda par la signature, sous l'égide américaine, des **accords de Camp David** en 1979, un traité de paix qui permit à l'Égypte de récupérer le Sinaï dès 1980.

▶ L'ISOLEMENT

Si la paix de Sadate rencontra un écho favorable dans les capitales occidentales, on ne peut dire qu'il en fut de même dans les pays arabo-musulmans qui, tous, rompirent leurs relations avec l'Égypte sitôt l'accord signé. La Ligue arabe, qui siégeait au Caire depuis sa création, se transporta à Tunis. Au plan intérieur, l'initiative présidentielle resta incomprise au sein de la population qui par ailleurs ressentait durement les premières conséquences de la libéralisation de l'économie. Devant la montée de la contestation, Sadate ordonna en septembre 1981 un vaste coup de filet dans les milieux de l'opposition marxistes, islamistes et coptes (placement en résidence surveillée du pape Chénouda III qui ne cachait pas son hostilité à la paix avec Israël). Le 6 octobre suivant, Anouar el-Sadate tombait sous les balles d'un commando islamiste alors qu'il présidait une revue militaire dans les environs du Caire. ●

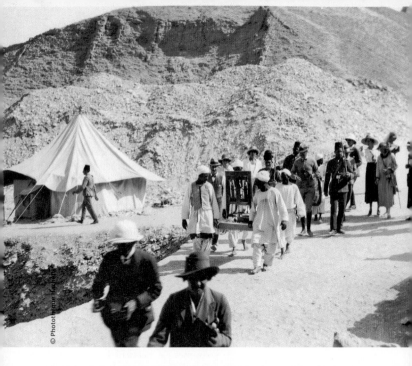

▲ Howard Carter découvrit en 1922 le tombeau de Toutankhamon. Transports des objets hors de la tombe.

archéologie
Les pionniers de l'égyptologie

De 1858 à 1952, la direction du Service des Antiquités égyptiennes fut exclusivement confiée à des Français, en souvenir du premier d'entre eux à avoir occupé ce poste, Auguste Mariette. Pendant près d'un siècle, cette lignée d'égyptologues, devenus pour l'occasion fonctionnaires égyptiens, va diriger la recherche scientifique sur les rives du Nil et assurer la conservation de ses précieuses trouvailles.

Le temps des consuls

À la suite de l'expédition d'Égypte et de la publication de la monumentale « Description de l'Egypte » (1802), une fièvre égyptomaniaque s'empare du public européen. Au Caire, Mohammed Ali, peu intéressé par l'Antiquité pharaonique, et soucieux de moderniser son pays et de l'ouvrir à l'Occident, accorde avec générosité les permis de fouilles aux consuls européens.

La quête du bel objet

Au XIXe s., Bernardino Drovetti, consul de France, et Henry Salt, son homologue britannique, fouillent pour leur propre compte et récoltent des milliers d'objets qu'ils ramènent en Europe. Le roi du Pièmont achète alors la collection Drovetti, qui est aujourd'hui exposée au Musée égyptien de Turin. Salt vend sa collection à Charles X : déposée au Louvre, elle formera l'embryon du Département des Antiquités égyptiennes. En ces temps héroïques, seule importe la quête du bel objet, au détriment de la compréhension et de la conservation des sites.

▶ Le sphinx ensablé, un sujet de choix pour les gravures romantiques. David Roberts, qui voyagea en égypte entre 1838 et 1839, fut l'un des premiers peintres orientalistes.

Auguste Mariette

Lorsque Auguste Mariette débarque en Égypte en 1850, il est officiellement chargé d'acquérir des manuscrits coptes au nom de la France. Très vite, cet autodidacte passionné d'égyptologie se détourne de sa mission première pour explorer les sites pharaoniques. En étudiant le plateau de Saqqara, il est rapidement convaincu d'avoir localisé le site du Sérapeum. Malgré une ordonnance de 1835 réglementant la recherche et le commerce des antiquités, Mariette fouille pendant trois années le site du Sérapeum. Puis il prend peu à peu conscience des périls qu'encourt le patrimoine pharaonique et, après avoir fait part de ses observations au gouvernement égyptien, il se voit confier par celui-ci le soin de créer le Service des Antiquités égyptiennes, dont il prend la tête en 1858.

Devenu fonctionnaire égyptien, Mariette règne pendant vingt-trois ans sur l'archéologie égyptienne. On lui doit notamment la création du premier musée, celui de Boulaq. Désormais, toutes les découvertes effectuées par les missions archéologiques, sur lesquelles il exerce un contrôle sévère, devront suivre le chemin de son musée de Boulaq, où il meurt en 1881. Son tombeau se trouve aujourd'hui dans les jardins de l'actuel musée du Caire.

Des Français au service de l'Égypte

En la mémoire de « Mariette Pacha », les autorités égyptiennes vont confier la direction du Service des Antiquités égyptiennes à des scientifiques français. Ce sera tout d'abord Gaston Maspero, brillant archéologue, qui exerce la charge jusqu'en 1914. Puis viendront Pierre Lacau et le chanoine Drioton, dernier représentant de cette lignée, qui fut contraint d'abandonner son poste à la suite de la révolution de 1952. ●

© Photothèque Hachette

culture
Petit glossaire
de l'égyptologue en herbe

Anastylose : reconstitution architecturale d'un monument ancien.

Ankh : croix ansée symbole de vie ; elle sera adoptée plus tard par les coptes.

Beit : « maison » en arabe.

Bêma : dans une église, estrade surélevée à l'est de la nef. On y trouve la chaire et l'autel.

Bey : titre honorifique porté par les hauts fonctionnaires et officiers supérieurs ottomans. Ce titre fut aussi en vigueur à la cour d'Égypte sous les khédives.

Calife : le Commandeur des croyants pour la communauté musulmane.

Chrisme : monogramme du Christ formé d'un *chi* et d'un *rhô* grecs liés.

Couronnes : nom que l'on donne aux différentes coiffes que portaient les pharaons. La couronne blanche de Haute Égypte est un haut bonnet. La couronne rouge de Basse Égypte est une sorte de casque aplati qui remonte vers l'arrière. La double couronne est une combinaison des deux précédentes. Le *némès* est une sorte de linge retombant de chaque côté de la tête. Toutes ces coiffes s'ornaient au front d'un cobra, l'uræus, symbole de l'œil d'Horus et amulette protectrice.

Dromos : allée cérémonielle conduisant à un temple ou à un tombeau.

Émir : chef militaire chez les musulmans.

Fausse-porte : stèle ménagée dans un temple funéraire qui permettait le passage entre le monde des morts et celui des vivants.

Fellah : « paysan » en arabe.

Haramlik : partie d'une demeure musulmane qui abrite la vie familiale.

Heb-sed ou fête du Jubilé : *p. 95.*

Hypogée : tombeau souterrain.

Iftar : chez les musulmans, rupture quotidienne du jeûne diurne à l'époque du Ramadan.

Khan (caravansérail) : bâtiment servant d'étape aux caravanes ; dans les villes, les khan servent de lieu d'échange des marchandises. Ils s'organisent autour d'une cour centrale sur laquelle donnent les réserves où sont entreposées les marchandises. À l'étage sont aménagées des chambres pour les marchands.

Khédive : « roi » en persan. Ce titre fut accordé pour la première fois à Ismaïl Pacha (1863-1879) par le sultan de Constantinople.

Kiosque : sanctuaire de petite taille, dans lequel on faisait halte lors des processions.

Liwan (ou iwan) : niche monumentale fermée sur trois côtés et ouvrant par le quatrième soit sur une cour, soit sur une salle intérieure. Originaire de Perse, il est caractéristique de l'architecture musulmane.

Madrassa : école coranique.

Mamelouks : esclaves constitués en troupes d'élite qui servaient les émirs et les souverains musulmans. En Égypte, ils fondèrent leur dynastie entre 1250 et 1517.

Mammisi : petit temple d'époque tardive, à l'écart du temple principal, où l'on célébrait le mystère de la naissance divine du souverain.

Mastaba : désigne en arabe un banc de pierre ; du fait de leurs formes ressemblantes, les archéologues ont nommé ainsi les chapelles funéraires de l'Ancien Empire.

Midan : « place » en arabe.

Mihrab : dans les mosquées, niche qui montre la direction de La Mecque et devant laquelle se tient l'imam qui dirige la prière.

Minbar : dans les mosquées, chaire du haut de laquelle l'imam prononce le prêche du vendredi.

Moucharabieh : grillage placé devant les fenêtres, qui filtre la lumière tout en laissant passer l'air. Il permet également de voir sans être vu.

Muqarna : motif décoratif en forme de stalactite.

Naos : dans un temple, édicule où repose la statue de la divinité. Également employé pour désigner la chapelle où se trouve cet édicule et où seul le grand prêtre est autorisé à pénétrer.

Nomarque : à l'époque pharaonique, gouverneur de province.

Ostraca : fragment de poterie inscrit ou décoré.

Ouabit : dans les temples pharaoniques, chapelle précédée d'une cour à ciel ouvert (située généralement à dr. des vestibules qui précèdent le sanctuaire) servant lors des cérémonies marquant le Nouvel An.

Pacha : titre honorifique porté par les hauts dignitaires ottomans ayant rang de gouverneur.

Pilier djed : colonne rituelle associée au culte d'Osiris et que dressait le pharaon lors de la fête du heb-sed. Il symbolise la force et la durée.

Pronaos : dans un temple, salle en avant de la chapelle abritant la statue divine.

Pylône : entrée monumentale d'un temple, formée de deux massifs (môles) de forme trapézoïdale. Ils sont décorés en façade, généralement de la scène rituelle du massacre des prisonniers par le pharaon, et entaillés d'encoches où prennent place des mâts.

Salle hypostyle : dans un temple, salle soutenue par des colonnes, qui fait suite à la cour à ciel ouvert.

Sébil : fontaine publique.

Senet : *p. 244.*

Serdab : pièce ménagée dans une tombe où était déposée la statue du défunt. Elle ne communiquait avec le reste de la construction que par une fente étroite.

Sultan : chez les musulmans, détenteur des pouvoirs politiques et militaires, le calife exerçant le pouvoir spirituel.

Talatat : blocs de petite taille en grès, souvent décorés de reliefs, utilisés pour les constructions ordonnées par Akhénaton. Après la mort de celui-ci et le démantèlement de ses temples, les talatat servirent notamment au remplissage des pylônes du temple de Karnak où les ont retrouvés les archéologues.

Temenos : enclos sacré qui entoure un temple.

Titulature : ensemble des titres portés par le pharaon, nouvel Horus incarné, ils sont au nombre de cinq.

Vase canope : dans les tombes, vases – au nombre de quatre, comme les fils d'Horus – où étaient placés les viscères momifiés du défunt.

Vizir : chez les musulmans, premier ministre du souverain ; par extension, ce terme s'applique à l'époque pharaonique pour désigner les mêmes fonctions.

Wakala : au Caire, ce terme désigne les khan. ●

culture
Bibliographie
pour en savoir plus...

Civilisation

DAUMAS F., *La Civilisation de l'Égypte ancienne*, Arthaud, 1988. Excellente approche de l'Égypte ancienne, d'un accès facile, richement illustrée.

DESROCHES-NOBLECOURT Ch., *La Femme au temps des pharaons*, Stock, 1986. Un tableau brillamment brossé de la seconde moitié de l'humanité, des reines aux humbles femmes du peuple.

DONADONI S., *L'Art égyptien*, La Pochothèque, 1993. Une somme sur l'expression artistique égyptienne, des origines aux portraits du Fayoum. Nombreuses illustrations.

FRANCO I., *Mythes et dieux. Le souffle du soleil*, Pygmalion, 1996. Pour bien se repérer.

GRANDET P. (dir.), *L'Égypte ancienne*, Le Seuil, 1996. Recueil d'articles parus dans la revue *L'Histoire* et signés des meilleurs spécialistes français.

MEEKS D. et FAVARD-MEEKS Ch., *Les Dieux égyptiens*, Hachette, 1993. Évocation savante de la pensée religieuse égyptienne.

MONTET P., *La Vie quotidienne en Égypte du temps des Ramsès*, Hachette, 1974. Pour tout savoir sur les travaux et les jours des Égyptiens anciens.

VERNUS P. et YOYOTTE J., *Dictionnaire des pharaons*, Noésis, 1996. De « Adoratrices » à « (dynastie) zéro », excellent manuel sur l'Égypte ancienne.

Histoire

DESROCHES-NOBLECOURT Ch., *Toutankhamon, vie et mort d'un pharaon*, Hachette, 1966. La vie, le milieu et l'époque de ce petit roi rendu célèbre par la découverte de sa tombe en 1922.

DESROCHES-NOBLECOURT Ch., *Ramsès II, la véritable histoire*, Pygmalion, 1996. La biographie du plus connu des pharaons.

DESROCHES-NOBLECOURT Ch., *La Reine mystérieuse Hatchepsout*, Pygmalion, 2002. Biographie de la plus célèbre reine d'Égypte par la plus célèbre des égyptologues.

GRANDET P., *Ramsès III*, Pygmalion, 1993. Biographie de celui qui détourna de l'Égypte les Peuples de la Mer.

GRIMAL N., *Histoire de l'Égypte ancienne*, Livre de poche, 1996. Fresque bien documentée et illustrée retraçant plus de 3 000 ans d'histoire égyptienne. Liste des pharaons avec leurs cartouches.

MANLEY B., *Atlas historique de l'Égypte ancienne*, Autrement, 1998.

La découverte de l'Égypte

CARTER H., *La Tombe de Toutankhamon*, Marabout, 1980. L'histoire de la plus célèbre découverte égyptologique du XXᵉ s. par son propre inventeur.

DAVID É., *Mariette Pacha et Gaston Maspero*, Pygmalion, 1994 et 1999. Biographies documentées des deux grands égyptologues français.

Description de l'Égypte, Taschen, 1994. Rééd. en poche du bulletin scientifique et culturel rédigé par les membres de l'expédition conduite par Bonaparte.

DESROCHES-NOBLECOURT Ch., *La Grande Nubiade*, Stock/Pernoud, 1992. Une vie passée au service de l'Égypte.

HÉRODOTE, *L'Enquête II*, Gallimard, « Folio », 1985. Le « reportage » du premier géographe moderne dans l'Égypte du Vᵉ s. avant notre ère.

LACARRIÈRE J., *En cheminant avec Hérodote*, Pluriel, 1998. L'écrivain voyageur et poète met ses pas dans ceux du géographe grec.

LACOUTURE J., *Champollion*, Grasset, 1988. Biographie du déchiffreur des hiéroglyphes.

LE TOURNEUR D'ISON Cl., *Une passion égyptienne*, Plon, 1996. Biographie de Jean-Philippe Lauer, qui a consacré plus de soixante-dix ans de sa vie au site de Saqqara.

VALBELLE D., *L'Égyptologie*, PUF, « Que sais-je ? », 1991. Un aperçu de la recherche scientifique en Égypte.

VIVANT-DENON D., *Voyage dans la Basse et la Haute Égypte*, Pygmalion, 1990. Carnets de voyage du fondateur du Louvre, membre de l'expédition d'Égypte.

YOYOTTE J., CHARVET P. et GOMPERTZ S., *Strabon. Le Voyage en Égypte*, Nil, 1997. Édition critique du texte du géographe romain qui visita l'Égypte au Ier s. Nombreuses illustrations.

D'Alexandre à nos jours

HASSOUN J. (dir.), *Histoire des juifs du Nil*, Minerve, 1990. Fresque de l'Antiquité à nos jours.

KEPEL G., *Le Prophète et Pharaon*, Le Seuil, 1993. Sur les mouvements fondamentalistes musulmans.

LACOUTURE J. et S., *L'Égypte en mouvement*, Le Seuil, 1956. Chronique de la révolution des Officiers libres.

RAVEREAU A. et ROCHE M., *Le Caire, esthétique et tradition*, Actes Sud, 1997. L'architecture traditionnelle du Caire.

RAYMOND A., *Le Caire*, Fayard, 1993. Le Caire, de la conquête musulmane à nos jours.

SINOUÉ G., *Le Dernier Pharaon*, Pygmalion, 1997. Préface de Christiane Desroches-Noblecourt. Biographie de Mohammed Ali, le fondateur de l'Égypte moderne.

SOLÉ R., *Une passion française*, Le Seuil, 1997. Sur l'engouement des Français pour l'Égypte et de l'influence de la culture française sur ce pays.

Le monde copte

ABDEL-SAYED E., *Les Coptes d'Égypte ; les premiers chrétiens du Nil*, Publisud, 1995. Pour mieux connaître cette communauté.

Les Cahiers de l'Orient, n° 45 (1er trimestre 1997) : dossier sur l'Égypte contemporaine ; n° 48 (4e trimestre 1997) : Chrétiens en terre d'islam.

Égypte des coptes, Citadelles/Mazenod, 1999.

Le Monde copte, revue semestrielle de culture égyptienne (11 *bis*, rue Champollion, 87000 Limoges). Tous les domaines de la vie et de l'histoire de la communauté : archéologie, linguistique, histoire de l'art, liturgie, sociologie…

VALOGNE J.-P., *Vie et mort des chrétiens d'Orient*, Fayard, 1994. Une somme monumentale, avec deux chapitres sur les chrétiens d'Égypte.

VIAUD G., *Magie et coutumes populaires chez les coptes d'Égypte*, Présence, 1978. Sur les pratiques magiques des coptes.

Art et culture

COSSERY A., *Mendiants et Orgueilleux* et *Les Fainéants dans la vallée fertile*, rééd. Joëlle Losfeld, 1993 et 1996. Deux des meilleurs romans de cet écrivain égyptien.

FOURNEL P., Poils de Cairote, Le Seuil, 2004. Chronique drolatique et tendre d'un séjour au Caire.

HUSSEIN T., *Le Livre des jours*, Gallimard, 1974. Les souvenirs de jeunesse du père de la littérature égyptienne moderne.

MAHFOUZ N., *Passage des miracles*, Sindbad, 1989. Trilogie romanesque mettant en scène une famille cairote de 1917 à 1944,

RONFARD B. et HUSSEIN T., *La Culture en dialogue*, Desclée de Brouwer, 1995. Brillant essai sur le célèbre écrivain.

THORAVAL Y., *Regards sur le cinéma égyptien*, L'Harmattan, 1996. ●

Organiser son voyage

© Sylvain Grandadam

‖ S'informer

Consulats

● **En France. À Paris,** 114, rue de la Boétie, 75008 ☎ 01.45.00.77.10, fax 01. 45.00.35.28, urgences 01.45.00.90.41. Serveur vocal ☎ 0.899.70.45.05. *Dépôt des demandes de visas du lun. au ven. de 9 h 30 à 11 h 30; retrait des passeports de 14 h à 15 h le lendemain.* **À Marseille,** 166, av. de hambourg, 13008 ☎ 04.91.25.04.04. *Ouv. du lun. au ven. de 9 h à 12 h.*

● **En Belgique.** 101, av. de la Forêt, 1000 Bruxelles ☎ (02) 663.58.21. *Ouv. du lun. au ven. de 9 h 30 à 11 h 30.*

● **En Suisse.** 47 ter, route de Florissant, 1206 Genève ☎ (022) 347.63.79. *Ouv.*

▲ Enfants jouant avec des bateaux fabriqués.

Pages précédentes: Fête religieuse dans le quartier du Khan el-Khalili au Caire.

du lun. au ven. de 9 h à 12 h; retrait des passeports de 14 h à 15 h l'après-midi même.

● **Au Canada.** 1, place Ville-Marie, suite 2617, Montréal, h3B-4S3 ☎ (514) 866. 84.55.

Offices du tourisme

● **En France.** 90, av. des Champs-Élysées, 75008 Paris ☎ 01.45.62.94.42/43. *Ouv. du lun. au ven. de 10 h à 16 h.*

● **En Belgique.** 179, av. Louise, 1050 Bruxelles ☎ (02) 647.38.58, www. egypt.travel. *Ouv. du lun. au ven. de 10 h à 12 h; rens. par ☎ ou par courrier électroninque* info.be@egypt.travel.

● **En Suisse.** 42, Stamphenbach str., 8006 Zurich ☎ (044) 350.20.40. *Ouv. du lun. au ven. de 9 h à 15 h 30.*

● **Au Canada.** 1253, av. McGill, suite 980, Montréal, h3B-2Y5 ☎ (514) 861.44.20.

pratique

Centres culturels à Paris

Centre culturel égyptien, 111, bd Saint-Michel, 75005 Paris ☎01.46.33.75.67, www.culture-egypte.com. *Ouv. du lun. au jeu. de 13h à 19h et ven. de 15h à 19h.* Bibliothèque, galerie d'exposition, vernissages, représentations théâtrales, concerts et conférences. **Institut du monde arabe**, 1, rue des Fossés-Saint-Bernard, Place Mohammed-V, 75005 Paris ☎01.40.51.38.38, www.imarabe.org. *Ouv. t.l.j. sf lun. et j.f. de 10h à 18h. Bibliothèque ouv. du mar. au sam. de 13h à 20h. F. les j.f.*

Musées à Paris et en Europe

À ne pas manquer : les salles du **musée du Louvre** à Paris. Les collections égyptiennes du **British Museum** à Londres : collections Salt et Belzoni et la célèbre pierre de Rosette. **Musée égyptien** de Berlin : le superbe buste de Néfertiti. **Musée égyptien** de Turin : la plus importante collection après celle du Caire.

Librairies

▶ LIBRAIRIES SPÉCIALISÉES

Librairie orientaliste Samuelian, 51, rue Monsieur-le-Prince, 75006 Paris ☎01.43.26.88.65. *Ouv. du mar. au ven. de 11h30 à 13h et de 14h à 18h30 ; le sam. de 14h à 18h30.* Livres anciens, histoire et littérature, guides de voyages.

Librairie de l'Institut du monde arabe, 1, rue des Fossés-Saint-Bernard, 75005 Paris ☎01.40.51.39.30, bookshop@imarabe.org. *Ouv. du mar. au sam. de 13h à 20h.* Beaux-livres, photographie, art, littérature. Ouvrages en français, en arabe et en anglais.

La Table d'Isis, 3, rue Pierre-Fontaine, 75009 Paris ☎01.48.78.38.60, isistab@aol.com. *Ouv. du mar. au ven. de 10h à 12h et de 13h à 19h.* Beaux-livres, livres d'histoire, grammaire hiéroglyphique, littérature copte, guides de voyages.

▶ LIBRAIRIES DE VOYAGES

● À Paris. **L'Astrolabe**, 46, rue de Provence, 75009 ☎01.42.85.42.95. **L'Harmattan**, 16, rue des Écoles, 75005 ☎01.40.46.79.11, www.editions-har

mattan.fr. **IGN** (Institut géographique national), 107, rue La Boétie, 75008 ☎01.43.98.85.13, www.ign.fr et 2, av. Pasteur, 94165 Saint-Mandé ☎01.43.98.80.00. **Ulysse**, 26, rue Saint-Louis-en-l'Île, 75004 ☎01.43.25.17.35, www.ulysse.fr. **Voyageurs du monde**, 55, rue Sainte-Anne, 75002 ☎01.42.86.16.00, www.vdm.com.

● **En province. Caen** : h**émisphères**, 15, rue des Croisiers, 14000 ☎02.31.86.67.26. **Lyon** : **Raconte-moi la Terre**, 38, rue Thomassin, 69002 ☎04.78.92.60.22, www.raconte-moi.com. **Marseille** : **Librairie de la Bourse Frézet**, 8, rue Paradis, 13001 ☎04.91.33.63.06. **Montpellier** : **Les Cinq Continents**, 20, rue Jacques-Cœur, 34000 ☎04.67.66.46.70. **Nantes** : **Géothèque**, 10, pl. du Pilori, 44000 ☎02.40.47.40.68. **Strasbourg** : **Géorama**, 20-22, rue du Fossé-des-Tanneurs, 67000 ☎03.88.75.01.95. **Toulouse** : **Ombres blanches Voyages**, 48-50, rue Gambetta, 31000 ☎05.34.45.53.33/38, www.ombres-blanches.fr. **Tours** : **Géothèque**, 14, rue Néricault-Destouches, 37000 ☎02.47.05.23.56.

● **En Belgique. Anticyclone des Açores**, 34, rue Fossé-aux-Loups, 1000 Bruxelles ☎(02) 217.52.46. **Peuples et Continents**, 17-19 Galerie de la rue Ravenstein, 1000 Bruxelles ☎(02) 511.27.75.

● **En Suisse. Travel Bookshop**, Rindermarkt 20, 8001 Zürich ☎(044) 252.38.83, www.travelbookshop.ch.

▶ L'ÉGYPTE EN LIGNE

www.tourism.egnet.net (en français) : site officiel égyptien. Belle présentation des régions touristiques.

www.egypte.edu (en français) : site qui mêle conseils pratiques, histoire égyptienne, librairie et informations sur les conférences et les expositions.

touregypt.net (en anglais) : site officiel de l'office du tourisme égyptien. Propositions de séjours originaux, recettes de cuisine, un moteur de recherche spécial sur l'Égypte.

hebdo.ahram.org.eg (en français) : hebdomadaire égyptien en langue française en ligne chaque mercredi.

Quand partir ?

L'**hiver**, de novembre à mars, est la saison la plus propice au tourisme : les journées sont douces, les nuits fraîches (en partant en excursion le matin, mieux vaut s'équiper d'un pull ; de même pour les spectacles son et lumière en soirée). Cette saison connaît la plus grande affluence et les sites sont par conséquent envahis par la foule. Pour les **photographes**, l'hiver est la meilleure saison : ciel dégagé en Haute Égypte (quelques nuages peuvent parfois assombrir le ciel du Caire), et soleil rasant dont les rayons caressent la pierre. L'**été**, de juin à fin septembre, est torride : il faut alors partir en excursion dès 6 h du matin et rentrer à l'hôtel en début d'après-midi pour une sieste réparatrice ; à l'hôtel, la climatisation s'impose ! Les **inter-saisons** (avril-mai, octobre-novembre) sont les époques les plus agréables : les soirées sont douces, permettant de dîner en plein air, et dans la journée la chaleur est supportable. De la mi-février à la mi-avril, le *khamsin*, vent de sable, peut souffler, provoquant parfois des perturbations du trafic aérien.

●●● Rens. www.meteoconsult.fr.

Voyage individuel

Il est possible de voyager seul en Égypte. Vous ne rencontrerez guère de problèmes à **circuler** à travers le pays, en train, en bus ou en avion. Même en pleine saison touristique, il est rare de ne pas trouver de place sur l'un des nombreux vols entre Le Caire, Louxor et Assouan, à condition de s'y prendre quelques jours à l'avance. Trouver une **chambre d'hôtel** ne sera pas non plus difficile, sauf peut-être à Assouan en pleine saison. Sachez néanmoins que si vous tenez à descendre dans un hôtel précis, la **réservation** est conseillée. Adressez-vous pour cela à votre agence de voyages : les prix proposés seront souvent plus intéressants que ceux pratiqués sur place. En revanche, se joindre en Égypte à une **croisière** sur le Nil est moins aisé : les bateaux sont souvent affrétés par un voyagiste et proposent rarement des places individuelles. Là encore, passer par un **voyagiste** avant le départ est préférable et présente de meilleures garanties quant aux prestations fournies. Un seul type de croisière peut être organisé sur place : la **croisière en felouque** depuis Assouan, pour les amateurs de nourriture locale et de nuits à la belle étoile.

●●● *Voir les rubriques hébergement et transports intérieurs dans le Carnet d'adresses de chaque région.*

En avion

▶ Vols réguliers

● **Depuis la France.** Comptez 600 à 1 200 € A/R (basse et haute saison) en vol régulier pour un vol Paris-Le Caire. Louxor et Assouan ne sont desservis que par des vols charters qui sont accompagnés en principe de prestations sur place. Se renseigner dans les agences de voyages.

Air France ☎ 36.54, www.airfrance.fr. Ne dessert en direct que Le Caire. Départ de Roissy-Charles-de-Gaulle 2C, 1 à 2 vols/j. Durée du vol : 4 h 30. **Egyptair**, 1 bis, rue Auber, 75009 Paris ☎ 01.44.94.85.33, www.egyptair.com. eg. *Ouv. t.l.j. de 9 h à 17 h 45.* Départ d'Orly-Sud, 1 vol/j. pour Le Caire (4 h 30 de vol), 1 vol supplémentaire le sam. pour Louxor (5 h de vol). Assouan, hurghada, Abou Simbel et Charm el-Cheikh *via* Le Caire. **Swiss International Airlines,** ☎ 0.820.04.05.06, www.swiss.com. 1 vol/j. pour Le Caire *via* Zurich.

● **Depuis la Belgique. Egyptair**, 6, bd Émile-Jacqmain, 1000 Bruxelles ☎ (02) 219.16.14. Départ de Bruxelles, 1 vol le ven. et le mar. pour Le Caire et 1 vol le dim. pour Louxor.

● **Depuis la Suisse. Egyptair**, 2, rue de Berne, 1201 Genève ☎ (022) 731.39.36. Genève est reliée au Caire deux fois par semaine (sam. et dim.). **Swiss International Airlines**, Aéroport Travel Office, 1201 Genève ☎ (022) 799.34.01, www.swiss.com. Départ de Zurich, 1 vol/j. pour Le Caire.

pratique

climat
Tableau des températures en °C
(minima et maxima)

	Le Caire		Louxor		Assouan	
Janv.	9,9	20,4	5,1	24,6	9,2	22,4
Fév.	11,9	22,3	9,1	27,6	13	25,4
Mars	10,7	20,7	11,3	29,1	15	27,8
Avr.	14,2	25,9	14,5	33	17,7	31,4
Mai	18,2	32,5	20,6	40,2	24,4	39
Juin	20,6	34,2	22,7	41,2	26	40
Juil.	23,7	35,7	23,8	42	27,6	41,5
Août	23,6	34,6	24	41,1	27,5	40,3
Sept.	22	32,8	21,1	39	24,4	37,6
Oct.	18,4	28,2	17,5	33,9	20,8	32,5
Nov.	14,3	24,6	10,8	29,5	15,2	28,2
Déc.	12,1	20	8,5	24,3	12,1	22,6

▶ Vols chartres, tarifs négociés

Les vols charters et les vols chartérisés (contingent de places charters sur des vols réguliers) sont à destination du **Caire**, de **Louxor**, **Hurghada** et **Charm el-Cheikh**. Les vols charters sont toujours directs tandis que les vols à tarif négocié comportent souvent une escale qui diffère selon la compagnie choisie. Comptez un minimum de 500 € A/R quelle que soit la ville.

Anyway ☎ 0.892.302.301, www. anyway.com. **Bourse des voyages** ☎ 0.892.69.89.69, www.bdv.fr. **Eboo kers** ☎ 0.892.893.892, www.eboo-kers.fr. **Go Voyages** ☎ 0.892.230.200, www.govoyages.com. **Lastminute/ Travel price** ☎ 0.899.78.5000, www. lastminute.com. **Look Voyages** ☎ 0.892.890.101, www.look-voyages.fr. **Nouvelles Frontières** ☎ 0.825.000.747, www.nouvelles-frontieres.com.

‖ Voyage organisé

C'est la solution que privilégie la grande majorité des visiteurs.

▶ Circuits en groupe

Ils proposent le plus souvent une **croisière sur le Nil** entre Louxor et Assouan, augmentée ou non d'un **séjour au Caire**. Ce dernier, qui permet de visiter les pyramides de Giza et Saqqara ainsi que les collections du Musée archéologique, s'impose à qui veut approfondir sa connaissance de l'Égypte pharaonique. Sans oublier la découverte d'une capitale trépidante qu'il faut apprendre à apprécier. En matière de croisières, il convient d'« éplucher » les innombrables programmes proposés à la vente, ou de s'en remettre à une agence de voyages spécialisée. Il faut savoir qu'il est impossible de découvrir la **nécropole thébaine** en une demi-journée, ni même en une journée complète. L'idéal est une visite en **deux longues demi-journées** – là encore, vous ne découvrirez qu'une partie de ce site immense. De même, un séjour au Caire doit durer au moins 2 jours complets.

Les croisières **entre Louxor et Assouan** incluent en général la visite des temples d'Esna, d'Edfou et de Kom Ombo. Un séjour à bord de 4 jours/3 nuits signifie le plus souvent une nuit à quai à Louxor, une autre à Esna et la dernière à Assouan, ce qui, compte tenu de la durée des visites, laisse peu de temps pour la navigation, pourtant l'un des attraits principaux d'une croisière sur le Nil. Il est souvent préférable de choisir une petite unité d'une trentaine de cabines plutôt que l'un de ces immeubles flottants à 3 ou 4 étages, dotés parfois de plus de 100 cabines.

▶ Circuits en individuel

Tous les avantages d'un voyage organisé, sans les contraintes d'un circuit de groupe. Depuis votre départ d'Europe, vous êtes pris en charge, accueilli dans chaque ville d'arrivée et conduit à votre hôtel. Sur place, vous pourrez souscrire aux excursions proposées par votre agence de voyages. Pour un voyage satisfaisant, prévoyez un minimum de trois nuits au Caire, cinq à Louxor et trois à Assouan.

▶ Généralistes

Jet Tours, 29, av. de la Motte-Picquet, 75007 Paris ☎ 0.825.30.20.10, www.jettours.com.

Kuoni, 95, rue d'Amsterdam, 75008 Paris ☎ 0.820.05.15.15, www.kuoni.fr.

Nouvelles Frontières ☎ 0.825.000.825, www.nouvelles-frontieres.fr. Nombreuses agences.

Republic Tours, 9, rue du Château-d'eau, 75010 Paris ☎ 01.53.36.55.50, www.republictours.com.

Rev'Vacances, 31, avenue de l'Opéra, 75001 Paris ☎ 0.825.139.900, www.rev-vacances.com.

Voyages-sncf.com, première agence de voyages sur Internet, accessible 24 h/24 et 7 j./7, vous propose ses meilleurs prix sur les billets de train et d'avion, chambres d'hôtel, locations de voiture, séjours clés en main ou Alacarte®. Vous avez également accès à des services exclusifs : l'envoi gratuit des billets à domicile, Alerte Résa pour être informé de l'ouverture des réservations, le calendrier des meilleurs prix, mais aussi des offres de dernière minute, de nombreuses promotions... www.voyages-sncf.com

Voyageurs dans le monde arabe, 55, rue Sainte-Anne, 75002 Paris ☎ 01.42.86.17.90, www.vdm.com.

▶ Spécialistes

Autrement l'Égypte, 72, bd Saint-Michel, 75006 Paris ☎ 01.44.41.69.95, www.autrement-legypte.com. Voyages à la carte ou en groupe.

Découvrir-Assinter Voyages, 56, rue de Londres, 75008 Paris ☎ 01.53.04.89.69, www.assinter.fr. Voyage à la carte et circuits individuels ou en groupe.

Fleuves du monde, 28, bd de la Bastille, 75012 Paris ☎ 01.44.32.12.85, www.fleuves-du-monde.com. Croisières sur le Nil sur de petits bateaux traditionnels, en felouque ou en *sandals* (voiliers de 19 m, 8 pers. maximum). Original et insolite.

Misr Travel, 90, av. des Champs-Élysées, 75008 Paris ☎ 01.45.62.63.97, www.misrtravel.net. Agence officielle de la République arabe d'Égypte. Voyages à la carte.

Nouveaux Continents, 90, rue de la Victoire, 75009 Paris ☎ 01.53.20.02.45, www.nouveauxcontinents.com. Circuits-croisières.

Oriensce, 162-164, rue Jeanne-d'Arc, 75013 Paris ☎ 01.43.36.10.11, www.oriensce.fr. Circuits, croisières, séjours à la carte.

STI Voyages, 16, rue Brunel, 75017 Paris ☎ 01.55.37.23.40, www.sti-travel.com. Un grand nombre de circuits-croisières de luxe sur le Nil et le lac Nasser.

Les Voyages de Pharaon, 20, rue des Fossés-Saint-Bernard, 75005 Paris et 115, av. de la Bourdonnais, 75007 Paris ☎ 01.43.29.36.36, www.voyages-pharaon.com. Croisières sur le lac Nasser sur des bateaux 5 étoiles luxe.

● **Voyages culturels. Arts et Vie**, 251, rue de Vaugirard, 75015 Paris ☎ 01.40.43.20.21, www.artsetvie.com. Antennes à Grenoble, Lyon, Marseille et Nice. C'est la première association culturelle de voyages à l'étranger. Plusieurs itinéraires sont proposés, dont l'un combine découverte du Sinaï et croisière sur le Nil.

Clio, 27, rue du Hameau, 75015 Paris ☎ 01.53.68.82.82, www.clio.fr. Quatre circuits de 8 à 16 jours en autocar (archéologique ; les oasis ; Le pays

pratique
Votre budget

Malgré la décision prise le 29 janvier 2003 de supprimer l'indexation de la livre égyptienne sur le dollar, les prix de nombreuses prestations touristiques continuent d'être exprimés dans la monnaie américaine. Le coût de la vie pour un Européen dépend des fluctuations des marchés financiers : quand l'euro est fort face au dollar, l'Égypte est bon marché ; dans le cas contraire, il faut prévoir un budget plus important.

● **Hôtels.** Des hôtels de même catégorie peuvent afficher des prix allant du simple au double. La classification officielle ne reflète pas toujours la réalité de l'établissement. **Prix pour une chambre double** (les hôtels des 3 catégories supérieures doivent être réglés en devises) : 200 à 300 $ pour un 5 étoiles ; 80 à 180 $ pour un 4 étoiles ; 40 à 70 $ pour un 3 étoiles ; 35 à 180 £EG pour un 2 étoiles ; 30 à 80 £EG pour un 1 étoile.

● **Restaurants.** Dans un restaurant simple mais de qualité acceptable, comptez entre 5 et 10 € ; les établissements de luxe restent abordables pour des bourses européennes avec des additions de l'ordre de 25 à 35 €.

● **Tickets d'entrée.** Prévoir un budget suffisant pour les entrées des sites et des musées : 6 à 9 € pour les musées, 10 € pour les spectacles son et lumière ; la visite de l'ensemble des sites de la nécropole thébaine (Louxor) revient à une centaine d'euros.

●●● *À noter : en 2007, le dollar américain valait 5,69 livres égyptiennes.* ●

d'Amon ; Le Delta du Nil, le Sinaï et Alexandrie) ainsi qu'un itinéraire à cheval entre l'Égypte et la Libye. Sept croisières, dont la Haute Égypte, les Trésors d'Égypte, le Sinaï, la Nubie et le Nil de Louxor à Assouan et de Kalabsha à Abou Simbel.

Intermèdes, le loisir culturel, 60, rue La Boétie, 75008 Paris ☎ 01.45. 61.90.90, www.intermedes.com. Grand choix de circuits culturels organisés avec la revue *Archeologia*. Conférenciers spécialisés en histoire de l'art (archéologues, conservateurs, professeurs et enseignants).

● **Séjours sportifs. Atalante Paris,** 5, rue du Sommerard, 75005 ☎ 01.55.42.81.00 ; **Atalante Lyon,** 36-37, quai Arloing, 69256 Cedex 09 ☎ 04.72.53.24.80, www.atalante.fr. Voyages à pied accompagnés de guides spécialisés culture et nature.

Terre d'Aventures, 30, rue Saint-Augustin, 75002 Paris ☎ 01.53.73.77.73, www.terdav.com. Itinéraire « Le long du Nil » : randonnée et navigation sur le lac Nasser.

‖ Formalités

▶ **PASSEPORT**

Il doit être encore valide 6 mois après votre date de retour. Vous pouvez aussi partir avec une carte d'identité valide 6 mois après la date de retour en France.

▶ **VISA**

Valable 3 mois, il est délivré en 24 h dans les consulats égyptiens, moyennant un droit de 25 € en espèces, un formulaire à remplir et une photo d'identité. Il est possible aussi de l'obtenir à l'arrivée (Le Caire ou Louxor) sans problème et pour un coût moindre (15 €). Si vous voyagez avec votre carte d'identité, il vous faut impérativement être muni de deux photos d'identité qui seront à l'arrivée apposées sur le formulaire qui fait office de visa.

▶ **ASSURANCE**

Elle est incluse dans tout forfait souscrit auprès d'une agence de voyages. Pour les voyageurs individuels, il est conseillé de souscrire une assurance rapatriement auprès d'un organisme du type **Europ Assistance** (rens. ☎ 01.41.85.85.85, www.europ-assistance.fr) ou **Mondial Assistance** (56, rue de Londres, 75008 Paris ☎ 01.40.25.52.55, www.mondial-assistance.fr).

▶ DOUANE

Importation de devises illimitée (mais, à partir de 7 600 €, obligation de les déclarer à la douane). Vos appareils vidéo doivent faire l'objet d'une déclaration à l'entrée : conservez bien le double du formulaire que vous présenterez à la sortie. Pour le reste (appareils photo, jumelles, etc.), aucune formalité, à moins d'emporter un matériel important de type professionnel. L'exportation d'antiquités est interdite sans l'obtention, très compliquée, d'une autorisation en bonne et due forme. **Centre de renseignements des douanes**, rens. ☎ 0.820.02.44.44, www.douane.gouv.fr.

▶ VACCINS

Le DTP est nécessaire et il est vivement conseillé d'être à jour en ce qui concerne les vaccinations contre l'hépatite A et la typhoïde. Rens. complémentaires sur le serveur vocal d'Air France ☎ 0.892.68.63.64.

Monnaie

En 2007, l'euro s'échangeait contre 7,47 livres égyptiennes, quand le dollar américain en valait 5,69. La £EG est divisée en 100 piastres.

L'**importation de devises** est libre. Les **cartes de paiement** ne sont acceptées que dans les grands hôtels, mais les distributeurs automatiques de billets sont répandus. Le montant disponible est équivalent à 500 € tous les trois jours glissants pour les cartes de type courant. Renseignez-vous auprès de votre banque avant votre départ.

Faire sa valise

● **Argent**. Inutile de se munir de dollars : les euros sont acceptés dans toutes les banques et tous les bureaux de change.

● **Vêtements**. **En hiver**, des vêtements de demi-saison pour la journée, un bon lainage pour le matin et des vêtements chauds pour les soirées, notamment pour assister aux spectacles son et lumière. **En été**, des vêtements légers en coton et chapeau pour se protéger du soleil. **En toute saison**, des lunettes de soleil, et de bonnes chaussures de marche pour arpenter les sites confortablement. Évitez les tenues trop déshabillées qui pourraient choquer la population locale.

● **Médicaments**. Dans votre pharmacie de voyage, prévoyez un antidiarrhéique, doublé d'un antiseptique intestinal, et des antibiotiques à large spectre (demandez conseil à votre médecin).

Si vous suivez un traitement, n'oubliez pas vos médicaments. Pour les produits courants, on trouve des pharmacies dans toutes les villes d'Égypte. ●

Sur place

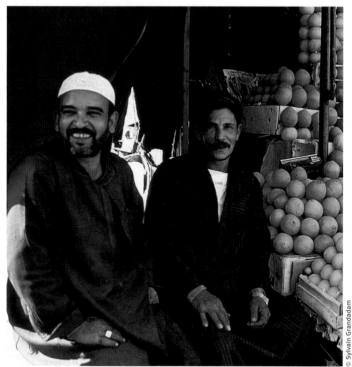

▲ De belles oranges égyptiennes gorgées de soleil !

Arrivée

●●● *Voir rubriques «Accès»: au Caire, p. 76; Louxor, p. 127; Assouan, p. 207.*

Change

●●● *Voir rubrique Monnaie ci-contre.*

Vous pourrez changer vos devises et chèques de voyages dans les banques et les bureaux de change des hôtels. Les cartes de paiement permettent de retirer des livres égyptiennes (£EG) dans les bureaux de change des hôtels, ainsi qu'aux distributeurs automatiques, de plus en plus répandus. Dans les hôtels 4 et 5 étoiles, et dans beaucoup de 3 étoiles, les notes se règlent en devises ou par carte de paiement internationale; ce principe s'applique à toutes les dépenses portées sur votre note principale, pour lesquel-les on vous demandera seulement de signer sous votre numéro de chambre. En revanche, il est possible de régler directement vos repas en livres.

Courrier et Internet

● **Poste.** Une lettre ou une carte postale met une semaine à 10 jours pour arriver à son destinataire européen. Il est préférable d'indiquer la destination finale, ville et pays, en lettres majuscules, les postiers égyptiens n'étant pas tous familiarisés avec la cursive latine. On trouve des boîtes aux lettres au coin des rues, mais mieux vaut poster son courrier aux bureaux de poste ou dans les boîtes aux lettres des grands hôtels. Sachez qu'envoyer un colis à vos amis en Égypte peut s'avérer un cadeau empoisonné: il devra passer par un contrôle douanier et policier (l'importation de revues, de disques ou de jeux vidéo est sévèrement réglementée) ; quant au destinataire, il devra acquitter des droits souvent supérieurs à la valeur de l'objet.

● **Cybercafés**. Les cybercafés connaissent une grande vogue en Égypte : dans les grandes villes, on en trouve à tous les coins de rues. Les tarifs varient entre 10 et 20 £EG (3-6 €) l'heure.

Fêtes et jours fériés

▶ JOURS FÉRIÉS

25 avril : fête de la Restitution du Sinaï. **1er mai** : fête du Travail. **18 juin** : jour de l'Évacuation, qui commémore le départ des dernières troupes britanniques en 1956. **23 juillet** : anniversaire de la Révolution de 1952. **6 octobre** : fête nationale (fête des Forces armées).

Le **Cham el-Nessim**, littéralement «respirer la brise», est la grande fête populaire de l'année, célébrée par les musulmans et les chrétiens. Elle est l'héritière directe de la fête pharaonique qui célébrait la résurrection d'Osiris et le retour du printemps. Ce jour-là, les familles pique-niquent du traditionnel *fisikh*, du poisson séché accompagné d'œufs et d'oignons de printemps. Le Cham el-Nessim est fêté le **lundi des Pâques** coptes, qui sont célébrées le même jour que chez les orthodoxes du monde entier.

▶ FÊTES MOBILES

Les fêtes musulmanes *(voir ci-dessous)* sont en perpétuel décalage avec le calendrier grégorien. L'**Aïd el-Fitr**,

petit Bayram, marque la fin du Ramadan. L'**Aïd el-Adha**, grand Bayram, se déroule 70 jours après la fin du Ramadan et commémore le sacrifice d'Abraham. Le **Nouvel An musulman** marque la fuite de Mahomet vers Médine. Le **Mouled en-Nabi** fête la naissance du Prophète. À ces occasions, les musulmans dressent des tentes dans les rues de leurs quartiers. On s'y réunit le soir pour boire du thé, manger, écouter chanteurs et musiciens. Ces fêtes, très gaies, animent les rues des villes jusque tard dans la soirée et sont également chômées.

▶ FÊTES COPTES

Nativité : 6 janvier (le 7 les années bissextiles). **Épiphanie** : 19 janvier. **Jour de l'An** : 11 septembre. **Pâques coptes** : 8 avril, 2007, 27 avril 2008, 6 avril 2009, 22 mars 2010.

Hébergement

●●● *Voir le carnet d'adresses de chaque région et l'encadré budget p. 277.*

Le parc hôtelier égyptien se développe constamment. On trouve à Louxor quantité de petits hôtels, de ▲ à ▲▲▲, dans la partie nouvelle de la ville. Le Caire voit fleurir les hôtels de moyenne catégorie, notamment sur la route des Pyramides. Les hôtels sont classés en 5 catégories (étoiles) ; toutefois leur standing ne correspond pas toujours aux critères occidentaux. De même, les prix pratiqués à l'intérieur d'une même catégorie peuvent varier *(p. 277)*. De manière générale, visitez les chambres avant de fixer votre choix.

pratique
Calendrier des fêtes musulmanes

	2007	2008	2009	2010
1er Ramadan	13 sept.	2 sept.	22 août	11 août
Aïd el-Fitr	13 oct.	2 oct.	21 sept.	10 sept.
Aïd el-Adha	20 déc.	9 déc.	28 nov.	17 nov.
Nouvel An	10 jan.	18 déc.	8 déc.	29 déc.
Mouled en Nabi	20 mars	9 mars	26 fév.	

pratique

Trois calendriers pour un pays

À côté du **calendrier grégorien**, utilisé dans tous les domaines de la vie publique, les Égyptiens utilisent les calendriers musulman et copte pour déterminer les dates de leurs fêtes religieuses. **Le calendrier musulman** prend pour date fondatrice l'année 622, celle de l'Hégire, c'est-à-dire de la fuite du prophète Mahomet vers Médine. Fondé sur un cycle lunaire, il ne comprend que 354 jours ; les fêtes musulmanes sont ainsi en perpétuel décalage de 10 ou 11 jours avec le calendrier grégorien. **Le calendrier copte** part de l'année 284, début du règne de l'empereur Dioclétien, qui ordonna de terribles persécutions contre les chrétiens. C'est l'« ère des Martyrs ». Fondé sur le cycle solaire, il comprend 365 jours – 12 mois de 30 jours et un mois supplémentaire de 5 ou 6 jours. L'année copte, comme l'année des Pharaons, débute le 11 septembre. Ainsi, le 1er janvier 2005 correspond à l'an 1425 pour les musulmans (l'année 1426 débutant le 10 février) et à l'an 1721 pour les coptes. ●

pratique

Attention : en haute saison touristique, les hôtels de catégorie supérieure sont presque entièrement réservés par les voyagistes occidentaux.

Heure locale et horaires

● **Heure locale**. Il est une heure plus tard au Caire qu'à Paris. L'Égypte suit l'heure d'été.

● Le **vendredi** est le jour légal de fermeture des administrations. Dans le secteur privé, les bureaux sont en général fermés ce jour, et parfois le samedi. Beaucoup de boutiques restent fermées le dimanche. Les **services publics** et la plupart des bureaux des **entreprises privées** sont ouverts de 8h30 à 16h, de 8h30 à 14h pour les **banques**. On trouvera en revanche des **bureaux de change** ouverts 24h sur 24 dans les grands hôtels. Les **magasins** ouvrent vers 9h et restent ouverts jusqu'en début de soirée.

Informations touristiques

Le ministère du Tourisme possède des bureaux d'information au Caire, à Louxor et à Assouan *(voir ❶ dans les carnets d'adresses de ces villes)* : vous y obtiendrez des plans et brochures.

Langue

La langue officielle est l'**arabe**, ou plus exactement un dialecte fondé sur l'arabe classique, celui du Coran, et utilisé à l'oral comme à l'écrit. L'arabe pratiqué ici n'est pas le même que celui parlé au Maghreb ; il est plus proche de l'arabe du Proche-Orient et de la péninsule Arabique. L'**anglais**, obligatoire dans l'enseignement secondaire, est d'un usage courant dans les grandes villes. Le **français**, qui fut la langue commune des communautés étrangères du Caire et d'Alexandrie, est aujourd'hui l'apanage des classes cultivées.

Marchandage

De rigueur dans tous les magasins, pour tous les services et même dans les hôtels de catégories moyenne et inférieure. Sachez que dans les souks les articles sont souvent proposés à plus de 50 % de leur valeur. À vous de jouer donc, avec patience et bonne humeur.

Médias

Depuis 1893, *Le Progrès égyptien* témoigne de la présence de la francophonie sur les rives du Nil. *Al-Ahram*, le grand quotidien égyptien, publie

pratique

depuis 1994 un supplément hebdomadaire en français. Dans les hôtels, on peut recevoir les chaînes francophones et internationales par satellite.

Politesse et usages

Les Égyptiens sont en général affables et souriants : conformez-vous à ces habitudes, et proscrivez toute manifestation d'irritation ; vous n'obtiendriez rien d'autre que de passer pour un Occidental arrogant. Au plan vestimentaire, évitez les tenues trop déshabillées.

Pourboire

En Égypte, le *bakchich* est une institution. Prêtez-vous avec bonne grâce à cette pratique ancestrale. 1 £EG suffit pour les gardiens de sites ou de musées ; 5 £EG pour le garçon qui monte vos bagages dans votre chambre, 5 % du prix de l'addition pour le serveur au restaurant. Après votre première journée de visite, vous vous rendrez compte de la nécessité de faire de la monnaie dans les bureaux de change des hôtels.

Restauration

●●● *Voir p. 30 et le carnet d'adresses de chaque région.*

Vous trouverez toutes les catégories de restaurants : du plus simple au plus raffiné. Tous les grands hôtels possèdent un ou plusieurs restaurants, souvent de spécialités étrangères. Les restaurants sont ouverts à partir de 12 h pour le déjeuner et 19 h pour le dîner. Les Égyptiens prennent leur repas tard – vers 14 h pour le déjeuner, et pas avant 22 h pour le dîner.

Santé

Du fait du climat chaud et sec, la **déshydratation** peut être rapide : buvez abondamment de l'eau tout au long de la journée. Au Caire, la **poussière** et la **pollution** peuvent entraîner leur lot de misères : rhumes, trachéites, bronchites, angines, surtout en été, lorsque l'on passe de la grande chaleur aux intérieurs climatisés des hôtels et des restaurants. La onzième plaie d'Égypte est la **bilharziose**, une maladie parasitaire causée par un ver qui s'infiltre sous la peau : évitez toute trempette dans le Nil. Enfin, sachez que la **rage** est assez répandue parmi les chiens qui hantent les sites touristiques. En cas de morsure, lavez la plaie avec de l'eau et du savon et rendez-vous dans l'heure au centre de soins le plus proche.

Sécurité

Le pays est sûr et l'un des plaisirs de l'Égypte est de pouvoir s'y promener en toute sécurité, à toute heure du jour ou de la nuit, à condition d'éviter la provocation : tenue vestimentaire correcte, et pas de signes de richesse ostentatoires.

Sports

La plupart des grands hôtels possèdent leur **piscine**, quelques-uns disposent de courts de **tennis**. Possibilité de promenade à **cheval** autour des Pyramides et à Saqqara. La mer Rouge est un rendez-vous apprécié des **plongeurs**.

Téléphone

Téléphoner à l'étranger est facile et bon marché grâce aux cartes téléphoniques. Deux compagnies se disputent le marché : Nile Phone (bornes téléphoniques bleues) et Menatel (bornes jaunes) ; cette dernière est de loin la plus répandue. Ces cartes (5, 10 et 20 £EG) sont en vente chez les marchands de journaux et dans les kiosques.

● **De la France (Belgique ou Suisse) vers l'Égypte**. Composez le 00 + 20 + indicatif de la ville (Le Caire : 2 ; Alexandrie : 3 ; Assouan : 97 ; Louxor : 95 ; etc.) + n° de votre correspondant.

● **De l'Égypte vers l'Europe**. Composez le 00 + indicatif du pays (France : 33 ; Belgique : 32 ; Suisse : 41 ; Canada : 1) + n° de votre correspondant (sans le 0 initial).

● **Rens. internationaux** depuis la France ☎ 3212.

Transports

▶ L'AVION

Depuis **Le Caire**, la compagnie Egyptair *(p. 78)* ; dessert t.l.j. **Louxor** (1 h de vol) et **Assouan** (1 h 20, ou 2 h 20 en cas d'escale à Louxor) ; liaisons également avec **Hurghada** et **Charm el-Cheikh**. Bien qu'en progrès constant et dotée d'une flotte renouvelée et désormais composée presque exclusivement d'Airbus, Egyptair soumet encore ses passagers à des retards et à des réservations fantaisistes. Il est conseillé au voyageur individuel de **reconfirmer son vol** la veille du départ et de se refaire préciser l'heure de décollage. De même, il faut se présenter à l'aéroport une heure avant le décollage.

●●● *À titre indicatif, voici quelques tarifs aller-simple (au départ du Caire) : Assouan, 120 € ; Louxor, 100 € ; Charm el-Cheikh, 120 €.*

▶ LE TRAIN

Il est conseillé de **réserver** plusieurs jours à l'avance, surtout pour les billets 2e classe. Faites-vous confirmer l'horaire la veille du départ.

Des trains climatisés tout confort relient t.l.j. **Le Caire** à **Alexandrie** (2 h 30 de trajet, 6 € env. en 1re classe), **Louxor** et **Assouan** (respectivement en 12 h et 16 h). Pour Louxor, comptez env. 21 € pour une 1re assise.

Il existe aussi un service de **wagons-lits** gérés par une société privée, **Abela** ; elle assure des liaisons t.l.j. entre Le Caire et Louxor, dans de remarquables conditions de confort. L'aller simple coûte 60 $/pers. en cabine double, avec le dîner et le petit déjeuner. Rens. et rés. au Caire, Cafeteria Building of Bab el-Hadid, derrière la gare Ramsès ☎ 574.94.74 ; ou par Internet www.sleepingtrains.com.

Des **omnibus** (2e et 3e classes) circulent le long de la vallée du Nil. Bon marché, mais lents et non climatisés, ils permettent de gagner les localités secondaires.

Une **réduction** de 50 % (sauf sur les wagons-lits) est consentie aux titulaires d'une carte internationale d'étudiant.

▶ LE BUS

C'est le moyen de transport le plus économique. Il existe des services de bus confortables avec climatisation et places numérotées. Pendant le trajet, un système de vidéo vous permettra d'apprécier une des productions du cinéma populaire égyptien. Le bus représente une alternative intéressante pour les distances courtes, Le Caire-Alexandrie par exemple (env. 15 €).

▶ LE TAXI

Vous en trouverez devant les grands hôtels, et au Caire à tous les coins de rues. C'est la meilleure façon de se déplacer en ville : une course entre deux points du centre du Caire coûte 5 £EG ; 25 £EG du centre-ville aux pyramides de Giza ; 45 £EG du centre à l'aéroport. Il est possible de négocier un prix à la journée (comptez de 80 à 150 £EG selon la distance parcourue). Les chauffeurs de taxi vous proposeront souvent de vous attendre le temps de votre visite. C'est inutile dans le centre du Caire ainsi qu'à Giza, où les taxis pullulent. C'est en revanche indispensable lors d'une excursion à Saqqara. En Haute Égypte, vous trouverez uniquement des taxis collectifs, principalement des Peugeot à sept places.

Urgences

Pour les problèmes d'ordre touristique, adressez-vous à la **police** du même nom. Pour des ennuis plus graves, c'est vers la police locale que vous vous tournerez, voire vers votre consulat. Les **urgences médicales** sont efficaces dans les grandes villes : vous trouverez dans les carnets d'adresses les coordonnées des deux polices et des services médicaux.

Voltage

Tous les hôtels sont équipés en 220 volts, comme en France. Dans le cas contraire, des adaptateurs sont disponibles à la réception. ●

Index

Les folios en **gras** renvoient aux développements les plus détaillés. Les folios en ***gras italique*** renvoient aux Carnets d'adresses.

Abréviations-: (A) = Assouan. (G) = Giza. (K) = Karnak. (L) = Louxor.
(LC) = Le Caire. (NT) = Nécropole thébaine. (S) = Saqqara. (VN) = Vallée du Nil.

ÉGYPTE

AU DÉPART DE
PARIS ET LYON

FRAMISSIMA
Les Villas de Sheraton****

Séjour 7 nuits en formule Tout Compris
à Sharm el Sheikh - Mer Rouge

à partir de **850€**TTC*
(visa inclus)

*Prix par personne, base chambre double.
Taxes aéroport, et redevances passager comprises,
sous réserve hausse taxes, dollar et carburant.

**Consultez votre Agence de Voyages
ou www.fram.fr**

FRAM
Le plaisir en grand

Licence 031950013 – Assurance responsabilité civile : GAN Eurocourtage, 4-6 Av. d'Alsace 92033 La Défense Cedex. Garantie financière : APS 15 av Carnot – 75017 Paris – RCS Toulouse. SIRET : 353 310 642 00015 – Code NAF : 633Z. Photos : Photothèque FRAM – J. Sierpinski –édition avril 2007 index

MIQUE-AUX-NOCES

**HEUREUSEMENT,
ON NE VOUS PROPOSE
PAS QUE LE TRAIN.**

MYKONOS,
TOUTE L'EUROPE
ET LE RESTE DU MONDE.

Voyages-sncf.com, première agence de
voyage sur Internet avec plus de 600
destinations dans le monde, vous propose
ses meilleurs prix sur les billets d'avion et de
train, les chambres d'hôtel, les séjours et la
location de voiture. Accessible 24h/24, 7j/7.

index

Direction: Nathalie Pujo. **Direction littéraire**: Armelle de Moucheron. **Responsable de collection**: Marie-Caroline Dufayet. **Édition**: Élise Ernest. **Lecture-correction**: Geneviève Peillon. **Informatique éditoriale**: Lionel Barth. **Conception de la maquette intérieure et mise en pages PAO**: Catherine Riand. **Documentation**: Sylvie Gabriel. **Cartographie**: Frédéric Clémençon, Aurélie Huot. **Fabrication**: Nathalie Lautout, Caroline Artémon, François de Ternay. **Couverture** conçue et réalisée par François Supiot.

Avec la collaboration de Caroline Bon, Franck Friès, Flavie Gayet, Paula Lemaire et Carine Merlin.

Régie de publicité: **Hachette Tourisme**, 43, quai de Grenelle, 75905 Paris Cedex 15. Contact: Valérie Habert ☎ 01.43.92.32.52.

Pour nous écrire:

Hachette Tourisme, Guides Évasion,
43, quai de Grenelle, 75905 Paris Cedex 15.

evasion@hachette-livre.fr.

Imprimé en France par I.M.E. 25110 Baume-les-Dames
Dépôt légal : décembre 2008 - Collection 25 - Édition : 02
ISBN : 978-2-01-240524-0
24/0524/09

À nos lecteurs

Ces pages vous appartiennent.
Notez-y vos remarques, vos découvertes,
vos bonnes adresses. Et ne manquez pas
de nous en informer à votre retour.

Pour nous aider à mieux vous connaître, répondez
à notre questionnaire en fin de guide et gagnez un guide
de la collection Évasion.

Hachette Tourisme
Guides Évasion – Courrier des lecteurs
43, quai de Grenelle - 75905 Paris Cedex 15
evasion@hachette-livre.fr